性別向度 與 臺灣社會

（第三版）

黃淑玲、游美惠 ——————— 主編

性別向度與臺灣社會
（第三版）

國家圖書館出版品預行編目(CIP)資料

性別向度與臺灣社會 / 黃淑玲, 游美惠主編. --
　三版. -- 高雄市：巨流, 2018.12
　　面；公分
　ISBN 978-957-732-573-0（平裝）

1.性別教育 2.臺灣社會

544.7　　　　　　　　　　　　　　107018909

主　　　編　黃淑玲、游美惠
責 任 編 輯　張如芷
封 面 設 計　曹淨雯

發 　行 　人　楊曉華
總　 編　 輯　蔡國彬

出　　　版　巨流圖書股份有限公司
　　　　　　802019 高雄市苓雅區五福一路 57 號 2 樓之 2
　　　　　　電話：07-2265267
　　　　　　傳真：07-2264697
　　　　　　e-mail：chuliu@liwen. com. tw
　　　　　　網址：http://www.liwen.com.tw

編 　輯 　部　100003 臺北市中正區重慶南路一段57號10樓之12
　　　　　　電話：02-29222396
　　　　　　傳真：02-29220464

劃 撥 帳 號　01002323 巨流圖書股份有限公司
購 書 專 線　07-2265267 轉 236

法 律 顧 問　林廷隆律師
　　　　　　電話：02-29658212

出 版 登 記 證　局版台業字第 1045 號

ISBN　978-957-732-573-0（平裝）
三版一刷・2018 年 12 月
三版五刷・2022 年 09 月

定價：450 元

　　承蒙讀者偏愛，《性別向度與臺灣社會》一書已經成為臺灣性別研究學門重要讀本。本書第三版經過一年多的籌劃，各章作者皆大幅更新內容與文獻，甚至更改篇名，也另外邀請了多位學者加入作者群，書寫〈性別化習俗與文化〉、〈數位性別現身〉、〈性別與教育〉、〈多元親職與兒童照顧〉等議題新篇章。第三版也增加了「導論」，概述本書重要概念與各章重點，方便讀者迅速瀏覽；再者配合嶄新版本的問世，「延伸閱讀」等資料改置於在本書專網之中提供給有興趣的讀者參閱。希望這樣全新風貌的改變，能讓讀者收穫更多，也更加延伸本書探討議題的深度與影響範圍。

　　各章作者們將個人的學術研究結晶與性別關懷以深入淺出的文字呈現，希望藉由女性主義理論的透視鏡，針對日常生活隨處可見的性別現象，探討性別議題如何鑲嵌在我們的日常生活與體制文化中，以及個人生命軌道與國家社會發展如何受到性別權力關係的影響。更巧妙精心地安排本土實例解析，引導讀者看到性別議題與我們生活世界的密切關聯。我們殷切期盼本書不僅能讓大專院校的師生受惠，值此政府積極推動性別主流化政策的同時，公務體系與民間團體相關工作者也能藉此書吸收更多性別理論與本土實例，深入體會性別研究的切身性與女性主義理念的前進力量，進而轉化成改變公、私領域不平等現狀的實踐動能。

　　值得一提的是，本書各章的作者們互相檢閱彼此的初稿文字並提供修正建議，花費不少心力，極其用心。細心的讀者應該會發現每一章都有作者的簡要謝詞，除了是對每一位審閱者無酬的付出表達感激之外，更是包含了作者自己內心的糾結，因為幾乎每一章的文字都經過至少三輪的修改潤飾，這嚴苛的過程其實是在考驗作者的耐心。編者在此感謝所有作者的配合，妳／你們不厭其煩的費心修正，如今本書才能以優質的風貌呈現。

最後，我們謹代表作者群感謝沈志翰主編對本書的支持，以及編輯張如芷的認真與細心。

黃淑玲、游美惠

2018年11月6日

作者簡介

（按章次順序）

姜貞吟
學歷：法國巴黎第八大學（Université Vincennes à Saint-Denis）女性研究博士
現任：國立中央大學客家語文暨社會科學學系副教授、婦女新知基金會副董事長、
　　　客委會性別平等專案小組委員、臺北市政府第七屆性別平等教育委員會委員

葉德蘭
學歷：美國賓州州立大學（Pennsylvania State University）口語溝通系博士
現任：國立臺灣大學外國語文學系暨研究所教授、臺大婦女研究室召集人

方念萱
學歷：美國紐約州立大學水牛城分校（State University of New York at
　　　Buffalo）傳播博士
現任：國立政治大學傳播學院新聞系副教授、行政院性別平等會第四屆委員

蕭蘋
學歷：美國賓州州立大學（Pennsylvania State University）大眾傳播博士
現任：國立中山大學行銷傳播管理研究所教授兼所長

游美惠（主編）
學歷：美國猶他大學（University of Utah）社會學博士
現任：國立高雄師範大學性別教育研究所教授、高雄市性別平等教育委員會委員、
　　　高雄市婦女權益促進委員會委員、高雄市家庭教育諮詢委員會委員、屏東縣
　　　性別平等委員會委員、屏東縣性別平等教育委員會委員、高雄市女性權益促
　　　進會監事、法務部行政執行署高雄分署性騷擾申訴處理調查小組委員、高雄
　　　地方法院檢察署性騷擾申訴處理調查小組委員

黃囉莉

　　學歷：國立臺灣大學心理學系博士

　　現任：國立臺灣大學心理學系教授

彭渰雯

　　學歷：美國羅格斯大學（Rutgers, The State University of New Jersey）規劃
　　　　　與公共政策博士

　　現任：國立中山大學公共事務管理研究所副教授、高雄市婦女新知協會理事長

王曉丹

　　學歷：英國華威大學（University of Warwick）法學博士

　　現任：國立政治大學法學院教授、台灣法理學會理事、女學會監事

宋靈珊

　　現任：浙江大學光華法學院博士研究生、國立政治大學交換生

張晉芬

　　學歷：美國俄亥俄州立大學（Ohio State University）社會學博士

　　現任：中央研究院社會學研究所研究員

李淑菁

　　學歷：英國劍橋大學（University of Cambridge）教育社會學博士

　　現任：國立政治大學教育學系副教授

謝小芩

　　學歷：美國威斯康辛州麥迪遜分校（University of Wisconsin-Madison）教育
　　　　　政策博士

　　現任：國立清華大學通識教育中心暨學習科學與科技研究所教授

蕭昭君

　　學歷：美國印地安那大學（Indiana University）教學科技學系博士

　　現任：國立東華大學教育與潛能開發學系副教授、臺灣性別平等教育協會監事

瑪達拉・達努巴克

學歷：國立東華大學多元文化教育研究所博士

現任：高雄市學生輔導諮商中心督導

卓耕宇

學歷：輔仁大學心理系博士生

現任：高雄市立中正高工專任輔導教師、社團法人台灣性別平等教育協會監事

黃淑玲（主編）

學歷：美國威斯康辛大學麥迪遜分校（University of Wisconsin-Madison）社
會福利研究所博士

現任：國防醫學院通識教育中心教授、台北市婦女救援基金會董事、行政院性
別平等會委員

白爾雅

學歷：英國約克大學（University of York）婦女研究中心博士

現任：馬偕醫學院全人教育中心、國防醫學院通識教育中心兼任助理教授

蔡麗玲

學歷：加拿大英屬哥倫比亞大學（University of British Columbia）博士

現任：國立高雄師範大學性別教育研究所副教授

吳嘉苓

學歷：美國伊利諾大學香檳分校（University of Illinois at Urbana-
Champaign）社會學博士

現任：國立臺灣大學社會學系教授

王秀雲

學歷：美國威斯康辛大學麥迪遜分校（University of Wisconsin-Madison）科
學史系博士

現任：國立成功大學醫學、科技與社會（STM）研究中心副教授

顏芳姿

　學歷：澳洲格里菲斯大學（Griffith University）護理研究所博士

　現任：國防醫學院通識中心副教授

劉盈君

　學歷：國立陽明大學護理學系博士

　現任：國防醫學院護理學系兼任助理教授

唐文慧

　學歷：美國哈佛大學（Harvard University）社會學博士

　現任：國立中山大學通識教育中心教授

王舒芸

　學歷：美國哥倫比亞大學（Columbia University）社會工作博士

　現任：國立中正大學社會福利學系副教授、婦女新知基金會董事長、行政院社
　　　　會福利推動委員會委員

藍佩嘉

　學歷：美國西北大學（Northwestern University）社會學博士

　現任：國立臺灣大學社會學系教授、國立臺灣大學社會科學院亞洲社會比較研
　　　　究中心主任

目錄

導 論

黃淑玲

　　本書第一版於2007年出版，乃集合當年十數位性別研究學者的傾力之作。我們之中許多人長期投身婦女運動或／及同志運動，並將性別研究當作一生志業，希冀結合社運與研究，淬鍊淑世知識，促進社會改革。我們在1990年代，見證臺灣婦女研究從誕生面世到風起雲湧、婦女團體從少數萌芽到百花齊放。2000年臺灣首次政黨輪替，帶著對新政府的期待，我們有一些人走進國家體制，協助政府進行改革。多年體制內的耕耘，性別平等雖已成為政府部門的「政治正確」的論述，然而政治人物與公務人員的實踐作為尚不明顯。更有甚者，近幾年臺灣社會的反挫勢力集結而起，令國家與社會的性別平等列車蹣跚前進。

　　臺灣在幾項性別平等指數的世界排名中，名列前茅，在亞洲更將日韓與新加坡遠遠拋在後面。[1]2016年臺灣選出第一位女性總統蔡英文，她憑著個人優異從政表現而登上總統大位，不像亞洲其他國家女性元首的崛起是繼承丈夫或父兄的政治資本。此外，臺灣是亞洲第一個實行《家庭暴力防治法》的

1　例如，2017年臺灣在「全球性別落差指數」（Gender Gap Index，簡稱GGI）的排名是第33名（中國-100名、日本-114名，韓國-118名，新加坡-65名，澳洲-35名，美國-49名）。GGI是世界經濟論壇（World Economic Forum）所編制，指標涵蓋經濟參與和機會、教育程度、政治參與、健康與生存等四個面向的性別差異。2017年共有144國家列入評比，不包括臺灣。臺灣名次由主計總處根據其指標計算而來。上述資料由筆者整理自行政院性別平等會網站的「性別落差指數」檔案與「2017年性別落差指標報告」（Global Gender Gap Report, 2017）。（https://www.gender.ey.gov.tw/gecdb/stat_international_node0.aspx?s=tz7cagjlh7ddumc9haf%2f4g%3d%3d）
另一個指標是聯合國開發計畫署（UNDP）研發的性別不平等指數（Gender Inequality Index，簡稱GII），運用生殖健康、賦權及勞動市場等三個領域衡量性別不平等狀態。在2015年受評比的159個國家中，臺灣的GII為第9低，2012年則為第2低。資料來源：行政院性別平等會。（https://www.gender.ey.gov.tw/gecdb/stat_international_node0.aspx?s=f3fdhlobyrpcff%2fgnwbwha%3d%3d）

國家，甚至，未來將可能成為第一個法制化同志婚姻的亞洲國家。

　　然而，這些亮眼的國際評比成績是否代表臺灣社會的父權體制已經瓦解？我們已經可以宣稱性別平等是臺灣的國家軟實力？事實恐不然。當前，不平等的傳統性別關係仍然根深蒂固地殘留在社會制度與文化習俗中；許多官員、政黨人士與公務人員缺乏平等意識並且抗拒改革。當我們慶祝第一位女總統誕生，卻發現她的女性閣員人數倒退到二十年前。當我們自豪1998年臺灣率亞洲之先實施《家庭暴力防治法》，並接連制訂四個性騷擾與性侵害防治法律，但始終制止不了性別暴力犯案件數年上升以及駭人聽聞的兇殘案件持續爆發，也無法阻止仇女言論在數位世界無端蔓延。臺灣也是亞洲推動多元性別教育的領頭羊，2004年開始實施《性別平等教育法》。然而，近年間竟有宗教團體進入校園宣導反對同志之言論，甚至獲得不少民代與政黨人物支持；學校與主管機關不敢依法禁止，政治干預致使中小學校陷入擔憂被清算的氛圍，老師因畏懼而不敢傳授多元性別教育課程。

　　這一波新興、凌厲的反挫勢力藉由製造性別暴力、煽動仇女言論，以及醜化多元性別教育，試圖讓女性感到恐懼驚悚，逼迫社會陷入「反同」與「贊同」的對立紛爭。臺灣社會的性別關係在進步與落後的價值爭鬥中，呈現亦進亦退的混亂局面：這是擁抱多元性別的進步年代，也是傳統勢力集結的落後年代；這是女性最自主、最解放的時代，也是仇女、厭女文化蔓延叫囂的時代。

　　準此，臺灣民主社會面臨新一波艱鉅挑戰，需要學界提供更精闢的問題剖析，釐清當前的社會價值混亂。我們這群以性別研究與婦女運動為志業的人，希冀能持續努力深耕性別研究，生產具有淑世之用的性別知識作為國家革新、社會進步的堅實後盾，並與年輕世代對話女性主義觀點的社會改革。本書為實踐這項目標而涵蓋三項要旨：（1）介紹女性主義理論與概念；（2）分析臺灣性別關係現況與問題；以及（3）陳述臺灣婦運的成就、反挫及未來行動策略。

一、本書主要理論與概念

本書每一章將處理一個性別議題、探討一個文化現象或一個社會制度（包括教育、媒體、經濟、政治、法律、醫療、科學、宗教、性、婚姻、家庭）如何映現、形塑及複製某個或數個向度的性別關係。書名「性別向度」，其靈感來自澳洲著名的性別研究學者R.W. Connell的性別關係理論。Connell主張性別關係具有結構的特徵、乃由複雜而交錯的各種權力與社會制度所構成、有清晰的發展脈絡可循、能夠進行系統性分析。她進一步將性別關係分成四種交互關連的向度——**權力、勞動、情感、象徵**（Connell, 1995, 2004/2002）。因此，本書各章將交互呈現包含此四向度性別關係的樣貌、變化及結構脈絡。本節接下來先說明本書各章涉及的性別關係向度，接著討論作者們常用的五個重要女性主義概念。

（一）性別關係的四個向度——權力、勞動、情感、象徵

性別權力關係至少透過三種形式運作：體制化的性別權力、意識形態或論述中的性別權力，以及人際關係中的性別暴力。

- 體制化的性別權力是本書每篇文章皆探討的主題，作者們分析性別權力在各種制度中的運作情形，以及婦運如何透過法律與政策介入改變體制化性別權力的努力。在此特別指出，即使臺灣已經推動「消除對婦女一切形式歧視公約」（The Convention on the Elimination of all Forms of Discrimination Against Women，簡稱CEDAW）並實施許多法律促進性別平等，但仍存在許多歧視女性與同性戀者的法律與政策，例如，同志婚姻尚未法制化、警軍院校限制女學生名額、不准單身女性墮胎和收養子女或進行人工受孕。

- 有關意識形態或論述中的性別權力，本書有多篇文章探討社會制度與相關政策所主張的性別論述。譬如，媒體再現與複製美貌神話、浪漫愛的性別迷思、女體商品化、強暴迷思及男子氣概等等的性別化論述。又譬如，教育場域規訓女學生的父權論述、帶有性別盲的醫學論述、歧視新移民與移工的國族論述、主張腦部運作性別二分的科學論述等等。

・ 有關人際關係中的性別暴力，臺灣已實施《家庭暴力防治法》、《性騷擾防治法》、《性侵害犯罪防治法》、《性別平等教育法》、《性別工作平等法》；此外，內政部正研擬《糾纏行為防制法》，婦女團體倡議制訂《侵害個人性私密影像防制條例》。本書有多篇文章探討家庭、職場、學校及網路上的性別暴力現況、成因與以上這些法律如何落實的問題。

　　生產關係指的是：女性所付出的勞動力、所獲得的報酬，以及被容許使用的資源，並非依循公平分配原則，而是依據性別分工原則。家庭中女性被要求無償從事家務照顧工作，造成較低的女性勞動參與率；就業市場按照性別化工作類型核發薪資，導致男女薪資有別、同工不同酬、就業與升遷遭到歧視等等問題。本書有多篇文章從全球化脈絡以及性別、階級與國族的交織觀點，探討生產、權力與情感關係如何彼此高度重疊，並分析國家政策如何能影響及改變生產面向的性別關係。

　　情感與權力、生產的關係密不可分，但情感向度也自有一套性別邏輯，其中最重要的就是強制異性戀家庭與婚姻制度、否認同性戀者的性自主與婚姻權益；其次是強調「上嫁下娶」的物質條件，導致本土男性勞工有高比例的跨國婚姻；再者，浪漫愛、性愛、婚姻與家庭中皆可見到性別分工與性別權力的運作。本書亦有多篇文章探討本國與跨國的異性戀與同性戀的情感性別關係。

　　象徵關係指涉「男人」與「女人」此二個語言符號在文化中所承載的象徵意義系統。這套意義系統在語言、文學、大眾傳媒、宗教、禮俗、服飾、身體及日常生活空間中持續地被再現、形塑、生產及傳遞。本書有多篇文章探究象徵關係，例如節慶禮俗如何再製男尊女卑並排除女性參與；文字與口語溝通強調男性中心與男尊女卑；媒體再現女聳胸翹臀的性感女性形象；男性特質與女性特質的複製與傳遞；以及學校如何對女生性行為與衣飾髮型進行規訓等等。

　　Connell的理論不只處理個人與體制層次的性別關係，亦關注整體社會性別關係發展與全球性別秩序之間的關係，分析其結構演變如何受到歷史事

件、種族主義、殖民主義、全球化、新自由主義等等大結構因素的影響。本書雖無專章討論這些巨觀的層次議題，但多篇文章論及這些因素對於臺灣性別關係的影響。

（二）其他重要女性主義概念

本書除了採用Connell的性別關係理論，書中各章尚使用了與其主題相關的女性主義概念。以下介紹廣為使用的幾個概念。

第一是「性別多元」相對於「性別二分」。我們主張性別二分是社會建構出來的概念，有其社會發展歷程，並非人類天生自然如此。性別二分概念是性別關係的基本結構，也是父權思想、性別歧視與性別權力的根源。臺灣社會中的男女特質、習俗文化、口語溝通、媒體傳播、親密關係、職場分工、學習領域、親職責任及科學研究等等，皆受到性別二分概念的影響；父權思想、性別歧視與性別權力因而能夠持續在文化系統、社會制度以及國家政策中運作。

第二個概念是「交織性」（intersectionality），簡單地定義就是「性別、種族、階級、性慾、年齡、族群、行為能力等類屬和其背後的權力關係，無法被單獨地分析與瞭解，相反地，這些權力關係的交織集結，造成了個人或團體的不平等物質處境和特定經驗」（第8章〈婦女運動與政治〉，頁161）。

第三個概念是性別歧視，本書主張性別歧視是結構性與制度性的客觀存在，而非由心理感受來決定是否存在歧視。個人可能感受不到「歧視」，但不代表「歧視」不存在。多位作者將深入檢視性別歧視的內涵與形式，分析歧視如何潛伏於個人的心理、認知與態度之中，並存在於日常生活、文化習俗、大眾媒體、社會制度與政策設計之中。

第四個概念是「性別化」（gendered），指從看似與性別無涉的現象中分析出性別面向，察覺其中的性別關係。「性別化」一詞在第1章〈性別化的習俗與文化〉與第10章〈性別與教育〉的意涵是對於某一性別的排除、偏見與歧視。第14章〈性別與科技〉提出的「性別化創新」（gendered innovations），其意涵是納入性別面向的分析有助於社會創新，尤其主張科

技研發過程必須納入性別的分析視角，才能促成科學技術與知識的革新。

　　最後一個概念是厭女或仇女（misogyny），此詞語在西方社會存在已久，也是歐美性別研究的一項重要課題。臺灣社會的性別歧視、性別排除、性別暴力都可說是仇女文化的表徵；中國文字亦蘊藏仇女思維（見第2章〈映現／形塑性別的語言溝通〉），但在臺灣，「仇女」、「厭女」並不是自古就有的詞彙，而是近年來現實的與虛擬的性別暴力加劇之後開始流行。2018年臺灣女性學學會研討會採用「愛女／厭女：情感與性別」的主題，即反映這項趨勢。

二、單元主題與各章摘述

　　本書共有17篇文章，分別探討性別關係在以下制度或文化場域的映現與形塑：習俗文化、口語溝通、數位世界、大眾媒體、親密關係、學校教育、性別法律、勞動市場、科技發展、男子氣概、醫學研究、健康政策、兒童照顧政策、跨國遷移與移民政策。另依據主題分類成三大單元：「性別、文化與日常生活」、「性別、體制與婦運」與「性別、交織性與政策創新」。第一單元探討習俗文化、語言溝通與媒體網路等文化現象，以及親密關係如何映現及形塑性別權力與性別歧視。第二單元討論政治、法律、勞動、教育、強制異性戀制度所彰顯的性別關係，並分析婦運努力成果及促進性別平等法律的落實情形。第三單元探討男子氣概、科學與醫學研究、健康與照顧政策、新移民與移工政策等等議題，運用交織觀點探討僵化的二性概念及性別、階級與族群交叉集結的性別歧視問題。每一章皆含「前言」、「理論與概念」、「議題深探」、「結語」等小節，並穿插「概念辭典」、「問題討論」的單元。以下簡要摘述各單元中各篇文章內容。

（一）性別、文化與日常生活

　　第一單元收錄六篇文章，揭露日常生活與人際互動所依循的規範經常明示或潛藏男性中心觀點，並有排除、貶抑、壓制、歧視或仇視女性的言論與

行動，並分析親密關係、禮儀習俗、言談溝通、大眾媒體與數位世界中性別權力運作模式。如何改變這些日常文化中的不平等性別關係？六位作者不約而同提出值得師生討論的集體與個人對策。

姜貞吟在第1章〈性別化的民俗與文化〉一文中指出，臺灣許多民俗傳衍的性別觀點如何與性別權力、性別配置密切相關，因此不宜一味遵循，應思考其適切性並進行文化創新，否則性別刻板印象將不斷透過這些民俗文化再製、排除女性的文化價值與規範也將持續傳遞下去。作者採用「父系法則」與「他者化女性」這兩組概念來分析臺灣漢人的年節、禮俗、祭祀、禁忌、生兒育女以及養老送終，發現這些民俗皆有以男性為中心及排除／禁止女性的規矩。作者也討論原住民與新移民的性別化禮俗，並舉例婦女團體與個人女性勇於改變傳統習俗的創新作為，亦陳述政府正進行中的傳統禮俗革新政策。

葉德蘭在第2章〈映現／形塑性別的語言溝通〉探討語言與言談如何映現、複製及形塑不平等的性別權力關係與性別角色常模。該文首先討論兩種女性主義分析觀點，第一種批判觀點「男性為範型與女性為他者」指出，語言符碼具有忽略女性、貶抑女性、職稱狹隘等三種性別相關特性，以及女性的語音、語彙與語法等口語溝通方式被視為劣於男性強調。所以，口語溝通文化的性別差異其實反映現實世界男女位居宰制與屈從關係。第二種分析觀點則認為，男女口語溝通差異乃因分屬不同次文化社群，並無高低之別。最後作者建議男女都應建立更多元、更平等的溝通模式，除了不使用性別歧視語言，也應培養跨性別文化溝通以及賦予字詞新義的能力。

方念萱在第3章〈數位性別現身〉一文中指出，網際網路、行動載具與社交媒體裡漫無止盡、日益翻新的性別暴力已經是一種全球普及現象。她以復仇式色情暴力與線上女性趨避與現身事例，闡述不斷滋長的仇女言語暴力「決不是一個失控的人一時的錯誤」，而是現實社會的性別關係、父權思想與性別腳本在數位場域中不斷地被重新建構與延伸的結果。而由於遲遲不見可以消弭虛擬暴力的政策與法規，數位女性主義的義勇主義／行動（feminist digilantism）已經成為對抗線上仇女與厭女文化的重要力量，而增加公眾對這些議題的感知將是推動網路性別平權的第一步。

　　蕭蘋在第4章〈性別與媒介〉引用兩種女性主義觀點分析媒體內容如何反映與再製現實世界與媒體產業的不平等性別關係。反映論與建構論指出媒體再現女性形象大都偏向負面刻板印象，或侷限於狹隘的女性角色面貌。閱聽人主體性觀點則強調女性擁有拒絕或轉換文本意義的自主性。議題深探部分討論大眾媒體經常再現的兩種主要女性形象，早期形象強調家庭型女性氣質，晚近偏好女體再現；起初女性大都以被動的性玩物形象出現，後來的形象經常是藉由性感產品「昇華」為解放的性主體。作者建議教導學生「社會識讀」，瞭解媒體文本的生產脈絡及女性進行媒體消費的情境脈絡。

　　游美惠在第5章〈親密關係〉強調，因為現實社會的性別權力滲透親密關係可能演變為壓迫的關係，甚至出現暴力與情殺。她提出兩個理論來分析親密關係的權力內涵與運作模式：（1）「親密關係的民主化」與「揭露式親密關係」主張伴侶關係就是一連串的權利與責任，包括彼此照顧與情感揭露；（2）「人盯人的個別化父權」指出親密關係隱藏不易被察覺的控制與權力。議題深探討論大學生親密關係常見的性別習題：性與愛的性別差異與性別權力、照顧面向的性別分工、流行文化再現浪漫愛的性別迷思，以及女大學生面對約會與避孕常遇自主困境。最後建議情感教育應導正學生對於浪漫愛的迷思，並加強自己與伴侶協商以及反身性思考的素養。

　　黃囉莉在第6章〈性別歧視的多重樣貌〉一文中指出，性別歧視的根源是性別刻板印象。她先從理論與概念層次分析性別歧視的態度量表，再追溯刻板印象的根源、發展與多面向的意涵，強調負面的(敵意的)與正向的(慈善的)刻板印象都可能發展成為性別歧視，也指出性別刻板印象大多存在於內隱態度（相對於涉及性別權益的外顯態度）。該文接著討論基因傳承是否影響兩性擇偶條件、兩性的認知發展差異是否有生理基礎、性別歧視的消除既是個人義務也是國家責任。文末提醒一旦「歧視」變得多重且隱晦，即需要更精緻、更敏感的方式來透視並察覺其存在。

（二）性別、體制與婦運

　　第二單元的六篇文章分別探討政治、法律、勞動與教育等四個社會制度所反映的性別關係，以及校園性暴力防制與同志多元教育面對的當前挑戰，

並分析短短三十年期間臺灣婦女運動從街頭到走入國家體制所建立的性別平等法律與創制政策，並討論法律與政策實施落差的問題，以及反挫一再出現如何威脅到體制改革的努力。

　　彭渰雯在第7章〈婦女運動與政治〉回顧解嚴後臺灣婦運從街頭走進體制的演變。一方面陳述婦運在政治領域追求性別平等的具體作為及法律改革與制度創制的成就，並剖析婦運的代表性問題以及性別主流化與CEDAW面對的挑戰。該文亦介紹重要的女性主義政治理論與概念，包括國家女性主義、平等與差異政治、交織性、描述性與實質性的性別代表、性別比例名額、在場的政治、關鍵多數、關鍵行動者、縱橫政治、審議民主等等。這些概念都是瞭解婦女運動與體制政治的入門工具。文末建議臺灣婦運的未來策略應與民主政治理論與實踐更加密切連結。

　　王曉丹、宋靈珊在第8章〈女性主義如何介入法律？〉一文中呈現女性主義法學如何透視法律在性別實踐的方向與阻力，指出「書本中的法律」並不等同「行動中的法律」，並提出兩組重要女性主義概念以說明性平法律的法益與目標。其一，「平等與宰制」強調透過強化法律內部的性平意識以達成改變父權體制的目標，故應致力於法律的制定、修正及實務的運作。其二，「自我與主體」則強調開發多元批判觀點以及發展女性主體性觀點的重要性。該文接著分析臺灣性平法律所面臨的三項挑戰：法理辯論缺乏性別視角（以同性婚姻、性工作、《人工生殖法》為例）、司法實務中的性別盲（以《性侵害防治法》與《家庭暴力防治法》為例）、法律對於性別關係的作用（以校園性暴力、女性繼承與家庭關係、離婚監護與親子關係為例）。

　　張晉芬在第9章〈性別與勞動〉探討女性無法在勞動市場獲得平等待遇與收入原因。該文首先討論三種解釋職場性別不平等的女性主義理論：組織內的性別歧視、無償化再生產勞動，以及資本家以男性身體與傳統性別角色制訂工作規範與區分工作類別；接著分析就業與收入的性別差異、男女薪資差距的原因（人力資本、分配歧視、價值歧視），以及《性別工作平等法》在禁止性別歧視、防治與矯正性騷擾、以及促進就業平等措施的實施情形；最後建議提升勞動市場的性別平等必須建立公共托育制度，並使用法律與政策促使男性克盡父職。

　　李淑菁、謝小芩在第10章〈**性別與教育**〉運用女性主義理論拆解《性別平等教育法》推動過程所遭遇的種種阻力，指出教育場域的父權體制是根本問題，包括了教科書傳遞性別刻板印象、師生互動潛藏性別差異對待、性別化的學校文化組織、校園日常規範充斥性別文化，以及教育政策與行政體系存在若隱若現的性別規則。她們並深入探討兩項議題：家父長對女學生身體自主權的掌控、學習領域性別隔離。該文最後強調，性別教育乃是一套由邊緣出發的理論與實踐，男女教師皆必須具有性平教育的素養與敏感度，方有可能斬斷學校持續再製性別不平等的鎖鍊。

　　蕭昭君在第11章〈**校園性騷擾：不可小看的性別歧視**〉指出臺灣法律中有關性騷擾的定義乃採用三項女性主義法學概念：性騷擾是透過製造敵意學習環境的性別歧視、性騷擾是對個人身體自主權的侵犯，以及性騷擾是權力不對等的產物。在議題深探部分，該文首先分析臺灣校園性騷擾近年發展狀況，以及網路性騷擾的手法與型態；接著討論最富爭議的性騷擾類型實例，包括了男教授將其對學生的性騷擾偽裝成是「師生戀」以迴避法律責任、教師在課堂貶抑同志、以及教會團體打著性平教育旗幟進行反同志教義宣導。

　　瑪達拉・達努巴克、卓耕宇在第12章〈**多元性別與同志教育**〉首先介紹三個重要同志理論（性別認同形成模式、強迫異性戀、多元性別）以及多元性別教育的內涵；接著探討臺灣同志運動當前遭遇的三項挑戰：媒體與論述中的同志議題的綜藝化與問題化、同志與原生家庭中同志出櫃及父母入櫃、同性婚姻合法化的反挫與希望；最後引述批判教育學所主張的「教育就是政治」的概念，呼籲多元性別教育必須特別注意校園恐同氛圍以及對於同志的歧視。

（三）性別、交織性與政策創新

　　第三單元收錄五篇文章，分別探討男子氣概的建構、性別與科技、性別與健康、多元親職與兒童照顧、性別與跨國遷移等五項議題。作者們指出性別與國族、族群、階級、性傾向等因素彼此交叉影響臺灣性別關係，呼籲國家政策與科學研究摒棄僵化的性別二分概念，採取交織觀點，將這些議題的性別研究成果轉化為促進平等、消弭歧視與創新社會的政策。

　　黃淑玲、白爾雅在第13章〈男子氣概的建構與新貌〉一文中借用霸權男子氣概、文武陽剛特質，以及性別與象徵暴力等三種男子氣概理論來分析臺灣男子氣概的文化根源與改變中的新貌。在議題深探部分，先以軍隊與校園為例，說明臺灣年輕人建構男子氣概的特徵；接著討論「有毒的男子氣概」與男性健康、戰爭暴力、跨國性消費與民族主義的關連性，並指出異性戀機制、恐懼同志與厭女文化所扮演的角色；最後討論「男子氣概危機論」，指出糾結其中的性別歧視與民族主義的問題。文末呼籲避免有毒男子氣概的薰習與養成應是性別平等教育的重要目標。

　　蔡麗玲、吳嘉苓與王秀雲在第14章〈性別與科技〉討論以女性主義觀點挑戰科學與科技的三大提問：科學界裡為何女性偏少？什麼樣的問題算是科學問題？什麼樣的問題會被研究？藉由實例揭開科學界確實存在性別歧視文化，且科學研究的定義、實驗與產製過程皆有性別權力的介入，由此戳破科學研究的傳統問題意識由於受到性別盲的影響而有所偏頗與侷限。該文接著探討三項議題，證明上述現象確實存在：女性科學專業人員面臨「管漏現象」與「瑪麗居禮效應」的挑戰；採取性別二分概念的大腦研究是否是真科學；人工智慧、家庭電器、產檢設備等科技發展歷程與性別、階級的系統難解難分；最後建議從大學課程就開始培養科技工作者性別化創新概念。

　　顏芳姿、劉盈君在第15章〈性別與健康〉回顧三種性別與健康理論（性別二分的思考邏輯、交織性理論、R. W. Connell的性別結構理論），接著探討兩項議題：（1）「看見隱藏在臨床藥物中的性別排除」討論精神科藥物臨床試驗排除與納入女性樣本的問題與現況；（2）「新移民成為生育健康的管理對象」運用傅柯（Michel Foucault）的生命權力觀點，闡述透過政策、執行機構與專業人員，國家得以介入新移民女性的生育與照顧子女事物，但反而加深她們在家庭、社會和醫療場域中的不平等權力關係。文末建議運用共學式教育方法，讓新移民與醫學院學生一起反省新移民的醫療照顧問題。

　　唐文慧、王舒芸在第16章〈多元親職與兒童照顧〉中，採用女性主義社會建構論分析臺灣親職照顧的性別實踐與性別差異，並指出傳統僵化的性別角色與社會政策目標，影響了多元親職能否實踐。該文在議題深探部分闡述後工業社會大部分家庭都面臨「父親缺席」與「照顧赤字」的嚴重困境，並

討論「去」或／及「再」家庭化的政策，特別引述瑞典親職政策以「公民權利」的概念處理兒童照顧。文章最後指出，臺灣雖已有育嬰假法律與保險給付，但有太多因素阻礙父親的育兒意願，而且政府缺乏明確理念，同時推動「去」／「再」家庭化托育政策，但都只做到半套。作者強調應推廣社會親職概念，由全民共同負起兒童照顧責任，同志等多元家庭也應獲得同等重視。

藍佩嘉在第17章〈性別與跨國遷移〉一文中，以性別的透視鏡考察婚姻移民與勞動遷移的原因、過程與結果，並分析遷移發生後對於性別關造成怎樣的變與不變。該文深入討論三項議題：性別如何關連到婚姻移民的動機與決定，以及全球勞動力市場吸納男女移民的方式有何不同；女性移工與臺商的跨國家庭對於夫妻與親子關係帶來的影響，以及遷移是否為移民女性帶來解放與增權；各國透過對於女性移工的性與生育控制，如何捍衛家庭與國族的界線。文章最後指出，臺灣政府自2016年推動「新南向政策」之後，新移民母親的家庭連帶與文化差異開始被視為是值得傳遞給下一代的資產，「新二代」也被視為是可以幫助臺灣開發東南亞市場的「南向尖兵」。

總而言之，本書探討21世紀臺灣性別關係現況，以紮實的本土經驗研究與案例為基礎，以女性主義理論與概念為骨架，每一章拆解一個社會制度或一個文化現象中的性別歧視、性別排除與厭女文化；每一位作者針對某個不平等現狀提出政策改革與個人行動策略。透過作者們的性別批判之眼，我們看到臺灣社會的權力、生產、情感與象徵等四種性別關係相互交疊的圖像、結構與演變，以及未來如何朝向更性別平等方向的發展。

致謝：筆者感謝蔡麗玲教授修正本文架構，勘誤內容（如釐清「性別化」的概念），且不厭其煩增刪、潤飾全文，使本文的精確度與可讀性大為提高。本文若有疏忽之處，概由筆者自負。

參考文獻

中文文獻

- Connell, R. W.（2004）。性／別／：多元時代的性別角力（劉泗翰譯）。臺北：書林。（原書 *Gender* 出版於2002）。

英文文獻

- Connell, R. W. (1995). *Masculinities*. Cambridge, UK: Polity.

本書另附有「延伸閱讀」，請輸入以下網址，或使用行動裝置掃描QR Code，進行查閱。

以下兩個載點皆可下載，歡迎多加利用。

連結1：
https://goo.gl/WrjBva

連結2：
http://gofile.me/6t10G/P0xBdLxHo

PART

1

性別、文化與
日常生活

第 1 章

性別化的習俗與文化

姜貞吟

現象
發想

參考
文獻

現象
發想

路上撿紅包驚見髮絲　新北已婚男差點迎娶「鬼新娘」

　　新北市一名40多歲已婚男子，日前晚間外出買宵夜，發現地上有一個紅包袋露出百元鈔票，出於好意想送到派出所，卻看見內有一撮頭髮，直覺不對勁，結果馬上有人跑出來表示，正在代為尋覓冥婚對象。「以後不敢再亂撿紅包」男子萬萬沒想到拾金不昧想將紅包送到警察局，竟然差一點讓自己迎娶「鬼新娘」。

——摘錄自ETtoday新聞雲（2015年6月22日）。

一、前言

　　人生無處不性別！大自國家政策、律法制度，小到生活細節、吃喝拉撒，性別都在其中運作、影響著你我，更別提一生中難免的生老病死，以及自己或周遭家人親友的婚喪喜慶、祭祀送終，還有年頭到年尾的慶典節日，無論是其中大大小小繁瑣的儀式，或眾人謹守的禮俗規範，以及其背後深遠複雜的觀念，在在都有性別（蘇芊玲，2005）。民俗跟日常習俗包含範圍相當寬廣，一部分為宗教與民間信仰，另一部分為生活、節慶、儀典、社會慣習（social habitus）等的儀式與規範，與社會的文化系統息息相關，是社會對天地萬物自然秩序的人觀、世界觀跟宇宙觀，提供常民對生活一個穩定的文化結構與意義構面的解釋，並作為相關行為的參考準則。

　　前述「未婚女性的冥婚」例子，就是探討性別與民俗的典型案例。多數民俗都跟性別有密切關係，這些民俗（folk customs）主要是在長久的文化發展與生活互動中形成的某種社會慣習或風俗，屬於較輕的社會規範（social

---

*　感謝蕭昭君、黃馨慧跟黃淑玲三位老師的審閱與指正，提供很多深入建議，讓本文更加嚴謹與資料豐富。

norms），如婚喪喜慶、年節祭祖、宗教儀式、生育偏好、繼承偏好等，常在日常生活中以傳統與文化的方式規範性別，影響性別文化的再生產，也侷限性別間多面向的互動政治與性別關係的形成。與民俗相關的活動，常藉由象徵、符號、儀式、禁忌、神聖與神祕等方式，形成性別在特定時間、空間、權力、繼承或行為表現上的區隔、排除與差異，並一再傳承與生產再製為性別秩序（gender order），轉為牢不可破的傳統與文化習性。

二、理論與概念

　　Candace West和Don H. Zimmerman（2002）指出性別不是一組特性，也不是變項，更不是角色，而是經由社會互動持續地創造的某種社會行為的產物。社會所指的性別結構不是本質性的存在，也不是生物性的差異，乃是透過人們的實作（doing）積累而成，「做性別」（doing gender）使得各種男女差異的性別分類與社會安排，被視為「正常」與「自然」，進一步成為組織社會生活的合法途徑。民俗範疇的性別配置，即是透過各類文化、習俗儀式與活動串連常民的日常與生活經驗。民俗可區分為三種形式：（一）心理的民俗：以信仰為核心；（二）行動的民俗：藉著有形的傳承活動表現各種無形的心理民俗現象，如儀式、祭禮、婚禮、歲時節日等；[1]（三）語言的民俗：以語言為手段表現人們的思想、願望，包括神話、諺語、笑話等（張紫晨，1995）。一般說來，民俗活動中的性別觀，依靠著「父系法則」與「他者化女性」兩種方式持續傳遞與維繫運作：

（一）父系法則

　　父系法則的男男相傳軸線的單向傳承，向來是民俗規範的性別觀的核心運作概念。華人社會制度以父系家庭的代代相傳為主，雖社會快速演變，家

1　例如中國雲南少數族群祭典火把節起源，是將南詔時（738-902年）白潔夫人堅貞不嫁殺夫仇人意象，轉為節慶象徵。在族群與性別的交互作用之下，白潔崇拜被描繪成女性性純潔的象徵，此一族群性別論述常界定族群邊界（Megan Bryson, 2013）。

族／宗族的組成與型態發展已產生許多變化，但把男性成員視為家族世代傳承繼承人的文化尚深植民間，包括世系繼嗣制度、重視生男、祖譜登錄、祭典主持、財產繼承等，不是以有血緣或親緣的男性傳承為唯一選項，就是偏好以男性為主。父系法則中的男性世代傳承規範，也影響女性如何在原生家庭與婚姻家庭中被安排與看待，女性的生育與照顧功能取向往往比生命意義本身來得重要，常見的「鑽燈腳，生卵葩」、「男孩滾新床」的求子習俗與渴望，或是「三從四德」、客家女性的「四頭四尾」，[2]都把女性跟生殖、家務勞動與德性深深綑綁。

　　父系法則奠定的世系傳承只以男性繼承為主，男性順勢在眾多制度、場合、儀式等的社會位置中占據豐厚或獨占的機會，不僅獲得社會權力與社會資源，也在性別權力中穩居優勢地位。此一文化邏輯在日常生活與各種民俗相關活動中皆可見到，例如宗教、儀式祭典或家族／宗族的祭祀，主祭幾乎全由男性擔任，鮮少有女性身影，著名案例是蕭昭君教授（2005、2008）努力爭取多年，於2007年終突破百年禁忌，成為彰化蕭氏宗族年度祭祖儀式的首位女主祭。另一個經典案例則是每年教師節祭孔大典奉祀官皆由孔子後代世襲傳承，但至今卻從未有孔家女性子孫擔任奉祀官。[3]此外，臺灣家族／宗族以祭祖為目的，所發展出的祭祀公業，多數留有土地、物業或財產，因運作邏輯跟父系法則的文化邏輯一致，根據民間慣習，通常為長子繼承或共推一人繼承擔任派下員進行管理。近年有許多女性陸續爭取也能擔任派下員之案例，唯2015年大法官第728號釋憲結果，基於祭祀公業等為私法自治，難以認定女性不得擔任派下員是否有違《憲法》第7條保障性別平等的意旨，而無法有進步與平等的性別保障（項程鎮，2015）。

　　傳統不把女性視為家族繼承者，日後將婚嫁至他姓人家，此想法也影響女性死後的社會位置安排。女性在父系法則家庭的地位，可分為未婚跟已婚

2　「三從四德」指「未嫁從父」、「出嫁從夫」、「夫死從子」、「婦德」、「婦言」、「婦容」、「婦功」，古時藉此體現女性在倫常秩序中的依附地位。「四頭四尾」指「家頭教尾」、「田頭地尾」、「灶頭鍋尾」、「針頭線尾」，用以描繪早期客家婦女的家務勞動規範。兩者都在強化家庭分工的性別刻板印象與家庭內部性別權力的不平等。

3　2008年孔家77代傳人孔德成去世，祭孔大典奉祀官的聘任成為關注焦點（新知觀點，2009）。

兩個階段：以往未婚女性常被視為暫時的家庭成員，終會因婚姻離開原生家庭，而對結婚的女性，則以結婚儀式、媳婦角色等種種民俗與日常慣習，建立起跟原生家庭切斷親密鏈結的象徵與規範。對傳統父系法則的家庭來說，不論女兒有無結婚，都不被視為家族世系傳承中的一員，不被寫入族譜，也不被計為將要繼承家族權力、財產的基本丁口。因此，女性的喪葬禮俗規範，也常依此父系法則的文化邏輯運作，未婚女性死後的牌位與骨灰等通常都外寄他處。而已婚女性在結婚後，為能成為被夫家認可的成員，除了早期從夫居、冠夫姓的法律規定與道德規訓之外，現在依舊需通過生養子女、家務勞動、照顧與侍奉公婆的家務勞動過程，慢慢成為被認同的夫家人，死後得以安葬於夫家的家墓或祖塔，升格為夫家的祖先。

　　日益進步的性別平權價值，對父系法則祭祀的其中一個挑戰就是「未婚／離婚／已婚」女性死後歸屬的問題。傳統上，男性不論有無結婚，都被原生家族視為永久的家庭成員，死後會晉升為家族歷代祖先之一。女性被原生家族視為日後將外嫁的暫時性家庭成員，未婚女性死亡後，牌位無法回到原生家族接受後世祭拜，通常將其寄放至寺廟、齋堂、靈骨塔等處供奉。女性若要在父系宗法傳承的家庭中擁有穩固的社會位置，只能憑藉結婚，成為夫家人、夫家鬼，待死後即能與丈夫同入家墳或祖塔。而未婚女性，死後若希望有後代陽世子孫祭拜，就需通過冥婚儀式，賦予婚姻中的身分，方能升格為祖先，亦即，讓因未婚而失序於父權社會的女性，重新被納入父系親屬法則中，才不致流落在外成為孤魂女鬼。[4]

　　也就是說，男性在漢人社會秩序的象徵位置，是父系法則的唯一傳人，不需通過婚姻交換身分即可取得優勢的社會地位，但對女性來說，不論是生前或死後要成為歷代祖先的唯一方式，就是需進入婚姻取得身分資格與保障，才能成為被後世祭拜的祖先（黃萍瑛，2008；清翔，2017）。臺灣1970年代的兩個案例，值得深思民俗中未婚女性死後象徵位置的議題：1973年高雄旗津船難造成25位未婚女性死亡，依據民間信仰習俗，僅能通過「冥婚」

4　以祭拜未婚女性為主的廟宇多稱為姑娘廟／孤娘廟，如新北石碇姑娘廟、臺北蘇姑娘廟、臺南鹽水七歲姑娘廟等。此類廟宇有多種稱謂與組成，有未婚女鬼回不了家的姑娘廟，也有神祇形式的廟宇，如屏東林邊的潘姑娘廟，即為平埔族祀壺信仰的神祇老祖。

或「設廟立祠」讓其有所依歸，當時市政府遂與家屬達成合葬共識，稱為「二十五淑女墓」。[5]未婚女性死亡後不得回家，類似情況也發生在1976年彰化大村鄉一起大客車與火車相撞事故，造成41人死亡，其中，16位未婚死亡女學生無法回家，各界遂籌建一座淑女祠安奉，讓其安息。[6]

圖1-1　除了幾個知名的姑娘廟外，全臺各鄉鎮可常見到簡易鐵皮搭建的姑娘廟，例如新北七堵山區華新一路盡頭，居民在姑娘廟門聯上寫著「姑靈顯赫香鼎盛　娘魂佑民興山旺」祈求保佑。

資料來源：姜貞吟提供。

離婚女性在死後，也跟未婚女性一樣被稱為「姑娘」，一般認為，因不再擁有原生家庭與婚姻家庭內的兩個身分，死後被歸類為不在婚姻狀態中的女性，無法在這兩個家庭中被祭祀與成為祖先，過往也多將牌位寄放於寺廟、齋堂、靈骨塔等。[7]近來已不少家族陸續修改家族祭祀相關規範，將「女兒接回家」，南投鹿谷林家早在2004年修改家族墓園管理相關辦法，他們對女兒的認同與接納，不因其婚姻狀態而變化，都可回到林家祖墳，成為林家祖先接受後世子孫祭拜（何定照，2008）。2016年冬，桃園客家廖姓宗族也通過修改宗族祭祀相關辦法，舉辦盛大法會，將二十多位寄放在外地的姑婆骨灰甕遷回祖塔，蓮位也與廖家祖先同立於公廳。女兒如何回家與同志婚姻平權後的祭祀相關規範要如何調整，以符合性別平等價值，是近年父系法則正在面臨的挑戰與演變（姜貞吟，2017）。雖然還有許多家族／宗族堅持女性「嫁出祭難返 未嫁葬難歸」的民俗，但現代女性跟原生家庭在平等權與家庭成員親密關

5　後相關單位將此視為工殤事件，肯認勞動貢獻而非關注未婚身分，於2008年4月28日國際工殤日，正式更名為「勞動女性紀念公園」。

6　慈悲寺淑女祠已於2014年併稱為「交通教育紀念館」（周為政，2014）。

7　法律上，婚姻關係的消滅是生前離婚或撤銷，另一種是配偶死亡的關係自動消滅。在結婚習俗上，向男方祖先叩頭與婚儀等，都是將新娘轉為夫家人、死為夫家鬼的象徵，故民間信仰就有離婚女性需向夫家祖先「辭祖」，稟報離婚並宣告消滅姻親關係之說法。

係的基礎上，多已接納女兒不論婚姻狀態皆回原生家庭安葬，或採用其他更進步的方式。

（二）他者化女性

　　社會文化的形成與其意義的生產是透過長久的互動歷程而成，我們從辨認差異，進行事物分類，給予界定並賦予意義，以進行社會與文化的運作。為了指認差異，往往跨大與簡化，甚至將其本質化或神祕／神聖化，進而建立符號的邊界。Kate Millett（1969/2000）指出性別政治是一種容易被忽略的男女特權差異，經由對性別的社會化，取得父權政治對氣質、角色和地位的共識，進而形成性別上下、高低位階的內在殖民（interior colonization），例如某些原始社會將女性外生殖器解釋為殘缺不全的外部傷口，但對男性陰莖卻賦予優越的象徵地位。男性身體被視為主體和參照標準，生理有差異的女性則被歸類到異類，形成女性在附屬的次等地位之論述。過去傳統民俗中的規則與意義建立，也多是循此他者化女性的邏輯，以男性的身體為主體參照的標準，女人都是不符合標準的「他者」（王穎瑩，2006）。

　　他者化是差異辨識的重要歷程，對他者的建構充滿各種可能的變動，不必然為正／負、高／低、神聖／低賤等二元截然對立的單一指涉，實際狀況更常是「正負情愫交融」（ambivalence）[8]的矛盾指涉，在不同的社會情境與脈絡中，揉雜兩種或兩種以上矛盾混合的論述，可能既負面與低賤，但也同時是神聖與保護的。首先，女性的確在多數民俗文化活動中，最常被「他者化」（othering）為負面象徵，指派至低階角色，扮演輔助附屬功能，或與其生理特徵連結為汙穢、不潔與魅惑的意識形態，形成禁止女性參與的論述，最終成為系統性的性別排除。人類學者Mary Douglas（1966/2002）特別關注意義生產的文化脈絡，她尤其從諸多初民社會的汙穢與淨化儀式中，看到社會規範個人的力量，乃是透過日常生活的象徵、儀式，特別是對於潔淨與汙穢的分類規則與禁忌，以形成保護社會運作的規範，舉凡從身體流出的唾

8　諸多當代西方社會學家視正負情愫交融是一種具社會學意義的結構性機制現象（葉啟政，2013：93），其中莫頓的說明最為經典「對與某一社會地位有所關聯的社會角色賦予具社會定義性之衝突的規範性期待」（Merton, 1976）。

液、血液、乳汁、體液與排泄物等都被視為汙穢物，皆帶有不同程度的危險。

女性除在民俗相關規範中常以負面或附屬的他者角色出現之外，也同時因身體的生理差異，而被建構為需要保護的意象，例如嬌小體型、母性懷孕等。此種基於保護跟善意提醒，常對其在特定空間、特定時期等的諸多行為下禁止令，形成另外的限制與隔絕，「不能」、「不行」、「不可以」是常見的耳提面命，像是禁止孕婦進入施工中的工地、[9]坐月子期間不能洗頭髮和使用剪刀等。陳金燕（2013）訪談民俗團體代表及相關學者，歸納出女性常在月經、懷孕和坐月子期間被排除在重要祭儀之外的三項理由分別是，安全保護的考量、汙穢不淨的忌諱，以及陰陽對立。對母體與胎兒健康安全的說法也可見於原住民族祭儀對性別的規範。排灣族部落的集體儀式包含播種祭、除草祭、收穫祭、歲末祭、五年祭、出獵祭等歲時祭儀，大多由巫師或祭師主持，男女一起參加，但部分程度只容許男性參與，如出獵祭時女性不能觸摸獵具、五年祭的勇士舞及刺球活動女性不能參與，孕婦更不可參加各種公開活動，以免影響胎兒安全及健康（陳枝烈，2006）。

以保護孕婦跟胎兒為由所形成文化禁忌，也包含了對食物的攝取。非洲尼日民間流傳，孕婦若吃蝸牛或秋葵，將來小孩會有流口水問題，如果吃灌木叢動物，孕婦就會生成邪惡精神以致生下怪物，26%的印尼孕婦也避免魚、肉、蔬菜、雞肉及雞蛋的攝取，她們認為吃魚會讓生產時胎兒逆產，如果吃雞肉、雞蛋，生產過程就會像雞下蛋一樣。這些食物禁忌，在某些地區已影響孕婦健康導致營養不良，增加分娩風險（Olurinde A. Oni & Jamilu Tukur, 2012）。顏芳姿（2014a）指出中國貴州山區侗族高嬰兒死亡率，是婦女在高密度農事生產與家務照顧勞動，與男女食物分配不均等因素交互作用的結果，是侗族婦女受苦的社會根源。[10]

臺灣民間習俗也有著坐月子期間，不能吃鹽、喝水的禁忌，此種對孕產婦食物的民間看法，在多元族群社會也可能是一個強化國族、族群認同和權

9　2013年蘇花改工程已出現國內第一個隧道工地女工程司葉雅芸打破禁忌（蘇逸洪，2013）。

10　社會大眾常將不育、死胎、夭折等失敗歸咎於婦女，Inhorn（2008）主張這種責難造成社會性別化的痛苦（gendered suffering）。

力關係的象徵符號。新移民坐月子時，臺灣夫家常以麻油雞作為同化的象徵，試圖以臺灣飲食主導新移民認同的轉變，但對新移民來說，麻油雞是外來者轉變成為臺灣人的痛苦烙印（顏芳姿，2014b）。對女性與胎兒保護的論述與日常規訓，幾乎不分族群與社會都可見到，然而用保護的說法讓女性消音，其實「十分複雜，也常常不被查覺」（洪仲志，2014，頁51），而我們要思考的是，作為諭示被保護的主體，女性在日常生活風俗與重要儀典中被他者化的過程中，自己作為生命與行動主體的主張、想法是什麼。

三、議題深探：民俗文化性別創新的可能

　　性別主流化雖然已經成為全球共識及各國施政重點，然而國內的婚喪儀式仍多遵循古制，諸多儀式行為含有大量民俗成規和傳統習慣，特別攸關重大生命事件的婚喪禮俗更是如此（劉仲冬、陳惠馨，2005）。在政治、經濟、社會等制度之外，民俗文化對性別行動者的行動影響深遠，行動者常無意識的內化社會結構與文化的影響，形成社會慣習持續遵守。以下分為年節、婚禮、喪禮、女性相關禁忌四個議題，探討其中常見的性別相關規範與限制，以及思考行動改變的可能。

（一）年節相關的性別民俗

　　至今仍有不少人沿用傳統對婚姻是用「嫁出／給、娶入／進」的概念來理解與定位彼此關係，進而延伸至兩個家庭的關係位階與互動規範。民間特別是用「嫁出去的女兒，潑出去的水」形容女性，嚴禁女兒大年初一回娘家，否則將會帶衰娘家，初二回娘家時因已是外人／客人，作客除需帶伴手禮之外，也需在天黑前離開娘家。此外，娘家礙於對離婚女性的汙名與不平等對待的社會壓力，通常也不敢歡迎離婚女性回家過年。年節期間對女性的規範，除了回娘家議題之外，另外一個重責大任就是年度大掃除、除夕年夜飯、年菜張羅與料理，由於女性跟照顧料理等家務分工與指派緊密相關，讓

女性在年節期間的勞動比起平日更是加倍心力。[11]

　　年節習俗對女性無形的規範相當多，但在社會快速變遷與性別平等價值的社會倡議下，已有不少人及團體發展出各種的協商或創新方案，例如協調兩家共進除夕團圓飯、出國旅行、各自回原生家庭團聚、協議每年輪流、初一帶油回娘家沖喜等，都讓民俗有翻轉的可能。[12]

（二）婚禮相關的性別民俗

　　以前元宵時節就有「偷挽蔥嫁好尪」、「跳菜股娶好某」的習俗，都市較少見此類活動，民間偶有當作元宵節慶活動（楊金城、邱灝唐，2018）。結婚被視為人生重要大事，新人即是經由實作婚禮許多禮俗與習俗規範，進行身分的轉換。雖結婚的形式要件是採締結契約與法律登記，但結婚儀式仍受古代婚禮習俗影響，採「嫁娶儀式」，無形中強化「出嫁從夫」的傳統觀念。從男提親、給聘金的儀式，諭示男性與其家庭在婚禮與未來婚姻中的主導地位，有男主動女被動的迎娶入家門之意。婚禮當天，新郎、新娘向新娘父母（祖先）辭祖，再到男方家先拜祭神明和祖先，再拜父母後夫妻交拜。祭拜儀式是確認婚俗中，男性為主體的父權禮制，新娘在兩次祭拜中身分轉換，儀式完結後從某家女兒變成另一家媳婦。嫁出為外人的象徵，包括丟扇子象徵女性把壞脾氣丟掉、潑水象徵與原生家庭的切割、把新娘由父親之手交到先生之手；視女性為不祥的象徵，包括跨火爐、遮米篩擋天避煞等；踩瓦片、男孩滾新床、嫁妝內的黑炭、芋頭、蓮蕉花、帶路雞的預測等，都透過各種符號希冀能早生貴子以傳宗接代（陳阿昭、陳靜芳、劉還月，2003）。

　　許多人對婚禮習俗規範不盡全盤瞭解，為求籌備婚禮順暢，多數常採沿襲遵循而不多加討論或檢視，但其中對性別刻板印象、嫁娶概念，與對女性的貶抑已不符平等價值，加上現在跨族群、跨國婚姻普遍，以及同志婚姻平

11　根據行政院主計處資料顯示，臺灣地區15-64歲已婚女性之平均每日無酬照顧時間，102年每天共花4.22小時料理家務，105年則為3.88小時（行政院，2017）。

12　蘇芊玲、蕭昭君主編（2005）的《大年初一回娘家》，內有許多創意點子。2018年臺灣性別平等教育協會推出「大年初一油洗洗 知心歸女回娘家」行動，以「油洗洗」來翻轉吃窮娘家的說法。

權的到來，傳統婚禮已有許多不同設計與創意的作法（蔡麗玲、游美惠，2008）。為提供更多平等結合的觀念與作法，2014年內政部邀集專家學者編輯《平等結合 互助包容：現代國民婚禮》手冊，說明婚禮意義、籌備事項等，並提供多種合乎平等價值的婚儀與說法以供參酌，避免性別偏見的再生產。花蓮國小老師陳翊芯（2010）就以自身婚禮為實踐場域，跟家人溝通婚禮當天，不潑水、不丟傘，不拜別父母，以改說「感恩父母養育之恩」表達感謝，並跟先生協商一起跨火爐，承諾為婚姻共同努力。

問題討論1-1 年夜飯去誰家吃？

過年前，各種年夜飯去誰家吃？如何吃？女性寧排班不願過年等的相關詢問，成了各種討論版熱門議題。現代家庭形成組成相當多元，也因就業工作、生活習慣、情感關係等有多種不同的運作型態，例如單親／離婚家庭、同志家庭、假日夫妻、母系家族、非婚異性戀同居者且不以浪漫愛為基礎的多人家庭等，都衝擊了各種民俗與文化，許多人開始在過年期間要求回自己原生家庭或相約出國旅行（改寫自蔡宜文，2016）。請討論：

1. 一般，除夕夜、初一、初二等，這幾個日子是去誰家吃飯？年菜如何準備？由誰來準備？如何分工？

2. 過年期間，「婚姻家庭與各自的原生家族之間」涉及什麼樣的性別權力關係，哪些人、事、物受到規範？不受規範的又有哪些？

3. 在性別平等的價值下，如何創造一個可對話與協商的機制？可以有什麼創新的年夜飯或過年期間的聚會方式？

（三）喪禮相關的性別民俗

喪禮是人生盡頭最後重要的結束。漢人民俗以父系家族為尊，父子相傳的文化邏輯，也延續在喪禮中處處可見。除了前述探討的女性爭取擔任家族／宗族祭祖主祭，未婚女／離婚女／已婚女爭取死後回家，改變排除生理

女性成員參與的社會權力結構法則之外，傳統喪禮辦理時，多數還是由男性擔任主祭，男性子代與孫代比家庭內任何女性成員的地位都還重要。女兒若返回娘家奔喪，因認定其已「外嫁」，需跪爬入家門之「哭路頭」，男性成員則無此規定。孝服則依男女、親疏、內外家的區別，共有五服之分。不只孝服、祭奠順序有別，女性也不能捧斗、執

圖1-2 2018年3月4日石雕藝術家林忠石出殯，女兒林子婷親自捧斗。
資料來源：林子婷提供。

幡、捧骨灰甕、背負牌位等，若家中無男性子嗣，也常發生由其他男性晚輩協助的案例。喪葬儀式中的男女行為規範，還包括女性成員需頻繁跪拜與表現悲傷地啼哭；訃聞排名順序也常是男前女後；若妻歿夫稱「杖期夫」、「不杖期夫」，夫歿妻稱「未亡人」等不符性別平等的舊習（黃雅鈴，2015）。

由於傳統諸多喪葬儀節已不符合性別平等精神，相關部會陸續著手修訂相關作法，2010年勞委會修正喪禮服務職類學科測試試題參考資料，從證照考試改變禮儀師的觀念，內政部於2016年出版《平等自主 慎終追遠：現代國民喪禮》、《喪葬儀節手冊》、《喪禮VS.人權：干誰的事？》等書、「喪禮服務人員治喪協調注意事項」等公告，將性別平等、殯葬自主、尊重多元族群等現代概念，納入傳統治喪事項。例如長女可代長男，當喪禮主祭（洪素卿，2010）；「杖期夫」、「不杖期夫」、「未亡人」改為「護喪妻」、「護喪夫」；訃聞排名以出生順序而非男前女後；女兒也可執幡捧斗等。2018年，一生為正義、環境、文化與藝術奮鬥的石雕藝術家林忠石過世，女兒林子婷在喪禮籌辦期間，和禮儀公司、家族親人溝通，表示將由她為父親捧斗，親自送父親最後一程，獲得大家尊重。

民俗儀式的辦理至少涉及四個面向，包括當事者與負責人的意願與經費、殯葬業者、親朋好友、宗教或文化，都是影響儀式如何進行的主要因素（劉仲冬、陳惠馨，2005）。由於女性在傳統民俗中的現身參與常和禁忌或禁止連結，深植文化觀之中，若要在民俗規範中倡議女性參與及性別平等的

價值，就需付出更多的對話討論與行動，喪禮對當事者具有人生終點的象徵意義，會有自主的、多元的差異展現，行動者尤需事先與承辦機構進行完整溝通，以降低衝突的干擾。

> ？ **問題討論1-2　作為人生最後的喪禮主角，我們想做什麼？**
>
> 　　根據真實案例改編的短片《其他人》，描述兩位老年同志相伴一輩子，在年老時搬到安養院一起養老，卻因社會認識對其不足，無法在生活安排上提供便利。片尾，其中一位老年同志離世，沒有法律關係的同志伴侶，在喪禮告別摯愛時，頓時成了距離最遙遠的「其他人」（改寫自台灣同志諮詢熱線老同小組，2013）。以異性戀霸權為中心的社會，不僅疏漏同志的法律權益，民俗儀典對同志也有多處不公平，例如忽略跨性別者的性別氣質與生理性別的關聯，循性別刻板印象進行日常生活與儀式安排等。請討論：
>
> 1. 亡者能否依其心理認同選擇入殮裝扮？包括壽衣、裝飾等？還有哪些可調整？
> 2. 喪葬禮儀可能有哪些自主與創意作法或程序？

（四）與女性相關的禁忌

　　社會對女性的經產血禁忌，在公衛與醫療發達的今日，依舊是隱晦難言的話題，更遑論提升至公共議題的討論層次。傳統女性常被視為不潔、不淨，多與生理特徵、經產血的聯想有關，孕育生命的血液也同是對傷亡的延伸想像，多以可能會導致災厄、危險、帶煞等為由，而對女性有諸多的禁忌與禁止。例如女性生理期時不能登漁船、商船、不能拜神明及進出廟宇、不能進入工程等，有些地區更是連女性都不能上漁船，更忌走上船頭、跨過魚網及櫓槳等。遇有宗教法器、神轎等，女性也不能觸摸，更別說是抬神轎，女性坐月子期間除了不可祭祀或入廟外，也不可以出門，尤其嚴禁去別人家（翁玲玲，1999）。在傳統藝文活動，也有女性不可上傀儡戲臺，不能坐在

戲箱與觸摸戲偶等的禁忌。在棒球場最有名的禁忌，就是女人不能進球員休息室，不能拿球棒和手套，否則不是敗運就是會三振或漏接。

除了漢人民俗對女性經產血普遍有禁忌之外，臺灣原住民部落對女性、性等也有不少相關禁忌，例如與性相關的事務與概念一直被視為不能言說的禁忌，有些部落並沒有發展與性生理、性愛相關的語彙或概念，像是乳房、保險套、性交、子宮頸、乳癌防治、強暴等語彙，不是被部落視為不雅，難以啟齒，就是根本無對應詞彙，致使日常溝通常以隱晦的方式來呈現。[13]例如太魯閣族的語言慣習，無論男女都不能談論女性性器官或性生理相關，特別對男性來說，許多語彙都是禁忌，需透過族語中特有的委婉語表達，像是以無花果的形象與吸吮的動作，隱喻與象徵女性乳房（連皓琦，2013）。孫嘉穗（2016）指出，在部落文化，與性別與性生理有關的語彙，常遇三種情況：1. 沒有相關語彙無法表達；2. 有詞彙，但不能說；3. 很難用典雅的方式表達，以致難以進行公共討論與溝通。

許多社會文化都還有「月經羞恥」（period-shaming）的女性經產血禁忌，在尼泊爾的Chhaupadi傳統中，女性生理期期間需被隔離到村外小屋，不能洗澡、也不能與眾人接觸，因此有感染及衛生安全疑慮，甚至造成死亡（Avi Selk, 2016），在馬拉威跟肯亞，月經除了是不能談的話題，也常有使用碎布、葉子等替代昂貴衛生棉而增加感染的困境（王穎芝，2015）。不論是實質語言或是象徵性的掩飾，對性生理、經產血等經驗的隱晦難言，連帶使這些女性禁忌難以討論或是思考禁忌的必要性。此外，另一個現象是對經產血醫療化建構的反思，社會常把一些生命週期與身體的自然現象視為異常、負面，而需要醫療介入或矯治（盧孳豔，1998；吳嘉苓，1999）。

性別平等思潮與價值，近來快速被肯認，雖然民間還有著前述諸多女性相關禁忌，但已有民間組織和女性勇於挑戰並改變傳統，像是棒球場上的女性禁忌，雖仍有球員忌諱女性碰球具和球衣，但運動場上已陸續有女性工作人員加入，不僅女記者在賽前和賽後可出入休息室，球團也已多聘僱女性防護員提供專業運動傷害的防護（陸銘澤，2011；陳立勳，2017）。另外，像

---

13 摘錄自2018年2月3日女學會女性主義高低音系列「孫嘉穗、方念萱：女性噤聲？媒體發聲」座談筆記。

是紀錄片《海上情書》女導演郭珍弟，為拍攝遠洋漁業海上動態，打破女性不得長住漁船的規定。已有十年商船經驗的黃久倖，一路從見習三副，不斷升任，最後擔任大副，並在2017年11月獲聘為台灣國研院海洋中心海洋研究船「勵進號」的首位女船長（許敏溶，2018）。女性抬轎打破傳統禁忌的情況，近期在各地快速變化，雖部分地方鄉鎮依舊堅持只能由男性抬轎（俞肇福，2014），但已有不少知名廟宇由女性抬轎，例如國定三級古蹟臺中萬和宮奉祀湄洲天上聖母媽祖，前幾年已由女性抬轎（張協昇，2008）；屏東縣新園鄉五房村糖府千歲的祈安遶境活動，神明轎班人員就多由女性出任（葉永騰，2012）；同為三級古蹟的臺中樂成宮3月瘋媽祖「旱溪媽」繞境18庄長達22天，幾年前也已全盤改由女性抬轎（游振昇、卜敏正，2017）。雖各廟宇出現女轎夫的脈絡與情況不一，但她們的出場已能增能女性與改變民俗，除了讓女性自我培力，也提升女性在民俗文化活動中的地位。

四、結語

　　性別各種面向的實質進步，有賴體制內的法律、日常實踐與文化邏輯的到位，三者缺一不可。大部分與性別平權相關的法律修訂都已陸續完成與修正中，民眾逐漸培力出性別平等與平權的價值，但許多和傳統文化邏輯有關的日常實踐就顯得困難重重。與民俗相關的性別觀，一般民眾常基於尊重傳統與避免衝突、破壞和諧，在各種重要祭典儀式跟習俗上，多數依舊遵循貶抑女性與排除女性的傳統與作法。Diana L. Miller（2016）以音樂實作為例，指出場域（field）與習性（habitus）之間的關聯與深層運作邏輯是由性別構成的，此一性別配置又再現文化生產相關，使社會文化結構得以持續進行。討論性別與民俗，並非是要再度鞏固與強化傳統的窠臼，而是藉由這樣的探討、思考與反省，提出前述各種民俗性別區隔、排除與禁止的文化現象，以及此性別配置所表徵的社會秩序與象徵意義，女性依舊被視為沉默的群體，背負各種不潔與危險的烙印，乖順地作為永遠的第二性（Wolf, 1972; Sangren, 1983; Furth, 1986）。

　　民俗性別觀中對女性的安排與指派，與性別結構、性別位置，以及性別權力關係密切相關，如果一再遵循而不加以重新思考其適切性，而進行反思或創新，會讓性別刻板印象不斷再製與生產，持續傳遞排除女性在社會系統的價值與規則。聯合國在「消除對婦女一切形式歧視公約」（CEDAW）的相關報告中指出，世界各國有相當多的社會習俗文化是違反婦女人權的根源。而這些社會文化習俗、宗教慣例等，經常被歸因是個人行為、個別族群或私人團體的行為，導致婦女人權受到歧視與排除，需要更積極改變男女的社會和文化行為模式，消除基於性別而分尊卑觀念或基於男女任務定型所產生的偏見、習俗和一切其他作法（蕭昭君，2015）。受到性別平權思潮運動的影響，臺灣民眾也正在順應社會變遷與生活需要，以自身作為改革的力量，辨識民俗活動中的性別觀，發展出修正與協商的論述與行動，改變排除、貶抑與歧視女性的民俗傳統，形成女性與生活世界、與社會建構過程，藉由話語、詮釋與行動不斷進行互為主體的對話可能。

問題討論1-3　當傳統習俗跟現代價值衝突時，我們可以做什麼？

　　2018年在日本京都舞鶴舉辦的相撲春季巡迴賽上，市長在致詞中突然在土俵上倒地不起。一名女性醫護人員上前進行急救，卻在過程中不斷遭廣播驅離：「女性請從土俵上下來，男性請上來幫忙」。會後，日本相撲協會立刻派人循平時淨化程序，加強在土俵上大量撒鹽去穢氣，因在日本傳統習俗中土俵是神聖地域，絕對禁止女性踏入。一連串作法遭到國內外輿論的譴責。摘錄自李忠謙（2018）。請討論：

1. 以目前日本相撲規範中對女性的禁止與排除，在秉持性別平等的價值與參與中，從相撲界、政府與行動者等面向，可進行哪些對話與調整的可能性？
2. 以臺灣不同族群的文化習俗為例，婚喪喜慶、祭祀、生兒育女、養老送終、豐年慶收、過年節慶等，有哪些排除或不利女性參與的作法？請討論與設計推動女性參與的可行方案。

參考
文獻

中文文獻

- 王穎芝（2015年10月15日）。世界的經期禁忌：你能想像在某些地方，女孩月經來不准上學嗎？風傳媒。取自https://goo.gl/37ubqE

- 王穎瑩（2006）。看見民俗裡的性別：一個性別平等教育的行動研究（未出版之碩士論文）。高雄師範大學性別教育研究所，高雄。

- 行政院（2017）。臺灣地區15-64歲已婚女性之平均每日無酬照顧時間。行政院性別平等會重要性別統計資料庫。取自https://goo.gl/qjP5wA

- 何定照（2008年11月30日）。鹿谷林家 女兒可回祖墳。聯合報。取自https://goo.gl/vJ3Eqg

- 吳嘉苓（1999）。性別、醫學與權力。載於王雅各（編），性屬關係（上）：性別與社會、建構（頁385-418）。臺北：心理出版社。

- 周為政（2014年4月22日）。平交道事故38周年 大村淑女祠併稱交通教育館。台灣時報。取自https://goo.gl/4eY1yd

- 俞肇福（2014年2月15日）。野柳神明淨港 罕見女生抬神轎。自由時報。取自https://goo.gl/L4w13m

- 姜貞吟（2017）。宗族與性別之間可能嗎？臺灣社會學會，《巷子口社會學》。取自https://goo.gl/UP5sMg

- 洪仲志（2014）。夾縫中的美麗與哀愁：原住民婦女的生命歷程與回響。花蓮：東華大學出版社。

- 洪素卿（2010年3月9日）。長女可代長男 當喪禮主祭。自由時報。取自https://goo.gl/KCosBT

- 孫嘉穗（2016）。原住民新聞中的性別與族群議題。女學學誌，38，57-110。

- 翁玲玲（1999）。漢人社會婦女血餘論述初探——從不潔與禁忌談起。近代中國婦女史研究，7，107-147。

- 張協昇（2008年9月27日）。打破傳統禁忌 隨時代改變。自由時報。取自 https://goo.gl/TujLZR

- 張協昇（2008年9月27日）。萬和宮媽祖廟 娘子軍抬神轎。自由時報。取自 https://goo.gl/yFRL7e

- 張紫晨（1995）。中國民俗與民俗學。臺北：南天。

- 清翔（2017年5月31日）。為什麼女鬼故事比男鬼多。關鍵評論。取自https://goo.gl/1x5Whb

- 許敏溶（2018年5月23日）。勵進號黃久倖 歷來海研船首見女船長。蘋果日報。取自https://goo.gl/kYqi43

- 連皓琦（2013）。賽德克語太魯閣方言禁忌語與委婉語研究。花蓮：東華大學出版社。

- 陳立勳（2017年3月4日）。中華隊女性首席防護員 彭譯萱一切專業導向。ETtoday新聞雲。取自https://goo.gl/2sS74V

- 陳枝烈（2006）。排灣族的性別文化初探。載於孫大川（編著），舞動民族教育精靈—台灣原住民族教育論叢：家庭與婦女教育（第6輯）（頁27-46）。臺北：行政院原住民族委員會。

- 陳金燕（2013）。台灣重要民俗文化資產的性別平等檢視。女學學誌，32，136-160。

- 陳阿昭、陳靜芳、劉還月（2003）。台灣島民的生命禮俗。臺北：常民文化。

- 陳翊芯（2010）。婚禮儀式中的性別教育意涵（未出版之碩士論文）。東華大學課程設計與潛能開發學系，花蓮。

- 陸銘澤（2011）。棒球樂事。臺北：台灣書房。

- 游振昇、卜敏正（2017年3月29日）。一路女人抬轎 旱溪媽兩件事比大甲媽、白沙屯媽還威。聯合報系時事話題。2018年3月20日，取自https://goo.gl/zVNXkJ

- 項程鎮（2015年3月21日）。女性無法分享祭祀公業利益 大法官認為合憲。自由時報。取自https://goo.gl/26buzb

- 黃萍瑛（2008）。臺灣民間信仰孤娘的奉祀。臺北：稻鄉出版。

- 黃雅鈴（2015）。女性在客家喪禮的性別階序與文化意涵：以苗栗地區為例（未出版之碩士論文）。國立中央大學客家語暨社會科學學系客家社會文化碩士班，桃園。

- 新知觀點（2009）。女兒不如長孫？！我們要性別平等的奉祀官制度。婦女新知基金會通訊，293，10-13。取自http://bit.ly/2KWYI4u

- 楊金城、邱灝唐（2018年3月2日）。偷挽蔥嫁好尪 三股社區牽線當紅娘。自由時報。取自https://goo.gl/Usx3Hy

- 葉永騫（2012年12月12日）。打破禁忌 神明遶境娘子軍抬轎。自由時報。取自https://goo.gl/FLASZg

- 葉啟政（2013）。象徵交換與正負情愫交融：一項後現代現象的透析。臺北：遠流。

- 劉仲冬、陳惠馨（2005）。我國婚喪儀式性別意識之檢討。臺北：內政部委託報告。

- 蔡麗玲、游美惠（2008）。性別與民俗教材與範例。臺北：教育部。

- 盧孳豔（1998）。經前症候群：女人每個月發瘋一次嗎？醫望，27，92-94。

- 蕭昭君（2005）。爭取參與祭祖，女生正步走。載於蕭昭君、蘇芊玲（編），大年初一回娘家：習俗文化與性別教育（頁110-119）。臺北：女書文化。

- 蕭昭君（2008）。女性爭取宗族祭祖大典主祭的行動敘說。載於玄奘大學宗教學系（編），宗教文化與性別倫理：國際學術會議論文集（頁559-594）。臺北：法界。

- 蕭昭君（2015）。消除文化習俗上的歧視。載於張文貞、官曉薇（編），消除對婦女一切形式歧視公約（頁141-180）。臺北：台灣新世紀文教基金會。

- 顏芳姿（2014a）。從貴州山區高嬰兒死亡率談侗族婦女受苦的社會根源。人文社會與醫療學刊，1，103-127。

- 顏芳姿（2014b）。台灣新移民的健康網絡。護理雜誌，61(4)，35-45。

- 蘇芊玲（2005）。書寫性別 擴散力量。載於蕭昭君、蘇芊玲（編），大年初一回娘家：習俗文化與性別教育（頁110-119）。臺北：女書文化。

- 蘇逸洪（2013年7月16日）。打破工程禁忌 蘇花改出現女隧道指揮官。華視新聞報導。取自https://goo.gl/3ZSLVQ

英文文獻

- Bryson, M. (2013). Baijie and the Bai: Gender and ethnic religion in Dali, Yunnan. *Asian Ethnology, 72* (1), 3-31.

- Douglas, M. (1966/2002). *Purity and danger: An analysis of concepts of pollution and taboo.* New York: Routledge.

- Furth, C. (1986). Blood, body and gender: Medical images of the female condition on China. *Chinese Science, 7,* 43-66.

- Merton, R. (1976). *Sociological ambivalence.* New York: Free Press.

- Miller, D. L. (2016). Gender, field, and habitus: How gendered dispositions reproduce fields of cultural production. *Sociological Forum, 31*(2), 330-353.

- Millett, K. (1969/2000). *Sexuality politics.* Urbana and Chicago: University of Illinois Press.

- Inhorn, M. (Ed.). (2008). *Reproductive disruptions: Gender, technology, and biopolitics in the New Millennium.* New York: Berghahn Books.

- Oni, O. A., & Tukur, J. (2012). Identifying pregnant women who would adhere to food taboos in a rural community: A community-based study. *African Journal of Reproductive Health, 16*(3), 68-76.

- Sangren, S. P. (1983). Female gender in Chinese religious symbols: Kuan Yin, Ma Tsu, and the "Eternal Mother". *Signs, 9*(1), 4-25.

- Selk, A. (2016, December 20). A Nepali teen died after she was banished to a hut for having her period. *The Washington Post*. Retrieved from https://goo.gl/bUxHED

- West, C., & Zimmerman, D. H. (2002). Doing gender. In S. Fenstermaker, & C. West (Eds.), *Doing gender, doing difference: Inequality, power, and institutional change*(pp. 3-24). New York: Rouledge.

- Wolf, M. (1972). *Women and the family in rural Taiwan*. Stanford, Calif: Stanford University Press.

第2章

映現／形塑性別的
語言溝通

葉德蘭

現象
發想

「菜市場名」？世代大PK

　　內政部戶政司透過戶政資訊系統，每兩年做一次全國姓名統計分析，根據2016年10月26日公布的資料，如果取名趨勢反映臺灣親長對孩子的期盼，男女有別嗎？各世代相同嗎？

臺灣各世代前三大取用名字

出生年	男性取用名字	女性取用名字
民國1年至9年	明、金水、金山	秀英、玉、玉蘭
民國10年至19年	金水、金龍、金生	秀英、玉蘭、玉英
民國20年至29年	正雄、文雄、武雄	秀英、玉蘭、玉英
民國30年至39年	正雄、武雄、文雄	秀英、秀琴、美玉
民國40年至49年	金龍、進財、榮華	麗華、秀琴、秀美
民國50年至59年	志明、志成、文雄	淑芬、美玲、淑惠
民國60年至69年	志偉、志明、建宏	淑芬、雅惠、淑娟
民國70年至79年	家豪、志豪、志偉	雅婷、怡君、雅雯
民國80年至89年	家豪、冠宇、冠廷	雅婷、怡君、怡婷
民國90年至99年	承恩、承翰、冠廷	宜蓁、欣妤、詩涵
民國100年至105年6月	承恩、宥廷、品睿	詠晴、子晴、品妍

資料來源：內政部戶政司全球資訊網，https://www.ris.gov.tw/hi/346

這樣的要求過份嗎？

　　偽娘以女性的身分活現於人前，當然期望別人當自己是一位女生。在各種的場合都希望別人稱呼自己為小姐。一句小姐的稱呼已經足夠每位偽娘樂透半天。

……當然亦會有一些不愉快的經驗，例如：晴晴在酒吧遇上了查牌，Madam面對著身分證上的男生與面前圖文不符的女生，遲疑了半晌。最後，還是叫了一聲曾先生。……

……晴晴在一次捐血的經驗中，護士沒有稱呼我為先生或小姐，只是單單稱呼我的名字。其實，我有姓有名，名字本身也是讓別人來稱呼我。先生或是小姐在這刻真的不是最重要。既然是如此，可不可以一個大家都感到舒服的方式去處理面前的尷尬。

……其實，一句小姐的要求過份嗎？

——引自晴晴（2018年2月21日）。一句「小姐」要求過份嗎？

G點電視 私人感晴專欄。

取自http://gdottv.com/main/archives/21447

「第一次」誰在看？

2004年我國第一次舉辦公投，某政黨報紙宣傳廣告穿著水手服的年輕女性，代表了「公投」的哪些特色？又是誰的眼睛「都在看」她的「第一次」呢？

圖2-1　我的第一次，世界都在看。
資料來源：劉莉莉（繪）。

一、前言

　　日常生活中，我們使用語言來表情達意、議論協商，亦由言談溝通中發展認同，建構對外界的認知，唯語言並非客觀中立，實乃歷史、文化產物，各種社會類屬（如族群、年齡、階級）皆與之相互作用而產生意義，其中尤以性別深刻影響了我們的生命經驗與溝通模式。溝通學界常言：「你不能不溝通」（You cannot not communicate），性別研究者亦常言：「無處不性別」，正描述了我們從小到大的生活完全無法不受二者互動影響之事實。然而對性別與溝通之間的系統性檢視與批判，直至女性主義和女權運動興起，才陸續出現（Hall & Bucholtz, 1995）。

　　學術界對此之批判性探討，以1973年雷可夫（Robin Lakoff）研究女性職場言談為開端，其後相關研究蓬勃發展，正視語言、言談不只映現、複製並且形塑了社會文化中性別刻板印象與不平衡權力關係的現實，領域涵跨了歷史、語言學、文學、心理學、社會學、政治學、人類學等學門，學刊包括：Woman and Language（1976年創刊），Women's Studies in Communication（1978年創刊）等。近年也出現許多討論男女溝通差異的大眾閱讀市場暢銷書，將此一議題之學術與通俗界限模糊化，不少似是而非的說法應運而生，偏離了當年由性別平等意識[1]出發，批判解構語言與言談中的性別歧視和差異的變革（transformative）本意（Coates & Pichler, 2011; Cuklanz, 2016）。

二、理論與概念

　　縱觀過去數十年來探討性別、語言與言談相關議題的文獻，不難看出基於各流派女性主義偏重之理念價值而發展出多樣的研究角度及學術成果，約略可以區分為兩大類別。

---

* 　作者感謝黃淑玲、游美惠、黃儷莉、方念萱教授的諸多提點及建議。文中如有任何疏漏過失之處，文責自負。
1 　性別平等意識內涵，可以我國《性別平等教育法施行細則》第8條：「本法第九條第一項、第十九條第一項及第三十條第三項所稱性別平等意識，指個人認同性別平等之價值，瞭解性別不平等之現象及其成因，並具有協助改善現況之意願。」為綜整。

（一）範型與他者：以彰顯宰制歧視為重點的研究取向

他是主體、他是絕對──她是他者。

（"He is the Subject, he is the Absolute -she is the Other."）

──西蒙波娃（Simone de Beauvoir, 1952, pp. xvii-xviii）

數千年來，語言作為描述現象與承載意義的符碼，以及表達思想情感與人際溝通的媒介，似乎是不分性別的。近代隨著平等人權等觀念日漸普及，大家逐漸意識到語言符碼傳遞、反映了文化對性別的既定印象及期待，使用語言溝通的同時，不但再現也增強了傳統社會文化的性別不平等關係，更影響使用者的認知，進而將之內化，而語言使用及符碼本身其中涵喻的性別階層結構及負面影響才慢慢被揭示。19世紀的美國女性投票權運動（suffrage）領袖史丹騰（Elizabeth Cady Stanton）發現聖經中對女性描述諸多不公，倡議刪除歧視女性之文字，並自行出版了女性版本聖經（1895），可惜此類運動界的努力，並未得到當時所謂現代語言學者的回應。

1. 語言符碼

20世紀最初注意到性別反映在語言使用差異上的語言學者，多半將女性言談視為不符主流正統語言規範之變異。丹麥語言學家耶斯貝森（Otto Jespersen）在其經典之作《語言之性質、發展與起源》專書中，將女性英語言談之特性另列〈The Woman〉一章，由日常生活的觀察中，描繪女性說話較客氣、間接，字彙少於男性且少用粗俗語情形，該章主題及句構鬆散零落，較之其他嚴謹討論語法、語義等篇章，行文風格有顯著的區隔。如果女性言談不包括在其他章節處理範圍之內，且該書也不見立有〈The Man〉專章，那麼所謂「語言」當指以男性言談為人類言談之常模，女性言談不但被視為異於所謂「人類言談」，也未做系統性的研究（1922）。此一處理女性言談手法並非獨見於耶斯貝森作品，直至第二波女性主義思潮興起之前，人類語言、溝通研究學者皆把女性使用語言之言談特色，當作如族群、地域等種種社會類目之一的影響所致，往往將這些差異合在同一章節討論（如Trudgill, 1978）。

　　1970年代具有平權意識的學者開始檢視以男性言談為典範的所謂「中性」、「客觀」語言，發現指涉女性的語言符碼與言談模式如有與男性不同之處，應是源於女性長久以來向居社會文化政經權力較低地位所致，約可分為三類：

（1）女性受到忽略

　　女性學者認為語言以男性泛指人類，或主要以男性為指稱的字詞，簡化了真實世界的複雜與多元性，並因為以某一面向（男性）為常態，同時異化、邊緣化，甚而矮化／醜化了其他面向（比如女性、跨性別者、雙性人等）。英語中以he／his／him為中性（generic）第三人稱代名詞，即是人為所致，並非語言自然演變之結果。自中古以降的英國史料中，第三人稱代名詞皆無固定區別性別，男女分流是18世紀文法學家創造出來的語言規則；1850年，

圖2-2　女性邁向主席（Chairman）之路。
資料來源：劉莉莉（繪）。

英國國會通過法案方規定議事語言一律使用he／his／him通指男女之泛指代名詞（generic pronoun）（Bodine, 1975）。這些人工語言規劃（language planning）之影響，透過新聞寫作體例、學校文法教學[2]等體制化過程，逐漸深植英語使用習慣之中。[3]然而不少實證研究發現：日常口語溝通與文字閱讀寫作中，母語使用者對he／his／him一字的認知，並非全然中性，仍認為這些字具有相當程度的男性意涵，且其中女性不認為自己包含在該指稱群中（Mackay, 1983; Martyna, 1978）。而跨性別者處在只承認男女二元的語言系統

2　即使美國英語教師協會（National Council of Teachers of English）於1975年要求全面使用不帶性別歧視語言，兩年後（1997）美聯社出版的英語寫作體例（The Associated Press Stylebook）依然以he為泛稱代名詞，先行詞（如everyone, every person）可能指男性或女性時，則使用he為代名詞。二十年後，2017年5月版本中方將they／them／their列為單數、性別中立代名詞，以符合近年歐美大學及多元性別社群使用語言現況。

3　對於歐洲語言中性別歧視之人為影響，可參閱Hellinger（1984）之文獻回顧。

中，找不到符合自己性別認同的代名詞，日常
語境皆是煎熬（Borstein, 2013）。

　　除了代名詞，日常語言中的語彙亦常見以
男性為主體，女性彷彿是社會上的「隱形人」
或「非人」，不在日常語言描繪反映的社會文
化結構之中。例如英語中的「人」通常是以
man來入字句，如mankind（人類）、chairman
（主席）、freshman（大學新生）、men are
created equal（人生而平等）、「man's best
friend」；華語亦反映出以男性為行動者的世
界，如「父慈子孝」、「雄心壯志」、「天之

圖2-3　女秀才是英雄？！
（2005年3月7日攝於我國總
統府）
資料來源：國史館提供。

驕子」、「英雄所見略同」等，不可勝數。女性要使用這些字句時，若不經
修改，總有些許不自然，是以在這些詞彙及成語建構的以男性世界觀為中心
的文化價值網絡中，女性被排除在外，見不到自己，即使有相同的體驗也很
難在自己身上使用這些詞語來表達，此一被「異化」、「邊緣化」的感受與
無語言可用的困境乃是許多女性的共同經驗，也正是法國學者波娃（de
Buvoir, 1952）所言之女性「他者化」，任由宰制一方片面決定，即使欠乏合
理證據亦然。

　　其實女性平權運動已經在語言上展現了創造力，最明顯的例子就是性騷
擾（sexual harassment），大多數女性或多或少皆有這類經驗：男性藉由帶有
性意味的凝視、歧視言論、空間宰控、肢體碰觸讓女性覺得不舒服、害怕；
而長久以來我們用以描述事實的語言卻對此一女性共同經驗無以名之，直到
1970年代美國出現性騷擾一詞（MacKinnon, 1979），受害者才能定義她們的
經驗，進而要求正義。[4]又如華語多當面尊稱長者為老先生、老太太，前者可
指任何男性，後者則在日常人際互動中對年長未婚女性（包括女同性戀者）

4　性騷擾受害者中，絕大部分為女性，因此，這主要仍屬女性經驗，如教育部依校安通報所
　　作民國105年性騷擾案件統計數字中，行為人男女人數各為283（97.59%）、7
　　（2.41%），而被害人男女人數各為419（21.6%）、1521（78.4%）。（最新數據詳見教
　　育部統計處性別統計指標彙總性資料──教育環境網頁，http://depart.moe.edu.tw/
　　ed4500/cp.aspx?n=0A95D1021CCA80AE）

帶來困擾，近年漸以老人家作為不分性別的敬稱，亦是一種具涵容性
（inclusive）的語言變革，但尚未普及。

（2）名詞定義狹隘

職稱名詞（如警察、護士、司機、總機）受到傳統社會職業分化的影
響，似乎已預先假設了性別，因此我們習慣稱呼這些業務執行者為「警察先
生」、「護士小姐」、「司機先生」、「櫃檯小姐」；如果其他性別擔任同
樣工作，若稱呼其為「警察小姐」、「司機小姐」，多少有扞格之感，恐落
不夠尊重專業之嫌，或有不如男性職稱之權力與效力之疑。又如「總統」、
「醫生」等，過去皆以男性為主，其配偶則為「第一夫人」、「先生／醫師
娘」，女總統／醫生的男性配偶便無法使用這類具有尊稱意涵的詞彙，更顯
明了舊有傳統常以與男性關係及男性成就來定義女性的習慣於今多有礙難行
之處。

甚者，某些職稱名詞本身就已包含特定性別指稱文字，如師「父」、農
「夫」、娼妓、保「母」，致使其他性別很難直接使用，必須在前面加上性
別類詞（男、女），即使官方正名為「護理師」、「保育員」，[5]有意願從事
這類工作的其他性別人士，仍然遭周圍親朋好友「善意」的提醒，可能就此
打消念頭，殊為可惜。

這些排她（他）性語言的例子，正反映了過去社會公領域多為男性所主
控界定的歷史事實，而性別區隔的勞動職場，尚待改變，即使現今男女性漸
已進入了非其傳統性別定型領域工作，其所面臨之多重職場窘境，語言上無
可命名只是其中之一。然而，這些用語即使不符合社會現況，仍然繼續存在
於日常生活語言當中，足見約定俗成的力量之大，撼動不易。

（3）女性遭到貶抑

許多語言皆有不同性別並列結構詞序，順序上多是語義顯著、文化優勢
者排在首位，如父母、公婆、子女、夫妻、Mr. & Mrs.（先生暨夫人）、"I

5　似乎當男性開始選擇進入傳統女性職業，我們的社會就會要為此行業改名，但反之並不亦
　　然，是否意味著過去職業隔離現象中原本存在的男尊女卑分工，傳統上被視為地位低的職
　　務要改名才能配的上男性呢？

now pronounce you husband/man and wife（英美宣布成婚制式用法）"等，此一詞序體現了男尊女卑的傳統性別位階，女性地位本就居於男性之下，詞序自然在後。雖然漢語中確有「陰陽」、「虛實」、「雌雄」用法，然原意並非指人的性別，且皆用於二種特質同體並存之狀態，如「陰陽學」、「虛實相生」、「雌雄同株」等。

　　甚者，在語言演化的過程中，有些專指女性的字詞原為正面或中性，但在實際使用上逐漸增添了負面鄙損之意，舒茲（Muriel Schultz）稱之為「對女性的語意貶抑」（semantic derogation of women, 1975, p. 65），如英語中的spinster由「未婚女性」變成「怪脾氣、壞脾氣之單身女性」，mistress由「女主人，主婦」，變成「情婦，妾」，madam由「貴婦，女士」變成「鴇母」，漢語中的「娘們」本是中性詞，在清代轉指「女佣人、媒婆、歌伎、或妓女」，近年來「小姐」、「公主」也漸已染上情色行業的色彩。相對應於這些女性字詞的男性字詞（bachelor、mister、master、爺們、先生、王子）則仍維持原有受到尊敬的正面語義，不見任何貶損。

　　漢語文中的造字原則，更使得幾千年前的女性行為準則與對女性之歧視持續存在於每日使用的語言之中。根據《說文解字》，「女子從人」為「如」字；女性「宜如禾下之彎腰謙柔」為「委」字；「從女在家中必為靜」而成「安」字；「以手壓女」為「妥」字；「多女聚集必有惡偽私犯之事」則成「姦」字。又以「奸」、「妄」、「婪」、「妖」、「妒」、「怒」、「孏」（＝懶）、「嫚」（＝侮慢）等形聲字，並非女性專有的負面情緒及行為，也多從女部。許慎在《說文解字序》中，言明形聲字的形符（在這裡指的是女部）表示其字詞意義範圍，而共同構字之其他部分即聲符（夭、亡、林），只是注音之用的表示字的讀音而已，即使女性男性皆會嫌棄、狂妄、妒嫉、忿怒、貪婪、姦淫、作奸犯科，但是只因社會文化配屬女性的價值將之造字為女字部，彷彿此類行徑與男性毫無干係，連民國初年弘一大師（李叔同）亦不願書寫。[6] 無怪乎「她」字的人稱代名詞用法在劉半農

6　1929年舊曆4月12日，（於溫州慶福寺）〈致夏丏尊〉書：「去年應允此事之時，未經詳細致慮，今既書寫之時，乃知其中有種種之字，為出家人書寫甚不合宜者，如刀部中殘酷兇惡之字甚多，又女部中更不堪言，尸部中更有極穢之字。余殊不願執筆書寫。」（http://www.book853.com/wap.aspx?nid=1138&p=2&cp=7&cid=112）

於1920年代推廣並入詩之時，多有女性認為人字旁「他」原指男女皆包含在內的第三人稱代名詞，區分男女後，女性淪為非人的範疇，更不利於當時新文化運動中性別平等之推動（黃興濤，2015），而漢文化中貶抑女性之成語如「婦人之仁」、「最毒婦人心」、「女子無才便是德」，至今仍然時有所聞，是否反映了文化傳統改變之緩慢和不易？如此的語文傳統之下，相較於外語髒話包括性行為、排泄物與宗教意涵等用語，而漢語文中則以侮辱女性為髒話，不僅可以轉為發語詞，[7]還成了男性培養情誼、維持交流的溝通符碼（韓采燕，2009）。髒話的起源雖不可考，但是其語言結構和父權社會結構交互作用產製的結果，增強了對現實世界女性的宰制，並認同此一被限定的女性角色與女性性器官被視為禁忌的意識形態（蔡珮，2005；Wajnryb, 2004）。有意思的是，使用髒話的女性比男性更不為人所接受，在第一篇以漢語文寫作探討男女兩性語言的差異的論文中，施玉惠（1984）已經注意到：臺灣女性說髒話會降低其社會地位，而對男性影響不大。

在語言符碼層次上，對於排她（他）及貶抑、汙化女性相關語詞的現象，許多女性主義學者將之解釋歸因於社會權力結構中，女性地位低下，長期受到男性貶抑，這樣的制度透過將女性稱謂或性別標記轉變為負面或與性行為相關之語言用法，就是宰制的一種形塑手段和結果反映。日後使用這些字詞時，其女性負面涵義的印記亦將如影隨形，進入使用者的潛在意識中，不止貶低減損（trivialize）女性原應有的重要地位與貢獻，而且深化了以男性為中心的意識形態。

2. 言談溝通

獨尊男性的異性戀父權體制及隨之產生的性別不平等現象，在口語溝通層次上，亦復如是。雷可夫在專書 *Language and Woman's Place*（Lakoff, 1975）中，觀察百貨公司售貨員與商業公司經理的言談，主張女性使用語言情形正是她們在社會上低自尊及從屬地位的反映，亦即女性語言模式是沒有力量的

7　「士林地院認為，『幹』字是慣用台語者，常常脫口而出的字眼，有人會拿『幹』字當發語詞，沒有侮辱的犯意，判無罪。」（林孟潔、賴佩璇。國罵1字不用錢！罵這5個字 要賠100萬…。聯合新聞網。取自https://udn.com/news/story/7321/2478638）

（powerless），相對地，男性語言模式則是有力量的。此一主張後來受到其他學者批判，認為仍以男性為典範而女性為歧異來對比，並認為雷可夫暗指女性仍有不足（deficient）之處，應設法改變原本溝通模式以求迎頭趕上（男性）標準，方符合職場需求（Spender, 1985）；雷可夫的研究方式——多為個人觀察與內省，非正式實證語料分析——也遭受質疑（Coates, 2016）。然而，雷可夫此書被譽為開創性別與言語溝通研究之先河，其對中產階級白人女性言談模式之描述，至今仍具相當程度的精確性，以下依語言學分析類別介紹：

語彙：女性通常偏好標準語詞，言談呈現更廣之字詞選擇，特別是女性感興趣或與女性傳統工作相關者。如女性的顏色辭彙遠比男性精準也豐富得多，她們會用「薰衣草紫」、「蘋果綠」、「鐵灰」等詞的頻率，高於一般男性。女性多用誇張、戲劇化的強調修飾語（intensifier），如「超可愛的」、「真的真的」、「我太愛了」、「真是高興妳恢復得這麼快（I'm so glad that you recovered so soon）」。

語音：一般而言，女性發音較男性來得標準，且經常好用句尾上揚語調，[8]即使在敘述或答問時皆如此，好像並非自己意見／看法，而是在徵詢別人的同意或認可。女性亦多在句中加重某些字的發音，表面似乎在強調其意見或意向，但常使聽者認為其發言過於情緒化，不夠理性。另外，女性多半發音較接近標準模式，並也以此要求或評價其他女性，而男性則有較多選擇空間，甚至故意以不標準發音來建立同儕情誼。

語法：女性較男性更常使用猶疑（tentativeness）語氣之附加問句（tag question）及模糊語（hedge），如「好不好？……對不對？」、「似乎」、「好像」、「有點小貴……」，句首常出現「我覺得」、「我猜」、「妳知道嗎？」之語，例如：「這裡好像有點熱，請問我可不可以開一點窗戶？」，「不好意思，有個想法我可以說一下嗎？」。

8　英語一般習慣用法中，只有在是否（YES／NO）問句句尾使用上揚語調。

雷可夫認為這些言談特質，亦見於社會地位較低的男性身上，是一種沒有力量的弱者模式（powerless style），但是女性尾音上揚及句法上模糊語的使用頻率遠比男性高很多，這更削弱了女性溝通的影響力，讓人覺得女性優柔寡斷，不確定自己想說什麼，或對自己的意見欠缺信心，甚而不想為自己的建議或見解負責任，是為一種欠缺（deficient）模式。雷可夫希望女性在公領域改用有力量的模式（powerful style），也就是有地位的男性模式來溝通，以提升自己的影響力，不要被社會既成性別角色模式限制住。

⊘ 問題討論2-1　語言使用映現或形塑了文化？！

　　在我們日常生活習用的語言裡，「姦」、「奸」、「妄」、「婪」、「英雄出少年」、「師父、師母」、「婦人之仁」，乃至網路社媒出現的「ㄈㄈ尺」、「母豬教」、「工具人」等字詞，會不會影響使用者對男女的想像？是否對同性戀者、跨性別／變性者、中性／雙性人也有類似忽略或貶抑的情形？請舉例說明，並討論為何這些語言至今仍然存在甚或成為嘲弄、歧視或霸凌的來源呢？需要改變嗎？可能如何改變呢？

（二）男女同不同：以探討社群差異為重點的研究取向

我們不要忽視差異，而是要接受而超越之。

（"Instead of ignoring our differences, we need to accept and transcend them."）

　　　　　　　　　　　　　　　——雪莉・桑德伯格（Sheryl Sandberg, 2013, p. 160）

除了將男女溝通差別視為宰制／屈從之權力不平衡之映現的研究觀點外，另外一種解釋性別與語言、言談關係的研究取向，著重在男女分屬不同的次文化社群，經過社會化養成的言談溝通模式自然不同，無分軒輊，亦無高下，用於增進群體認同或區別人我。

1. 語言符碼

世界語言種類眾多，即使用法如詞彙、語調或有不同，女性男性多皆共同使用同一套符碼，罕見各用不同語言符碼的系統。少數目前發現的實例，可能多半起源於祕密語言需求，[9]以二例說明如下。

臺灣苗栗縣泰安鄉泰雅語汶水方言（Mayrinax Atayal）中，男女語言（包括動詞、名詞）形式不同，約有10%詞彙上的差異，如hapuy／hapuniq「火」，luhung／luhiung「臼」，kumai'／kumaihu「挖」等，由於女性語較為接近古泰雅語形式，男性語較多新進變化，是以李壬癸（1983）認為應是起源於男性的祕密語，但此一男女語言符碼系統性與結構性的明顯差異，目前並未見於中國大陸其他少數民族語中（李壬癸，2012）。

1980年代在中國湖南省江永縣發現了女性專用標音文字「女書」，只有點、豎、斜、弧四種筆劃，字體呈斜長菱形，每個字代表當地方言一個音，與漢語造字表意為主原則不同，由於該區女性過去不被允許識字讀書，便改造漢字（「男書」）發展出我手寫我口的系統性符碼，寫在紙張、扇子、手帕上，作為女性親人朋友間通訊方式，如結拜姊妹契文、祝賀婚禮文等，女性聚會時共同誦念之唱讀女歌後來亦寫為「女書」文本，男性則不得學習，故多將「女書」當成花紋裝飾而已（劉斐玟，2014；Liu, 2015）。

2. 言談溝通

主張男女分屬不同言談社群觀點的學者多認為：溝通模式是從小在同性遊戲團體中學習養成的，男性女性各有偏好及習慣的語言表達方式，因而長大後可能在異性別間造成誤解。男童常用命令句，團體中位階分明，彼此競爭，爭執時多用控制、挑戰策略、甚至貶低、戲謔對方；女童常用「we can／could……」之類商量語氣，爭執時多託詞他人看法或團體當前需求，團體中位階不明顯，多以合作互助方式相處（Maltz & Borker, 1982）。其他語境亦多發現類似狀況，如Farris（1991, 2000）觀察到臺灣幼兒間遊戲語言常

9　社會中某些群體為了不讓外人聽懂其溝通內容，會依照現有語言更改部分規則，單一性別群體亦然。

易複製、建構這些同樣的模式。國際男女童子軍手冊上就反映了這些不同性別溝通差異，女童子軍的表定課程活動雖鼓勵獨立自主，仍多在合作團體中進行，男童子軍則有更多的科學相關內容和組織競爭（Denny, 2011），無怪乎成年後，男性仍然較為傾向以權力為互動首要基準，女性仍以相互支援為溝通準則（DeFrancisco & Palczewski, 2007）。

圖2-4　女性擔任主管後的職場溝通困境。
資料來源：劉莉莉（繪）。

　　不同言談社群成長的男性、女性，即使使用同一種語言形式，卻用意不同，接收對方語言時，也往往以自己慣用之語用意涵來解釋，因而錯失了對方原意。例如：女性使用較多問句，為的是維持對話，男性則視之為純粹尋求資訊的問句，如果女性持續拋出問題，男性僅止於提供答案，卻未接續提出讓對話可以繼續發展的言談，女性會從中覺得挫折，因為自己不停負擔維持對話的全部責任；男性也覺得挫折，因為對話的另一方的問題永遠回答不完，沒有成就感。這是雙方不瞭解對方使用語言溝通的意圖，而造成的誤解（Coates, 1986; Goodwin, 1988）。

　　相對於以生理性別區分言談的研究，伍德（Wood & Fixmer-Oraiz, 2016）檢視了相關文獻，提出柔性言談（feminine speech）與剛性言談（masculine speech）分類，認為男性女性皆可能使用這兩種言談模式。

柔性言談

　　在柔性言談社群中成長的男女較可能使用這此一模式，作為提供建議及維持他人關係的主要方法，以參與式互動對話來分享瞭解他人，表達相互支持心意。言談中經常彼此附和贊同，繼續相互增補，同理對方的發言，不時確認自己理解是否無誤；多使用禮貌語（請、謝謝等），並傾向透過模糊語和附加問句為人為己預留空間，以鼓勵回應與持續討論之可能。[10]談話中運用細節描述、自我揭露（self-disclosure）、軼事情節來連結彼此類同經驗並營

10　此點乃是對雷可夫（1975）提出之語料的重新詮釋。

造個人親密感，且會增強互動時吸引力，可以推進關係之強度與深度，在成員地位較為平等之同儕團體中常見。

剛性言談

使用此一模式溝通之男女，以言談作為控制掌握局勢，維持獨立與提升地位之用，由是可以證明自我、協商利益。使用者會在互動中強調自己的看法，如：喜好給人建議，而少談私人資訊或顯露情感，以免示弱於人。

剛性言談常用壟斷互動以彰顯自己權威之溝通策略，如講話時間長、發言次數多、更常打斷對方，但此一言談模式直接而積極的表達自我，常用絕對或命令的口吻，可能不為對方留下什麼發言的空間，在有時間限制或高壓力的情境中，往往較有效率，亦是職場上常常採用的溝通方式。

剛柔言談研究常與權力高下位置對應分析，期望和生理性別脫勾，然實證研究發現性別仍然影響很大，如美國診間醫生不分男女皆會打斷病人言談，但女醫生更頻繁被病人打斷，且打斷彼此次數差不多（West & Zimmerman, 1983）；奧地利維也納男女醫生亦皆經常打斷病人，而女醫生對病人有更多支持性言談（Menz & Al-Robaie, 2008）。

🔍 **問題討論2-2　我也這樣講話嗎？校園生活「小」磨擦！**

A：走，去吃飯吧，好不好？

B：嗯，好啊！去哪呢？

A：隨便啦，你吃什麼我就吃什麼。

B：那……去吃宿舍餐廳吧！

A：不要，那家超難吃説。

B：那去吃活動中心？

A：ㄟ……活動中心好吵，每次都那麼多人在排隊。

B：ㄜ……那後門好了。

A（低頭）：……好遠喔。

B（微慍）：那你到底要吃什麼啊？

A（無辜）：我也不知道啊！你不要那麼兇嘛。

B（怒　）：明明說要我決定，決定了又不要，你到底想怎樣？

——改寫自：臺灣大學兩性平等委員會2003年版「鵑的」手冊

　　請回想過去自己曾經與異性別間或親密關係中發生的衝突，寫出一個對話，可在小組中交換彼此提出的經驗情境，分析討論其中各層面的性別因素影響，如符碼、言談模式等。

　　國內的相關研究雖不多，但亦相當程度支持生理男性女性言談差異對比現象。陳淑美（1995）分析國內Call-in廣播節目之男女主持人言談特質發現，男性主持人問問題之數量為女性主持人的兩倍，而女性主持人常放棄自己的發言權而讓男性主持人繼續說話或問問題，並會以簡短回應或重複對方的用語、句子，表示自己注意傾聽和鼓勵對方繼續發言。高婉瑜（2009）以電話訪問臺南市民眾，搜集其拒絕訪問的回應，調查發現兩性的拒絕策略、話輪轉換、拒絕模式有些類似，但對陌生人的來電，女性通常比較注意禮節，以「說具體理由」和「道歉」的策略來緩和氣氛，多採用「重複間接模式」，維護說話自主權。蘇婉蓉（2012）亦有類似發現，女性漢語母語者的批評策略較間接，且男女面對女性聽者時，皆趨向間接批評，可見生理性別及其連結之溝通常模依然作用其中。大學理工實驗室中男性透過相互「虧」（調侃、開玩笑）的互動方式來逐漸熟悉彼此、表示關心對方、培養情誼，而溫馨關懷被視為陰柔化、娘娘腔、噁心，也顯示生理男性居多的實驗室中仍以陽剛溝通模式為主流（韓采燕，2009）。不過，研究亦顯示，此一連結有鬆動之傾向，如在電視節目《大學生了沒》裡，大學生的日常生活會話中，男性較女性使用更多的誇飾措辭語詞（朱思盈，2012）；臺灣總統候選人辯論會上，男女在客氣語和合作原則的言談表現則差異不大（黃晨峰，2018）。

　　此一文化差異研究取向多強調男女在同性社群中互動培養之不同言談模式及同語異用差距，是造成男女溝通時，期待彼此有別甚至導致誤解衝突的

原因（Ivy, 2012; Tannen, 1990），似乎相當符合一般人現實生活中的經驗，也提出合理的解釋。不過現今年輕世代同性社群中差異性更大，如日本開始出現的肉食女、草食男和お嬢マン（少女男）之言談特色，已是拼合混搭，難以性別或剛柔二元區別（Charlebois, 2012）。然而，剛性言談與權力地位的長期連結可能更強化了男性中心模式的社會優勢，是否無形中暗示女性在職場上要具備剛性言談能力，又是否能夠由此發展成一種社會批評，進一步剖析當前社會經濟文化環境裡基於性別、性傾向、性別氣質所產生的歧視與壓迫，並彰顯其中之權力不平衡關係而尋求改變現狀，仍有待未來學界與運動界共同努力。

概念辭典

報告式談話（report talk）與情感式談話（rapport talk）

　　美國喬治城大學語言學教授泰南（Deborah Tannen）研究男女談話方式不同之處，在其暢銷書《男女親密對話》中歸納出報告式談話（男性多用）與情感式談話（女性多用），兩者之別如下：

報告式談話	情感式談話
（他説）	（她説）
給予資料訊息	抒發心情感受
確立／維持地位	連結／支持彼此
看重獨立自主	看重親密關係
講求與眾不同	講求同儕近似
出主意，給建議	求瞭解，盼體諒
注重工作之達成	注重關係之維繫
*會問自己：	*會問自己：
（1）「我贏了嗎？」	（1）「我幫了忙嗎？」
（2）「你尊敬我嗎？」	（2）「你喜歡我嗎？」

　　此書可視為泰南綜合了1990年之前男女言談研究結果而集大成之作品，並且強調這兩種談話方式皆同樣重要。雖然泰南將二元論述典範從學術界順利轉換成易為大眾理解之書寫，但書中舉例並非經實證研究搜集而來，多屬逸事或個人觀察，也缺乏對社會類目（如階級、族裔）的省思，而完全以生理性別為比較基準，更深化了男女對比對立之通俗觀念，受到不少學者批評（Burke, Burroughs-Denhart, & McClish, 1994; Goldsmith & Fulfs, 1999）。

三、議題深探

　　傳統語言中之性別歧視現象，以及男女言談模式確有不同之觀察，皆已成為社會語言學者與溝通學者共同接受的事實。現有文獻中，只有早期少部分僅著重語料現狀之探討與敘述，其他絕大部分研究，無論是由權力宰制取向或文化差異取向來解釋此二現象的成因，均同意語言溝通中的性別歧視與差別，乃是歷史中長期社會性別權力關係建構而成。我們在日常使用語言中，可以不斷複製再現傳統性別角色印象，當然也可以重新發展建構更多元、多面向的性別互動模式。有鑑於此，許多學者提出行動策略，以言談建構來追求性別平等的實踐。本節綜合目前學界對改善現況的各項建言，將行動策略概分為兩類加以探討。

（一）撥「亂」反「正」：符碼與言談的改革

　　針對語言中的性別歧視，學界及教育界已有共識，認為此類語言使得使用者不知不覺間支持也強化了性別刻板角色與偏見，而語言本身就是一種宰制、歧視的形成，也是宰制體制共犯結構的一部分（Webb, 1986; Wilcoxon, 1989）。許多西歐及北美大學和高中，自1980年代中期開始，要求教師及學生採用「非性別歧視語言」（nonsexist language）。這些要求包括：

1. 避免使用貶低不同性別及性傾向的語詞或名言，如「查某話」、「不男不女」、「唯女子與小人難養也」等；
2. 修改排她（他）性的字詞，或使之中性化（如chairman→chair；空中小姐→空服員），或使之女性化（如businessman→businesswoman；中央大學性／別研究室發布「母告」，而非「公」告），或使之中立化（如Miss, Mrs.→Ms.，不再以婚姻狀態來明顯區別女性）；[11]

11　法語亦有類似區分（mademoiselle與madame），而2012年2月之後，法國政府文書不再使用mademoiselle（小姐）一字，因為此字暗示女性未婚，可以作為追求對象，未來政府公文內稱呼女性時，一律使用madame（女士），並且不應該認為madame具有「已婚狀態」意涵，以免造成因結婚與否對女性的歧視（Daily Mail, 2012）。

3. 禁止隱涵間接性別歧視之評論或笑話（如「女生要好好學經濟學，將來才能幫老公看好荷包」）（Miller & Swift, 1980; Sorrels, 1983）。

　　語言確實制約了人對性別的看法與想像，也或多或少形塑了自我的性別角色與溝通模式，是以Audre Lorde（1977）視語言為抗爭場域（site of struggle），藉由有意識的語用與符碼使用，及創新的語彙，可以減輕社會對男尊女卑及多元性別的歧視，這就是一種社會改革的實踐，許多平權運動者針對此一女性「他者化」所提的改革建議包括：以she或she and he或she or he或s／he為共同／泛稱代名詞；或以they通為單／複數代名詞（Bodine, 1975; Rakow & Wachwitz, 1998）。[12]瑞典國家研究院（Swedish Academy）編纂之官方瑞典語辭典（Svenska Akademiens ordlista）於2015年即已正式納入性別中立代名詞「hen」，相當於英文s／he。[13]漢文中除了他／她之外，還多了你／妳的區別，而目前有意識地以妳／她作為中性代名詞的書寫方式並不多見，仍以女性主義者（如江文瑜，1996）的著作為主。

「她媽的智慧高
她媽的才華眾
她媽的美貌絕
她媽的意志堅」

摘自江文瑜〈女人・三字經・行動短劇〉

性別研究 系列演講
Gender Studies

日期：10月07日、08日、14日、15日
　　　10月16日、22日、28日、30日
地點：RB 102
時間：18:30～20:30

圖2-5　2008年國立臺灣科技大學通識教育中心性別研究系列演講海報，以國立臺灣大學江文瑜教授中文新詩名句作為宣傳重點。
資料來源：本文作者提供。

　　不願落入男性中心語言窠臼的行動策略，亦見於重新解構字詞以反汙名化，另賦新詮，如美國有Spinster出版社專門出版女性相關書籍，或是將所謂「婆婆媽媽」的意義，由瑣碎、嘮叨中，正視與肯定生活化的關懷與感觸在我們生命中的重要性，而不需要隱藏或壓抑這樣的言談模式及用法（江文

12　以they為單數之用法，見於：英國文學名家如William Shakespeare與Jane Austen之作品中，許多英語方言口語亦有相同用法（Bodine, 1975）。

13　此字早由1960年代女性主義者用來取代han（他）或han/hon（他／她）作為泛稱代名詞，以挑戰二元化性別，2000年前後跨性別族群開始使用作為性別中立代名詞，2010年以來逐漸見於官方文件、法院判決、書籍傳媒中（https://www.theguardian.com/world/2015/mar/24/sweden-adds-gender-neutral-pronoun-to-dictionary）。

瑜，1996；胡幼慧、周雅容，1996）。近來國內也不斷興起此類語言改革的社會動力，例如，將外籍新娘改稱為新移民女性，將女同性戀者改稱為拉子、拉拉等；又如台灣性別平等教育協會2006年舉辦了創意命名票選活動，公開選出大家覺得最能夠傳神形容溫柔男孩的語詞，玫瑰少年也好，嘻嘻（sissy）男孩也罷，皆著眼於重新建構語言對性別的侷限及想像，希望臺灣社會能夠理解男性也可以心思細膩柔軟，體貼他人，從而尊重、欣賞不同的性別特質，不再強以二元性別刻板印象來要求所有的人（羅惠文，2011）。

在溝通模式方面，柔性（女性）言談不再被視為軟弱、無權之映現，從語用角度來講，由模糊語、附加問句及

概念辭典

網路新世界？

　　虛擬空間中的男女溝通模式差異多半複製或強化了現實生活的性別刻板印象與言談特質。例如男性多談功能性話題，如運動、電子產品等主題；女性多談個人生活感想或心情故事。女性言談模式傾向支持他人，使用較多表情符號（emoticons）；而男性仍以主動、直接、掌握、指導方式的言談為主，使用較多不雅詞語，包括髒話（羅燦煐，2003；Verhoeven et al., 2017）；臺灣同志交友網站之自我表述及徵友需求的關鍵詞和高頻詞彙多具有身分識別二元搭配的特性，如哥／弟、T／婆、老公／老婆等主流異性戀交往伴侶關係用語，女同性戀者性別展演雖較顯多元，男同性戀者大多崇陽剛、棄陰柔，仍見異性戀常規（包括性別刻板印象）之形塑（李柏緯，2016）。

　　異性別互動時男女皆會適度調整溝通模式，如男性增加、女性減少句尾助詞，亦皆增加羞窘類表情符號（Chiang & Tsai, 2007），而網誌或電子佈告欄（BBS）這類具公開性的網路空間中，其貼文類同公開發言，可能被不熟悉的人看到之書寫言語，較為中性，甚或可能有意隱藏其真實性別之溝通模式（歐陽君怡，2009）。

尾音上揚所構築的不確定、徵詢語氣，正是支持、尊重對方的表現，為一種極其重要的表達方式（Kanwal et al., 2017），可以充分體現溝通中的合作和禮貌原則，並且是邀請式（inviting）或參與式（participatory）溝通模式的重要特質（Foss & Foss, 1994），也是組織管理學中的柔性領導模式所建議使用的言談策略，用以維持雙向溝通，增強連結與歸屬感（Wanca-Thibault & Tompkins, 1998）。女性曲折迂迴，富於細節，而不完全符合所謂的「理性」邏輯之語言使用，亦不再被視為矛盾、鬆散、無頭緒，而在法國學者西蘇

（Helene Cixous）之主張「陰性書寫」（1986）中，還原為女性／陰性特質的表現，也是人類文化資產之重要部分。這些發展影響所及，無形中增強了女性及使用柔性溝通模式者公共參與的信心與其貢獻之重要性。

（二）兼「容」並「蓄」：跨文化溝通能力的培養

近數十年間，大部分討論性別與語言溝通的專書或教科書都以瞭解差異、超越差異的方式，來解決不同性別間的溝通困難。而跨文化情境所用的溝通策略，可被用以幫助不同性別間彼此瞭解，避免發生誤會或衝突（Tannen, 1990）；不少學者更直言涵容兼具的溝通模式（androgynous, inclusive style）是人人皆應努力再教育自己的目標，才有助於人際互動（如 Ivy, 2012; Grebelsky-Lichtman & Bdolach, 2017），甚至建議：要超越傳統性別角色定義與期待，以建立「心理雌雄同體」（Pleck, 1975, p. 172）來統合人人原本皆有的陰性與陽性自我，打破性別刻板常模。因此在教育現場中，常可見到針對女性的「積極溝通（assertive communication）訓練」，針對男性的「敏覺度（sensitivity）訓練」，以增進溝通效能，期望達到在不同情境，選擇不同修辭及言談模式的彈性運用之境界。

此一策略乍看似乎男女皆宜，相當理想，也提出了具體行動來破除異性別溝通對個人及團體間互動帶來的限制。然而將個人化約為生理性別族群，忽視了其他社會因素如階級、職業、種族對於言談模式的影響。況且在性別歧視仍然存在，男女異同權力不平衡的現況下，所有之個人不同身分認同皆需先受到認可與尊重，才談得上如何兼蓄，否則只見到兩種言談社群，不只強化了二元對比與異性戀體制，維續了既存的男女權力不平等的社會階層，而且未見到生理性別與種族、階級、年齡、性取向、性認同等其他社會類目間的相互作用（Hall & Bucholtz, 1995; Johnson, 2000）。

在此社會現況下，女性若採剛性溝通模式，常被認為不具女性特色，或被譏為「假男人」，或「太過強勢」（Lakoff, 1975; Tannen, 1998）。美國女性大量進入職場之時，雷可夫即已注意到，如果女性不使用這些柔性特質而轉向使用強勢詞語及言談模式，就會被視為有悖於社會常規，覺得她講話不像淑女（lady），因此使女性面臨進退兩難的困境，不知是否應該順應職場

上剛性言談方式，還是應該順應一般社會對女性言談刻板印象的期待。後續其他研究者發現，雖然對話角色（如工作專業的特質及相對地位）亦會影響言談模式，而非完全因為性別，但是性別因素的確舉足輕重，例如男女工作時皆可能使用等量的附加問句或模糊語，但男性使用時被視為開通、有自知之明、有禮貌、不會咄咄逼人；而女性使用者則被認為不夠聰明、無自信、不積極。而不使用猶疑語氣的女性，被認為不夠禮貌、缺乏親和力，相較於女性的動輒得咎，男性不使用猶疑語氣的溝通方式咸以為並無不妥，而男性使用了猶疑語氣卻被認為是體貼、謙虛，或在乎對方意見的表現（Preisler, 1986），可見大眾對言談的價值判斷與觀感，仍然受到父權體制男尊女卑觀念的影響。

　　國內相關研究，亦有近似之發現。鄭欣怡（2001）審視電視運動節目男女轉播報導的言語使用，發現女性主播意圖以所謂「男性專業」之低沉語調以及避免感情式言詞及猶疑語氣之策略，反而顯得僵化直硬，不如男性主播聲調高低有致，言談生動活潑。彰顯女性在職場上嘗試使用非女性言談方式，反而弄巧成拙之窘境。郭賽華（2002）分析呂秀蓮初任副總統時在廣播節目中說明「深宮怨婦」風波的言談策略，發現她多次打斷男性主持人的提問與言談，又頻以直接問句來表達對己身所受委屈之不解與不平，展現了強勢的談話風格。然而當時社會輿論對此一風波之負面評價，顯示對於女性採陽剛溝通方式，並不支持，亦佐證了三十年前雷可夫的發現。因此，兼容並蓄的跨文化溝通模式在當前社會文化中，並非男男女女皆可自在使用，大眾的接受程度，也男女有別。

　　然而，全球各地越來越多女性進入領導階層，她們在長期以剛性溝通模式為領袖氣質的公眾場域，如何在公開場域用溝通解構（〔un〕do）自身的性別形象，重塑自己成為公眾易於、樂於接受的領導人，也成為近來研究的題材。例如：秦琍琍（2010）觀察訪談我國企業組織中高階女性領導者，發現她們重視工作團隊成員的感受和發展，溝通強調互動式的理性「對話」與「說服」，從而創造合宜的互動情境，以減少性別因素對其領導成效果的負面影響。如前美國國務卿希拉蕊‧柯林頓及被視為「女超人」（superwoman）的英國俄裔金融家妮可拉‧霍立克皆適度使用了女性「特

質」或刻板印象來創造自己獨特的領導形象，使得傳統領袖的性別意涵有所轉變（Townsend, 2012），加以美英領導人比爾・柯林頓及東尼・布萊爾經常善用表達個人情感及支持連結的言談，也改變了傳統上政治領袖與剛性溝通模式的緊密連結（Coates, 2016），意味現今社會中男性、女性展現的多重性別社會意義內涵的現實，某一程度上支持了後現代主義理論認為性別、認同乃持續變動的範疇，在人際溝通互動、媒體、地域文化、族群、階級等因素的交互影響下，由不間斷的言談溝通而建構（童宇祥，2009；Hamilton, Geist, & Powell, 2011; Hall & Bucholtz, 1995），意即性別一直在人我展演之中持續被形塑涵化，顯現多元風貌，在每個時空情境中，都會有女人、男人具現不同程度的陰柔、陽剛溝通模式，甚至可能完全拒絕使用與自己生理性別慣於連結的溝通模式，或是在言談中自在混搭柔、剛模式，只是女性言談仍受到更多傳統性別文化的要求和限制罷了。

問題討論2-3

請運用本章所學，討論在下列情況發生時，我們可以如何應對：

1. 有人說黃色笑話，特別是連說好幾個都不停時……
2. 有人說話帶有明顯性別刻板印象，甚至性別歧視時……例如：「連這個也搬不動，還算是男人嗎？」
3. 有人詢問或評論旁人或自己的性傾向時……例如：「她很man耶，大概是T吧！」
4. 有人對旁人或自己罵髒話時……

※ 請注意「有人」可能是：（1）老師（2）父母長輩（3）姐妹兄弟（4）同學（5）親密愛人（6）政府官員／民意代表／藝人等公眾人物。

四、結語

語言溝通不但映現，同時也不斷複製、建構社會文化上的性別角色常模。目前學界對於性別與語言溝通的探討，仍然方興未艾，持續進行中，並且開始關注多重社會認同之間的相互作用，以及權力、性別在語言溝通上的密切連結與彼此增強，此一重視多重變異因素與動態過程分析的趨勢，咸以「脈絡化」（contextualization）為解讀性別和語言、溝通相互影響的重要觀點，意即溝通主體屬性，主體間的相對權力與關係性質，以及溝通當下的時空情境皆需一併考量可能產生的複雜相互影響，而不得過度推斷只以性別為唯一決定性因素。

其實性別與溝通的交互影響，即使未經學術研究之發現與解釋，我們在日常生活中也早有深刻的經驗與體會：我們過去的社會經驗影響了溝通，現實世界也會受到我們溝通過程的影響而有所改變。不妨想想：我們在自己的言語溝通中，如何繼承並維持現況，因而再製重現了性別權力不平等的關係，另一方面，我們又是否有可能不作符碼與常模之囚犯，跨出傳統框架，呈現多元的性別言談溝通風貌，創建一個美麗新世界呢？

參考
文獻

中文文獻

- 江文瑜（1996）。有言有語。臺北：女書文化。

- 朱思盈（2012）。中文對話裡性別差異之誇飾使用研究（未出版之碩士論文）。靜宜大學英語學系外文所，臺中。

- 李壬癸（2012）。百年來的語言學。臺灣語文研究，7(1)，1-36。

- 李柏緯（2016）。性向、偏好、與身分認同論述：以台灣交友網站的異性戀常規性為例（未出版之碩士論文）。國立臺灣大學語言學研究所，臺北。

- 施玉惠（1984）。從社會語言學觀點探討中文男女兩性語言的差異。教學與研究，6，207-229。

- 胡幼慧、周雅容（1996）。婆婆媽媽經：她的語言，她們的權益。臺北：世界書局。

- 高婉瑜（2009）。兩性拒絕行為的比較研究——以台南市為例。興大人文學報，42，143-170。

- 秦琍琍（2010）。女性領導與溝通：從性別傳播看組織文化的建構。應用心理研究，45，173-202。

- 陳淑美（1995）。男女言談互動關係：臺灣地區一個Call-in廣播節目中言談策略的研究（未出版之碩士論文）。國立清華大學語言學研究所，新竹。

- 郭賽華（2002）。性別與談話：台灣社會中青年男女談話風格之比較研究。行政院國家科學委員會專題研究計畫成果報告（編號：NSC84-2411-H007-006），未出版。

- 童宇祥（2009）。從《慾望城市》的語言使用重新概念性別（未出版之碩士論文）。國立成功大學外國語文學系專班，臺南。

- 黃晨峰（2018）。政治辯論中之言談行為──以2016年美國和台灣總統之辯論為例（未出版之碩士論文）。國立成功大學外國語文學系，臺南。

- 黃興濤（2015）。"她"字的文化史。中國北京：北京師範大學出版社。

- 蔡珮（2005）。從污化女性髒話看父權在語言使用的權力展現。新聞學研究，82，133-170。

- 歐陽君怡（2009）。電腦溝通媒介語言中的性別差異（未出版之碩士論文）。國立臺灣師範大學英語學系，臺北。

- 鄭欣怡（2001）。電視運動轉播中男女主播語言使用之差異（未出版之碩士論文）。國立臺灣大學新聞研究所，臺北。

- 劉斐玟（2014）。女書傳記書寫的歷史意涵與當代困境。近代中國婦女史研究，23，65-125。

- 韓采燕（2009）。性別化的實驗室：陽剛氣質與科技實作（未出版之碩士論文）。國立清華大學社會學研究所，新竹。

- 羅惠文（2011）。又一個玫瑰少年的殞落。台灣平等教育協會網站。取自 http://www.tgeea.org.tw/03issue/f03.htm#f302

- 羅燦煐（2003）。線上性別vs.線下性別：網路互動的性別形構。新聞學研究，76，43-90。

- 蘇席瑤（2012）。語言與性別研究：文獻回顧。師大學報：語言與文學類，57(1)，129-149。

英文文獻

- Au revoir, Mademoiselle! France bans word for 'Miss' from official documents because it suggests a woman is 'available'. (2012, February 23). *Daily Mail*. Retrieved from http://www.dailymail.co.uk/news/article-2104826/Au-revoir-Mademoiselle-France-bans-word-Miss-official-documents-suggests-woman-available.html

- Bodine, A. (1975). Androcentrism in prescriptive grammar. *Language in Society, 4*(2), 129-146.

- Bornstein, K. (2013). *My new gender workbook: A step-by-step guide to achieving world peace through gender anarchy and sex positivity.* New York: Routledge.

- Burke, K., Burroughs-Denhart, N., & McClish, G. (1994). Androgyny and identity in gender communication. *Quarterly Journal of Speech, 80,* 482-517.

- Cameron, D., & Kulick, D. (2003). *Language and sexuality.* Cambridge: Cambridge University Press.

- Charlebois, J. (2012). Ladylike men and guyland: Cross-cultural accomplishments of masculinities. In Larry A. Samovar, Richard E. Porter, & Edwin R. McDaniel (Eds.), *Intercultural communication: A reader* (13th Ed.)(pp. 198-205). Boston, MA: Wadsworth.

- Chiang, W., & Tsai. P. (江文瑜、蔡佩舒). (2007). PICE: Four strategies for BBS Talk in Taiwan and their interaction with gender configuration and topic orientation. *Language and Linguistics, 8,* 417-466.

- Coates, J. (2016). *Women, men and language: A sociolinguistic account of gender differences in language* (3rd Ed.). London and New York: Routledge.

- Coates, J., & Pichler, P. (Eds.). (2011). *Women, Language & Gender: A Reader* (2nd. Ed.). Wieley-Blackwell.

- Coates, J. (2013). The discursive production of everyday heterosexualities. *Discourse & Society, 24*(5), 536-552.

- Cuklanz, L. (2016). Feminist theory in communication. In Jensen K. B., & Craig, R. T. (Eds.), *The International Encyclopedia of Communication Theory and Philosophy.* doi:10.1002/9781118766804.wbiect157.

- DeFrancisco, V. P., & Palczewski, C. H. (2007). *Communicating gender diversity: A critical approach.* Los Angeles: Sage.

- de Beauvoir, S. (1952). *The second sex.* New York: Vintage Books.

- Denny, K. E. (2011). Gender in context, content, and approach: Comparing gender messages in girl scout and boy scout handbooks. *Gender & Society, 25,* 27-47.

- Farris, C. S. (1991). The gender of child discourse: Same-sex peer socialization through language use in a Taiwanese preschool. *Journal of Linguistic Anthropology, 1*(2), 198-224.

- Farris, C. S. (1995). A semeiotic analysis of sajiao as a gender marked communication style in Chinese. In M. Johnson, & F. Y. L. Chiu (Eds.), *Unbound Taiwan: Closeups from a distance* (pp. 1-29). Chicago: Center for East Asian Studies.

- Foss, S. K., & Foss, K. A. (1994). *Inviting transformation.* Prospect Heights, IL: Waveland.

- Glazier, S. (1992). *Random house word menu.* New York: Random House.

- Goldsmith, D., & Fulfs, P. (1999). You just don't have the evidence: An analysis of claims and evidence. In M. Roloff (Ed.), *Deborah Tannen's You just don't Understand* (pp.1- 49). N.Y.: Perennial Currents. And in M. Roloff (Ed.), *Communication Yearbook, 22.*

- Grebelsky-Lichtman, T., & Bdolach, L. (2017). Talk like a man, walk like a woman: An advanced political communication framework for female politicians. *Journal of Legislative Studies, 23* (3), 275-300.

- Hall, K., & Bucholtz, M. (Eds.). (1995). *Gender articulated: Language and the socially constructed Self.* New York: Routledge.

- Hamilton, L., Geist, C., & Powell, B. (2011). Marital name change as a window into gender attitudes. *Gender & Society, 25,* 145-75.

- Hellinger, M. (1984). Effecting social change through group action: Feminine occupational titles in transition. In C. Kramarae, M. Schlz, & W. M. O'Barr (Eds.), *Language and Power* (pp. 136-153). Beverly Hills, CA: Sage.

- Irigaray, L. (1993). *An ethics of sexual difference* (C. Burke, & G. C. Gill, Trans.). London: Athlone.

- Ivy, D. K. (2012). *Gender speak: Personal effectiveness in gender communication.* (5th Ed). Pearson.

- Jespersen, O. (1922). *Languages: Its nature, development and origin*. London: Allen and Unwin.

- Johnson, F. (2000). *Speaking culturally: Language diversity in the United States*. Thousand Oaks, CA: Sage.

- Lakoff, R. (1975). *Language and women's place*. New York: Harper and Row.

- Li, Paul Jen-Kuei. (1983). Sex differences in speech and their origins. *The Continent, 67* (1983), 40-46.

- Liu, Fei-wen. (2015). *Gendered words: Sentiments and expression in Changing Rural China*. New York: Oxford University Press.

- Lorde A. (1977). The transformation of silence into language and action. In *Sister outsider: Essays & speeches by Audre Lorde* (pp. 49-57). Crossings, CA: Freedom.

- MacKay, D. G. (1983). Prescriptive grammar and the pronoun problem. In B. Thorne, C. Kramarae, & N. Henley (Eds.), *Language, gender and society* (pp. 38-53). Rowley, MA: Newbury House.

- MacKinnon, C. A. (1979). *Sexual harassment of working women: A case of sex discrimination*. Yale University Press.

- Martyna, W. (1978). Why does "he" mean? Use of the generic masculine. *Journal of Communication, 28,* 131-138.

- Miller, C., & Swift, K. (1980). *The handbook of non-sexist writing*. New York: Lippincourt and Crowell.

- Pleck, J. (1975). Masculinity-femininity: Current and alternative paradigms. *Sex Roles, 1,* 161-177.

- Preisler, B. (1986). *Linguistic sex roles in conversation: Social variation in the expression of tentativeness in English*. Berlin: Mouton de Gruyter.

- Rakow, L. F., & Wachwitz. L. A. (1998). *Communication of sexism*. In M. L. Hecht (Ed.), *Communicating prejudice* (pp. 99-111). Thousand Oaks, CA: Sage.

- Sandberg, S. (2013). *Lean in: Women, work, and the will to lead* (1st ed.). New York: Alfred A. Knopf.

- Schutlz, M. B. (1975). The semantic derogation of women. In B. Thorne, & N. Henley (Eds.), *Language and sex: Difference and dominance* (pp. 64-75). Rowley, MA: Newbury House.

- Sorrels, B. D. (1983). *The nonsexist communicator: Solving the problems of gender and awkwardness in modern English.* Englewood Cliffs, NJ: Prentice-Hall.

- Spender, D. (1985). *Man made language* (2nd ed.). London: Routledge & Kegan Paul.

- Stanton, E. C. (Ed.). (1895). *The woman's Bible.* New York: European.

- Tannen, D. (1990). *You just don't understand: Women and men in conversation.* Oxford: Oxford University Press.

- Tannen, D. (1998). The relativity of linguistic strategies: Rethinking power and solidarity in gender and dominance. In M. Linn (Ed.), *Handbook of dialects and language variation* (2nd ed.) (pp. 419-445). San Diego: Academic Press.

- Townsend, T. (2012). *Women as leaders in public discourse: Communication, gender and leadership.* Ph. D. Dissertation. Finland: Aalto University.

- Trudgill, P. (Ed.). (1978). *Sociolinguistic patterns in British English.* London: Edward Arnold.

- Varallo, S., Tracy, P., Marty, D., & Tambe, A. (2001). Feminism and communication studies. In E. L. MacNabb, M. J. Cherry, S. L. Popham, & R. P. Prys et al. (Eds.), *Transforming the disciplines: A women's studies primer* (pp. 129-137). New York: The Haworth Press.

- Verhoeven, B., Skrjanec, I., & Pollak S. (2017). Gener profiling for slovene Twitter communication: The influence of gender making, content and style. *Proceedings of the 6th Workshop on Balto-Slavic Natural Language Processing,* 119-125.

- Wajnryb, Ruth (2004). *Language most foul.* Sydney: Allen & Unwin.

- Wanca-Thibault, M., & Tompkins, P. K. (1998). Speaking like a man (and a woman) about organizational communication. *Management Communication Quarterly, 11,* 606-625.

- Webb, L. (1986). Eliminating sexist language in the classroom. *Women's Studies in Communication, 9,* 21-29.

- West, C., & Zimmerman, D. H. (1983). Small insults: A study of interruptions in cross-sex conversation between unacquainted persons. In B. Thorne, C. Kramarae, & N. Henley (Eds.), *Language, Gender and Society* (pp. 102-117). Rowley, MA: Newbury House.

- Wilcoxon, S. A. (1989). He/ she/ they/ it? : Implied sexism in speech and print. *Journal of Counseling and Development, 68,* 114-116.

- Wood, J. T., & Fixmer-Oraiz, N. (2016). *Gendered lives: Communication, gender and culture* (12th ed.). Cengage Learning.

第3章

數位性別現身

方念萱

現象
發想

參考
文獻

現象
發想

縱然調查反映女性在能力及知識上與男性並駕齊驅，女性對於在《維基百科》上工作時卻始終無力盡心。《維基百科》代表網絡世界的知識彙集，然而兩性參與失衡，直接影響《維基百科》的全面度與代表性。

即使維基基金會（Wikimedia Foundation）用盡方法，都無法增加女性對編輯工作的投入，參與度甚至不升反跌。2008年，《維基百科》的全球編輯團隊中，女性人數不到團隊人數的13%。當時《維基百科》立志於2015年將女性編輯比例提升至25%，但2015年女性編輯比例反跌至9%。

——摘錄自Jessie Ching（2016年6月7日），關鍵評論網。

皮尤研究中心（Pew Research Center）新近的一項調查發現，48%的女性玩電子遊戲，僅略低於男性50%的比例。然而在女性看來，「遊戲玩家」這個身分的吸引力卻遠遠更低，只有6%的女性接受這個標籤，相比之下男性中的比例為15%。電子遊戲專家表示，女性迴避與遊戲文化產生關聯並不令人奇怪。（按：後略）

——摘錄自Mike McPhate（2015年12月17日），紐約時報中文版。

* 作者非常感謝林鶴玲、康庭瑜與黃淑玲三位教授的審閱與指正。三位教授提供許多具體與重要的建議，本章因為作者力有未逮而仍存的漏洞與錯誤，完全由作者負責。

一、前言

　　開頭兩段引言，分別點出數位世界裡令人不解的兩個與性別有關的現象。前面一個有關《維基百科》編輯的男女比例，之前就有學者（Bear & Collier, 2016）專門研究，表示雖然《維基百科》是全世界任何人都可以參與編輯、書寫的，但是就參與《維基百科》條目編寫者的生理性別來說，男女比例嚴重失衡。比起線下，線上互動就只是條目書寫，為什麼男女參與程度有這麼大的差別？性別與傳播的關係來到了線上，只是延續線下的失衡關係嗎？研究《維基百科》社群編輯心理經驗，好像提供答案。線上工作互動的心理感受，男女不同，寫作與編輯條目這事也會有競爭與衝突，這些人際互動上的行為樣態，男性不覺陌生，研究者認為女性可能覺得格格不入，線上的環境反而強化了因應衝突時男性的習慣模式（Lapidot-Lefler & Barak, 2012, p. 442）。同時，感覺到自己被另眼相看，也會讓人有所顧忌、拘謹、更加自我抑制。女性在《維基百科》工作時，既然感覺自己被冠上刻板印象，這些都讓女性不自在，工作投入程度就受影響了。

　　這些研究同時發現《維基百科》條目的寫作者網路素養高、生理性別多為男性。雖然測試的時候，女性網路素養並不低於男性，但是自我陳述時，女性傾向自我懷疑，她們對自己的科技素養評價不高。這種主觀認知可能與自信有關。研究發現女性成長過程中，當接近科技數理時，未必獲得鼓勵，然而，這不表示女性的網路素養就不如男性，只是這種自我懷疑的念頭影響了女性投入《維基百科》條目創作交流，所以，目前看來，女性在數位世界裡的《維基百科》網站上可見度不高（Hargittai & Shaw, 2015）。雖然《維基百科》的讀者男女各半，但是《維基百科》的編輯女少男多，還是男性了點。

　　「現象發想」中第二段引言提到2015年男女遊戲玩家人數比例接近，但是，要這些玩遊戲的人自稱「玩家」，他們可不是都欣然同意。2017年玩家年齡與人數等比例數字，也很值得細看。2015年男女遊戲玩家的人數就相去不遠了；2017年娛樂軟體協會（Entertainment Software Association，簡稱ESA）年度報告顯示男女遊戲玩家的平均年齡也差不多，遊戲玩家中，女性

占遊戲人口約41%，女性玩家的平均年齡約為37歲，男性玩家則是33歲。男性玩家比女性玩家平均是來得年輕，但是，各個年齡層的女性玩家分布較均勻——18歲以下、18到35歲、36歲到49歲、以及50歲以上的女性遊戲玩家占比都差不多，男性玩家分布的年齡層則多在35歲以下。可是，「現象發想」第二條引文最後，新聞裡講的是「女性迴避與遊戲文化產生關聯並不令人奇怪」，也就是說，女性遊戲人口眾、各個年齡層的女性也有著差不多比例的人口喜歡玩遊戲，但是，玩歸玩，卻不想自稱玩家、不想與遊戲文化產生關連。這種性別與數位媒體的關係，有什麼啟示呢？

2014年美國「玩家門」（GamerGate）事件或許透露一些端倪。這例子一如過往幾年美國眾多涉及女性遊戲設計者、評論者的爭議，很難一語道盡，但是非常重要。女性遊戲設計者Zoe Quinn開發了互動小遊戲《憂鬱自白》（Depression Quest），玩家在這遊戲中要扮演憂鬱症患者，從患者的角度看世界。這款互動遊戲剛開始問世的時候，並未受到玩家青睞。新聞報導對於這遊戲、接下來的相關發展以及之前的伏筆，給了完全不同的說法，莫衷一是——臺灣的《自由時報》綜合外電報導說女性遊戲開發者、設計者Zoe Quinn為了讓自己的遊戲可以順利上市，「便利用女性時常在男性主導的遊戲界中被迫害、打壓的狀況，來為自己創造被迫害的假象」（《自由時報》，2014年12月24日），宣稱自己在特定的遊戲論壇中被騷擾、辱罵，就此讓自己的發言越來越受矚目，也因此讓她開發的遊戲也獲取更多關注，遊戲評價由負轉正。《自由時報》的新聞順著部分外電報導，點出Quinn的男友公開控訴她以性交換自己創作的遊戲順利上市這回事。國外的報導指出，許多遊戲玩家認為專門介紹評價新問世遊戲的新聞報導多半扭曲偏頗、因人設事，才會表面看似欺負女性設計者、忽然又峰迴路轉。部分玩家在網路上紛紛以「玩家門」（#Gamer Gate）標籤類似的批評發文，集結在不同平臺論壇上撻伐胡亂報導遊戲的新聞媒體、Zoe Quinn、和其他女性主義評論者。

美國《紐約時報》對「玩家門」事件起承轉合的報導，和《自由時報》以及美國其他新聞媒體完全不同。2014年10月16日的《紐約時報》以一則頭版的新聞報導在遊戲產業、遊戲文化中日益嚴重的仇女言行。這則以「女性主義電玩遊戲評論者面對威脅」為題的報導中提到玩家門事件，說明女性主

義遊戲評論者，遭受涉及死亡和強暴的威脅，也點出有玩家集結，抗議Zoe Quinn設計的遊戲得到由黑轉紅的評價，《紐約時報》同樣呈現了很多玩家以「玩家門」指責報導遊戲的記者（game journalist）、說他們只求政治正確的報導，這才是毀了遊戲產業的原因。《紐約時報》報導特別強調在這些抗議聲中衝著女性來的抗議。不同的新聞報導，對於「玩家門」的來龍去脈以及一個遊戲遭到冷落或喜愛的前因後果，各自表述；《紐約時報》和其他報導對於女性遊戲開發者的批評（從業環境性別歧視）公平與否，也各有評論。但是，這幾年來美國女性主義遊戲開發者、評論者頻頻遭到暴力威脅，這事確實一再發生。

　　以上的兩個例子涉及數位世界裡性別現身與否、不同性別在關係中的處境遭遇。在數位世界裡，有哪些性別經驗特別值得注意？從線下到線上，性別與數位媒體的相關議題裡，有哪些應該深入討論？這些問題的答案不簡單，真要以性別與數位媒體為題，我們可以討論的議題包山包海。本章開頭引述的例子觸及眾多性別議題，我們這一章聚焦探討的，就鎖定虛擬暴力、數位趨避、與數位現身這幾個議題，從這兒開始探看數位世界裡性別關係如何被建構、延伸、與改變。

二、理論與概念：
　　虛擬暴力與女性主義數位義勇行動

　　本章這部分耙梳歷史發展，聚焦介紹反女人與女孩的虛擬暴力（cyber VAWG，cyber violence against women and girls，以下簡稱虛擬暴力），以及女性主義數位義勇主義／行動（feminist digilantism）。

　　Byerly（2012）在 *The Handbook of Gender, Sex, and Media* 一書第一章開宗明義地勾勒媒體與女性相關的學術研究地圖時，曾經指出早期女性主義媒體批評（feminist media critique）大抵包括幾部分，一、新聞中女性的缺席；二、即使女性出現在媒體內容裡了，又常為刻板印象與扭曲偏誤所苦，這一類的研究通常聚焦新聞以外的其他文類中女性的刻板印象；三、媒體內容產製、

專業從業上，女性占比多寡、位階高低；四、女性閱聽人如何回應她們從媒體上見聞的女性形象。所以，傳統的女性主義媒體批評包括了再現、認同、產製、與消費四方面。Byerly特別在描繪了傳統的性別與媒體研究地圖之後，點出過往乏人親履的研究取徑（the Roads less traveled）——Byerly指出女性主義媒體批判不該受「厭女媒體典範」（the paradigm of the misogynist media）綁縛，只談媒體再現裡的偏誤刻板，她認為有關媒體政策、媒體產業、乃至於賦權了的女性如何在當前對抗網路世界的不友善、暴力，都應該是現在女性主義媒體批判關注的焦點。本章在前言裡點出了近年數位媒體裡女性的趨避變化，但是，數位環境中沒有缺席的女性確實也集結行動，這表示什麼呢？在探討性別與數位媒體有關的理論與概念上，本章從女性主義數位義勇主義（feminist digilantism）說起。

數位義勇主義（digilantism）這名詞起自「私刑懲兇」（vigilantism）一詞。加上「數位」字頭，指的是在數位線上、在虛擬環境中集結行動。專門研究線上仇女（misogyny online）現象的澳洲學者Emma Jane（2017）以「數位義勇主義」來指稱因為建制的救濟付之闕如，所以行動者出於保障眾人福祉的動機，循國家法治之外的途徑自力救濟、行動的現象。這一類行動包括合法與未必完全合法的行動，因此像是駭客行動、網路釣魚、喚醒意識、教育等倡議與社會運動都包括在內。數位義勇行動強調的就是「自己動手來」（do-it-yourself），雖然行動的樣態多變，但是為的都是確保線上世界正義得償。Jane（2017）引用Coldewey（2013）的研究形容女性主義數位義勇主義就像是線上的群眾募資（crowd-sourcing），只是募的不是金錢而是正義，網民自動自發組織起來，巡察檢視數位世界裡，哪兒有對付女性的數位暴力。

女性主義數位義勇主義起自一樁2015年發生在澳洲的事件，一位名叫Olivia Melville的女性，她放在Tinder約會交友軟體上、內含歌曲歌詞的個人檔案被陌生人截圖下載，轉放到臉書上，而該名男子的臉友對轉貼來的Melville的個人介紹品頭論足、說三道四，罵她蕩婦、笑話她體型、說她羞辱自找，話語中強暴與死亡的威脅越演越烈，Melville忍無可忍，她描述她的自介被到處轉傳、隨人謾罵威脅羞辱，最後她將一再威脅要強暴她的25歲青年Zane Alchin告上法庭，而Melville的朋友組成了一個取名為「不對性暴力噤聲」

（Sexual Violence Won't Be Silenced，簡稱SVWBS）的倡議團體來打擊線上性騷擾。這個個案與團體就是女性主義數位義勇主義／行動的濫觴。

Melville的經驗絕非個案。女性主義的數位義勇主義興起之際，全球面臨的是益形猖獗、嚴重的反女人與女孩的虛擬暴力、虛擬仇恨（cyberhate）。2015年聯合國出版的《打壓女性與女孩的虛擬暴力》（*Cyber Violence against Women and Girls*）報告就點出衝著女性而來的虛擬暴力是全球性的，不分種族、文化、社經背景，日益普及的網際網路、行動載具、社交媒體翻新了虛擬暴力的面貌，而新興的虛擬暴力不僅影響女性與女孩情緒、身心健康，也造成她們經濟上的壓力，她們要負擔龐大的法律訴訟費用，卻因無法工作而沒了收入。相對於受害人，加害人常在網海中四竄，而現在要立刻將其繩之以法的法律工具、科技手段似乎都不足。聯合國的報告點出了科技快速發展的當前，仇女的數位暴力肆無忌憚，然而卻遲遲不見可以消弭暴力的政策與法規，因此，數位女性主義的義勇主義／行動，被視為對抗虛擬性別暴力的重要力量。路見不平，義勇行動一呼百諾，豈不太好？

值得注意的是，專研線上仇女多年的當代重要學者Emma Jane對於大家如何定位「女性主義數位義勇主義」這概念，多所提醒。她先強調她對這概念的檢視與分析，完全不是出自對受害人或行動者的責備；她之所以對當下這概念、行動的定位有所保留，正在於一般人只聚焦在對抗虛擬暴力的行動者，這反而造成了這概念、這種女性主義行動的限制與風險。Emma Jane指出，時人對這類行動的擁抱似乎將數位女性義勇主義當成了唯一的解方，她認為我們必須將女性主義數位義勇行動當成是用來「診斷」（diagnostic）、勾勒當前仇女的虛擬暴力情況的探針，我們不能、也不該就將這主義與相關行動當成「解方」（solution）。正因如此，虛擬暴力的受害者、對抗虛擬暴力的行動者都不應該有隻手對抗虛擬暴力的責任與負擔；Jane強調政府、企業、立法者與施政者應該多方積極涉入，責無旁貸。檢視仇女的虛擬暴力以及回應這現況而興起的女性主義數位義勇行動指向了政策、立法、政府、企業、民間組織、公民等聯合而成的多重涉入（multifaceted interventions）。這正好呼應Byerly（2012）當時對性別與媒體研究下一階段關注焦點的提醒。

多重涉入與數位女性主義義勇行動要回應的，不是零星個案，而是一連

串的、系統化的線上事件、數位世界裡的仇女文化。進入數位時代，全球與臺灣的性別與媒體研究在探看分析虛擬媒體時，因此看似仍然深受「厭女媒體典範」（the paradigm of the misogynist media）影響；聯合國的報告告訴我們，這並非幻想，而是實情，所以，Byerly（2012）的提醒很重要，但是我們不能就宣告揚棄「厭女媒體典範」，我們要關注數位媒體情境中持續變化而不見退場的線上仇女現象。在作法上，我們既不能直接將過往線上的、大眾媒體再現不同性別、性取向的研究結論，當成數位世界的實況，我們也不能就宣稱因為自媒體（Me media）時代來臨，一切都不一樣；我們必須先仔細盤點數位世界裡的互動。大眾媒體時代牢不可破的運作、呈現，到了數位媒體環境，性別與不同平臺的關係為何？厭女仇女如何展現？因為媒體的擁有、管理、媒體內容的產製都與先前的大眾媒體截然不同，自媒體的時代，是否一切自己作主？我們要從這裡開始觀察。

三、議題深探

（一）虛擬暴力

數位媒體環境中，與性別有關的虛擬暴力種類中，「未得同意散布性私密影像」（Non-Consensual Pornography，簡稱NCP）或稱復仇式色情（revenge porn），就是近年在全球興起，也已引發相當關注的議題。這種虛擬暴力的受害人多以女性為主，施暴受暴往往發生在雙方過往有親密互動而今關係破裂的情況下，其中一方以持有對方私密性影像加以威脅、甚至經由數位工具在數位媒體上散布，造成對方恐懼、傷害。張凱強（2016）針對臺灣近年相關案件與現象，將這種虛擬暴力分類、分為「影像取得階段」、「藉以恐嚇階段」及「實行散布階段」三種樣態，分別探討臺灣相關法律適用上的挑戰。其實，這樣的虛擬暴力並不是都發生在熟識、作伴多年的前伴侶身上；雙方可能只是線上有過幾次互動，其中一方取得對方私密影像的方式也未必是對方欣然同意，甚至性私密影像沒有外傳，只因持有的一方威脅要將影像散布，受害人就不得不從。「在網路上公然散布」的威脅就已經成

為受害人的夢魘、日常生活裡時時經驗的暴力。至於真的散布於眾，藉由網際網路、各種app、以及設於國外的線上論壇、資料庫而將受害人性私密影像四散傳眾，相當常見。許多人看待網際網路、數位媒體的潛能都看重個人對自我形象的打造，但是，要說性別經驗是鑲嵌在人際關係中，網路上更是如此。我們是不是可以完全掌握、決定我的數位形貌？我的網友是不是只是接收者而不會干擾、甚至越俎代庖地以我的資訊、代我發言？

Hall與Hearn（2018）兩位性別研究與社會學的學者分析復仇式色情，他們借用Buchanan等人（2007）的研究，在2018年發表的書裡，開頭問的是，在網路上，你可以決定你自己的個資如何公開、何時公開，以及對他人公開多少嗎？你可以決定別人可以如何、何時近用你自己的個人資訊嗎？還有，對他人而言，在網路世界接觸到你個人資訊、接觸到「你」，但是，他們是否實際上、在線下，也可能可以接觸到（physically）你？很容易嗎？此外，在不受他人干預、施壓、威脅的情況下，你得以持續修正與個人身分有關行動的機會是高還是低？你會不會無計可施？這些有關隱私的討論裡，最核心的就是個人得以控制他人可以近用自己隱私資訊的能力，換成提問，就是「你可以依照你的意願、需要，不讓別人取得你的隱私資訊、破壞干擾你在數位世界的『自己』嗎？」復仇式色情破壞的，正就是隱私的核心、破壞受害人在這各種隱私層面上的控制能力。自己不能控制，復仇式色情的蔓延，還常常以一種理直氣壯、替天行道的方式不斷傷害再也沒辦法控制自己的隱私資訊的受害人。

Hall與Hearn分析在MyEx.com裡的貼文，這些是加害人在散布受害人性私密影像時，同步在虛擬環境中留下的文字。研究根據貼文者對影像中人的指稱，特別對帶有性別意涵的稱呼進行言說分析。MyEx.com中的影音照片有百分之九十是由她們的前男性伴侶上傳的女性私密照片，研究者從上傳者的名稱、文字表意推知上傳者為男性，而這些異性戀男性的留言裡，他們給了各種有關他們之所以貼出女性私密性影像的說法，包括誇口對方性能力、以對方身體（特別是性徵）為號召、邀請評價、懲罰（說是因對方欺瞞，所以自己分傳、對方帶走孩子、毀了貼文者人生等等，給了各種指稱對方不道德的事跡）、彰顯自己悔恨（悔恨內涵未明）、為曝光而曝光等等。從這些貼圖

貼文者給的說法中，我們根據分析，可以看到以下這幾種言說——人際關係控制、性化物化、性取向（例如貼文者自稱上傳圖像中人，就是與他的伴侶同性別而企圖誘惑他伴侶的人。加害人上傳的是他認定的誘拐者的影像）、不忠實、[1]性交易、性癖好、金錢、以及親職等。我們從言說分析可以清楚看到，這些犯罪的異性戀男性在親密關係破裂之後，以上傳、散布對方私密性影像來報復對方，他們同時給了自己這麼做的說法，好合理化自己散播對方私密性影像的復仇舉止。特別值得我們注意的是，這些說法並不是自說自話，這些說法是發文者隱隱然認為合於某種社會上性別腳本才給的理由、這才能「合理化」自己的復仇。所以，虛擬暴力不是一個失控的人一時的錯誤作為；虛擬暴力，訴諸社會想像、有著潛藏的社會性別腳本，而這些想像與腳本所反映的父權思維，正是復仇式色情底下的暴力來源。在與復仇式色情相關的社會事件爆發的時候，將加害人繩之以法當然重要，但是運用虛擬暴力以洩憤逞兇時，背後對於我們社會性別秩序、對待的想像，應該要被注意、檢視。在人們可以輕鬆自如地接觸、利用數位平臺的時候，這些送別人性私密影像上雲端時給的言說，除了利用新數位媒體之外，也利用了舊有的流行說法。這些對於性別關係與對待中彼此權力的想像、認定，從線下到網上，他們從未止步。

　　從新聞報導與相關分析裡，我們知道臺灣許多網友沒有將未得當事人同意即散布的性私密影像當成犯罪物，反而將這當成一般影視色情媒材，點閱觀看、下載流傳（張凱強，2016）。在從新聞媒體報導中知道有關復仇式色情的社會事件發生，新聞報導的留言串裡，多的是網友「跪求載點」、「傳送門希望」的留言評論，更不乏在網路中以虛擬貨幣交易女性受害人性私密影像套圖的事（張凱強，2016，頁29）。受害人看起來沒有被打、被傷，但

1　Hall與Hearn（2018）發現的「不忠實」指的是「男人的不忠實」（Men's infidelity）。何以貼文者自己對關係不忠實，卻還能給出貼對方私密照的理由呢？研究者描述貼文者說他在認識影中女性六年之後開始欺瞞她、在外另有親密關係，當對方知道之後，「給我和朋友帶來大麻煩」（cause massive problems with me and friends）（頁85）。Hall與Hearn在分析中指出貼文者寫出「在六年之後」是有作用的——說話的人似乎要表明自己「專一了六年」，要藉以淡化自己之後欺瞞伴侶的衝擊。研究者引述作者之一Hearn之前的研究指出這往往是男性對女性施暴時的說法、策略。

是我們的社會新聞嗜血、網友窺奇，就算只在虛擬環境裡，受害人被騷擾、被侵犯的程度等同線下遭受性騷擾、性侵犯。社會大眾質疑受害人「愛拍就不要怕」的「蕩婦羞辱」（slut-shaming）也呼應我們社會從未退場的強暴迷思──受害者不當言行為事件肇因。到了虛擬世界、數位媒體裡，強暴迷思依然普遍（林珮珊，2010）。曾經有針對臺灣BBS網站批踢踢實業坊（簡稱批踢踢、PTT）女性性版的言說研究，分析性版強暴論述以及網友知曉受害人的故事之後的回應，想要知道網上的對話是否呼應強暴迷思（林珮珊，2010）。研究發現女性性版確實出現強暴迷思與反強暴迷思的爭霸，主流的強暴迷思確實開始鬆動，網友也開

圖3-1　臺灣婦女救援基金會針對利用數位私密影像遂行復仇式色情所提出的呼籲與因應行動。
資料來源：婦女救援基金會。

始從像是熟識強暴的角度批評強暴迷思。只是，網友熱烈討論，但是從強暴的歸因、防治、網友對事件的看法，都還是相當個人化──網友訴諸個人、兩人關係，因此看不到社會文化中的性別權力結構。復仇式色情案例中，加害人合理化自己復仇行動時所認定的社會支持，就是這種支持、這種性別權力結構讓加害人有恃無恐──反正都是她的錯──似乎整個社會都是他的後援、同意他理當如此。在應對這一類日益高漲的虛擬暴力上，臺灣正開始從法律規範上著手，探討以法律遏止、懲罰的可能，這也呼應了Jane（2017）所呼籲的多重涉入的必要。我們不可能只憑藉在數位媒體裡一對一的互動、我們也不可能單單憑藉與受害者站在一起的女性男性的集結來抵禦、阻止數位媒體裡的性別暴力；國家、法律、社區、平臺業者的聯手絕對必要。臺灣簽署了被稱為「婦女人權法典」的聯合國「消除對婦女一切形式歧視公約」（CEDAW），以表明我們要從法治上提升臺灣的性別人權標準、落實性別平等。臺灣的「CEDAW第3次國家報告國外專家審查暨發表會」中，問題清單裡就明確提到「復仇式色情恐嚇」。立法修法、落實執行，才可能改變目前與性別與數位媒體有關的虛擬暴力秩序。

　　有關在數位媒體、網路環境中責難女性、羞辱女性，除了復仇式色情之外，近年在臺灣引發諸多討論的是PTT八卦板（Gossiping板）上各種性別歧視言論。2015年起，PTT八卦板上開始出現「母豬教」這詞，余貞誼（2016）分析2015年9月開始到隔年8月的八卦板文章與推文，發現有著「母豬」標籤的文本呈現了兩種角色，一種是強化了傳統性別角色的刻板印象、一種是被貶為性客體的女性，「女性的存在價值僅在其作為性對象的可能性」（頁23）。余貞誼也強調，其實八卦板上有關「母豬」的定義並不一致，所以她以「一個母豬各自表述」說明八卦板上對女性紛雜的檢視，能囊括、說明八卦板上相關討論的是「母豬」確實成了「一種對女性的無差別攻擊」（頁24）。要說鄉民們是在討論中逐漸找出「母豬」特質的客觀定義，余貞誼清楚指出「倒不如說那是一種權力關係的展現」（頁24）。「母豬教」引起批判，而「母豬」這樣的指稱究竟只是虛擬戲耍、無涉真實？還是反而回頭影響了線下的社會大眾對於女性的看法、分類？這在數位媒體影響力日熾的此時所提出的問題，每每是檢視虛擬言行時，大家爭嚷不休的焦點。余貞誼在文章後半提到探討網路仇女的幾個層次中，要喚起大眾對網路性霸凌行動的自覺，「首要之務就是將網路性別歧視的行動從私領域的私人問題抬升至公領域的公共議題」（頁27）。臺灣新聞媒體上確實出現不少有關「母豬教」的新聞、投書，這議題進入臺灣主流的傳統新聞媒體，從2015年至今有不少公共討論，人渣文本（2016）就認為母豬教的命名、討論，其實是「弱弱相殘」的反應，他認為在經濟或其他領域居弱勢的男性，因為親見女權增長而出現相對剝奪感，錯認女性是剝奪了他的權益才助長了女權的增長。人渣文本認為這也說明了為什麼弱勢男性的處境越艱困、他們對於女性的憎惡詆毀就越強烈。李佩雯（2018）的文章也指出除了經濟因素之外，產生這些厭女論壇的原因也可能與臺灣社會正面臨性別平等價值的承接不足而網路演算法助長網路同溫層有關，所以，觀念與訊息常常只在本來觀念就近似的群組中流轉。李佩雯引用鄭育婷等人（2017）的論點表示，與其管制網路上散播厭女言論的出處，不如賦權厭女文化的受害者。鄭育婷等人的文章也提到臺灣近年出現多家女性網路媒體，開始提供性別平等觀點的文章、舉辦相關活動。這些都是逐漸出現的契機。

問題討論3-1

　　網路之大，無奇不有。也因此，不少人認為如果在特定論壇、臉書、IG看到了仇恨語言，走為上策，犯不著與難以溝通的人來回辯論，也有人擔心如果鄉民觀戰，一發不可收拾，還是避禍為妙。於是，在明明人人都有發話權的網路裡，人們常以走避、靜觀為上策。請討論：

1. 在網路論壇、社群媒體、以及其他數位場域裡，你遭遇過、經驗過什麼樣的虛擬性別暴力？或是你的言行曾被其他人指稱為虛擬性別暴力嗎？

2. 你發現在那樣的對話（貼文、留言、討論串、圖文照片）中，發言互動有什麼樣的特徵？怎麼命名？支持命名的理由、證據是？在線下、在日常生活中，找得到類似的例子嗎？

3. 即使在臉書裡，發言者的ID也未必顯露發言者實際的性別、性別身分、性取向等。因此，不論發言者的性別身分，如果我們只看貼文發言提到彼此的時候，你有沒有注意到，發言者有沒有以對特定性別的口吻對別人說話？是如何表現的呢？

（二）數位趨避

　　數位環境中要能來去自如，鑲嵌在不同性別關係、站在不同性別位置上的使用者其實完全不是採取「只要我喜歡，有什麼不可以」的爽快姿態，使用者發展了不同的策略。以臉書為例，臉書雖提供了人們新的互動方式，但這環境裡的女性以及LGBTQ等有著不同身分認同的使用者，卻也深刻經驗互動中所蘊藏的權力關係。因為遭受干擾，所以不同性別身分的使用者採取不同的臉書行動與策略，Hajin（2013）就研究伊朗的女性如何使用臉書。我們可能認為到了數位世界，大家平等，臉書豈不正好弭平日常生活中伊朗男女互動鴻溝？臉書該是好橋樑。其實不然，Hajin的研究發現揭示運作實情。網路之外就被諭令嚴守行止規範的女性，到了臉書，依然受社會聯繫（social ties）牽絆，因此，她們往往要藉由時時關注自己臉書朋友圈、申請多個臉書

帳號、變換臉書設定等策略求存。Hajin強調在伊朗，女性個人的與家族的聲譽不是兩回事、是一件事，因此，在臉書上家族親人成為臉友、遂行監視，這是常有的事。Hajin文中還引述更早之前臺灣研究的發現，強調伊朗的女性與臺灣相似，都很在意臉書上家庭、近人（close universe）怎麼打量自己；她們反而較不介意新近認識的臉友對自己的印象。這項針對伊朗年輕女性臉書使用的研究，顯示臉書上自我呈現的規範深受性別因素影響。一篇研究臺灣年輕女性在臉書上採取趨避策略的論文，也提供了真實經驗。周宜儒（2014）分析臺灣女性在臉書上採取的各種遁逃策略，以拉出彼此合適的互動距離。臉書上的權力干擾可以分為兩種，一種是「不禮貌行為」，指的是具體的侵擾行徑，像是公開在她人臉書上留言指點，或者以私訊指示，要不然，等到見面了，直接口頭指點貼文貼照者的表現好壞。第二種權力行使沒有高分貝，但是無言的監視威力不小，臉書使用者時時刻刻感知到臉友當中有權力者的監看。臺灣近年傳播研究中，不只一位女性研究者聚焦在此，國內李芸珮（2013）的碩士論文，就曾提到一位女性受訪者受不了母親在臉書上的緊迫盯人——例如直言批評自己的變裝照片、糾正自己在臉書上用詞、透過臉書緊密掌握自己行蹤——女性受訪者最終忍無可忍，封鎖母親。女兒本可以其他像是不打卡不洩漏行蹤等較緩和的方式避絕母親監看，但是，她以直接明確的不禮貌行為還敬母親。研究者認為使用臉書的年輕女性是想要以自己的方式「懲罰」母親的監視，以數位社群媒體提供的機制傳遞自己高分貝的不滿。

臉書看起來提供了使用者一個自由來去的空間，但是原本線下關係連帶裡的恩怨情仇到了臉書，通通去脈絡化，即使可以由臉書帳號擁有者自設關係類屬，但是大抵上一律以「友」稱之，周宜儒（2014）研究發現就強調，臉書統一定義了線下各種強弱連結，「看似重新形塑了互動雙方彼此的關係，實則誤導了使用者」（頁109），也因此當像是年輕女性面對上司、父母等人敲門探問加臉友時，即使遲疑，也就成了臉友。只是，以「朋友」名之的網上互動，並沒有因為是在數位世界，就完全扭轉、改變了以前權力罩頂的經驗，因此研究中的女性發展逃逸策略。值得注意的是年輕女性使用者善變、變化自己的使用策略遠走高飛，可是上了網的母親，因為擔心的、關

心的、家庭託付她的，與過去似乎沒有差別，自己更形疲累。周宜儒的研究呈現了母親的母職隨著社群媒體的出現，一路延伸到臉書上。之前西方研究也曾發現子女不願意在臉書上的活動被母親看到，引其擔心，因此使用者抗拒母親進入臉書（West, Lewis & Currie, 2009），不過West等人的研究並沒有特別解釋為何年輕使用者防的總是母親。周宜儒的研究點出年輕女性的逃逸也意味著數位社群媒體興起之後，母職壓力也隨之而生。當然，這也視女性使用數位媒體、網路的能力而定，Kang在2012年發表的作品中，研究英國華人家庭跨國溝通，該研究中的母親仍因網路素養不足，而要不是缺席網路上的家人互動，就是必須尋求協助，少數人可以藉此提高自己數位溝通能力。但是到了2015年許峰源的碩士論文研究跨國做家庭、居臺的母親與赴國在打工的女兒越洋溝通時，母親運用科技與女兒跨國聯絡溝通不是問題了，只是，要女兒來評價，母親利用數位媒體表現的是不可欲的母職（持續監看）與瑣碎的母職（寒暄、表達擔心）。不是當上母親的女性有什麼個人特質，是社會、文化、家庭賦予了承擔母職的母親是家庭永遠的代言人，遂行兒女眼中無謂的照管。數位時代中，數位媒體與社群的使用與性別的關係，從使用者、從子女的角度談如何在數位世界裡遊走趨避，談的也正是家庭溝通中母職的轉變與不變（方念萱，2016）。

　　若論數位社群裡的趨避策略，對於同志、跨性別者而言，尤其是尚未出櫃的不同性別認同者，更需要步步為營；線下如此，到了數位世界，策略發展是必須。過往研究指出，數位世界裡的同志空間並非與真實世界平行的、毫不相涉的烏托邦（張盈堃，2003；Soriano, 2014）。Soriano（2014）針對菲律賓的「出櫃黨」（Ladlad）進行研究，他們利用臉書募集與呈現菲律賓同志族群各式各樣的故事，反抗主流社會對於同志族群的漠視與汙名化。因為得以被看見，研究者認為菲律賓出櫃黨也才能夠在2010年獲得參加該國選舉的機會。以一群人、一個組織現身是一回事，日常生活中要在數位社群裡與線下不知自己真實認同的親人朋友不期而遇，並不是許多未出櫃的同志所要、所希望的。Cooper與Dzara（2010）便指出，在臉書上，個別同志一如所有臉書使用者，總是自己一人周旋在眾多臉友之中，在線上對於與誰打照面、跟誰避不見面、要不要面對虛擬的大庭廣眾、要如何與特定的臉友周

旋，都有真實的經驗與想法，同志更是留意自己如何與不同臉友協商自己的身分、謹慎管控身分訊息的或藏或現。傳播研究結果就顯示了部分同志在數位社交網站上運用的趨避策略，蔡佩諭（2015）研究國內女同志使用臉書的趨避策略，她發現因著臉書複雜且一再變動的隱私設定機制、因為與他人機動互動而有所變化的資訊流散方式、以及自動推播資訊所形成的全景敞視系統，臉書其實便於他人監控威脅，這讓她研究受訪的女同志反而主動棄用許多臉書功能，同時，在發展出適己策略的情形下，採用多個帳號、仔細依照可出櫃程度分類臉友、並且既隱又顯地挪玩臉書功能以表達對平權的支持。

問題討論3-2

　　我們常常說人們利用行動載具得以在數位世界裡進行永恆聯繫。可是，研究發現，很多時候我們進了虛擬世界卻不主動現身，「已讀不回」，甚至將社群媒體、數位媒體當成避難的防空洞。請討論：

1. 你有這樣的「斷線」經驗嗎？這經驗與性別角色、性別建構有沒有關係？

2. 數位媒體的監看可以分很多層次，從全球、國際、國家、社群、到你所置身的組織、人際網絡。數位平臺本身的運作機制裡，也可能有定期搜集個資以遂行監看的作為。以你的性別身分來說，你覺得有哪些與這相關的監看運作？

3. 以#Me too運動為例，這個以#（hashtag）標示、在推特裡分享性騷擾性經驗的舉止看似在美國沒有被噤聲，反而趁勢而起，形成跨國的運動。你覺得性別平權運動要能突破監看、串連發聲，要有哪些條件？還是只要放上#，就會自動奏效？

（三）數位現身

　　女性、同志在臉書上的趨避策略，使用者為的是面對不同「朋友」，自己有自己希望展現的「臉面」、希望以自己所欲的方式互動（方念萱，

2017；張玉佩、邱佳心，2017）。就算在網路上不乏虛擬暴力、就算在數位世界裡需要具備趨避素養，好能依照自己的方式安頓自己，大部分的人利用數位媒體、在數位世界裡，現身終究是常態。「數位現身」講的就是不同的人如何在數位媒體、社群網站、在虛擬環境中現身。近年相關的議題與媒體報導不可計數，利用數位媒體現身的，往往不是我們舊日熟悉的媒體達人模樣。舉例而言，被新聞媒體稱為軟軟行腳商人[2]的臺灣YouTuber，其實多為國小國中的女學生。媒體報導其中一兩個賣家一開始先學習他人拍攝介紹軟軟的影片，放到YouTube上，經由影片底下留言結識有著同樣收藏與嗜好的小學生，她們先是彼此交換藏物，接著兩人共同合作影片，該支影片上傳之後，吸引了原本各自頻道的粉絲聚集，收到加乘效益。這過程中，從影片的拍攝、剪接、後製、合作頻道的推出與宣傳全都不假他人之手，小學女生自己在數位世界裡自我培力，成了行銷商人，「有許多國中小生都擁有自己的『蝦皮拍賣』帳戶」（蔣金，2017）。這報導中的女性數位原住民還是中小學生，但是已經是一個自己製作影片、從事網路行銷、開箱教學、並且嘗試直播的數位能人，而她們以直播推銷販售商品時，還分享了青春期女生的經驗（蔣金，2017）：

> 吃貨Chun就擁有過不少特別的直播經驗。「很多人說我很胖，他們覺得胖是一件錯的事情，」吃貨Chun說，她曾在直播中聊起，小學三四年級時因身材被霸凌的記憶。此外，她的很多小粉絲還沒經歷生理期，便希望吃貨Chun教學怎麼用衛生棉，引來許多粉絲關注。

數位現身不只是現身、露個臉。數位媒體不再像傳統媒體一般是成年人經由消費內容而產生關連的對象；不同性別、不同性別取向認同的人自己就是自媒體（Me Media）。

與數位現身有關的議題很多，最直接的就像之前所述，線上仇女厭女氣焰正熾，女性在網路上怎麼現身？因何現身？當代女性進入數位世界，發現

2　「軟軟」是一種英文稱為Squishy、供把玩捏壓的手持玩具。是國小國中女生流行把玩的抒壓小物（蔣金，2017）。

的可能是更多物化女性的言談。研究（de Vries & Peter, 2013）確實發現進入數位時代的女性比起以前，得以接觸更多物化女性的材料，而接觸、吸收物化女性的文字影像越頻繁，女性的自我物化（self-objectification）程度可能越高，例如在網路上展現自我時，也可能以一種物化自己的方式展現。Döring等人2016年的研究就分析男女在社交網站上怎麼呈現自我。按理說，使用者在像是臉書、Instagram這種個人擁有、內容自創的媒體上，大可以隨心所欲地展現自己最滿意的一面，不甩主流媒體或社群網站其他人對男女刻板印象的呈現手法；應該是愛怎麼呈現就怎麼呈現。Döring等人研究自拍（selfies），自拍被認為是當代使用者原創內容（UGC，User Generated Content的縮寫）的代表。2016年的研究分析了500張女性、500張男性的IG照片，依照Goffman（1979）與Kang（1997）所發展的性別刻板印象的類型[3]加以分析。他們比對2016年IG自拍照分析結果與他們在2006年分析的雜誌上男女照片的刻板形貌，結果，Döring等人赫然發現，近乎十年之後，使用者自拍自選的IG照片、照片裡的男男女女，不但完全複製性別刻板印象，這些自拍照比起十年前主流雜誌廣告裡的男女再現，還要來得刻板化、有過之而無不及，「照片中的女性更站不穩、更愛曖昧地撫觸自己」（p. 960）。這怎麼回事？

這是有道理的。十年不變，甚至越演越烈，年輕人身處的社會、文化，總也不一樣了啊！康庭瑜（Kang, 2017）的研究訪談曾在社群媒體上分享自己性化身體的照片的女性，她發現當代年輕社群媒體女性使用者其實並不是只是輕鬆秀自己，她們面對兩難，一方面流行論述鼓勵女性探索自己性化的身體，另一方面自我性化的女人，在社群媒體上、線下生活裡，卻必須時時面對蕩婦羞辱（slut shaming）[4]她們在社群媒體裡如何自我呈現呢？她們又以什麼樣的策略抵抗蕩婦羞辱，而又能保有自我表現的空間？女性發展出各種

3　根據Goffman（1979）與Kang（1997）的理論所發展的性別刻板印象的類型有六種，包括陰柔的撫觸、臣屬的儀態（姿勢上以及不平衡的身形，例如似乎站不穩）、退縮（眼神上規避以及樣態失控，例如大笑）、身體展示。

4　蕩婦羞辱指的是當女人清楚表現她的性慾望，或是她的言談行為讓人有性的聯想時，她們被認為是蕩婦，因此被認為該被羞辱和責備（Jackson & Cram, 2003; Ringrose et al., 2013引自Kang, 2017）。

性化的技術，小心翼翼地「摸索出良婦的性感與蕩婦的性感之間的象徵性邊界」（頁18）。從女性主義關心的性賦權來說，受訪女性表示她們不是單為迎合他人性愉悅而擺置自己，她們主動探索自己身體的各種可能，並且強調這些經驗如何帶給她們自己愉悅。從這觀點來看，這愉悅確實帶來賦權的經驗，但是，固然自得愉悅，自我性化所打造出來的身體並沒有挑戰女人身體審美的標準化和美貌神化。Döring等人（2016）發現十年不變，Kang則指出，要瞭解數位時代熱中在社群媒體裡性化自己身體的年輕女性，需要瞭解她們所遭受的兩難拉拒，她們自我性化的呈現有脈絡可尋，這脈絡真真實實地作用在數位世界裡。

要能隨心所欲地以自己喜歡的樣貌在數位世界裡現身，要考慮良多，絕對不只是按按快門而已，甚至網路世界裡的女性已經練就利用多樣軟體快速呈現自己的本事，這本事與運用是家常便飯。以青少女為例，蘇柔郡、吳筱玫（2018）研究臺灣高中女生在社交媒體上發布的相片，分析的是她們運用數位工具的狀況，發現這些高中女生經常同時使用二到六款apps，來「『完成』僅靠Instagram無法做到的、兼具設計感與美感的相片」，然後發布到Instagram上，與友共享。兩位作者認為，「由於高中女生無時無刻都想自拍／群拍與後製」，但是她們嫌棄IG後製難以回應她們想像與要求，因此對各式數位應用服務使用自如，終能「延伸出屬於自己的後製」（頁142）。就像《端傳媒》報導中、實為軟軟行銷商人的中小學女學生，高中女生也在日常生活中經由常用活用，而將本來拍了照片之後得以修圖的眼光與技巧內化成為日常實踐，做來得心應手，毫不費力。在後製過程中，研究發現高中女生因為在意兩性關係，會依據互動經驗表現，不至於落入被異性訕笑的情境，所以，青少女的數位現身乃是熟極而流的數位技巧與機靈查知同儕反應的成果。

線下世界的經驗這麼牽絆著、影響著數位世界裡的現身，所以人在數位世界不是從零開始；數位世界裡的人際互動、各自現身，本來就是座落在原有的社會、文化、規範與禁忌之上，要說因為到了虛擬實境，就能自由自在，這恐怕任何出入數位場域、利用數位媒體的人都不相信。但是，我們要怎麼看待、思考數位世界裡的性別呢？不是直接複製線下關係、不是從零建

構、不是完全控制，我們經驗到的是什麼？從一個例子可以說明我們在數位的田野裡，可以如何觀察自己與他人。Lyons等人研究臉書上大家如何上傳、分享朋友們飲酒作樂的照片、在虛擬世界得到什麼樣的回應、如何看待自己與他人的反應。飲酒文化在西方本來就是一個高度性別化的文化，男性飲酒、甚至醉酒（drunkenness），都被認為是陽剛氣質的展現（Willott & Lyones, 2012）。換成女性，那就大不同了，女性飲酒被認為有損名譽，縱情飲酒就絕對不是什麼良家婦女。這樣一個本已高度性別化、強調男女有別的文化，到了臉書這樣一個得以展示自己生活片段、營造形象的所在，「飲酒的女人」是不是會得到不同評價？看起來似乎我們又在問一個數位媒體能不能讓女性完全自由自在的問題，但是更重要的是，我們要問女性分享自己飲酒作樂的照片文字時，數位世界裡男男女女的眾人怎麼回應她、性別秩序如何浮現、浮現出的是什麼模樣？從這例子看，臉書的歷史雖然不過十五年，但是臉書上似乎也已經形成虛擬的陽剛氣質、陰柔氣質的規範了——有關數位社群網站裡，回應他人的大頭貼照片（profile photo）一事，已經有研究發現這被認為是性別化的舉措，男人認為自己是不應該隨便就別人頭貼照片發言的，有損陽剛氣質。Lyons等人研究中的受訪男性也真的表示朋友家人歡聚之後，上傳照片是女人的事。身處在線下性別文化、飲酒上男女有別的處遇、以及社群網站上已經生成的男女規範的夾纏中，年輕女性打破了既有的二分認定（男人是行動的／女人是生就的；男性主動／女性被動），積極主動打造自己與朋友的飲酒歡樂照。研究者認為，既然社群網站裡大可自己動手做（DIY），飲酒之後想上傳照片的女性知道原本的性別腳本裡，女人飲酒的形象招來風險，所以女性充分利用臉書上可以自己打造形象的機會，自己動手來，又快又頻繁。其次，這與康庭瑜（Kang, 2017）的研究發現一樣，女性處在後女性主義文化中，深知性化的身體表現是被推崇、讓人（際）眼睛一亮的。因為如此——也是趨利避禍——照片顯現的是身處在夜店經濟、消費場所歡鬧氛圍中的飲酒身影，這與當代對於女性氣質的要求還蠻合拍。從這例子看到，數位媒體、社群網站裡的現代女性自己打造出來的線上樣貌，看起來與過往沒有兩樣，其實她們經驗到的環境與過去並不一樣，背景不一樣、拉拒的力道不一樣，形成的樣貌也並不同。只是即使身處

在數位世界裡的女性，使用媒體的能力不輸男性，但是包圍她們的各種性別文化秩序從沒缺席。

 問題討論3-3

所以，數位媒體、社群網路裡的性別現況，似乎並沒有提供我們新媒體是否顛覆了過去性別秩序的答案，起碼現在還沒有確切的答案。

1. 我們好奇數位媒體與性別的關係，可以怎麼提問？
2. 以一個自己關心的社群網站的現象為例，就像上傳、分享飲酒照片的研究中看到了多種性別秩序交織，我在我關心的數位性別現象裡，看到哪些秩序交錯、作用？

四、結語

虛擬世界廣大無邊，近年興起的社群網站、針對各種需要而發明的app各式各樣，行動載具與網路寬頻的日新月異更讓人無時無刻不身處在各種人際網絡中，如此一來，也就身處在規範彼此的秩序裡。上網之前，我們有著各種身分以及隨身分而在的相對關係；數位媒體中介人己，不管彼此是「友」、是「粉絲」、是「鄉民」，我們很難離群索居。虛擬暴力、數位趨避、與數位現身，講的都是當我們同在一起的時候，女人面對、經驗既新又舊的對待時，如何藉由數位技能、結合有志一同的人，交流、結夥，開展自己的空間。以臺灣為例，與性別平等有關的媒體政策往往因為社會事件與個案才為大眾知曉、討論，[5]而現在雖然以不同生理性別、性別認同、性傾向族群為目標使用者的媒體日增，但是商業媒體產業整體而言，維持不易、並不穩定，也同時影響內容議題的設定。本章聚焦數位世界中新興、勢盛的虛擬

---

5 例如2016年由下一代幸福聯盟製作的「百萬家庭站出來」電視廣告，以高價買下熱門時段播放反對同性婚姻廣告，引發社會大眾討論。

暴力與性別義勇行動，以臺灣社會的復仇式色情為例、以日常生活中線上的趨避、現身為例，在這些議題的討論中看到的，雖然不是相關政策、產業因應，但是看到了在每日生活、在各個數位場域中交織縱橫的性別秩序與權力，這正是聯合國《打壓女性與女孩的虛擬暴力》（Cyber Violence against Women and Girls）報告中提到的第一步——喚起意識、增加公眾對相關議題的感知。網路性別平權的推動、相關政策法規的制訂與實踐必須接續，改寫數位世界裡性別秩序的行動，才算真正上路。

中文文獻

- 3C科技頻道綜合報導（2014年12月24日）。另類不可不知！2014年科技界大戰精彩連番爆！。取自http://3c.ltn.com.tw/news/15356

- Ching, J.（2016年6月7日）。為甚麼《維基百科》致力消除性別差距，但女性編輯比例不增反減？關鍵評論網。取自https://hk.thenewslens.com/article/41457

- 人渣文本（2016年6月5日）。仇視女人的流行。蘋果日報。取自goo.gl/6XYQet

- 方念萱（2017）。專題引言：遊戲裡外的性別。教育部性別平等教育季刊，81，12-16。

- 方念萱（2016）。家中斷捨離？——兩種傳播科技退用的性別分析。女學學誌，38，111-169。

- 李芸珮（2013）。媽在看我臉書？初探Facebook上的親子互動（未出版之碩士論文）。國立政治大學新聞研究所，臺北。

- 李佩雯（2018）。「母豬、ㄈㄈ尺、甲甲」有完沒完：淺談台灣批踢踢網路論壇之性別歧視文化。載於游梓翔（編），社群媒體與口語傳播（頁145-156）。臺北：五南。

- 余貞誼（2016）。「我說妳是妳就是」：從PTT「母豬教」的仇女行動談網路性霸凌的性別階層。婦研縱橫，105，22-29。

- 林珮珊（2010）。網路論壇中的強暴討論串分析——以PTT的女性性版為例（未出版之碩士論文）。國立臺北大學社會學研究所，新北。

- 周宜儒（2014）。年輕女性臉書打游擊：從「監視」到「不禮貌」的回防攻略分析（未出版之碩士論文）。國立政治大學新聞研究所，臺北。

- 許峰源（2015）。親密落差：家庭中跨國溝通與傳播科技的性別政治（未出版之碩士論文）。國立政治大學新聞研究所，臺北。

- 張玉佩、邱佳心（2017）。色情暴動：遊走於男性愛遊戲的同人迷群。新竹市：交大出版社。

- 張凱強（2016）。散布性私密影像行為之研究（未出版之碩士論文）。國立政治大學法學院碩士在職專班，臺北。

- 張凱強（2016）。論復仇式色情這當代厭女文化下的網路獵巫行動。婦研縱橫，105，16-21。

- 張盈堃（2003）。網路同志運動的可能與不可能。資訊社會研究，4，53-86。

- 楊美雪、趙以寧（2018）。線上遊戲女性玩家性別認同與角色塑造關聯性之研究。新聞學研究，134，89-144。

- 蔣金（2017）。十多歲的她們如何用YouTube做「軟軟」的生意？端傳媒。取自 https://theinitium.com/article/20170421-taiwan-youtube/

- 蘇柔郡、吳筱玫（2018）。高中女生使用 Instagram之日常美學：符擔性觀點。新聞學研究，135，139-191。

- 鄭育婷、江品蓁、蔡祁珊（2017）。醜女，丑女，仇女！——以參與聯合國婦女地位委員會暨非政府組織周邊論壇經驗，談臺灣本土網路厭女圖像與翻轉契機。婦研縱橫，107，90-97。

- 蔡佩諭（2015）。現身與隱藏：初探女同志的臉書使用策略研究（未出版之碩士論文）。國立政治大學新聞研究所，臺北。

英文文獻

- Bear, J., & Collier, B. (2016). Where are the women in wikipedia? Understanding the different psychological experiences of men and women in wikipedia. *Sex Roles, 74,* 254-265.

- Buchanan, T., Paine, C., Joinson, A., & Reips, U. (2007). Development of measures of online privacy concern and protection for use on the internet. *Journal of the American Society for Information Science and Technology, 58*(2), 157-165.

- Byerly, C. (2012). The geography of women and media scholarship. In K. Ross (Ed.), *The handbook of gender, sex, and media*. John Wiley, & Sons Ltd.

- Carter, C., Steiner, L., & McLaugnlin, L. (Eds.). (2014). *The Routledge companion to media & gender*. Routledge.

- Coldewey (2013, April 21). Dawn of the digilante. *TechCruch*. Retrieved from https://techcrunch.com/2013/04/21/dawn-of-the-digilante/

- Cooper, M., & Dzara, K. (2010). The facebook revolution: LGBT identity and activism. In C. Pullen, & M. Cooper (Eds.), *LGBT transnational identity and the media* (pp.100-112). Basingstoke: Palgrave Macmillan.

- Döring, N., Reif, A., & Poeschl, S. (2016). How gender-stereotypical are selfies? A content analysis and comparison with magazine adverts. *Computers in Human Behavior, 55*, 955-962.

- de Vries, D. A., & Peter, J. (2013). Women on display: the effect of portraying the self online on women's self-objectification. *Computers in Human Behavior, 29*(4), 1483-1489.

- Goffman, E. (1979). *Gender advertisements*. New York: Harper & Row.

- Hargittai, E., & Shaw, A. (2015). Mind the skills gap: the role of internet know-how and gender in differentiated contributions to Wikipedia. *Information, Communication & Society, 18*(4), 424-442.

- Hajin, A. (2013). Seeking personal autonomy through the use of facebook in Iran. *SAGE Open, 3*(1), 1-13.

- Hall, M., & Hearn, J. (2018). *Revenge pornography: Gender, sexualities and motivations*. New York, NY: Routledge.

- Jane, E. (2017). Feminist digilante responses to a slut-shaming on facebook. *Social Media + Sociology, April-June 2017,* 1-10.

- Jane, E. (2016). Online misogyny and feminist digilantism. *Continuum: Journal of Media Cultural Studies, 30*(3), 284-297.

- Jane, E. A. (2014). 'Back to the kitchen, cunt': speaking the unspeakable about online misogyny. *Continuum: Journal of Media & Cultural Studies, 28*(4), 558-570.

- Jane, E. A. (2012). Your a ugly, whorish, slut. *Feminist Media Studies, 14*(4), 531-546.

- Kang, Tingyu (2017, Nov). *Good sex, bad sex: Self-sexualization, slut-shaming, and the boundary making practices on social media.* Media in Globalized Asia, Tokyo.

- Kang, T (2012). Gendered media, changing intimacy: Internet-mediated transnational communication in the family sphere. *Media, Culture, & Society, 34*(2), 146-161.

- Kang, M.-E. (1997). The portrayal of women's images in magazine advertisements: Goffman's gender analysis revisited. *Sex Roles, 37*(11-12), 979-996. Retrieved from http://dx.doi.org/10.1007/BF02936350

- Kelly, W. (2016). Bernie bros and woman cards: Rhetorics of sexism, misogyny, and constructed masculinity in the 2016 election. *Women's Studies in Communication, 39*(4), 357-360.

- Lapidot-Lefler, N., & Barak, A. (2012). Effects of anonymity, invisibility, and lack of eye-contact on toxic online disinhibition. *Computers in Human Behavior, 28*, 434-443.

- Lattouf, A. (2016, June 20). 'That Tinder girl' Olivia Melville speaks out about online harassment. *ABC News.* Retrieved from http://www.abc.net.au/news/2016-06-19/that-tinder-girl-olivia-melville-speaks-out/7519724

- Lyons, A., Goodwin, I., Griffin, C., McCreanor, T., & Barnes, H. (2016). Facebook and the fun of drinking photos: Reproducing gendered regimes of power. *Social Media+Sociology, October-December*, 1-13.

- Shaw, Frances. (2017). Misogyny online: a short (and Brutish) history. *Information, Communication & Society, 20*(12), 1783-1785.

- Soriano C.R.R. (2014). Constructing collectivity in diversity: Online political mobilization of a national LGBT political party. *Media, Culture and Society, 36*(1), 20-36.

- West, A., Lewis, J., & Currie, P. (2009). Student's Facebook 'Friends' : Public and private spheres. *Journal of Youth Studies, 12*(6), 615-627.

- Willott, S., & Lyons, A. C. (2012). Consuming male identities: Masculinities, gender relations and alcohol consumption in Aotearoa New Zealan. *Journal of Community and Applied Social Psychology, 22*, 330-345.

- Yang, H. C. (2014). Young people's friendship and love relationships and technology: New practices of intimacy and rethinking feminism. *Asian Journal of Women's Studies, 20*(1), 93-124.

蕭蘋

現象
發想

參考
文獻

現象
發想

　　曾經擔任聯合國婦女親善大使的英國女星艾瑪華森（Emma Watson），在2017年3月登上女性時尚雜誌《浮華世界》（Vanity Fair），成為封面人物。其中一張照片，她上身單穿純白針織網洞短披肩，暴露了胸線與下乳房，引起了爭議，有人認為她造型太過性感，有違艾瑪華森「一貫的女性主義者形象」。《浮華世界》在其專訪中指出，艾瑪華森在電影《美女與野獸》（Beauty and the Beast）中的演出顛覆了迪士尼公主形象，但英國的《太陽報》（The Sun）卻加以挪用，以「美女與胸部」（Beauty and the breasts）為題，嚴辭批評「艾瑪華森不該一邊高舉女權，一邊脫衣服」（見https://womany.net/read/article/12988?ref=read）。

　　然而什麼才是「一貫的女性主義者形象」？和一般的女性形象不同嗎？女性身體性感的展露，違背了什麼樣的女性主義的旨意？這些媒體所產製、再現的各種女性形象放置在歷史的脈絡中又具有什麼樣的意義呢？這是性玩物、還是性自主呢？閱聽人又是如何解讀這些跨越文化和不同媒體的女性形象呢？這些問題普遍浮現在流行媒體的內容中，我們該如何回答呢？答案並沒有飄浮在風中，本章的討論內容，企圖提供學生們思考這些問題的基礎理論概念與方向。

一、前言：傳播媒體與成為女人

　　西蒙波娃（Simone de Beauvoir, 1961, p. 9）曾言，「人不是生而為女人，而是成為女人」（one is not born, but rather becomes a woman），這意味著性別

＊　本文感謝兩位審閱人，國立高雄應用科技大學文化創意產業系陳志賢副教授、國立政治大學新聞學系方念萱副教授，所提供的寶貴意見。

是一種社會建構，而不是由生物所決定的。在這個「成為女人」的過程中，大眾傳播媒體就是現代社會中一個讓我們不斷學習如何成為女人或男人，而在其中形成性別認同的重要場域。大多數人都是自小即從雜誌、廣告、電視節目、MTV、電影、網路、社群媒體等媒體的內容與使用中，不知不覺學習、內化與性別有關的規範，逐漸成為這個社會所認可的女人（或男人）。在媒體再現中當作標準模範的「理想化的女性形象」，在以往也許是宜室宜家又怡人的賢良淑女，如今則必須是外貌纖瘦、每個身體的部分都符合一定的標準尺度、永遠不老、具有性感體態的女神。在這些形象中充滿了多重意義的競逐，因為當代大眾傳播媒體的性別再現，是全球與在地的力量、以及經濟和文化的勢力，競逐有關男性氣概和女性氣質之建構與重構的重要場域：

> 在當代媒體地景之中，女性形象以各種不同的、甚至是矛盾的形式出現，從歐巴桑到熟女、敗犬、小資女、貴婦團、職業婦女、宅男女神等等，這些影像更因新興媒體的普及滲透到我們日常生活的公共文化中。由於媒體所建構的公共文化，「取代了家庭、同儕、宗教，成為我們理解日常生活事件與經驗的參照來源」（Bettig & Hall, 2013/2012, p. 15），也扮演了形塑我們主體性，決定我們如何認知世界與行動的意義的角色。因此，媒體在形塑既有性別秩序中扮演著極為重要的角色，而改造性別秩序也必須從改造媒體性別再現開始。（楊芳枝、蕭蘋，2014，頁449）

由於大眾傳播媒體作為一個文化意義爭鬥的重要場域，它始終是性別研究與婦運發展之中一個批判的焦點，本章接下來將討論在過去的相關研究發展中，性別與媒體研究領域中兩個主要的研究層次及其所包含的核心概念：（一）媒體內容中的性別再現：探討有關反映論、建構論、再現、意識形態、霸權的概念內涵；（二）閱聽人的詮釋與性別主體性：探討有關閱聽人的解讀和性別認同形成之間的關係。而在議題深探的部分，則將就兩個主要具有爭議性、經常成為批評焦點的議題進行討論：（一）媒體內容中長期所再現的家庭中女性角色所具有的有限性，以及近年來受到婦運發展與女性社

會地位的改變，如何影響了媒體內容中相關再現的改變；（二）探討在後女性主義媒體文化中，物化女性、與性玩物的爭議，如何轉變為性自主的形象，而男性被性物化的現象，又有何差別？最後，在結論的部分，針對性別與媒體的相關現象與問題，探討有關女性主義文化政略（cultural politics）的因應方式，本文建議，應該關注閱聽人集體能動性的生成，特別提出「社會識讀」的概念，著重文本與閱聽人意義生產的情境特性。

二、理論與概念

（一）媒體內容中的性別再現

　　媒體內容中的性別呈／再現，是媒體與性別的研究領域中，最受注目也累積最多經驗研究成果的一個主題。在這個議題的討論中，主要可以分為兩個派別來整理相關的研究發現，一為「反映論」（reflective approach），另一為「建構論」（constructionist approach）。在這兩個不同的論點中，對於媒體真實與社會真實的假設、性別的定義、意義形成的過程、媒體的效果、相關研究方法的運用等，都有很大的區別（蕭蘋，2003）。

　　在「反映論」的觀點中，認為意義存在於真實的世界中，媒體的功能只是作為一面鏡子，去照映、反射真實世界的一切（Hall, 1997）。如果媒體的內容不能「如實」、「正確」反映真實世界中的人、事、物，那麼它就是具有「偏差」（bias）、或是「刻板印象」（stereotype）。站在這個理論立場的社會學家與傳播學者，大都運用量化的內容分析方法來調查媒體內容中所呈現的性別角色，其研究目的主要在比較媒體內容和真實世界之間的差異。

　　以「反映論」為基礎假設的研究發現，媒體內容中的女性角色通常被錯誤地呈現為負面、有限、甚至是扭曲的形象（Tuchman, Daniels, & Benet, 1978），媒體中的女性角色通常都傾向年輕、美麗、被動、柔順、沒有決斷力、依賴，並以其與丈夫、父親、兒子或其他男性的關係來定義她們的角色。這些研究者在論文的結論中通常會根據性角色理論（sex role theories）的假設，認為女性作為媒體文本的接收者，會內化蘊藏在這些文本中的女性特

質。在這個內化的過程中，女性不自覺地將限制加諸自己的身上（Waters, 1986; Ferguson, 1990; van Zoonen, 1994）。

「反映論」在婦運初始對媒體中的性別歧視進行批判時，提供了有力的經驗證據，然而這個論點無論在理論假設或方法學上，都已受到相當多的批判。首先，在理論的觀點上，說媒體的內容有偏差、有刻板印象，似乎意味著，有一個沒有偏差的真實世界存在，而媒體有能力、並且應該反映這個真實的世界（Hackett, 1984）。然而，真實的社會世界中，原本就存在了男尊女卑的性別秩序，過去的女性主義批判要求媒體呈現「更真實的」女性形象，但問題就在於何謂「真實」的定義（Brundson, 1988）？其次，「反映論」假設「性別」為男性和女性之間存在清楚而穩定的區辨，這樣的概念忽略了性別所具有的動態特質，也忽略了性別具有歷史與文化的特殊性，擁有多重、衝突的定義；第三，在研究方法上，量化內容分析法雖然可以就男、女的性別再現提供一個較完整的面貌，但它只著重媒體內容的顯明意義，卻忽略了潛在隱藏的意義（van Zoonen, 1994）。

相對而言，「建構論」對於真實的看法是，確實有一個物質世界的存在，但真實的意義不是存在那裡（out there）而已，它是被社會活動、語言等意義系統所建構而成。人作為社會行動者，會使用文化中的概念系統、語言與其他象徵符號去建構意義（Hall, 1997; van Zoonen, 1994）。實際上，媒體的產製是一個不斷選擇的過程，它並非被動反映社會狀況，而是從無數紛雜的社會現象中，加以挑選、重組、編排，以文字或圖像等符碼組成一套有秩序、可理解、有意義的敘述方式，此即所謂「再現」（representation）（林芳玫，1996）。由此可知，媒體的再現並不等同於真實，而是經過媒體選擇和處理的結果，某些真實的面向會一再被強調，但同時也有某些真實的面向卻一再被忽略。簡言之，媒體再現所呈現出的是一套扭曲的世界觀，它作為一種共有的文化語言，提供我們觀看和理解世界的意義、概念與方式，同時也建構了我們的真實感和世界觀。

在有關媒體再現的討論裡，有一個重要的理論概念「意識形態」（ideology），這指的是一種意義體系，它提供了一種被視為「理所當然」的世界觀和信念，幫助我們定義和對世界做價值判斷。在進行意識形態的分析

時，通常不會在意媒體的內容是否反映了社會，因為媒體內容很明顯呈現的都是褊狹的世界觀和具有高度偏見的刻板印象，它所關注的是媒體內容所傳遞的是何種世界觀，它是如何運作的，是誰被涵納進入媒體的再現中，又有誰被排除在外（Croteau & Hoynes, 2014）。

然而必須注意的是，大眾傳播媒體應該是一個不同的意義相互競爭的場域，宰制意識形態在其中有可能會因此受到干擾。因此是在文化工業相互競爭的社會、政治、經濟的脈絡中，媒體的文本得以建構，而在其中競逐的意識形態觀點之間彼此矛盾，再現不同的觀點，並具有不對等的權力。Anthony Gramsci（1971）所提出的「霸權」（hegemony）概念，讓我們看到文化中的「協商」（negotiations）是有可能發生的。Gramsci認為，民主社會中的權力必須包含說服與共識，它不可能永遠定於一尊。因此霸權的維繫，必須在各種不同的政治、社會與意識形態力量的競爭之中，進行協商，因此權力是可能被挑戰、被改變和被重組（Gledhill, 1997）。Gramsci的霸權理論在此幫助我們看到媒體文本中意識形態的流動特質，以及性別認同形成過程中主體性所具有的破碎特性。

（二）閱聽人的詮釋與性別主體性

在上述針對媒體內容與文本的研究中，無論是反映論或再現論的觀點，都有可能具有一個缺點，亦即將媒體的文本當作意識形態的腳本，並且將女性視為被父權文化所操弄的「呆子」（dupe），忽略女性具有拒絕或轉換媒體文本意義的能力。自1990年代開始，受到英國文化研究和後結構主義（post-structuralism）所帶來的影響，女性主義的文化研究者認為，閱聽人可以從媒體文本產品的使用中主動創造自己的意義，因為人的能動性（human agency）即是展現在對文化的「主動」（而非被動）消費上（Shiach, 1994）。

依照「主動閱聽人」的概念，閱聽人不是被動接受媒體所給予的訊息，而是可以進行主動的意義詮釋。媒體文本的意義也不是固定的，而是被閱聽人所建構。相同的媒體文本，可能會引發閱聽人多重的詮釋。閱聽人能進行主動的詮釋，意味著文本所具有的開放性與多義性，但文本是否全然為開放

的？閱聽人的能動性又是否為絕對的？從實際的層面來看，我們的媒體經驗是日常生活的一部分，而我們的日常生活則是在某些特定的社會脈絡下開展的。比如說，我們都隸屬於某些社會團體，這樣的社會位置會影響我們討論媒體內容的對象、我們心目中認知的重要關注議題、以及我們對媒體訊息的詮釋架構。某些意義的形成對大多數人而言，也許是比較容易的，因為它會汲取社會中普遍共享的文化價值。因此，也許意義都是由閱聽人主動建構的，但大多數的時候，詮釋的方向會趨於同一，並與基本的文化價值或主流的意識形態符合一致，這就是所謂的「偏好性解讀」（preferred reading），亦即閱聽人的解讀是順著文本所設定的方式。但是，「另類的解讀方式」（alternative reading），亦即可以對抗主流宰制意識形態的解讀策略，仍然是有可能存在的，端視閱聽人所在的詮釋社群與社會網絡而定（Croteau & Hoynes, 2014）。

對於女性主義的媒體研究者而言，特別關注的是媒體文本的解讀和性別認同形成之間的關係。這些研究者認為，性別認同不是在某一個固定的時刻或地點獲得的，而是在一連串的實踐過程中一再的展現，因此認同不只是一個「存在」（being），還是一個「形成的過程」（the process of becoming）（Currie, 1999, p. 5）。因此對於這些研究者而言，她們注重性別認同的主動協商，例如：女性事實上會有意識地決定要做（或不做）什麼打扮來選擇如何在他人面前呈現自己。以往的社會科學理論認為，在文本之外，有一個具有意識、統整的與理性的主體存在，後現代與後結構主義則有不同的看法，他們認為，主體是在語言和其他的意義系統中形成的。由於主體性被視為一個持續競爭的場域，認同的過程也是分裂和衝突的，因此文化文本的閱讀就被視為一種「生產」（production），而不再是「消費」（consumption），因為在這個過程中，會產生多重的意義和主體性。進一步而言，文本的閱讀活動會激起意義和主體性的解放，而非形成穩定的認同（Currie, 1999）。

由於文化研究中女性主義研究者的突破性研究成果，打破了流行文化研究中一直以來為男性定義與主導的趨勢。一些所謂的女性文類（women's genres），如：肥皂劇、羅曼史小說、女性雜誌等，都得到了相當的重視，這些文類並被視為建構和傳遞理想的女性形象和性別認同的重要場域。這些

女性主義的分析焦點，主要在於流行文化的形式如何重新定義了「女性」和女性氣質，並且進一步建構了女性的主體性、性別的差異和愉悅。張小虹（1993）即指出，在羅曼史的眾多研究中，不斷浮現的是對於女性文類正面肯定和負面否定的辯證關係，而不論批評的立場是落於哪一端點，對女性問題與女性讀者的關懷，則是這諸多研究中最終相同的肯定。

圖4-1　青少女雜誌《娜娜（nana）》2008-2009年的封面。
資料來源：本文作者提供。

　　女性主義的文化研究不只探討女性在流行文化中的再現問題，並且進一步關注女性在流行文化有關的社會實踐中如何抗拒與協商權力的關係。因此女性的閱聽人就成為這些研究關注的主要核心，這些研究企圖將媒體的接收（reception）放置在性別的分工之中（如：女性在家庭和工作中孤立、次等的位置）來討論（蕭蘋，2003）。舉例而言，楊幸真（2012）在臺灣針對一所國中與一所高職的學生以民族誌法，探討少女時尚生活雜誌《娜娜》在女學生性／別學習與性別認同建構的過程中所扮演的角色。她發現校園生活是青少女雜誌閱讀與意義詮釋的重要脈絡，青女面對校園生活中的苦惱與個人的欲望，《娜娜》雜誌作為一種文化資源，提供少女讀者解決之道，並且教導她們如何成為一個可欲與可愛的「夠格女孩」。楊幸真強調，雖然《娜娜》文本中蘊含的父權意識形態對少女讀者具有影響，但並非具有絕對的支配性，青少女對雜誌的消費可以視為一種「女孩力量」，「是一種自我培力的方式，來自於日常生活中活生生的性別經驗與奮鬥，這一種女孩力量應該被看見和重視」（楊幸真，2012，頁41-42）。

三、議題深探

（一）媒體內容中所再現的家庭性女性氣質（domestic femininity）

開啟美國第二波婦運的先驅Betty Friedan，在其名著《女性迷思》（*The Feminine Mystique*）（1963）之中，以大篇幅描述了1950年代美國郊區中產階級的家庭主婦獨守家中的孤寂生活。Friedan針對當時的流行文化，大力批評其所推銷的女性迷思，將女性的成就等同於快樂、有教養、只關注自己的丈夫、孩子與家庭，女性被鼓勵將自己視為妻子與母親，除此之外，沒有任何的自我認同。然而，在女性的真實生活、與其設法要服膺的女性迷思的形象之間，具有相當的落差。Friedan指出，在這些「快樂家庭主婦的女主角」形象背後，真實生活中的女性讀者遭遇了一種「沒有名字的問題」，伴隨失敗、空虛的感受，缺乏成就感，因此帶來很大的心理傷害。

媒體社會學家Gaye Tuchman等人（1978）進一步提供了系統性的研究，對於媒體所提供的理想化女性氣質，僅受限於「壁爐與家庭」（hearth and home）之間的定義，他們認為這是「錯誤的」（false），和社會真實中的女性地位不符（Franzwa, 1975）。Tuchman指出，女性在媒體的再現中，有所謂「符號消滅」（symbolic annihilation）的問題，包括：被忽視、瑣碎化與被貶抑的問題。這個情況在過去臺灣的媒體內容中也不陌生，張錦華（1994）以女性在臺灣報紙各個不同版面出現的形象進行探討，她指出「要聞版面中人數稀少的女性參政者仍不免受到記者對其穿著打扮品頭論足；婦女版則強調家庭主婦的形象；影劇版以性感尤物的形象出現；廣告中的女性則為點綴品與性商品。」（轉引自林芳玫，1996，頁24）。

Gerbner（1978）批評，媒體所涵化的以家庭角色為主的女性形象是為了服膺既有的社會關係結構，並且是一種針對女性社會地位變遷的文化抗拒。在臺灣媒體內容的女性形象再現中，歷來一直是以宜室宜家的賢妻良母作為理想的女性圖像。孫秀蕙、陳儀芬（2016）的研究，針對1970年代時期出刊的《婦女雜誌》內容進行文本分析。以臺灣中上階層的女性為主要發行對象的《婦女雜誌》，在1970年代是臺灣婦運初萌芽階段的主要發聲管道之一，

婦運最早的倡議者呂秀蓮在《婦女雜誌》曾經發表〈婚姻是必要的嗎？〉（1973年11月）、〈先做人，再做女人〉（1976年3月）等文章，以歐美的自由主義女性主義訴求為根本，反對女性將婚姻視為個人義務，鼓吹女性不可因為養兒育女就否定了個人的生命意義。雖然《婦女雜誌》零星刊登了這些來自婦運的另類論述，但事實上在雜誌大部分的編輯論述與廣告內容中，其所企圖建構的理想女性典範仍然是以婚姻為歸宿，以家庭為中心，善盡管理家務、養兒育女的賢妻良母圖像。

然而隨著婦運的發展、以及女性社會地位的改變，臺灣媒體內容所呈現的性別議題也逐漸有所轉變，一方面媒體仍在加強鞏固家庭的意識形態，但另一方面干擾主控意識形態的另類觀點，也在逐步增加，呈現文化衝突的型態。Shaw和Tan（2014）以量化內容分析方法針對《中國時報》與《聯合報》兩報「家庭婦女版」共2,320篇樣本文章，進行跨越四十年（1975-2007年）的歷史性分析。結果並不出人意料，在所有的樣本文章中，和婚姻、家庭、家務處理有關的主題，一直占有最大的比例，並且持續有巨幅的增加，從1970-80年代婦運的萌發時期約占三分之一的比例，到了1990年代婦運的勃發時期則增加超過一半的文章比例，再續增至2000年的後女性主義時期接近六成比例，在四十年之間增加了將近一倍的數量。然而值得注意的是，即使在這些以婚姻與家庭議題為主的文章內容之中，也深藏了一些質疑現狀、或鼓勵讀者採取政治行動的「政治性訊息」，並且在2000年之後更有增加的趨勢。例如：以「反對傳統性別角色」為主題的政治性訊息在1980年代占12.4%，1990年代減為5.4%，但在2000年以後則又大增至45.5%。而以「對婚姻、家庭制度的批判和支持女性運動與團體」為主題的政治性訊息，在1970至1990年代期間皆僅占非常少數的比例（0.6%-3.6%），但在2000年時期則大增為11.4%。雖然如此，這些政治性的訊息在2000年以後，呈現出後女性主義媒體文化的特色，主要以呈現事實、建議做個人的調整為主（約占20%左右），多過於提供分析的架構、與制度性的挑戰（約占10%），前者約為後者的兩倍。

（二）性玩物（sex object）或性主體（sexual subject）？

媒體內容中有關性別的再現，最常受到批評的是對於女性的物化（objectification）。所謂物化，指的是媒體內容將女性描繪為物品，等同可以被觀賞、被使用的物品，而不是有思想、有感情的主體。特別是女體的物化，是沿著傳統的父權凝視，男性的眼光是作為凝視的主體，女體則成為被凝視的客體（楊芳枝、蕭蘋，2014）。

物化作為一個批判的概念，在臺灣社會的出現，最早是由婦女新知團體在1988年抗議色情與選美所提出，此後即成為婦運針對媒體批判的重要概念工具。物化之所以是一個重要的問題，在於媒體的內容經常大量將女性再現為客體與物品，並且常與性的元素進行連結，女性的身體成為可以被分割、評量、掌控與消費的「性玩物」（sex object）。媒體內容中所再現的女性物化可能導致的社會問題，包括：（1）對於女性的性暴力，特別是媒體內容中女性被當作物品，還顯得非常愉悅，那麼就更能合理化對物化的女性所施加的暴力；（2）女性對於自我的形象低落，甚至造成飲食失序；（3）對於婦運的反挫（backlash）；（4）年輕女性對於自我的衣著和行為舉止，感到有必須表現性感的壓力（Rockler-Gladen, 2008）。

然而，自1990年代之後，臺灣的媒體文化逐漸步入後女性主義時期，大眾傳播媒體內容中展現女性身體的方式，有從被動的性玩物轉為主動、慾求的性主體（sexual subject）趨勢。尤其是在一些針對年輕女性消費者的廣告內容中，年輕女性有意識地展現身體的性能量與自我的愉悅，已不再只是性玩物的被動形象。在這些「性自主」的形象再現背後所傳達出的訊息是，女性可以經由自己外貌的商品化，獲取某種的樣貌，以獲得掌控的權力。因此，性別的權力關係展現在「外貌」的層次上。從過去外在的男性凝視，轉而成為自戀、自我審視的凝視。過去物化的男性觀點，被女性內化，成為一種新的規訓方式。性物化不只是由男性加諸在女性的身上，還包括是由女性主動、自信、自由的選擇，也就是物化不再是由外加諸而來，而是來自女性自我的選擇（Goldman, 1992; Gill, 2007；楊芳枝、蕭蘋，2014）。

在媒體的商業論述中，巧妙地將女性主義和女性氣質連結起來，如Goldman（1992）所言，這是一種「商品女性主義」（commodity feminism），在這些新的女性形象的再現中，女性閱聽人被邀請經由個人的消費行動，成為解放的、有能力控制個人生活的主體，女性主義因此成為一種生活風格的選擇，而不再是集體努力去爭取社會與政治的變遷。

如此的性自主形象，將女性的性感商品化，與美麗、年輕的女性身體連結在一起，這種新的女性氣質建構環繞在身體的特性上。雖然有學者將此稱為一種「有力量的女性氣質」（power femininity），認為這種「自我的物化」是一種增能的策略，可以讓女性感到更有自信（Lazar, 2006），但另一方面，也有學者批評只有某些年輕、纖瘦、美麗的女性可以獲取這種性主體的機會，而那些胖、醜、身障、有皺紋的女性則被隔絕在外（Macdonald, 1995）。此外，如此的性自主形象還有一個問題，亦即媒體再現的社會意義與影響力，不是僅限於個人，而是屬於集體的層次，也許有個別的女性可以選擇如此的再現方式，但集體的女性卻沒有力量拒絕如此的再現（Rockler-Gladen, 2008; Ward, 2002）。

在後女性主義的媒體文化中，除了女性之外，男性的身體也同樣經歷了被媒體物化的情形，雖然數量遠不及於女性，方式也有所不同。以男性時尚生活雜誌為例，這是在最近二十年內興起的、針對男性的新媒體，其封面、編輯與廣告內容中所呈現的年輕男性形象，與過去媒體中所呈現的傳統男性形象——穿著西裝、打領帶、強調社會地位、財富與權威，有很大的差異。在新男性形象中，普遍運用「性」作為銷售的策略，呈現男性被性化（sexualization）、也被物化，可以被看與被慾望的形象。這意味著一種新的男子氣概的出現，而這樣的形象並不是零星少數，我們可以看到在最近二十年之間，這樣的男性形象開始在臺灣的大眾媒體內容中出現，並且有逐漸增多的趨勢。

這類新男性形象的出現，與消費市場的轉變有很直接的關聯。男性化妝品與保養品、男性時尚服飾及男性時尚雜誌等全球新興市場的崛起，和新男性形象的出現有非常密切的關連。在這些消費市場當中，新產品的生產（如：新品牌的男性香水或新雜誌）、以及既有產品的新包裝，透過廣告進行行銷，都是為了訴求年輕男性消費者的崛起。在這些消費產品的行銷當中，我們可以發現有一組「新男性」符碼的出現，以重視外貌與身體的修飾

的「流行酷男」、「面無表情的男性氣概」（face-off masculinity）為主的視覺符碼的展現，這標示了有一種以消費為訴求的「新男性氣概」於焉誕生，與過去強調「生產」為主的傳統男性氣概有很大的不同（Bordo, 2000；袁支翔、蕭蘋，2011）。

四、結語：翻轉媒體所再製的不平等性別關係

在上文的討論中，涵蓋了文本的再現、與接收等傳播過程之中，可能具有的性別議題。上述的內容，可以幫助我們瞭解大眾傳播媒體與社會中的性別關係之間所具有的動態、複雜的關係。在有關大眾傳播媒體文本再現的討論中，我們可以瞭解，媒體的內容並非反映真實世界中多元的性別關係，它所反映和再製的是存在於社會世界與媒體產業中的不平等的性別關係。

如果要追問，媒體文本的再現究竟是被社會所影響？還是媒體可以影響社會呢？本文的回答是，這個影響的方向應該是雙向的。一方面，媒體的內容影響了我們對於性別的定義與性別關係的理解，並藉以維繫社會中既有性別秩序；但在另一方面，閱聽人集體的能動性，如：婦女運動對於媒體的批判和改革，也可能促成媒體內容的變遷，這些集體的行動包括：公開的抗議、抵制特定的媒介產品、公開的活動以擴大閱聽人的反對聲音、對廣告主施壓促其撤出廣告的經費、大量的寫抗議信給媒體、在立法機關遊說等（張錦華、黃浩榮，2001；Carter, 2014）。此外，我們也可以鼓勵女性從既有的媒體文本中，建構屬於她們自己的、具有顛覆性的意義，這也是讓女性獲得賦權的一種方式（Currie, 1999, 2014）。因此在閱聽人的能動性、社會結構的限制、大眾媒體的中介力量之間，所蘊藏的多重互動關係，不只是瞭解性別與媒體相關議題時一個重要的觀察角度，也是企圖翻轉與改革現有媒體內容與制度問題時一個關鍵的理解途徑。

在臺灣目前有關媒體與性別的研究中，還是以媒體再現的研究為主，而較缺乏閱聽人接收與詮釋的研究，影響所及，女性主義的文化政略也較偏向文本決定論，假設女性為被動的閱聽人，並且貶抑女性在其中常常獲得愉悅

的流行文化。未來應該鼓勵相關的研究者多關注閱聽人的接收解讀之外，特別是在強調個人主體性與愉悅的後女性主義媒體文化以及強調互動、自主的新媒體科技影響之下，不同性別與不同性取向的閱聽人如何進行意義的詮釋，如何影響性別認同的形成，都是很重要研究課題。

此外，性別社會學家Currie（2014）提出一種新的「社會識讀」（social literacy）概念，取代舊有的「媒體識讀」（media literacy）概念，鼓勵年輕的閱聽人關注媒體的文本生產的脈絡，以及自己進行文本消費時所具有的脈絡，質問這些商業文本對我們閱聽人的假設是什麼？它鼓勵我們成為什麼樣的女人或男人？為什麼？基於我們自己作為女人或男人的經驗，我們可以如何改寫媒體的文本？關注這些意義製造的情境特性（situated nature）、與差異性，不僅可以幫助我們瞭解當代年輕人運用新媒體產製文本與消費文本，也可以尊重閱聽人是具有知覺力的（knowledgeable），並且支持她／他們在消費文本過程中所得到的愉悅與賦權。

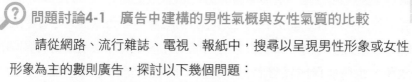

問題討論4-1　廣告中建構的男性氣概與女性氣質的比較

　　請從網路、流行雜誌、電視、報紙中，搜尋以呈現男性形象或女性形象為主的數則廣告，探討以下幾個問題：

1. 以男性形象為主的廣告和以女性形象為主的廣告，它們所促銷的產品有何不同？即使是促銷相同的產品，針對女性與針對男性的訴求，有何差別？

2. 廣告中所呈現的男性形象與女性形象，各具有什麼特質？這些特質是對立的嗎？或是有重疊之處呢？

3. 你對這些廣告所做的解讀，和其他的同學之間有什麼不同？為什麼？

4. 如果你是廣告的產製者，你可以如何改寫或改編這些廣告，使其更具有性別友善的意義？

參考文獻

中文文獻

- Bettig, R. V., & Hall, J. L.（2013）。大媒體的金權遊戲（鄭百雅譯）。臺北：漫遊者文化。（原書 *Big media, big money: Cultural texts and political economics* 出版於 2012）。

- 林芳玫（1996）。女性與媒體再現。臺北：巨流。

- 袁支翔、蕭蘋（2011）。展售男性氣概：男性生活時尚雜誌所呈現的新男性形象分析（1997-2006）。新聞學研究，107，207-243。

- 孫秀蕙、陳儀芬（2016）。1968-1978年臺灣《婦女雜誌》的女性論述建構。傳播與社會學刊，35，57-100。

- 張小虹（1993）。後現代女人：權力、慾望與性別表演。臺北：時報文化。

- 張錦華（1994）。媒介文化，意識形態與女性：理論與實例。臺北：正中。

- 張錦華、黃浩榮（2001）。向不當廣告說不——「返老還童」塑身美容廣告案。載於監督媒體DIY（頁106-131）。臺北：法蘭克福工作室。

- 楊幸真（2012）。成為女孩：少女雜誌作為女孩培力與性別教育之資源。當代教育研究，20(1)，41-82。

- 楊芳枝、蕭蘋（2014）。後女性主義媒體文化的性別再現政治。載於陳瑤華（編），台灣婦女處境白皮書：2014年（頁445-482）。臺北：女書文化。

- 蕭蘋（2003）。或敵或友：流行文化與女性主義。臺灣社會學刊，30，135-164。

英文文獻

- Bordo, S. (2000). *The male body: A new look at men in public and in private.* New York: Farrar, Straus and Giroux.

- Brunsdon, C. (1988). Feminism and soap opera. In K. Davies, J. Dickey, & T. Stratford (Eds.), *Out of focus: Writing on women and the media.* London: The Women's Press.

- Carter, C. (2014). Online popular anti-sexism political action in the UK and USA. In C. Carter, L. Steiner, & L. McLaughlin (Eds.), *The Routledge companion to media and gender* (pp. 643-653). New York, NY: Routledge.

- Croteau, D. R., & Hoynes, W. D. (2014). *Media/ Society: Industries, images, and audiences.* Thousand Oaks: Sage.

- Currie, D. H. (1999). *Girl talk: Adolescent magazines and their readers.* Toronto, CA: University of Toronto Press.

- Currie, D. H. (2014). Reading girlhood: Opportunities for social literacy. In C. Carter, L. Steiner, & L. McLaughlin (Eds.), *The Routledge companion to media and gender* (pp. 523-532). New York, NY: Routledge.

- de Beauvoir, S. (1961). *The second sex* (H.M. Parshley, Trans.). New York: Bantam. (Original work published 1949)

- Ferguson, M. (1990). Images of power and the feminist fallacy. *Critical Studies in Mass Communication, 7*, 215-230.

- Franzwa, H. H. (1975). Female roles in women's magazine fiction, 1940-1970. In R. K. Unger, & F. L. Denmark (Eds.), *Women: Dependent or independent variable* (pp. 42-53). New York: Psychological Dimensions.

- Friedan, B. (1963). *The feminine mystique.* New York: W. W. Norton.

- Gerbner, G. (1978). The dynamics of cultural resistance. In G. Tuchman, A. K. Daniels, & J. Benet (Eds.), *Hearth and home: Images of women in the mass media* (pp. 46-50). New York: Oxford University Press.

- Gill, R. (2007). Advertising and postfeminism. In *Gender and the Media* (pp. 73-112). Cambridge: Polity Press.

- Gledhill, C. (1997). Genre and gender: The case of soap opera. In S. Hall (Ed.), *Representation: Cultural representations and signifying practices* (pp. 337-386). London: Sage.

- Goldman, R. (1992). Legitimation ads: The story of the family and how it saved capitalism from itself. In *Reading ads socially* (pp. 85-106). London: Routledge.

- Gramsci, A. (1971). *Selections from the prison notebooks of Antonio Gramsci* (Q. Hoare and G. N. Smith, Trans.). London: Lawrence & Wishart.

- Hackett, R. A. (1984). Decline of a paradigm? Bias and objectivity in news media studies. *Critical Studies in Mass Communication, 1*(3), 229-257.

- Hall, S. (1997). The work of representation. In S. Hall (Ed.), *Representation: Cultural representations and signifying practices* (pp. 13-64). London: Sage.

- Lazar, M. (2006). Discover the power of femininity: Analyzing global 'power femininity' in local advertising. *Feminist Media Studies, 6*(4), 505-517.

- Macdonald, M. (1995). *Representing women: Myths of femininity in the popular media*. London: E. Arnold.

- Rockler-Gladen, N. (2008). *Media objectification of women: A definition of sexualized female representations*. Retrieved from http://suite101.com/article/mediaobjectification-of-women-a52911

- Shaw, P., & Tan, Y. (2014). Feminism and social change: Women's place in Taiwan newspaper and public opinion. *Asian Journal of Communication, 24*(4), 351-369.

- Shiach, M. (1994). Feminism and popular culture. In J. Storey (Ed.), *Cultural theory and popular culture: A reader* (pp. 331-339). New York: Harvester Wheatsheaf.

- Tuchman, G. (1978). *Making news: A study in the construction of reality*. New York: Free Press.

- Tuchman, G., Daniels, A. K., & Benet, J. (Eds.). (1978). *Hearth and home: Images of women in the mass media*. New York: Oxford University Press.

- van Zoonen, L. (1994). *Feminist media studies*. CA: Sage.

- Ward, L. M. (2002). Does television exposure affect emerging adults' attitudes and assumptions about sexual relationships? Correlational and experimental confirmation. *Journal of Youth and Adolescence, 31*, 1-15.

- Waters, M. A. (1986). Introduction: The capitalist ideological offensive against women today. In J. Hansen, & E. Reed (Eds.), *Cosmetics, fashions, and the exploitation of women* (pp. 3-27). New York: Pathfinders.

第 **5** 章

親密關係

游美惠

現象
發想

分手後我們都要好好的

　　愛情受的傷無法免疫，只能靠自己療癒進化……，只是時間或長或短，就跟傷口的或深或淺一樣。可是，你總是能夠好了。當然，你也知道，這或許並不是真的「好了」，傷疤還在，觸摸到時還是會有一道隆起的小丘，心還是會感到瑟縮了一下，但至少不再張牙舞爪了。

　　……你終於學會不是把最大的力氣拿去試圖使自己痊癒，而是拿來讓自己好好生活在當下，然後再努力把這個安穩的當下延續到以後。

　　以前的你以為，要先好了，才能好好生活；但後來發現其實正好相反，要先好好生活著，有天就會好了。

──引自肆一（2016年1月3日）。〈失戀共和國〉

分手後我們都要好好的。自由時報，D7版。

一、前言

　　過往，在大專院校中常聽聞有學生將「談戀愛」視為必修學分，不想要戀愛學分被「當掉」，而今，隨著社會變遷，似乎比較少聽聞這樣的說法在大專院校中流傳，但是，學校教育從以前到現在仍然很少將愛情視為嚴肅議題在正式課程中深入探討。舉例來說，分手，似乎是每個人談戀愛過程中難免會遇到的挫折，但是有不少學生因為走不出情關，以致成為校園性別案件的當事人要被調查處理，甚至釀成大禍而付出慘痛的代價；談戀愛談到傷害了自己或別人是最不值得的事情。各級學校發生感情衝突之類的校園性平案

＊　本章作者感謝楊幸真、蕭昭君和黃淑玲三位教授針對初稿提供寶貴的審查意見，使本章幾經修改，內容更加嚴謹豐富；文責自負。

件，也讓學校的性別平等教育委員會常常得竭盡心力進行調查處理與後續之輔導，是以，親密關係議題的探討及其相關的教育實踐是迫切且重要的課題。

　　傳統社會心理學取向對於親密關係的討論，大致會將探討的焦點著重在親密關係中的人際互動過程或是影響因子，不會強調其中的性別議題。舉例來說，在一本《親密關係》（*Close Relationships*）的教科書（Reis & Rusbult, 2004）中，內容包含了兩人互相吸引的第一印象、關係的發展與演變、關係中的互賴、溝通與維繫關係以及變質的關係等，只有在談到親密關係中的暴力行為才提到父權體制；但事實上，從性別的觀點出發探討親密關係，絕不只侷限在探究親密關係中的暴力事件，包括日常相處互動中的性別權力之運作、女性的平等權與自主權等權利的保障、如何在親密關係中協商出平等的分工模式與保有個人的主體性，以及如何能夠抗拒支配與壓迫性的親密關係等，都是可以深入探究的相關議題。而且，異性戀中心的預設也常讓親密關係的論述摒除了同性戀者的親密關係經驗，以致「能見度」更低，這些都是我們在性別平等教育的研究領域和行動實踐之中，可以深入探討並加以改善的問題。

　　世俗的論述經常出現「男女大不同」的論調，也被許多人不以為疑的照單全收，但誠如美國知名的女性主義者bell hooks（2000）在其《關於愛情》（*All about love*）一書之中所指出的：「男人來自火星，女人來自金星」雖然點出男女對於愛的需求不同：男生需要的是權力的滿足，女生要的是情感上的交流聯繫；但其實只是複製了社會性別刻板印象，人們之所以會贊同這種說法，是因為那讓人覺得舒服而安全，不用費心思考或挑戰父權社會中性別權力關係的複雜運作。

　　過度誇大男女有別的講法，只會讓大家接受（或安於）現狀，其實無濟於事；何況若從性別權力關係運作的角度切入探討，我們會發現對於愛情的看法或是對於親密關係的期待之所以會男女有別，跟社會文化建構息息相關，舉例來說，一些談情說愛的獻策類自助式書籍或是電視談話性節目常出現一些經驗分享式的話語，其內容常在複製傳統的老生常談，甚至潛藏著性別意識形態，它不僅讓我們自我捆綁，也會對情感有不切實際的期待，阻礙優質平權的親密關係模式產生。所以，性別二元僵化分類及其相應的情感論

述對於個人感情經營造成的阻礙，是我們要留意探討並積極破解的！

　　本章聚焦在大學生的親密關係相關議題進行探討，希望能回應《性別平等教育法施行細則》之第13條中明訂性別平等教育相關課程應涵蓋情感教育的現實，加強推展相關教育活動。親密關係（intimacy）是個體私人生活的中心，對個人的生活（命）相當重要；但是我們卻常常只是將之視為茶餘飯後的話題。如何建立品質良好的親密關係，不是不用學就能經營好，也不是自己摸索就可以適當掌握的，學校教育可以如何發揮功能值得探討。

二、理論與概念

　　女性主義社會學家珍密森（Lynn Jamieson）（2002/1998）在其探討親密關係的專書之中，將家人之間的關係、友誼以及有性愛關係的伴侶，都納入親密關係的範疇之中加以探討；但是本文探討的重點，將比較狹義地聚焦在伴侶關係，且只特別針對大學生的親密伴侶關係進行相關議題的討論。

（一）親密關係的民主化

　　社會學家紀登斯（Anthony Giddens）在其《親密關係的轉變》一書之中指出：相較於公領域的民主化，個人生活的民主化是一個比較不明顯的過程，但是它所隱含的意義和所帶來的利益卻影響深遠。紀登斯（2001/1992）在書中仔細剖析公領域的民主運作原則和私領域中個人生活與親密關係的民主化之異同，他指出：「親密關係不應當只被理解為對彼此互動的描述而已，它應當是一連串特定的權利和責任，明確訂定出實際活動的進程」（頁195）。

　　在紀登斯之後，女性主義社會學家珍密森針對親密關係的主題更深入提出「揭露式親密關係」一詞，強調親近結合（close association）的兩人彼此瞭解，會相互揭露與分享彼此的感受，並且相互信任、彼此依偎；除了分享（sharing）之外，親密關係還包括了愛的感覺（loving）與照顧的行動（caring）等面向。珍密森指出：「對任何一對伴侶而言，什麼才構成優質關

係，如何衡量平衡或不平衡，是藉由傾訴、深知與瞭解來製造親密感，抑或透過更實際的關愛、照顧與分享，是一個錯綜複雜、難以釐清的問題。」（Jamieson, 1998, p. 197）所以，運用珍密森的論點來分析親密伴侶之間的關係，我們便可以探討：有人可能覺得自己愛一個人就是要無怨無悔為愛人做出如張羅食物等家務工作，要用心「照顧」對方；但也有人覺得自己對伴侶情深意濃，卻很少為愛人實際做出任何跟食衣住行日常照顧有關的事情；為何會有如此差異？跟社會上的性別角色規範力量是否有關？另一方面，有人期待伴侶應該生活在一起，相互照顧，但是真的「相互」在照顧彼此嗎？用何種方式「照顧」呢？若是伴侶之間很少（或從未）相互揭露自己的所思所感，這樣的親密關係能維繫久遠的基礎又是何在？

在《愛、異性戀與社會》一書中，作者強森（Paul Johnson, 2005）就指出，舉凡「浪漫愛」（romantic love）、「親密愛」（intimate love）、「匯流愛」（confluent love）和「性愛」（sexual love）都是不同的概念（參見概念辭典「浪漫愛、親密愛、匯流愛與性愛」）。在這些不同類型的愛情之中，以「浪漫愛」最為大眾熟知，但是「浪漫愛」的精髓如「一生一世只愛妳一人」、「你（妳）是唯一」、「真命天子（女）」等信念卻常衍生出很多情感衝突暴力事件，所以解構浪漫愛並加強尊重主體意願和慾望，在平等協商的基礎上維持關係之信念，是情感教育應該兼顧的兩大方向，而建立能兼顧自我認同與個人自主的「親密關係」更是重要的努力目標。

吳淡如（2008）在《做個好情人該懂的事》書中指出好情人的愛情準則為：「用愛使對方堅信你們的愛情將至死不渝、用心使對方對你們的未來抱持無限憧憬、用微笑撫平對方心中所有的挫折與悲傷」。其中，「用愛使對方堅信你們的愛情將至死不渝」這樣的說法聽來有點讓人毛骨悚然，畢竟社會上太多分手暴力的事件起因，也是執著於「至死不渝」的愛情信念。也許在現代社會，我們要更積極推廣互為主體且能好聚好散的「匯流愛」模式。

概念辭典

浪漫愛、匯流愛、親密愛與性愛

「愛」本身可以被概念化成多種方式，如浪漫愛、親密愛、匯流愛（confluent love）與性愛等，每一個概念指涉的意涵都不盡相同。

　　社會學家紀登斯曾將浪漫愛與匯流愛做對比，認為浪漫愛是靠激情愛產生投射式的認同，使互有好感的伴侶彼此吸引；而匯流愛是隨機變化的愛情，和「永遠」、「唯一」等浪漫愛的特質有點距離。匯流愛強調的是，雙方可以坦白表露自身的需要和關切，其核心是瞭解對方的特質，即使是男性脆弱情感的特質。匯流愛也強調雙方的平等協商，而不是只有單方付出。另外，匯流愛和浪漫愛不同的一點是：浪漫愛強調要尋找一個「特別的人」，但匯流愛卻不是強調一輩子就只認定唯一的某個人作為伴侶！

　　至於親密愛與性愛的對比：如果說親密相伴、同甘共苦與無話不談是親密愛的基本要素，那性愛就比較是強調慾望的滿足，我們通常以「做愛」來指稱性交，反應出「性愛合一」是社會的規範，至於性與愛是否必然合一？則有許多論辯，相異的立場會引發出相當不同的看法。

　　隨著社會的變遷，愛戀關係的內涵也會隨之變化，以親密愛為例，在當今的臺灣社會有許多因工作或就學等因素而分隔兩地的伴侶，朝夕相伴便不是他們之間親密關係的基本要素。而以浪漫愛為例，在資本主義社會之中，透過消費送禮來表達愛意的情形相當普遍，這也跟傳統的浪漫愛表現方式相當不同。

🔍 問題討論5-1　尋找「匯流愛」

　　事實上，當今我們積極在推動情感教育，推廣「好聚好散」的分手，就是「匯流愛」的具體實踐。在一些商業電影或偶像劇中的愛情故事中，有時也可以發現一些好聚好散的例子，妳／你是否留意過呢？可以舉出一些實例嗎？

（二）「人盯人式」的父權

　　從社會學的觀點出發，我們需要留意社會的常規如何影響我們的愛情經驗；而從性別分析的角度，我們關注的則是親密關係之中蘊含的性別權力。在臺灣的性別論述之中，張娟芬（1999）曾經以「人盯人式的父權」一詞生動剖析異性戀關係：

　　在父權框架下，男人的情慾驅力強化了他的成就動機。女人的情慾驅力卻摧毀了她的成就動機，強化她的依賴意識、次等意識、被保護意識。在這個框架下，女人「變成異性戀」不只意味著在愛情關係「裡面」受制於男人，更意味著：即使她還在「外面」，也得低

著頭，否則她就沒有辦法進到任何一個愛情關係「裡面」。（張娟
芬，1999，頁50）

張娟芬（1999，頁51）另外還以「個別化的父權」一詞指涉異性戀私人
生活中的權力運作：控制者是丈夫、男友，被控制者是妻子、女友。這種
「個別化父權」一對一的控制和公領域之中的父權支配模式相當不同。或
者，我們也可以說：親密關係內含的控制更不易被當事人察覺或被清楚表
達。從性別權力關係著眼來分析親密關係，跟從「男女有別」的兩性觀念或
性別角色來看待親密關係之建立與維持，會延伸出非常不相同的論述和行動
實踐。

另外，要特別說明的是：本章所討論的親密關係將不僅限於異性戀者的
愛情經驗，誠如謝文宜（2006，頁84）所指出的：「長期以來，由於既有的
社會知識型態仍停留在傳統異性戀婚姻體制的刻板印象，因而在親密關係的
探討上往往忽略了非異性戀、不同情慾主體的多元論述與行動實踐面貌」。
所以「異性戀中心」的思維應被打破，故兼顧多元情慾的親密關係之探討非
常重要。

以下的「議題深探」將先檢討世俗關於親密伴侶關係的性別差異論述，
指出其中的問題，其次針對浪漫愛的再現進行性別分析，最後討論親密關係
中的性別政治，延伸思索相關的情感教育議題。

三、議題深探

（一）男生重視性，女生重視愛？

從社會中一些廣為流傳的論述來看，許多「兩性」專家生產的論述告訴
我們，男人與女人的「性」事與「情」事是存在性別鴻溝的，一般人也常在
日常生活中重複表述以下這樣的說法：「男人為性而愛（先性後愛）；女人
為愛而性（先愛後性）」、「男人用下半身思考」、「愛情是女人生命的全
部」等。但是我們可以反問：男女差異真的如此之大？隨著社會變遷，這種

兩性差異模式不會改變嗎？男（女）人之間的個別差異不大嗎？假若性別差異如此之大，是什麼因素造成的？關於性與愛，除了男女之別外，世代差距、族群差異、社經地位、宗教信仰以及同性戀者和異性戀者之間的差別，不用探討嗎？若果然「男生重視性」是事實，那麼也許應該多跟男生談愛，以求平衡；而設若「女生重視愛」也是事實，那也應該多對女生進行性教育，以彌補其不足。

　　黃貞蓉（2005）針對臺灣異性戀大學生的愛情進行探討發現：男方傾向將性與愛分離，女方卻是表示要兩人相愛才能發生性關係；訪談發現，女方並不是享受性的那一方，為了男方的愉悅和尊嚴，女方會選擇承受不舒服，不願意主動溝通。這和過去西方的研究結果大致相符：亦即——大部分年輕女性仍缺乏能力與伴侶協商性愉悅（Jamieson, 2002/1998）；英國學者侯蘭（Janet Holland）等人的研究也發現：年輕女性私下會表達自己的性慾望和能動性，但在公開場合，絕對不會打破既有的性別常規談論性話題；對年輕女人來說，愛是讓性慾具有正當性的重要基礎，有愛才能有性，跟可以讓她信賴的人發生性行為才是安全的（但不必然是「安全性行為」），在親密關係之中能和對方好好談話、好好溝通是讓女生信賴對方的重要因素。但也因此愛可能會給年輕女人們帶來危險，包括「被利用了」，得到壞名聲或懷孕、被拋棄等危險。但相反地，性是男人的陽剛表現和社會地位增強的潛在資源，該研究受訪的年輕男人表示給承諾太沉重，認為表達內心的愛意會讓自己面臨可能被拒絕並受到傷害，害怕自己投入感情會影響學業和前途；認為愛情會妨害他們追求人生的目標（游美惠，2010）。

　　至於同性戀伴侶之間的情愛關係與性實踐又是如何呢？同性戀伴侶之間的性與愛的表達，無法以傳統的男女之別作為認知框架來理解，而且，套用社會學家紀登斯（2001/1992）的論點，在「性完全脫離了生育的考量」的脈絡下，同性戀者的性關係其多樣可塑的樣貌，相對而言就更加有開展的空間。蔣琬斯與游美惠（2011）探討女同志親密關係的研究發現：基本上從第

一次的性經驗來看，「T主動而婆被動」[1]的模式仍是存在，但是這和她們在情慾探索過程中擁有不同的資源有關；在年輕女同志的親密關係之中，T雖然是主導者，但也有其困擾之處，就是「想要」無法說出口，「想要被碰」卻有口難言，只好運用肢體語言來表達情慾；而在交往一段時日之後，在性事上，婆也會發展出主動性。所以，在親密關係的脈絡之中，這樣的發現可以提供我們一項啟示：就是親密關係是一個動態發展歷程，在關係的進展之中，兩方的互動不會受制於生理性別，其面貌超乎我們想像的多元，跳脫兩性刻板的框架實屬必要。

而在親密關係的每一面向（如日常生活照顧、性行為、親密言行的表達等），是否都有性別差異與性別權力關係之運作？以下接著探討親密關係中的性別分工。

（二）「男生的事」？「女生的事」？

在異性戀的脈絡中，過往的研究發現，親密伴侶之間若是共同生活在一起，家務分工的模式仍會落入傳統，亦即由女生負責大部分的家事，不論是否已經結婚。黃貞蓉（2005）探討異性戀男女大學生的愛情經驗研究，發現大學生異性戀關係的「照顧」自有一種性別化（gendered）的分流：男方通常是以「溫馨接送情」的方式來實踐，但是女方的照顧就是以家務工作（如洗衣服、整理房間或做菜）來作為回饋；而在不同交往階段，從一開始的男方主導浪漫到後來的女方「用心經營感情」、「製造小驚奇」，也可以發現親密關係中的性別角色扮演，通常都是更鞏固既有的性別二元對立模式。但是，性別二分的家務分工模式也不是完全僵固不變的，舉例來說，蔡明璋（2004）的研究探討已婚夫妻的狀況或許可以提供啟發：在丈夫群體中，親密關係較高者付出較多的家務時間，在妻子群體中，親密關係較高者則付出較少的家務時間。已婚夫妻的角色扮演的彈性協調，跟雙方的關係互動品質

1 　關於同志的角色分類。通俗報導總以為女同志非T即婆，但若以光譜的概念，可以清楚瞭解女同志除了T、婆之外，還有介於兩者間光譜的人或不願被分類的「不分」。相關基本概念可以上網查詢《認識同志手冊》，查詢網址：http://hotline-ttha.myweb.hinet.net/（查詢日期：2012年4月30日）

息息相關，相戀的未婚伴侶是否情況類似，值得探究。而徐曼寧（2013）訪問十組同居中的親密關係伴侶後，發現親密關係之互動模式深深影響家務分工及公平觀。親密關係之互動模式為男性強勢類型之伴侶，女方參與家事較多；而若是女性較強勢，則男方參與家事較多；至於親密關係互動平等之伴侶，雙方參與家事均等，甚至男方參與家事較多。

至於同志伴侶的部分，曾有文獻指出同志伴侶似乎雙方在權力關係上，鬆綁了性別角色的界線，較異性戀伴侶容易強調平等的關係，分享彼此的權力（Kurdek, 2003）。謝文宜（2009）的研究指出：同志伴侶關係在家事分配上，特別強調角色的彈性與互換；她整理了相關文獻也發現同志伴侶關

概念辭典

性別化主體性（gendered subjectivity）

我們個人的主體建構，並非存於社會文化的真空之中，而是受到既有的社會關係之影響，包括我們的性別、種族、階級、性取向等身分認同與位置，都會形塑我們的主體性與行動。所以性別化的主體性強調的是我們營建主體的內涵免不了已被既有的性別（權力）關係所滲透，甚至可以說：刻板印象可能形成個人主體性的一部分，既有的性別規範也可能成為我們建構主體認同的資源。

運用西方馬克斯主義者阿圖賽（Althusser, L.）的理論，意識形態的「召喚」（interpellation）使個人被建構成為主體並被分類，在性別的面向上，舉例來說，女人被時尚工業及其所生產的美貌意識形態召喚而穿上高跟鞋，內化了特定的審美觀，覺得穿高跟鞋是美麗的，寧可忍耐痛楚也要讓自己成為一個吸引男人視線的「尤物」，這種讓個人誤以為是自由自主的選擇結果，其實是意識形態召喚將個人勸誘進複雜的性別／資本主義消費的權力機制之中（游美惠、蕭蘋，2003，頁116）。其他如：將無酬家務勞動視為是女人的天職；而男性出外賺錢養家也是理所當然的觀念，也是個人被形塑成性別化主體的例證。

係經營跳脫傳統僵化的性別腳本，同志伴侶的家務分工區分方式傾向依照彼此的喜好、個性、專長、特質、時間與公平性，透過協商與討論，形成彼此的互動分工模式，呈現豐富、多元的樣貌。而在《愛的自由式》一書中，作者張娟芬（2001）所呈現女同志在親密關係中的「相互」照顧模式之觀察，也發現性與愛的表達常常都是非常性別化的。麥以欣（2013）探討女同志伴侶的關係更發現女同志們會透過食物的共享、家務勞動、家族與節慶聚會等日常生活實作，積極與伴侶家人建立關係、跨越親屬邊界。這提醒了大家留

意:和親密伴侶的家人培養感情與交流互動,其實也是維繫親密關係中的要事。

承上所述,個人不免會在親密關係的具體生活實踐之中漸漸形塑性別化主體性(gendered subjectivity),而透過檢視坊間常見的愛情主題自助書籍之內容,也可以瞭解在親密關係的脈絡之中性別化的主體性如何被形塑建構。

親密關係的伴侶之間需要培養互為主體關係,因為將伴侶視為客體(東西)有害無益:

> 如果男人不把女人當人看,而是當作「東西」來利用的話,女人也不會將男人視為具有不同情感、需求、恐懼和願望的完整個體。取而代之的,她們會這麼想:這個男人確是可堪利用的,他可以做個很好的男朋友,因為有不少錢可供應她的物質享受,或者是他擔任橄欖球隊的領隊,這可讓她很有面子。……男性在社會壓力之下,自然地把女性當作滿足其性慾的「東西」,女性則將男性視為滿足其金錢、名譽與安全需求的「東西」。男性被要求應處處求贏,女性隨之被要求應擁有一個「很棒的男朋友」,所以他們都無法把對方當作是真正的人來看待(Mufsen & Kranz, 1995/1993, 頁65)。

這樣的情形,當然很不理想!用狹隘的眼光看待彼此,很難經營出優質的親密關係。伴侶之互為主體,是個理想。在此推薦一本繪本作為教學資源,那就是《好好照顧我的花》(郝廣才,2003)。藉著這個繪本故事的內涵可以讓讀者延深思考伴侶之間努力跨越差異、將心比心並且能不斷努力追求自我成長在親密關係中的重要性。

(三)浪漫愛的再現及其批判

親密關係存在於青少年與老年人、中產階級與勞動階級、異性戀者與同(雙)性戀者等身分不同的人們生活中,但是主流的大眾傳播媒介較常呈現的仍是特定模式的親密關係——年輕的、異性戀的、俊男美女的情愛故事。影響所及,不免會讓人們對於情愛關係有不切實際的憧憬。相關的研究可參

見游美惠、蕭昭君（2018）。

圖5-1　《好好照顧我的花》書影（作者：郝廣才、繪者：尹芳吉伯、丹尼納諾，2017）。
資料來源：由格林文化提供，並同意授權使用。

電視偶像劇、電影或動漫作品之中刻畫的親密伴侶關係，常常和現實生活有差距，甚至蘊藏了一些性別迷思，例如外表主義與美貌迷思、男性暴力與男性主控等。而另一方面，浪漫愛的再現還隱藏了一個「商業（品）化」的問題，用消費來證明真愛、將商品包裝成情愛的象徵，在資本主義社會中，「愛情」成為新興的消費、休閒文化，也間接成就了一系列的「愛情產業」──包括婚紗照、喜餅、鑽戒、金飾等（游美惠、林怡吟，2002；盧郁佳，1997）。

而人們的親密關係也不免受到影響，「花錢買芳心」這種「浪漫愛的商品化」（the commodification of romance）漸漸就成為人們親密關係中的重要成分和重要的儀式行為了。目前臺灣的大專院校非常流行在情人節辦一些「水果（或是其他物品）傳情」之類的活動，只是鼓勵學生用消費來證明真愛，其實也內含著相似的消費邏輯，從批判的觀點加以檢視：愛情不是頌揚就能保證美好，花錢送禮就會帶來幸福與圓滿；事實上，個人主體性之確保以及培養協商、解決衝突的能力，才應該是探討親密關係與進行情感教育不能忽視的重要議題。

游美惠、蕭昭君（2018）的研究發現，這種現象也夾雜性別不對等的問題，因為在異性戀關係之中，常常是男生花錢而女生受惠，以愛之名，讓許多消費示愛的行為被刻板化的性別角色所限制；而另一方面，資本主義社會的運作邏輯不被挑戰也是個問題，階級的議題隱藏其中值得探討。因此，看清、檢視、批判、轉化這普遍存在的浪漫愛意識形態及其權力政治意涵，才能讓愛成為真正實現自我、增能自主與創造超越的力量。

概念辭典

浪漫愛的商品化與商品的浪漫愛化

　　根據Illouz（1997）的研究，浪漫愛逐漸走向商品化（the commodification of romance）在早期（約1900年至1930年之間）的美國社會以下列四項文化符碼的呈現最為顯著：敘說的（如小說和電影）、視覺的（如廣告和電影）、音樂的（如歌曲）以及一些規範性的文字（如禮儀相關的書籍、雜誌的專欄和一些自助性的書籍）。而同時，商品也有越被浪漫化包裝（the romanticization of commodities）來販售的趨勢，兩種過程交互運作而逐步將市場與浪漫愛連結在一起。

　　在資本主義社會之中，愛情與消費產生連結，許多商品被加以浪漫化，讓人們逐漸經由消費行為來驗證愛情的可信度。以近年臺灣社會來看，不論是金飾、巧克力或是旅遊商品，常可見到商品被浪漫化的例證。透過消費來表達浪漫愛的情形相當普遍，或許我們也可以說「愛情」已經成為新興的消費文化，間接成就了一系列的「愛情產業」——包括婚紗照、喜餅、鑽戒、金飾等。「花錢買芳心」這種「浪漫愛的商品化」漸漸就成為人們親密關係中的重要儀式行為。用消費來證明真愛，在晚近更演變成公開求愛的公式（也可以說是一種攻勢），所費不貲，總是要透過花錢的消費來表達情感，反而見不到其他更具巧思的告白表現。

　　另一方面，很多商品的廣告也會用浪漫愛的故事加以包裝，加強行銷的效果。有些日常生活用品和愛情其實完全沒有關連，卻也會用浪漫愛的故事來包裹行銷，同時複製性別刻板印象或是加強異性戀中心的意識形態。

問題討論5-2　解讀／毒浪漫愛

・ 請分別找出一些商業廣告實例，說明「浪漫愛的商品化」與「商品的浪漫愛化」。

・ 「浪漫」如何在小說、電影和電視劇中被生產出來？請舉一實例描述「浪漫愛」如何被形塑製造，再進一步分析其中是否夾雜商業（品）化、拜金、性別刻板化、美貌迷思與種族／階級偏見等內涵。

（四）親密關係中的性別政治

　　性別政治的「政治」指的是「將權力結構化的關係與安排，在其中有一群人被另一群人所控制」（Millett, 1970）。運用「政治」一詞來形容性別關係，可以正確描繪出性別關係自古迄今總是牽涉權力運作，這種沒有單一核心或上對下關係，常常是隱而不顯的權力運作，就是女性主義者所強調的

「個人的即政治的」（the personal is political）主張。所以性別政治此一概念，就是要指出性別關係是牽涉宰制、壓迫與剝削的社會關係，強調我們應該以個人自身的生活（命）經驗為基礎，正視權力關係及其運作和對個人所造成的影響。

蔡宜文（2018）指出：「當妳自我認同為一個女性主義者時，性別政治會突然日常生活緊密相連，每一個日常生活的選擇，都是一種政治判斷」（頁62）。包括我們怎麼看待我們的身體和性，「性別政治」的概念也深刻造成影響。若應用此概念來思考親密關係，我們便可以留意社會上針對男性與女性存在而有的雙重標準，像所謂好女人與好男人的定義或是社會對男「性」（male sexuality）與女「性」（female sexuality）的差別待遇，會如何影響我們跟親密愛人的互動？但是一般人在親密關係或婚姻愛情的脈絡之中，卻常是不太容易察覺其中蘊含的權力關係。所以透過教育活動來澄清迷思、啟發觀念是相當重要的。以下針對「親密關係中的性自主」和「從案件預防到關係協商」兩個主題做較深入的探討。

1. 親密關係中的性自主

關於親密關係中的性自主的議題，以下分兩點來談，首先是約會強暴，牽涉親密伴侶之間是否願意發生性行為的問題；其次是避孕的性別政治，延伸思索與性行為發生有關的協商能力如何開展。

傳統對強暴的刻板印象都只限於「陌生強暴」，似乎施暴與受害的雙方互不認識、毫無瓜葛，但其實這是一種錯誤的認知。關於侵犯身體自主權的案件，必須強調的是：從過去到現在，不管是國外或國內的經驗事實或研究報告都指出：強暴事件的雙方並非只是不相識的路人，很多都是彼此熟識的。其中跟親密關係有關的就是「約會暴力」（dating violence）！約會暴力是約會的過程中，任何對另一方使用肢體或言語的虐待或威脅行為；而「約會強暴」是泛指約會行為中，一方在違反對方的自由意願或意志下，所從事具有威脅性與傷害性的性愛行為（羅燦煐，1999）。根據王沂釗和陳若璋（2011）針對各大學諮商輔導中心處理親密關係暴力個案之調查研究發現：加害者男性為女性之4倍，受害者女性為男性之10倍，其暴力樣態以高壓控

制、肢體暴力行為比例較高，並呈現多次暴力及暴力循環現象。沈瓊桃（2013）探討未婚大專青年的約會暴力盛行率，也發現約會暴力的受暴和施暴經驗都很普遍，伴侶之間的精神暴力、肢體暴力與性暴力之盛行率很高、但能見度卻很低，且受害者多仰賴個人系統來因應約會暴力，甚少求助於正式體系。而臺北市家庭暴力暨性侵害防治中心與現代婦女基金會於2017年7月10日所公布的「大學生及研究生約會性侵害現況調查」民調，在2016年251位女性被害人中，有近三成（27.9%）年齡落在18-24歲，是大學生或研究生，屬約會性侵害案件將近三成（28.6%），其中又有七成案發時間落在6至9月。而臺北市家庭暴力暨性侵害防治中心每年處理近750件成年性侵案件，統計近三年18至23歲大學生性侵案件，其中與加害人關係又有90%是熟識者。[2]所以約會強暴和相識強暴的問題，是性侵害防治教育應該重視的內容。在《這就是強暴》（Warshaw, 1996/1988）以及《愛我，請別傷害我》這兩本翻譯書籍之中可以發現更多面向的相關討論。

　　一般而言，發生在相識或約會雙方間的強暴事件，比較容易以私下和解的方式處理，社會大眾因此也比較少聽聞此類案件的發生；但事實上這類事件常常發生，因此「親密關係中的性自主」相關議題之探討與教學實踐，就顯得格外重要了。蘇芊玲（2002）曾經提出一個教學策略，她以「1到10個不同女性」舉例說明尊重他人意願以及培養自主性的重要；許多關於性的衝突，甚至約會強暴，經常發生於雙方對這些過程與同意程度的誤解或誤判。也就是說，同意和對方外出，並不表示對方可以親嘴；願意親嘴，也不表示同意發生性關係；不分性別，大家都需要學習：細緻地看待性、充分表達，以及尊重對方的意願。所以透過情感教育活動將性別平等觀點融入教學，以澄清親密關係相關迷思、並提升個體的自尊、自主與協商溝通技巧是相當重要的（Yang & You, 2017）。

　　另外，「避孕的性別政治」也是值得重視的議題。溫司德等人的研究指出：男女對使用保險套有不同的態度，女性認為那是一種關心和負責的表現，男性則是較負面的態度，認為說如果使用保險套，對關係是一種威脅，

2　資料來源：http://www.storm.mg/article/296469。風傳媒報導：「沒有同意 就是性侵」9成案件熟人所為 7成「約會性侵」發生在暑假！

而且認為使用保險套會減低樂趣，男性普遍認為如果彼此信任的話是不應該使用保險套的（Winstead, Derlega, & Rose, 1997, pp. 36-37）。未婚男女要發生性關係之前，到底應該由誰來準備保險套以便避孕，常會有「兩難」產生：男生擔心準備了保險套會被說成是有預謀，未婚女性也不敢準備保險套擔心被說成是「浪女」，而父權社會又教化女性應該矜持，被動等待對方之「主動要求」，所以便常會有以為能「禁慾」卻「非預期懷孕」的事件發生（游美惠，2001）。蔡麗玲（2010）指出：在臺灣許多女孩面臨「不知什麼時候叫他帶套子」，或者是「沒有辦法叫他帶套子」的困局。當男孩不願配合時，女孩子就被迫處在極端冒險的境遇，當女孩不習慣於性關係中的主導位置時，或許連開口試圖開啟協商都感覺困難，更何況主導協商的方向與結果。

問題討論5-3

請上網搜尋以下兩部短片 *tea consent* 以及 *consent for kids*，分別指出這兩部影片的內容可以如何與「現代婦女基金會」推動的「積極同意取代消極抗拒」訴求彼此呼應。請思考：「妨害性自主」概念推動了將近二十年，相關的預防宣導以「我的身體我作主」、「No means No，說不就是不」作為訴求，到今日強調「only YES means YES，沒有同意，就是性侵」觀念，提倡「性的積極同意權」，這中間的差別何在？

2. 從案件預防到關係協商

因為親密關係而引發「過度追求」和「分手暴力」的案件屢見不鮮，本書第11章〈校園性騷擾：不可小看的性別歧視〉會有相關案例探討。本章不討論這類「假求愛之名」而侵入了別人的生活，甚至形成精神或肉體的騷擾

與暴力行為。[3]透過教育，適時融入性別平等的概念，導正學生對愛情和暴力的迷思，相當重要。

　　從案件預防的角度出發，發展親密關係之中的協商技巧是重要的情感教育課題，舉凡如何用各種方式妥善表達自己的情感、如何接受與拒絕他人的情感表白、如何培養自己的挫折忍受力、如何辨識危險情人、如何為受虐的關係設定停損點都是需要學習的！以下透過「問題討論5-4」，讓學生學習表達情感與發展一些有效溝通、良性互動的技巧。

問題討論5-4

· 請上網搜尋和愛情主題相關的流行歌曲，分析其中可能蘊含的問題，例如周杰倫2018年推出〈等你下課〉這首歌，其中的歌詞或MV是否潛藏一些問題？另一方面，情歌是否也可以成為正面的教育資源？如果可以的話，也請尋找一些情歌作為資源，探討情歌可以如何協助我們面對情傷或是成為學習資源，幫我們積極正向地經營親密關係？

· 請閱讀《用自己來愛妳》、《蒼鷺小姐和鶴先生》這兩本繪本，留意故事中愛的表達方式，分別有什麼問題？可以如何改善？延伸思考：愛要怎麼說才能讓對方知道？如果說不出口，可以用什麼其他方式來表達？

圖5-2 《鱷魚愛上長頸鹿》（一套四冊）書影（作者：Daniela Kulot、譯者：林硯芬，2016）。
資料來源：經采實文化同意授權使用。

· 請閱讀《鱷魚愛上長頸鹿》（一套四冊），發現其中跟情感表達溝通相關的議題，並延伸思考改善之道或因應行動策略。

3　相關資料與報導可參見「婦女新知基金會」的婦女新知通訊，參見網址http://www.record.awakening.org.tw/resources/ebooks/ebook_280.pdf。另外，「現代婦女基金會」也多次召開過記者會，積極呼籲民眾重視過度追求造成的困擾與傷害。目前「現代婦女基金會」積極推動的「Love Is Respect愛・尊重」計畫，其網站也有豐富資訊可以參考。

四、結語

　　親密關係在大眾口耳相傳的討論之中，總是被窄化成私人的經驗或是被過度美化，讓影響關係維繫的性別權力運作不被看見，且忽略了培養與發展親密關係中的協商功夫是重要的！很多專家學者都曾經指出：性與親密關係是需要學習的（Centerwall & Skolverket, 1998/1996; Jamieson, 2000/1998, pp. 141-151; Yang & You, 2017），運用性別分析的觀點探討親密（伴侶）關係，跟坊間的「自助式書籍」的論調大不相同，女性主義者主張要明白揭露與細緻剖析親密關係之中的權力關係，以免「浪漫愛」的迷思掩蓋了真實，我們需要在情感教育之中加強溝通協商能力的培養與反身性思考的自省素養（劉素鈴、陳毓瑋、游美惠，2011）。

　　當今社會網路通訊科技發達也直接影響到親密關係之建立與維持（Ben-Ze'ev, 2004; Kaufmann, 2012; Yang, 2014），無論是線上愛情的發展或是透過通訊軟體來維繫親密關係，會給個人的私人生活帶來什麼挑戰，是個值得關注的新興議題，本文礙於篇幅，無法詳加探討，很期待能見到更多本土經驗探究成果或相關教育活動。

　　在《美國婦女史話》書中有一段文字，可以刻畫出一個性別平等的親密關係的大約形貌：「女性主義者想要有新的選擇：想要保持單身，但不因此被人憐憫，也不被視為怪胎；想要享受婚姻的親密感，但不必為丈夫或子女而白頭偕老；想要子女也可，不要也無妨」（Hymowitz & Weissman 1993/1984）。另外，在《寫給年輕女性主義者的信》一書之中，作者伽斯勒（Phyllis Chesler, 1999/1997, p. 108）也曾經寫過：「如果愛強迫你妥協、放棄自己，那麼就不是真愛。愛是一個過程、一種紀律。愛不只是妳對另一個人的感情。愛和自由一樣，是一條路徑、一種實踐，沒有法律合約能擔保或強制執行」。我們需要更積極建構更民主化且尊重平等的親密關係之內涵。

參考
文獻

中文文獻

- Centerwall, E. ,& Skolverket（2001）。可以真實感受的愛（瑞典性教育教師手冊）（劉慧君譯）。臺北：女書文化。（原書*Love! You can really feel it, you know!*出版於1996）。

- Chesler, P.（1999）。寫給年輕女性主義者的信（嚴韻譯）。臺北：女書文化。（原書*Letters to a young feminist*出版於1997）。

- Giddens, A.（2001）。親密關係的轉變（周素鳳譯）。臺北：巨流。（原書*The transformation of intimacy: Sexuality, love & eroticism in modern societies*出版於1992）。

- Hymowitz, C. ,& Weissman, M.（1993）。美國婦女史話（彭婉如譯）。臺北：揚陞文化。（原書*A history of women in Americ*出版於1984）。

- Jamieson, L.（2002）。親密關係：現代社會的私人關係（蔡明璋譯）。臺北：群學。（原書*Personal relationships in modern societies*出版於1998）。

- Mufsen, S. ,& Kranz, R.（1995）。愛我，請別傷害我（朱淑芬譯）。臺北：幼獅。（原書*Straight talk about date rape*出版於待補）。

- Warshaw, R.（1996）。這就是強暴（張慧英譯）。臺北：皇冠。（原書*I never call it rape*出版於1988）。

- 王正彤（2006）。過度追求真浪漫？一點也不！婦女新知通訊，280，5-6。

- 王沂釗、陳若璋（2011）。大學生親密關係暴力：其性質與實務工作者處遇能力之分析。家庭教育與諮商學刊，10：1-29。

- 吳淡如（2008）。做個好情人該懂的事。臺北：皇冠。

- 沈瓊桃（2013）。大專青年的約會暴力經驗與因應策略初探。中華心理衛生學刊，26(1)，1-31。

- 郝廣才（2003）。好好照顧我的花。臺北：格林文化。

- 徐曼寧（2013）。同居關係中家務分工的性別差異（未出版之碩士論文）。臺北大學社會學系，新北。

- 張娟芬（1999）。「人盯人」式的父權。載於顧燕翎、鄭至慧（編），女性主義經典（頁48-55）。臺北：女書文化。

- 張娟芬（2001）。愛的自由式。臺北：時報文化。

- 麥以欣（2013）。游離的親屬邊界：女同志如何與伴侶家人建立親屬關係（未出版之碩士論文）。高雄醫學大學性別研究所，高雄。

- 游美惠（2001年9月）。從實務面看青少女懷孕問題。青少女懷孕座談會引言稿。高雄：社會局主辦，女權會承辦。

- 游美惠（2010）。愛的語言：故事、界線與秘密。載於楊幸真（主編），青少年的性：西方研究與在地觀點（頁199-121）。臺北：巨流。

- 游美惠、林怡吟（2002）。浪漫愛的意識形態。兩性平等教育季刊，20，112-115。

- 游美惠、蕭昭君（2018）。當代大學生的浪漫愛想像與經驗：兼論情感教育的發展方向。性別平等教育季刊，82，35-48。

- 游美惠、蕭蘋（2003）。意識形態的「召喚」。兩性平等教育季刊，24，115-117。

- 黃貞蓉（2005）。異性戀大學生的愛情樂章：性別觀點的分析（未出版之碩士論文）。國立高雄師範大學性別教育研究所，高雄。

- 劉素鈴、陳毓瑋、游美惠（2011）。親密關係中的反身性思考：運用偶像劇「第二回合我愛你」進行情感教育。性別平等教育季刊，55，31-36。

- 蔡宜文（2018）。女性主義者需要為性暴力「負責」嗎？婦研縱橫，108，54-65。

- 蔡明璋（2004）。台灣夫妻的家務工作時間：親密關係的影響。臺灣社會學刊，8，99-131。

- 蔡麗玲（2010）。性的學習：性知識的性別化。載於楊幸真（主編），青少年的性：西方研究與在地觀點（頁41-59）。臺北：巨流。

- 蔣琬斯、游美惠（2011）。年輕女同志的親密關係、情慾探索與性實踐。中華輔導與諮商學報，31，159-182。

- 盧郁佳（1997）。愛情：女人的災難，女性主義的試煉。騷動，3，7-11。

- 謝文宜（2006）。臺灣同志伴侶親密關係發展的挑戰與因應策略。中華輔導學報，20，83-120。

- 謝文宜（2009）。衣櫃裡的親密關係——臺灣同志伴侶關係研究。臺北：心靈工坊。

- 羅燦煐（1999）。變調的約會：青少年約會強暴之防範。高中教育，9，12-16。

- 蘇芊玲（2002）。兩性平等教育的本土發展與實踐。臺北：女書文化。

英文文獻

- Ben-Ze'ev, A. (2004). *Love online: Emotions on the internet.* Cambridge University Press.

- hooks, bell. (2000). *All about love.* New visions.

- Illouz, E. (1997). Consuming the romantic utopia: Love and the cultural contradictions of capitalism. Berkely: University of California Press.

- Johnson, P. (2005). *Love, heterosexuality and society.* London: Routledge.

- Kaufmann, J. C. (2012). *Love online.* Polity.

- Kurdek, L. A. (2003). Differences between gay and lesbian cohabiting couples. *Journal of Social and Personal Relationships, 20*(4), 411-436.

- Millett, Kate. (1970). *Sexual polities.* N.Y.: Doubleday.

- Reis, H. T., & Rusbult, C. E. (2004). *Close relationships*. New York: Psychology Press.

- Winstead, B., Derlega, V. J., & Rose, S. (1997). *Gender and close relationship*. Thousand Oaks, CA: Sage.

- Yang, H. C. (2014). Young people's friendship and love relationships and technology: New practices of intimacy and rethinking feminism. *Asian Journal of Women's Studies, 20*(1), 93-124.

- Yang, H. C., & You, M. H. (2017). A critical review on studies of relationship education in the gender equity education of Taiwan: 10 years and beyond. *Asia Pacific Journal of Education, 37*(3), 403-417.

第 **6** 章

性別歧視的多重樣貌

黃囉莉

現象
發想

參考
文獻

現象
發想

　　生活中充斥著各種言語，請想一想下面的看法可能有什麼問題？

◎ 一個女人如果沒有生養子女，當過母親，實在是枉為女人。

◎ 作為一個女人，就應該善用女人特有的天性——撒嬌，何苦跟男人舌槍唇劍，爭得面紅耳赤。

◎ 男人外遇，就像電影名人成龍說的：只是犯了全天下男人都會犯的錯。

◎ 男人就應該要傳宗接代、負責養家，否則就不像一個男人。

◎ 男性較願加班工作，耐勞又耐操，企業主多僱用男性工作人員比較划算。

一、前言

　　女權運動已歷經百餘年而進入第三波。18世紀開始的第一波女權運動，是以反歧視、爭取女性基本權益（如投票權）為主。後來鼓勵女性「放下奶瓶、走出廚房」進入職場，接著訴求「身體自主」與「情慾解放」。2003年起，性別主流化（gender mainstream）成為聯合國的政策，要求各國政府進行計畫或行動時（立法、政策、方案等）要評估對男女雙方的影響。臺灣在聯合國的評比指標，也都有亮眼的成績，如性別不平等指數（GII），2015年居亞洲第一名、世界第9名（性別圖像，2018）；在人類發展指數（HDI），2005-2015年居世界21-27名；性別落差指數（GGI）也從2007年居世界第53名，至2017年前進至33名（行政院主計處性別統計專區）。2007年

＊　致謝：本文初稿經主編黃淑玲、游美惠，葉德蘭、匿名審查者給予寶貴修正意見，特此致謝。

臺灣簽署了聯合國的「消除對婦女一切形式歧視公約」（CEDAW），執行性別主流化，2011年制定「性別平等政策綱領」，2012年起行政院下設「性別平等處」，以實體組織掌理性別平等業務。目前世界上已有許多女性國家領導人，2016年臺灣也選出女性總統。這些都在在顯示，臺灣的性別平權有了長足的進展。

若臺灣社會兩性已達相對平權，性別歧視是否就不存在？答案是否定的，種種證據仍指出，事實不很樂觀。那麼，何以性別歧視無法隨著平權意識的增長而消聲匿跡？在這一章中，我們將深入探討性別歧視的根源、發展，以及呈現的多種面向，還有相關的概念與研究結果。

二、理論與概念

性別歧視（sexism）是一組信念或行為，它認定某一性別族群，特別指女性，是較不聰明或缺乏能力，因而不用等同對待。充斥在日常生活中的「性別刻板印象」，可能是歧視的來源。

（一）最早的性別歧視：性別刻板印象

「刻板印象」（stereotype）指人們認為某一群體或社會類別的人共有一些特性，這是簡化、僵化且過度類化（over- generalization）的看法或信念（黃囇莉，1999），如職業、種族、性別刻板印象等，包含正向、負向或中性的。「**性別刻板印象**」是針對男／女性的固定化看法，如認為女性是較溫柔、體貼、情緒化的；男性則是較理性、冷峻、剛硬的。性別刻板印象展現在兩層面上，一是集體層次，如社會規範中期待女性被動安靜、溫柔體貼，男性主動積極、堅定剛強。另一層面在個人的認知中，如面對愛情時，想著「女性應該要被動」或「男生應該要主動出擊」等。社會文化與個人認知兩層面會交互影響、形塑並相互強化。由於刻板印象過度簡化或誇大某一群體之特性，且忽略成員的異質性，因此若以「**刻板印象**」預測個人行為，將會產生偏誤，也可能帶給個體困擾。

　　性別刻板印象也多集中在性格特質上，如男性化或女性化特質；接著再將性別化的特質推論到其他範疇中，如身體特性、角色、分工、職業等。過去研究顯示，「女性化特質」多集中在「**情感表達**」，如溫暖、多愁善感、柔順等；而「男性化特質」則多集中在「**能力**」或「**工具理性**」，如剛強、精力旺盛、果斷、冒險等。如果女性表現社會所珍惜但卻違反性別刻板印象的特質，如有野心的、獨斷的，常會被以嚴苛的字眼對待，如此顯示，性別歧視是具有「雙重標準」的（Rudman, Fetterolf, & Sanchez, 2013）。

　　刻板印象原只是簡化且僵化的認知，但一般使用「刻板印象」時，大多是負面意涵，若再伴隨著負向態度與行動就形成「歧視」或「偏見」（prejudice）。根據族群關係理論，對自己內團體成員持正面態度是「**內團體偏私**」（in-group favoritism），對外團體的人持負面態度，甚而敵對，是「**外團體偏誤**」（out-group-favoring bias）。研究也指出，一般人對社會上較優勢或支配性的團體（高社經地位團體）持較正面的態度，高社經地位者則對同類的團體有「內團體偏私」，對地位較低之外團體則傾向負面態度；然而，社會地位較低之團體則表現較少的內團體偏私，反而對優勢團體顯示較正向之態度。

　　但在「性別」這一**類屬**上卻較特殊。研究顯示，男性雖在社會上具優勢，卻也受到較低評價，甚至男性對男性的刻板印象也偏負面；女性雖處社會劣勢，對男性此一優勢類屬的評價亦傾向負面。如男性雖被視為獨立、勇敢，但也被批評

圖6-1　芭比娃娃與太空戰士的樣貌，呈現常見的性別刻板印象。
資料來源：上圖-Mike Young Productions - This is the 2002 version of He-Man., CC BY-SA 4.0, https://commons.wikimedia.org/w/index.php?curid=60238876
下圖- Віктор Ходєєв - Own work, Public Domain, https://commons.wikimedia.org/w/index.php?curid=56033273

為較自私、自大。相反地，男性對其外團體——女性，則傾向較正向，較少敵意。女性也有內團體偏私，如女性雖較依賴與屈從，但卻也普遍被認為較溫暖、關懷、善良。簡言之，女性普遍得到較好的評價，因此Eagly與Mladinic（1994）將此充滿矛盾的刻板印象定調為「**女人絕妙而柔弱，男人壞痞而勇猛**」（見圖6-1）。

問題討論6-1　刻板印象是一種偏見或是反映事實？

　　早期的理論認為性別刻板印象是一種偏見、一種對既有社會角色的自圓其說，例如，女性應多在家照顧兒女，因她較有愛心、細心，男性應多在外工作，因為男性較有企圖心、愛冒險。另有理論認為，刻板印象來自人們與相關群體的互動經驗，有事實為基礎，因此刻板印象可作為預測用，不但快速且有效。你認為哪一種講法較合理？為什麼？

　　另外，2005年哈佛大學校長桑莫斯聲稱「女性在數學和自然科學領域先天遜於男性」，他雖為此致歉，但群情激昂的哈佛教職員仍對他投下不信任票，嚴重的人事扞格迫使他去職。請問，桑莫斯的說法犯了什麼錯誤，需要下臺？

（二）無所不在的威脅——性別刻板印象

　　日常生活中存在著各種刻板印象，有種族的、職業的、性別的。負面的刻板印象會產生額外的壓力與威脅感，進而造成刻板印象的真實應驗，即為「**刻板印象威脅效果**」（stereotype threat effect）（Steele, 1997），當與性別有關時，即為「性別刻板印象威脅效果」。換言之，個人意識到在某情境中，所屬團體的負面刻板印象可能在自己身上標籤化，就會有威脅感；這樣的威脅感或壓力感接著影響自己的表現，最後反而支持了刻板印象。由於刻板印象廣泛地散布在社會各個角落，也深植眾人心中，因此不管個人是否相信這些刻板印象，他們都會形成威脅感，進而影響個人的表現。

　　性別刻板印象威脅效果最顯著之處在於數學的表現。一直以來，社會上普遍存在女性語文較佳，男性數學較好的刻板印象。心理學者也做了上百篇

的研究，一再證實刻板印象威脅效果存在數學科的學業表現上（Nguyen & Ryan, 2008）。國內外相似的研究很多，也皆獲得一致的結果。

相反地，正向的刻板印象並不一定具有促進效果（boost effect），因促進效果較不穩定，特別是在較高評價的團體中；也就是說，性別刻板印象不見得會使男性獲得更好的數學成績。但正向的示範作用，卻對低評價團體有促進效果，例如，閱讀女性在建築、醫學及發明上有卓越成就的文章，或是參與者大部分是女性為主（占75%以上）的團體，都可提升女性的表現（Dasgupta, Scircle, & Hunsinger, 2015）。 若將研究結果推論到實際社會中，它不僅使受性別歧視的個人或群體（通常是女性）在某些領域表現變差、無法發揮其潛力，也會因表現不好帶來的挫敗感，漸漸形成不喜歡、不認同該領域，或選擇放棄學習、投入等永久性的影響，更嚴重的是影響其認同或歸屬感。例如，Walton等人（2015）的研究指出，開學之初，如果針對大學工學院的新生發送一些強化認同感的簡訊，以減除他們對自己是否唸工學院的疑慮，結果顯示，一年後，控制組（即沒有收到認同簡訊者），女生的GDP顯著地低於男生的GDP，但在實驗組中女生的GPA則高度提升至與男生約略相等。這應該也是長期以來，臺灣理工科系中女生從未超過30%的主要緣由之一，理工科系中男女比例差異大的現象與「性別刻板印象威脅」，且女性無法與理工科產生認同脫離不了關係。鑑於此，檢視刻板印象威脅的產生與作用過程，進行一些降低或消除刻板印象威脅的介入，或提供超越刻板印象而成功的範例，增加認同度等，都是提升性別平等的重要策略。

（三）性別刻板印象的測量：外顯或內隱的區別

早期刻板印象的測量多採「自陳式量表」，即在問卷上呈現一系列形容詞，請受試者判斷各形容詞適合描述男性或女性，以1-7分表示；也可能用句子，如「我認為男生不應該哭」、「女生在運動方面比較差」、「女人應該以家庭為重」，讓受試者評定同意程度；還可利用「語意區分量表」，即以相對的形容詞「軟弱—堅強」、「文靜—好動」，請受試者針對男性或女性給予1-7分。由於自陳式量表是受試者**有意識地**（consciously）表達對性別的態度，此為「**外顯態度**」（explicit attitude）。外顯態度較受政治正確

（political correctness）或社會讚許（social desirability）[1]的影響，因而備受質疑。

後來，Wilson、Lindsey及Schooler（2000）提出「態度的雙元模式」（model of dual attitudes），將態度分為「外顯」（explicit）與「內隱」（implicit）兩種，「外顯態度」可預測較意識自主且可控制之行為，而「內隱態度」則是預測較自發性且不可控制的行為反應（Wilson et al., 2000）。這兩種態度的測量方式也不同，外顯態度多用傳統的自我報告（self- report），如問卷法，而內隱態度則多用「內隱連結測驗法」（implicit association test，簡稱IAT）（Greenwald, McGhee, & Schwartz, 1998）（此方法的說明，詳見概念辭典）。

概念辭典

IAT（內隱連結測驗）

「內隱連結測驗」（implicit association test，簡稱IAT），是Greenwald、McGhee及Schwartz在1998年發展的實驗法，除了可對具政治正確敏感的族群、道德問題進行測量，也延伸到刻板印象或自尊相關的測量，藉以得知人們內在的想法。例如，一個人在明意識上主張「種族平等」，但以IAT測量後卻可能發現，在潛意識層次他對不同種族的正負評價具相當差距。IAT用在性別的議題上也可得知某人對性別的態度究竟是「心口如一」或「心口不一」。

IAT在實驗室中是利用成對的概念（如白人、黑人）與其他屬性（如花草、昆蟲）連結之強度，探討個人對某一目標（如種族）的內隱態度。例如，在電腦螢幕上出現「白人名字與正向形容詞（美麗的花）」（如威廉—玫瑰），或「白人名字與負向形容詞（可怕動物）」（如威廉—毒蛇）之連結，請受試者看到後按電腦鍵盤，他按鍵的速度以反應時間（reaction time）長短來表示。若某人對前者之反應較快，顯示該人對白人有正向態度，因他對「白人與花」連結的反應較自發快速；相反地，若對「白人與可怕動物」的反應較快，則表示該人對白人傾向負面態度。IAT測的是個體「目標與態度評價」的連結，但個人未必察覺此連結。所以IAT所測得的是「內隱態度」（implicit attitude）。

將態度區分「外顯」與「內隱」有什麼作用？例如，台灣社會變遷基本調查（2002）的性別研究，有六題是測量臺灣民眾對「性別平等意識」，如「有兒子時，女兒少分一點財產是應該的」、「家中有子女時，應該優先栽

1　「社會讚許」指人們會傾向回答迎合別人或被社會所讚許的答案。

培兒子」、「男生最好是唸理工科」、及「先生的收入最好要比太太高」等。六題加總最高24分，分數越高表示「性別平等意識」越強，越同意兩性在社會中的權益、資源分配、權力位階應該平等；結果顯示性別平等意識之平均為16.36分（中數12分），可見臺灣民眾的性別平等外顯態度已達中數以上。另外，男性的性別平等意識平均稍高於女性，年齡越低者，分數也越高，當年35歲以下女性的性別平等意識居冠（黃囇莉、張錦華，2005）。若以「男人的責任是賺錢，女人的責任是照顧家庭及家人」這一性別分工題代表性別平等意識，2002年時有44%受訪者表示同意，33%不同意，到了2013年，台灣社會變遷基本調查（2013）顯示40%同意，49%表示不同意，看來在這十年內，臺灣民眾的性別平等意識，是有些微的進展。但是，「整體來說，臺灣現在男女之間已經很平等了」這一題，2002年時59%的人表示同意，2013年卻只有45%表示同意。顯然臺灣民眾對臺灣性別平等的進展，不滿意的居多。但此研究採面訪方式，問題也多涉及性別權益，偏重理性思維，因此是偏向「外顯態度」而不是「內隱意識」（見圖6-2、6-3）。

凡是涉及種族、性別或同志等議題，內隱與外顯的態度可能會有所不同。國內外以**IAT**做的研究也發現，性別刻板印象大多存在內隱態度中，特別是學科的性別刻板印象仍相當強，也就是「男性─理工科」，「女性─人文科」的連結仍非常強韌。另外，家庭暴力的主要受暴者、性侵害／性騷擾

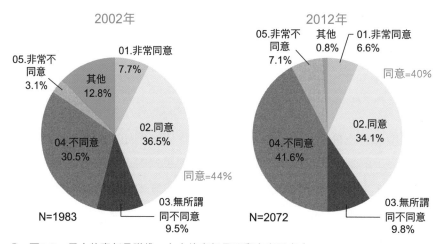

圖6-2　男人的責任是賺錢，女人的責任是照顧家庭及家人。

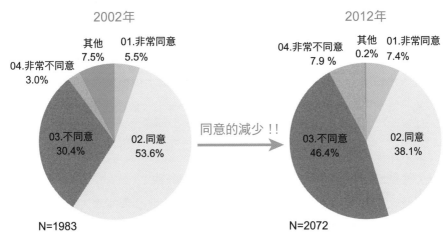

圖6-3 整體來說，臺灣現在男女之間已經很平等了。

的受害者都還是以女性為主；75%的家事勞務由女性負擔；學歷越高，男性的人數越多；男性的平均薪資向來是高於女性等（性別圖像，2018）。

簡言之，人權與民主的理念在全球化後幾乎成為普世的價值，提升婦女的地位與價值也是聯合國的重要政策，因此，支持兩性權益的平等在現代社會成了一種「政治正確」，但這並不表示傳統的性別刻板印象與意識形態已消失殆盡，相反地，性別歧視可能以更隱晦的形式潛藏於內隱態度罷。

問題討論6-2　使用「政治正確」的語言，是否就具平等意識？

「政治正確」意指為了維護不同種族、性別、文化、年齡、階級等之間的平等，所應抱持的「正確」觀念及必須遵守的「正確」路線，過去的文化、語言中充斥的對「他者」的偏見和歧視，現代則提出不同的替代詞彙，以避免輕侮他人，或使用中立字句，以不侵犯他人，例如，過去主席是「chairman」，政治正確的用法要改為「chairperson」或「chair」。

外顯態度與內隱態度經常是有落差的。日常生活中，如果有人使用歧視性語言，固然顯示仍未擺脫歧視性觀念。但如果一個人雖已使用政治正確的語言，又如何判斷他是心口不一、仍具性別歧視者？請想想看，你是否觀察到這些心口不一的實際經驗？

　　　　另外，哈維爾（Havel, 2003/1983）認為現代專制社會（後極權社會）的基本特徵是給其成員提供一個作為表象的意識形態系統，當作「政治口號」，並利用國家機器維持此一類政治價值的正確性。你認為，性別平等的中性用詞所標誌的「政治正確」，與後極權社會的「政治正確」有何不同？

（四）性別歧視也有善意的？——曖昧性性別歧視

　　提及性別歧視多以「偏見」看待之。早期社會心理學家Allport（1954）最有影響力的「偏見」定義：「源自不完美又不具彈性的概括性論斷所引起之反感」。依此定義，偏見多以**負面的刻板印象**為指標，但兩性之間似乎難以一般的「偏見」來解讀。首先，兩性間的親密（指異性戀）是任何相互歧視之群體不曾經歷的，自古以來，文化上對女性形象的塑造即有推崇及辱罵兩極端，現代網路上流行的「母豬教」（維基百科，2016年起），也將女性區分為聖女與行為不檢之女。因此，性別歧視是一特殊的偏見內涵與形式，蘊涵著複雜的曖昧性。

　　基於此，Glick與Fiske（1996）將性別歧視分為「**敵意型性別歧視**」（**Hostile Sexism**，簡稱**HS**）與「**親善型性別歧視**」（**Benevolent Sexism**，簡稱**BS**）兩種。「敵意型性別歧視」與「偏見」雷同，是一組**貶抑**女性的信念、態度或刻板印象，同時伴隨著敵意情緒，例如，女性若違犯傳統性別角色，則抨擊且懲罰之，此一性別偏見將女性侷限在較低社會位階，為男性的剝削行為提供合理化藉口，同時鞏固男性在社會結構中的權力。例如，近年來網路PTT上興起的「母豬教」之仇女言論（余貞誼，2016），就是敵意型性別歧視在網路世界中複製與再現。

　　相反地，「親善型性別歧視」則以性別刻板印象及固定角色看待女性，主觀上對女性抱持正面情感，傾向於幫助或親近女性。表面看來，親善型性別歧視是基於愛護女性，但其根源卻仍是性別刻板印象及男性主導（認為男性是資源供應者／女性是依賴者）的傳統信念，因此，即使動機、行為均顯現親善，但本質上仍是一種刻板印象，也就可能會壓抑女性自主，將限制加諸於女性，其結果對女性也是一種傷害。

　　男女因生理差異而分為兩個族群，在「性」與「生殖」上的特性使得男／女無法以一般內團體（in-group）／外團體（out-group）類比。在**異性戀世界**裡，性與生殖特色給女性在「**相依權力**」（dyadic power）（指兩人關係中相互依賴的需求與資源關係）中占優勢。因男人依賴女人養育小孩並滿足其性需求、親密需求，這些都不易從男性身上獲得，反而男性間彼此競爭資源及社會地位以獲得由女性帶來的滿足感。跨文化研究也指出，女性相依權力反映在特別的意識形態中，例如，對女性特別保護，尊崇女性為母親與太太之角色，將女性理想化為浪漫愛對象，期待女性是主要照顧者等，這些對女性的需求與態度形成了「**親善型性別歧視**」。親善型對女性抱著正向、保護立場，但卻與敵意型同為一種刻板印象，如女性應以家庭為主，女性是弱者。這樣的性別歧視為現行之社會制度、生物性條件及兩性關係提供了辯護與合理化。

　　Glick與Fiske（1996）特別將這種對女性的敵意與親善兼具歧視態度稱為「**曖昧性性別歧視**」（**Ambivalent Sexism**），也編制了22題的「**曖昧性別歧視量表**」（Ambivalent Sexism Inventory，簡稱ASI），以測量對女性的性別歧視態度。題目如「**女人一旦獲得男人的承諾，她通常就會想辦法將他牢牢地栓住**」、「**女人應該受到男人的珍愛與保護**」、「**為了提供婦女生活所需的經濟，男人應該有意願犧牲他們自己的幸福**」。另外也指出人們對男性一樣也有「敵意」與「慈善」，前者指對男性的支配性權力持負面的態度與評價，後者則對男性抱持正面態度，認為男性是保護者與資源提供者。而「**對男性曖昧態度量表**」（Ambivalence Toward Men Inventory，簡稱AMI），如「**比起女人，男人經常為了在社會中獲得較大的掌控權而爭鬥**」、「**男人最主要的用處是：提供給女人經濟上的安全感**」。Glick與Fiske（1997）指出，在ASI上總分較高者（即曖昧性別歧視較強者）較會將女性分成不同的子類；敵意型歧視高分之男性傾向對「職業婦女」持負面評價，而慈善型歧視高分之男性對「家庭主婦」持正面評價。Glick與Fiske等人（2012）一項跨六大洲19個國家之研究也指出，世界各地都存在著曖昧性別歧視，且兩性在政治經濟上較不公平之國家，也傾向展現較大的曖昧性別歧視。

問題討論6-3 　網路PTT上，有如下流行語，討論看看，
何者是ASI？何者是AMI？

1. 拜金女　　2. 裝清純　　3. 小鮮肉　　4. 資源回收業者

5. 母豬島　　6. 提款機　　7. 女權自助餐　8. 父權紅利

（五）去人性化：物化

　　將外團體去人性化（dehumanization）也是一種歧視行為。女性被物化（objectification），即指她們容易只被看到身體或視為物體，而忽略其為具自主性與心智之人。廣告界和大眾媒體充斥著女性為性感軀體的想像。一項檢視美國大眾雜誌約2,000則的女性廣告後發現，約一半以上將女性視為性感物體（Stankiewicz & Rosselli, 2008），女性在真實生活中也常經驗到被物化。Rudman與Mescher（2012）研究指出，自動將女人與動物或物體結合的男性，對性騷擾和強暴女性顯露較為強烈之傾向。Palet（2015）訪問600名巴黎女性後指出，幾乎所有女性在搭乘大眾交通系統時都曾被騷擾過，雖然男性在媒體或真實生活中也逐漸被物化，但女性仍是較常經驗被物化者。研究指出，物化女性對女性的心智、健康、學習及社交互動也都有負面的影響（Tiggemann & Williams, 2012）。

三、議題深探

　　性別歧視源自「性別」刻板印象，刻板印象中的「性別」更直指生理性別（sex）。事實上，一個人的性別身分或主體有不同層次，除了生理性別之外，還有社會性別（gender）、性傾向（sexuality）及性別認同（gender identity），其中以生理性別的使用最普遍，且會以生理性別之差異為基礎，推論於社會性別、性傾向、性別認同之差異，論述其優勝劣敗，形成牢不可破的「性別」刻板印象。以下將討論造成性別刻板印象的生理性別差異理論。

（一）基因的傳承影響兩性擇偶之差異？

長期以來，許多研究指出男性與女性在擇偶方面有明顯差異。Buss（1989）檢視37個國家後發現，女性擇偶時普遍重視男性在經濟上的能力與特質，而男性則較重視女性的外表吸引力。Buss以社會生物學（social biology）解釋：此與男、女性的生殖策略有關，也就是男性需要很多性對象以增加基因繁殖的成功率；而女性因在養育後代的負擔比男性大很多，希望有較穩定、熟悉的關係以培育後代。社會生物學家認為演化的遺跡仍殘存且影響著現代人，他們假設生物的基因是自私的，目的是永續傳承基因，人類作為物種之一，其性策略或求偶策略自然也以有效傳承基因為目標。

社會中男性的多偶現象、雙重性標準等也深受文化影響，只是文化影響方向與演化論雷同，而有加劇演化論的解釋效果。一項跨國研究（包括臺灣）（Eastwicket et al., 2006）檢測男女對「愛情與麵包孰重」的態度。搜集九個國家資料後顯示，只有具傳統性別意識形態者其擇偶心態符合「男重年輕貌美，女重經濟力」的傳統擇偶價值。簡言之，性別分工角色對擇偶心態有較大影響，但不必與演化論有關；另外，令人沮喪的是無論工業化程度為何，傳統的性別分工刻板化與性別歧視仍是跨國普遍現象。

社會生物學的解釋仍多有可批判之處。例如，演化論、物競天擇論、自私基因論等都涉及未經證明之假設，社會生物學自稱是科學（Caporael & Brewer, 1991）；然而，自然科學的基本假設本身即是一種意識形態（Rapoport, 1991），且演化論基本假設源自「天擇」與適應，但自然環境與人文環境原就不同。因此，社會生物學的過度化約主義（reductionism），且對人性提出基本預設，使整套論述流於循環論證，不但陷入符應性別刻板印象的泥淖中，也成為許多男性外遇的藉口。

⊙ 問題討論6-4　多重性伴侶是男性的天性？

個案問題：

茱莉與萊德兩人已約會近一年，茱莉發現萊德仍與其他女性約會，因此警告萊德，如果他不結束與其他女性的曖昧關係，她就結束與萊德

的關係。萊德辯稱說：他修的心理學課提到演化論，男性與女性有不同的性策略以傳遞最多的基因。男性需要更多的伴侶，女性則細心選擇男性為長期資源供給者。演化論可解釋何以男性較常外遇，因而他希望茱莉接受「男人就是男人」這個事實。茱莉認為萊德的論點是謬誤的，因演化論是一種理論而非經實證的事實。即使演化論是對的，人類也有自由意志做抉擇。任何來自基因的特質，最後表現的型態都受環境影響，萊德是可以選擇自己行為的。但萊德認為茱莉試圖控制他的生活，而他必須作一個完整的男人；如果你是茱莉會如何做？（改寫自Sternberg, 2002）

（二）兩性認知發展之差異有其生理基礎？

兩性之差異有本質論（essentialism）與建構論（constructionism）兩種論點（黃囇莉，2005）。本質論主張男女性差異是天生的，如大腦結構、賀爾蒙之不同影響男女在認知或性格不同。例如，受性雄性賀爾蒙影響，男性的攻擊性普遍高於女性，家暴也以男對女施暴占大宗。近年來，認知心理學中的雙歷程論（dual-process theory）更指出，女性早期有九項關於「快速處理記憶訊息的能力」優於男性（Halpern, 2000），其中七項大量倚重第一系統（system I，或稱implicit system）的心智能力，即一種自動、迅速、平行處理、不受意志控制的高效率系統，其運作歷程不為意識所查知；而男性較優的五項認知作業，則明顯依賴第二系統（system II，或稱explicit system）的心智能力，即一種意識能查知、運作緩慢、系列處理且能受意志控制之系統。顯然地，女性有較強大的第一系統，男性則在第二系統取得優勢，而第一、第二也對應發展的先後順序。第一系統是較早成熟的，而人在生命早期幾乎完全依賴第一系統，直到經驗與有意識的學習才逐漸強化第二系統。因而推論男性在第二系統的優勢，則是後天學習強化之結果。

建構論則主張男女性在社會上展現的差異，主要是「社會建構」產物。例如，傳統上，父母對於不同性別的嬰兒即給予不同的「標籤」（labeling），如男藍色、女粉色。孩童經由觀察、模仿成人，如父母、師長、影視人物、閱讀漫畫、教科書中而學得性別角色刻板化的行為。許多研

究指出，廣告中男性出現多與「成就」（事業、金錢）相關，而女性出現則多以「家庭」（孩子、照顧）與「美貌」（外表吸引力）相關，父母（成人）透過獎賞或懲罰強化孩童表現符合性別刻板化之行為，這種男女角色分化的現象，即是**社會角色理論**（social role theory）（Eagly & Wood, 2012; Koenig & Eagly, 2014）。孩童接受「男孩」或「女孩」標籤後也會進行「**自我社會化**」（self-socialization），讓「性別刻板化」更加牢固。

性別差異會被不公平的社會角色拉大了距離（見圖6-4）。這歷程包括：一、透過生理與社會因素結合，在家庭與工作場所中進行性別勞動分工，且隨時間演進。男性易在工程與商業管理界，女性易執行照顧工作且較低薪。二、配合角色行為，男性比女性擁有主宰身體、社會經濟之權力。三、引導人們知覺男性天生主導性、女性主內，但事實上，這差異只是反映「男主外、女主內」的分工結果。簡言之，性別刻板印象是受到男女被分配到不同的社會角色所塑造與混淆，卻被錯誤地認為來自性別差異，而無視角色差異之存在。

另一方面，傳統父母對男孩施加的壓力大過女孩，如男孩表現「女性化」父母會極力譴責。相反地，女孩若表現「男性化」則較少受到強烈反對，以致影響男孩女孩的自尊。社會化歷程說明男女差異主要是後天潛移默化之結果。

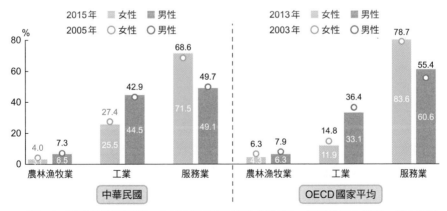

圖6-4　職業的性別區隔。OECD最新資料年為2013年。因四捨五入關係，部分總計數容不等於100%。
資料來源：OECD、行政院主計總處「人力資源調查」。

（三）超越男性化或女性化

接受性別刻板化後，可能根據性別特質來作自我評量，審視自己是傾向女性化或男性化。在過去，男性化與女性化是一個向度的兩極，但Bem（1974）發展的量表，將男性化與女性化分成兩個向度，以測個人同時擁有男性化與女性化特質的程度。同時高男性化（工具取向）與女性化（情感取向）者即「**雙性化**」（androgynous），雙性化者會視不同情況而表現不同的特質。

研究指出，雙性化者具較高的自尊（self-esteem），也有較好的心理適應，因他／她較能夠依情境需要而表現不同的角色行為，或其陽剛面／陰柔面，也能自在地從事世俗認為不屬於其原性別角色的事。一般而言，測量自尊的題目都與男性化特質較有關，所以具男性化特質者會顯現較高的自尊。但也有研究指出，兩性的自尊來源有所不同：男人的自尊起源於自己的能力，女人則與自己重要他人之情感與連帶關係（Josephs et al., 1992）。由於雙性化融通男女共通性，因此成為人們追求的目標，而此趨勢也符應自由平權女性主義者的目標。

性別平等的要旨之一是「解構」性別刻板化，亦即讓「性別」與「特質」、「分工」、「職業」的關係不再類型化。「**解構性別**」意指不再以僵化地以「男性」或「女性」觀點限制或規範任何一個人，與其說人們變得越來越「**中性**」，也可說變得越來越「**雙性化**」。亦即，現代父母得教養小孩能獨立、堅強，同時也能溫柔、敏感，強調以情境來判定行為的合宜性，而不是以行為符不符合其「性別」來判斷合宜性。

（四）消除歧視是個人／國家的義務？

由於性別刻板印象容易形成歧視，且對某一性別造成不利之後果。因此，消除性別歧視成為重視人權與平等的現代民主社會之刻不容緩之議題。1979年聯合國的「消除對婦女一切形式歧視公約」（CEDAW）中之第1條至第6條也「對婦女的歧視」做出定義，即指「**基於性別而作的任何區別、排斥或限制**」，並明定消除歧視是國家的義務（CEDAW資訊網）。公約中也定義「**直接歧視**」為：以對婦女歧視的目的，如規定男女性同工不同酬；

「**間接歧視**」為即使沒有實際行為的意圖，但具有對婦女歧視的效應，如文化習俗中，女性初一不能回娘家。還有定義「**多重歧視**」為與種族、宗教、年齡、階級、性取向或性認同等相互連結的部分。而此三種歧視，都是國家要承擔消除之責任。臺灣的《性別平等教育法》中第1條，也將「消除性別歧視」作為促進性別平等重要方法。看來，臺灣對於消除性別歧

圖6-5　廁所標誌是否涉及性別歧視？
資料來源：本文作者提供。

視，已經進入立法，且由國家層級進行推動。成效如何，則有待公民配合（請討論圖6-5）。

四、結語

「性別歧視」大多指向「負面刻板印象」或「敵意態度」。但隨著社會變遷，人權受重視，「歧視」成為「政治不正確」後，「性別歧視」以多重樣貌存在著。

首先，歧視可能從能見度高的「外顯態度」轉化為能見度低的「內隱態度」。另外，除了負面的（敵意的）刻板印象是歧視之外，正向的（慈善的）刻板印象也可能是一種歧視。當「歧視」變得多重且隱晦之後，就需要更精緻且敏感的方式來幫助我們透視與察覺其存在。值得高興的是，近幾年這方面的進步相當大，無論是在專業的測量或理論論述皆然。

「歧視」的來源為何？本質論與建構論之爭議一直存在。隨著生物科技與腦科學的高度發展，本質論者已將男女性之差異指向是大腦與生理發展。但由文化、社會權力結構及社會化因素交織而成的影響力，對形塑男女差異之觀察也有了更精緻的論述與研究發現。而消除性別歧視不但是公民社會的責任，更是國家的義務。

參考
文獻

中文文獻

- Sternberg, R. J.（2002）。普通心理學（陳億貞譯）。臺北：雙葉書廊。（原書 *Pathways to Psychology* (2/e)出版於2000）。

- Vaclav Havel（2003）。無權力者的權力（崔衛平等譯）。臺北：左岸文化。（原書出版於1983）。

- 台灣社會變遷基本調查（2002）。台灣社會變遷基本調查計畫台灣第四期第三次執行報告（性別組）。臺灣：中央研究院社會學研究所。

- 台灣社會變遷基本調查（2013）。台灣社會變遷基本調查計畫台灣第六期第三次執行報告（性別組）。臺灣：中央研究院社會學研究所。

- 行政院主計處性別統計專區。取自https://www.stat.gov.tw/ct.asp?xItem=33332&CtNode=6020&mp=4

- 余貞誼（2016）。「我說妳是妳就是」：從PTT「母豬教」的仇女行動談網路性霸凌的性別階層。婦研縱橫，105，22-29。

- 性別圖像（2018）。2018性別圖像。臺灣：行政院主計總處出版。

- 黃囇莉（主編）（1999）。跳脫性別框框——兩性平等教育教師／家長手冊。臺北：女書文化。

- 黃囇莉（2005）。游移於生物決定論與社會建構論之間：心理學中的性別意識。女學學誌，16，85-120。

- 黃囇莉、張錦華（2005）。台灣民眾的身體意象及其預測因子：以人際壓力、廣告信任為中介變項。中華心理學刊，47(3)，1-19。

- 維基百科（2016起）。母豬教。取自https://zh.wikipedia.org/zh-tw/母豬教

英文文獻

- Allport, G.W. (1954). *The Nature of prejudice.* Cambridge, MA: Addison-Wesley.

- Buss, D. M.(1989). Sex difference in human mate preference: Evolutionary hypotheses tested in 37 cultures. *Behavioral and Brain Sciences, 12,* 1-49.

- Bem, S. L. (1974). The measurement of psychological androgyny. *Journal of Consulting and Clinical Psychology, 42,* 155-162.

- Caporael, L. R., & Brewer, M. B. (1991). The quest for human nature: Social and scientific issues in evolutionary psychology. *Journal of Social Issues, 47*(3), 1-9.

- CEDAW資訊網. Retrieved from http://www.cedaw.org.tw/tw/en-global/home

- Dasgupta, N.Scircle, M.M., & Hunsinger, M. (2015). Female peers in small work groups enhance women's motivation, verbal participation, and career aspirations in engineering. *PNAS Proceedings of The National Academy of Sciences of The United States of America, 112,* 4988-4993.

- Eagly, A. H., Mladinic, A. (1994). Are people prejudiced against women? Some answers from research on attitudes, gender stereotypes and judgments of competence. In W. Stroebe, & M. Hewstone (Eds.), *European review of social psychology* (pp. 1-35). New York: Wiley.

- Eagly, A. H., Wood, W., & Diekman, A. B. (2000). Social role theory of sex differences and similarities: A current appraisal. In T. Eckes, & H.M. Trautner (Eds.), *The developmental social psychology of gender* (pp. 123-174). Mahwah, NJ: Erlbaum.

- Eagly, A. H., Wood, W. (2012). Social role theory. In P.M. Van Lange, A.W. Kruglanski, & E.T. Higgins (Eds.), *Handbook of theories of social psychology* (pp. 458-476). Thousand Oaks, CA: Sage.

- Koening , A. M., & Eagly, A. H. (2014). Evidence for the social role theory of stereotype content: Observations of groups' roles shape stereotypes. *Journal of Personality and Social Psychology, 107,* 371-392.

- Eastwick, P.W., Eagly, A. H. Glick , P., Johannesen-Schmidt, Fiske, M.S. Blum, T. A., Eckes, T. Freiburger, P. Huang, L. L. Lameiras, M., Manganelli, A. M. Pek, J.C. X. Castro, Y. R. Sakalli-Ugurlu, N. Six-Materna, I. Volpato, C. (2006). Is traditional gender ideology associated with sex-typed mate preferences? A test in nine nations. *Sex Roles, 54*(9-10), 603-614.

- Glick, P., & Fiske, S. (1996). The ambivalent sexism inventory: Differentiating hostile and benevolent sexism. *Journal of Personality and Social Psychology, 70*(3), 491-512.

- Glick, P., & Fiske, S. (1997). Hostile and benevolent sexism: Measuring ambivalent sexist attitudes toward women. *Psychology of Women Quarterly, 21*, 119-135.

- Glick, P., & Fiske, S. (2012). An ambivalent alliance: Hostile and benevolent sexism as complementary justifications for gender inequality. In J. Dixon, & M. Levine (Eds.), *Beyond Prejudice: Extending the social psychology of conflict, inequality and social change* (pp. 70-88). New York: Cambridge University Press.

- Greenwald, A. G., McGhee, D. E., & Schwartz, J. K. (1998). Measuring individual differences in implicit cognition: The implicit association test. *Journal of Personality and Social Psychology, 74*, 1464-1480.

- Halpern, D. (2000). *Sex differences in cognitive abilities*. Maywah, NJ: Lawrence Erlbaum Associates.

- Josephs, R. J., Markus, H. R., & Tafarodi, R. W. (1992). Gender and self-esteem. *Journal of Personality and Social Psychology, 63*, 391-402.

- Nguyen, H-H D., & Ryan, A. M. (2008). Does stereotype threat affect test performance of minorities and women? Ameta-analysis of experimental evidence. *Journal of Applied Psychology, 93*(6), 1314-1334.

- Rapoport, A. (1991). Ideology commitments in evolutionary theories. *Journal of Social Issues, 47*(3), 83-99.

- Rudman, L. A., & Mescher, K. (2012). Of animals and objects: Men 's implicit dehumanization of women and likelihood of sexual aggression. *Personality and Social Psychology Bulletin, 38*, 734-746.

- Rudman, L. A. Fetterolf, J. C., & Sanchez, D. T. (2013). What motivates the sexual double standsrd? More support for male versus female control theory. *Personality and Social Psychology Bulletin, 39,* 250-263.

- Palet, L. S. (2015). 100 percent of French women are harassed on public transport. *OZY.* Retrieved from http://www.ozy.com/acumen/100-percent-of-french-women-are-haraassed-on-public-transport/60636.

- Stankiewicz, J. M., & Rosselli, F. (2008). Women as sex objects and victims in print advertisements. *Sex Roles, 58,* 579-589.

- Steele, C. M. (1997). A threat in the air: How stereotypes shape intellectual identity and performance. *American Psychologist, 52,* 613-629.

- Tiggemann, M., & Williams, E. (2012). The role of objectification in disordered eating, depressed mood, and sexual functioning among women: A comprehensive test of objectification theory. *Psychology of Women Quarterly, 36,* 66-75.

- Walton, G. M., Logel, C., Peach, J. M., Spencer, S. J., & Zanna, M. P. (2015). Two brief interventions to mitigate a "chilly climate" transform women's transform women's experience, relationships, and achievement in engineering. *Journal of Educational Psychology, 107*(2), 468-485.

- Wilson, T. D., Lindsey, S., & Schooler, T. Y. (2000). A model of dual attitudes. *Psychological Review, 107,* 101-126.

性別、體制與婦運

婦女運動與政治

彭渰雯

現象
發想

　　2016年臺灣選出了第一位女性總統蔡英文，但其任命的首任行政院長林全的行政團隊中，女性只占13.95%，比前兩任男性總統的女性閣員比例都還低。2017年賴清德接任院長後，新上任的閣員當中女性比例依舊只有18%，遭婦運團體召開記者會諷刺內閣成為「男性俱樂部」。儘管婦女團體對於性別比例問題一再提醒、批評，2018年7月賴內閣小幅改組時，新任的9位閣員中依舊有8位是男性，唯一的女性是擔任不具實質行政權力的行政院發言人。

一、前言

　　女性主義作為一種政治理論，不論其流派取徑為何，目的都在於揭露及批判父權體制下的「性／別政治」（sexual/gender politics），此處之「政治」乃延續基進女性主義大將米利特（Kate Millett）所言，是指「被權力結構化的關係和安排，其足以讓一群人受另一群人所控制」（Millett, 1970/2000, p. 23）。本書其他各章分別從不同面向揭露與批判父權體制如何製造與延續女性的從屬地位，都是廣義的性別政治分析。[1]但是鎖定傳統（狹義）定義的政治體制（如政府體制與政策法令）加以檢視仍很重要，因其不僅掌握公共資源、權利與義務分配和定義的權力，還能夠合法使用強制與暴力來執行其意志。因此，本章討論的參政，著眼於婦女運動影響國家體制／政策的行動。

　　女性主義對於與國家的合作，並非毫無猶豫的。事實上，早期的女性主義不認為國家可以被改變，因而完全走批判路線，以免被國家「收編」。但1990年代迄今盛行的「國家女性主義」（state feminism）論述，反映了婦運

---

* 　作者由衷感謝張晉芬、姜貞吟及黃淑玲對原稿提出的修改建議，惟文責自負。

1 　臺灣婦女運動在廣義的性別政治各面向進行倡議、改革的努力歷程，李元貞（2014）的《台灣婦運回憶錄》（上下集）有非常詳盡、生動的第一手記錄，推薦有興趣的讀者閱讀。

者對於國家重新想像，第二節將對此轉變做一簡短回顧。另一個女性主義重要的思想發展，則是「交織」概念的興起，超越了過去女性主義對於「平等」與「差異」的辯論，第二節也將有所討論。

前述英語世界女性主義路線的演變，也反映在臺灣婦運的政治參與之上。第三節將回顧解嚴後臺灣女性參政運動的演變進展，以及面對的主要挑戰——婦運的「代表性」課題，進一步加以探討。

二、理論與概念

（一）女性主義與國家

雖然女性主義者都期待改變女人的從屬地位，但對於國家在這個任務上究竟能夠或應該扮演什麼角色，並不必然有一致的見解。大體而言，在1980年代以前，多數西方女性主義者仍然習慣以本質論（essentialist，亦即國家是本來就如此且很難改變的）且整體式（totalizing，亦即國家是從上到下意志一致的整體）的方式理解國家，例如自由主義女性主義者（liberal feminists）認為國家是中立的仲裁者，可以接受不同壓力團體的遊說和建議；馬克思主義女性主義者（Marxist feminists）認為國家是資本主義統治階級的工具，透過性別次等化的機制（例如同工不同酬、男主外女主內的分工等）讓女人留在家庭裡，照顧男人的勞動力再生產，以服務資本主義的運作；基進女性主義者（radical feminists）則認為國家是父權社會的產物和工具，以男性的角度發現問題、制訂政策，並名之為「客觀標準」，維繫男性的支配地位（參見顧燕翎編，2018）。

因此，從19世紀末西方第一波婦運到1960年代崛起的第二波婦運，都有著清楚的街頭運動和草根組織色彩，前者從聚焦於特定議題的地方團體，擴大發展為全國性組織或聯盟，鎖定明確目標、倡議制度改革，後者的特色則是以意識覺醒團體或獨立文化活動的形式，進行自發性的活動（Walby, 2011）。

1980年代以後盛行的後結構主義女性主義者，不再視國家有固定、單一的本質；相反地，後結構女性主義者指出國家是各種不同的論述互相作用、

建構的偶發結果，它的內部（官僚體制）也不一定是協調的整體，可能有許多矛盾與不一致（Witz & Savage, 1992）。國家本身作為行動者，並不能自外於社會和社會過程，而是會被既有的社會（性別）關係所（不同程度地）滲透，同時也可能改變或重構社會（性別）關係。簡言之，後結構女性主義者視國家為一處「場域」（site），而非「結構」（structure）。改變國家

圖7-1　解嚴後的1990年代是臺灣婦運街頭倡議的黃金時期。圖為1996年5月全國大專女生行動聯盟在臺北車站發起的「搶攻男廁」行動。
資料來源：彭渰雯提供。

（更精確地說，改變國家的某些制度或政策）不可能立即帶來性別平等的理想世界，但是國家作為一個重要的場域，仍是值得介入的戰場。

在實務面，澳洲女性主義者早在1970年代初就因為工黨的友善而受邀請擔任文官或顧問，並提出「女性主義官僚」（femocrat）的概念（Watson, 1992）；北歐國家在其統合主義的政治文化脈絡下，也一向正面看待與國家的合作關係；而在1975年第一屆世界婦女大會之後，許多會員國陸續建立「婦女政策機制」（Women's Policy Agencies，簡稱WPA），也都是女性主義介入國家的可能場域（Kantola & Outshoorm, 2007）。不過，與國家願意互動或合作是一回事，但1990年代後「國家女性主義」（state feminism）路線成為主流，則需要更多的解釋。

國家女性主義最簡單扼要的定義就是「在國家體制內倡議婦女運動訴求」（Lovenduski, 2005, p. 4），學者對於國家女性主義崛起的解釋不一。瓦比（Walby, 2011）對英美的觀察是，女性主義者在1990年代以前，透過遊說議員、立委、文官等方式達成許多正面的政策改變、法律修改、獎助等，因此激起她們有興趣進一步介入國家。1995年「北京行動綱領」頒布後，「性別主流化」的策略受到各國重視，超過一百個國家成立婦女政策機制，也成為女性主義者可以著力的空間。麥可白和馬簇兒（McBride & Mazur, 2013）則

指國家女性主義概念的盛行是因1980年代婦運在歐洲、北美、澳洲等地的挫敗，有感於父權國家系統性地反對女性主義計畫，因此開始積極介入國家，特別著重於婦女政策機制的功能強化。

　　儘管解釋不同，但兩方都指出了「婦女政策機制」並不一定是女性主義的，各國設立的資源、位階、影響力等有很大差距。因此，究竟婦女政策機制和性別主流化的趨勢，在多大程度上能夠將婦女運動或女性主義的主張帶入國家、獲得實踐，需要更多經驗研究來檢視（Bustelo, 2014; MacBride & Mazur, 2013）。臺灣的婦運也有著「從街頭到國家」的軌跡，但此一演變與臺灣的民主化歷程有很大關係，第三節將進一步回顧。

概念辭典

性別主流化（Gender Mainstreaming）

　　「性別主流化」是從1995年聯合國第四屆婦女大會提出「北京行動綱領」（Beijing Platform for Action）後獲得重視，被視為推動性別平等的全球性策略。性別主流化的完整敘述應是「將性別觀點變為主流」（mainstreaming a gender perspective），亦即在所有的政府活動過程中——包括政策發展、研究、立法、資源配置、計畫執行、監督評估等——均注入性別觀點，達到性別平權的理想。此訴求意味著性別平等不能再只視為「婦女問題」，或只由單點式的「特定立法」「積極矯正措施」就能解決，而需要系統性、結構性的改變（彭渰雯，2008）

　　在聯合國的號召下，許多國家均將提升性別平權的機制設在政府最高層級，以期具有影響力。此外，性別主流化的一大特點是規劃了許多政策「工具」，諸如性別統計、性別分析、性別影響評估、性別預算等，引導政府文官納入或運用性別觀點。不過，國際間在性別主流化推動十年之後，就出現許多批評指出其目標不夠明確、過於工具導向與去政治化、過度依賴性別專家而缺乏審議參與等問題（Squires, 2005；黃淑玲，2017）。其後再十年的類似批評也未稍減，甚至認為性別主流化應該停擺，而由其他策略（如「平等主流化」）取代（Brouwers, 2013; van Eerdewijk & Davids, 2014）。

　　當然，一項制度的建立與取代都不是容易的，特別性別主流化是國際婦女運動好不容易爭取到的政治成果，包括聯合國婦女署（UN Women）及歐盟性別平等中心（European Institute for Gender Equality）等主要國際性別組織，迄今仍積極出版有關性別主流化在各政策領域內推動的成果、範例及工具介紹。我國行政院各部會從2006年起全面推動性別主流化實施計畫，並逐步擴大到各縣市政府，以婦權會／性平會為平臺，推動及監督性別主流化各項工具之執行。至於成效與影響如何，則有待進一步評估。

（二）平等、差異與交織性

　　婦運的典範變遷不僅在於對「國家」的認識，也包括對於「女人」和「平等」的主張之轉變（Fraser, 1997）。1960年代末西方第二波婦運延續19世紀第一波婦運爭取投票權的路線，以爭取男女相同的權利為主要目標，一般稱之為平等女性主義（equality feminism）。當時認為「性別有差異」之說，若非為對男女的刻板印象，就是想合理化女性的從屬地位。因此平等派女性主義者力主「平等即相同」，亦即性別差異極小化。

　　1970年代末崛起的差異女性主義（difference feminism），則有非常不同的認知與主張。她們以正面態度詮釋性別差異，有些人強調女性特質優於男性，有些則強調兩性聲音都應被聽見。重點是肯定而非消除性別差異，並認為「陽性中心主義」（androcentrism）才是問題所在。這樣的認識與見解揭露了所謂的「普世公民權」（universal citizenship），其抽象外衣下包覆的其實是一個男性、白種、異性戀、無身體障礙的個體。例如歐肯（Okin, 2004）指出，過往政治學者往往將男性關心或利害相關的議題視為「公共」議題，而將與女性經驗和權益相關事務如性、家務、托育以及家庭生活等劃歸「私」領域，不用受公共檢視或國家干預，但許多「私」領域其實是政治的且充滿公共意涵，需要從女性角度重新界定。

　　然而「差異派」因有過度強化男女二分的本質論傾向，且預設「女性」的共同普遍性，到了1980年代後期也受到批判。李斯特（Lister, 2003）指出了兩股批判力量：一是後結構主義者拒絕本質主義的分類，她們指出所有的差異，包括「男人」與「女人」的分類，都是論述的建構，不應以某種單一化的「女人處境」（womanhood）之建構，來代表不同處境的女人。另一股批判來自黑人、第三世界與女同志婦運者，也是從「反普遍主義」（antiuniversalism）的立場提出質疑。特別是克恩蕭（Crenshaw, 1991）提出「交織性」（intersectionality）的概念來檢視各種分類的內部差異與權力問題後，受到婦女研究領域的高度重視，進而延伸到學術界其他領域。

　　克恩蕭指出過去的認同政治都循著性別、種族、階級等固定分類動員，但每一個類屬內總有兼具多項弱勢類屬的成員，成為不被看見的邊緣者。例如國家給予性暴力受害者的資源，是依照白人女性的經驗與需求所配置，但

黑人女性受害者需要處理的可能不是性侵本身，而是其他更迫切的需求，卻因不符合「標準規格」而被排除。甚至在社運當中，黑人女性要將自己的政治能量拆分給二股不同甚至相互矛盾的抗爭（種族運動與婦女運動），這種經驗是黑人男性和白人女性在抗爭時所不用面對的，因此她用「交織性」來說明與凸顯多重類屬相互作用下的差異處境。

概念辭典

交織性

　　「交織性」（intersectionality）在許多人文社會學科內受到重視，但並未有共同定義，光是在定位上就被稱為理論、典範、觀點、分析策略、概念、方法途徑、變項等不一而足。不過應用「交織性」的研究者多知道到：性別、種族、階級、性慾、年齡、族群、行為能力等類屬和其背後的權力關係，無法被單獨地分析與瞭解，相反地，這些權力關係的交織集結，造成了個人或團體的不平等物質處境和特定經驗（Collins & Chepp, 2013）。

　　柯林斯和雀普（Collins & Chepp, 2013）稱交織性為一種「知識計畫」（knowledge project），並指出這個知識計畫的核心在於對相對性（relationality）和相對過程（relational process）的肯認。各種社會位置往往是從與其他社會位置的相對關係中，得到（或缺乏）意義和權力，而這些位置所催化的世界觀和知識也因而是相對的。因此交織性的分析可以看到邊緣的位置和多元另類的立場／觀點，挑戰各種單一真實／真理的宣稱，也將分析焦點移到各種權力關係之間的流動。

　　那麼關心交織性的人要怎麼著手研究？麥考（McCall, 2005）提出三種研究交織性的途徑，或可作為思考的起點。第一種是以「反分類」角度探討交織複雜性（anticategorical complexity），例如採歷史系譜學或人類學的新民族誌等方法，揭露各種分類的建構過程，以及這些建構造成的劃界、排除與不平等。第二種是在「分類內」探討交織複雜性（intracategorical complexity），不一定反對分類本身，但會從某個被忽視的交織點下的群體或個人（如「女性」中的「少數族裔」），批判並修正既有的分類預設，呈現分類內部的複雜性和不同經驗敘事。第三種則探討「跨分類」複雜性（intercategorical complexity），其關心的不是單一分類內特定次分類的經驗，而是比較多重次分類群體之相對關係和變化，例如不同收入、種族、階級的男性與女性之間的不平等及其演進。因此實證取向的量化多層級、多變項分析法在此可派上用場。

　　「交織性」的框架可兼顧女性主義者對平等與差異的關懷，體現女性主義政治學者班哈比（Benhabib, 1992）所主張的「互動的普世主義」

（interactive universalism）或李斯特（2003）所謂的「差異的普世主義」（differentiated universalism），Kantola與Outshoorn（2007）也強調隨著婦運的分化，包括對於交織性和多元不平等的認識，婦女政策機制需要更加重視多元性，而不是僅顧及某些婦運團體的代表與意見。但關鍵在於我們如何能夠看見交織的存在？因此伊瓦—戴維斯（Yuval-Davis, 1997, 2006）進一步提出「縱橫政治」（transversal politics）的主張，[2]強調水平與垂直的溝通、對話，以此途徑正視各種交織差異，進而建立策略的運動聯盟。

三、議題深探

　　如果以1987年的解嚴為起點，[3]我們可以概略地說，前十年臺灣婦運著重於街頭倡議與國會修法路線的結合，對法令制度之不足進行批判，也與跨黨派立委合作推動法制改革和女性參政。1990年代中期起，婦運人士開始實踐「國家女性主義」，透過「婦權會」的平臺直接與官員對話，並擴大各種參與式機制的建立。以下回顧解嚴後臺灣婦運發展演變，並討論與之攸關的「代表性」課題。

（一）從街頭婦運到「主流化」

　　1987年解嚴之後，臺灣的社會運動進入黃金發展階段，婦運也不例外。有許多婦運團體先後成立，積極進行制度面的改革。其中，法律改革可說是婦運推動性別平等的首要目標，因此透過積極的跨國研究和多元的倡議策略，包括提出修法或立法版本、發動連署、發表宣言、街頭遊行或抗議、開記者會、申請釋憲、拍攝紀錄片或出書等，並與跨黨派的女性立委合作，在

2　「縱橫政治」（transversal politics）又有譯為「橫向政治」或「交織政治」，本文參考林津如（2011）對此一概念的翻譯，以強調在此過程中所需要的垂直與水平的溝通和連結。

3　臺灣婦運研究者一般將1987年解嚴後「婦女新知基金會」的成立，視為組織化婦運的開始。不過，這樣的詮釋除了忽略了日據時代就存在的婦女運動，也完全排除1960、70年代威權體制下，國民黨婦聯會、婦工會等「婦女組織」的角色。唯本文篇幅所限，無法進行歷史回顧，有興趣的讀者可以參考林芳玫（2008）。

圖7-2　婦女參政倡議者、前民進黨婦女部主任彭婉如於1996年11月30日遇害，舉國震驚，婦運界哀戚憤怒。
資料來源：婦女新知基金會提供，林文煌攝。

法律改革上逐步取得重要進展。從《民法》親屬編的夫權父權條款全數修正，到《性侵害犯罪防治法》、《家庭暴力防治法》、《性別工作平等法》、《性別平等教育法》等重要法律的逐一立法，奠定了今日對女性權益保護和促進性別平等的制度基礎，也對其他社會運動團體產生啟發作用（陳昭如，2012；彭渰雯，2012）。

　　除了修法立法之外，推動女性參政也一直是本土婦運的努力重點。由於我國《憲法》原本就有婦女保障名額之規定，但保障比例另以法律訂之，從十分之一到七分之一不等，嚴重落後於政治現實，因此婦團早在1992年就曾呼籲當時的兩大黨，在立委提名時應以「進階性提升辦法」取代10%的婦女保障名額，但不獲理睬（李元貞，2014）。之後婦運團體出身的彭婉如進入民進黨婦展會（後升格為婦女部）擔任執行長，致力於修改黨內公職提名規定，將女性保障名額提高至四分之一。經過兩年多努力，此一修正提案在1996年12月1日民進黨臨時黨代表大會中獲得通過，但彭婉如卻在前一晚失蹤遇害。

　　婦女團體延續彭婉如的努力，在1997年組成「四分之一婦女保障名額入憲」聯盟，數度遊說第五屆修憲國大代表，但最後因政黨鬥爭功敗垂成（李元貞，2014）。之後婦團又拜會第一位女性內政部長葉金鳳，希望「地方制度法」制定時納入四分之一婦女保障名額，獲得葉金鳳的允諾，並且順利於1999年1月三讀立法通過。此一改革確實促成了縣市層級女性參政的「量變」（楊婉瑩，2014），如表7-1所示。鮑桐、莊文忠、林瓊珠（2014）的研究亦指出，適用四分之一婦女保障名額的選區，不僅各政黨提名女性候選人的機會增加，而且這些女性多半具有當選實力，最後的得票結果多半不靠保障名額就高票當選，故配額制度可以說對於女性的參選率和當選率，都有直接影響。

表7-1　婦女保障名額制度修改前後之女性地方民選公職人數比例

屆別 公職 名稱	修法前一屆 （1998）		修法後一屆 （2001/2002）		修法後兩屆 （2005/2006）		縣市升格後 （2009/2010）		最近一次 選舉 （2014）	
	女性／ 總數	女性 比%	女性／ 總數	女性 比%	女性／ 總數	女性 比%	女性／ 總數	女性 比%	女性／ 總數	女性 比%
臺北市議員	17/52	32.7	17/52	32.7	19/52	36.5	21/62	33.9	21/63	33.3
高雄市議員	5/44	11.4	10/44	22.7	16/44	36.4	23/66	34.8	25/66	37.9
直轄市議員*	N/A	--	N/A	--	N/A	--	107/314	34.1	133/375	35.5
各縣市議員	151/891	16.9	196/897	21.9	234/901	26.0	162/592	27.4	145/532	27.3

* 直轄市議員在2010年係指臺北市、新北市、臺中市、臺南市、高雄市之合計，在2014年
則加入桃園市。
資料來源：作者整理自中央選舉委員會網站。

　　而回到立法委員層級，2005年《憲法》第七次增修時，因應立法委員選
舉改為單一選區兩票制與國會席次減半，婦女團體當時即預期區域選舉的女
性參政空間將受到壓縮，因此再度倡議修法，終於《憲法增修條文》第4條
將婦女保障名額之規定修正為「各政黨當選名單中，婦女不得低於二分之
一」。從表7-2可發現，在修憲之後，不僅不分區女性立委比例大幅提升，區
域立委的當選女性也有所提高，因此合計的女性立委比例，明顯有逐屆提升
的趨勢。

表7-2　婦女保障名額制度修改前後之女性立委人數比例（憲法2005年修改前後比較）

屆別 立委性質	第六屆（2004） 女性／全部人數 （女性比例）	第七屆（2008） 女性／全部人數 （女性比例）	第八屆（2012） 女性／全部人數 （女性比例）	第九屆（2016） 女性／全部人數 （女性比例）
區域立委 （含原住民）	34/184 （18.5%）	17/79 （21.5%）	20/79 （25.3%）	25/79 （31.6%）
不分區立委	13/41 （31.7%）	17/34 （50.0%）	18/34 （52.9%）	18/34 （52.9%）
合計	47/225 （20.9%）	34/113 （30.1%）	38/113 （33.6%）	43/113 （38.1%）

資料來源：作者整理自中央選舉委員會網站。

　　不過，「保障名額」雖然是一項快速提升女性參政比例的積極手段，但不論在臺灣或全世界，也都出現此一手段是否確實有助於性別平等的質疑和爭議。臺灣婦運界對於「保障名額」的思考，也認為需要與時俱進，改以「性別比例原則」的訴求來取代（黃長玲，2001，頁71）。「性別比例」的新框架在一定程度上可以化解外界對於女性特權的質疑。在後來行政院推動性別主流化的各項措施當中，都採用這個新的框架，各部會的委員會之組成應符合三分之一性別比例原則，且確實有些原本女性委員較多的委員會，反而確保了男性的參與比例。

　　前述立委和縣市議員女性比例的逐屆攀升，讓臺灣的女性參政表現在全球居於領先。此外，臺灣在2016年選出第一位女性總統蔡英文，亦可說是女性參政最具象徵意義的進展。但婦女團體在蔡英文當選兩年後即召開記者會抨擊其內閣女性比例過低，且對於同志婚姻和照顧公共化等政見打折變調。針對臺灣女性立委的經驗研究也發現，她們的參政仍常需具備血緣、地緣和「男性不在場」（沒有更適合的男性）等結構性條件（姜貞吟，2011），備位色彩依舊濃厚。這些演變說明了女性參政的量變不一定帶來政治文化的質變，也不必然代表「女性主義者」參政。

　　部分婦運者很早就有此認知，因此在1994年即投入臺北市長陳水扁的輔選團隊，選擇直接與執政者合作，揭示了「國家女性主義」的開始（林芳玫，2008）。國家女性主義路線意味著婦運者親身進入體制，與國家（文官）合作，而非透過代議士修法或協調。1994年陳水扁當選市長後，於1996年1月成立的「臺北市婦女權益促進委員會」（後改名為「臺北市女性權益促進委員會」，就是我國第一個「婦女政策機制」。彭婉如遇害後，行政院與高雄市隨即在1997年相繼成立婦權會來回應民怨。其他各縣市的婦權會也都在「婦女政策機制」納入社會福利管考後，於數年內完成設立。因此，臺灣的國家女性主義之緣起，可說是鑲嵌於民主化歷程的政黨認同與政黨競爭脈絡中。

　　不過，國家女性主義的進展與政治機會結構、首長態度和婦運者進入體制蹲點衝撞的策略，都有很大關係（黃淑玲、伍維婷，2016）。以行政院婦權會為例，雖在1997年成立，但直到2000年中央政黨輪替後、第三屆聘任的

民間委員從前屆的9位增為18位，且許多是出身民間、互有默契的婦女團體領袖，才開始積極運作（杜文苓、彭渰雯，2008）。2002年行政院長游錫堃上任後，建立婦權會三層級、五小組的分工制度，讓婦權會議事更為建制化。在這樣的脈絡下，婦權會委員進而與民間團體、性別學者甚至婦運者出身的立委、政務官、考試委員協力，先後促成了2006年行政院各部會展開性別主流化實施計畫、2011年性別平等政策綱領頒布實施且《消除對婦女一切形式歧視公約（CEDAW）施行法》三讀通過、2012年行政院性別平等處掛牌運作等重要里程（李元貞，2014；黃淑玲、伍維婷，2016；楊婉瑩，2014），為國家女性主義路線奠定了更多制度基礎。

這其中，應屬「性別主流化」的推動對中央各部會的影響最大。臺灣並非聯合國成員國，因此在1990年代起婦運人士雖已開始強調性別觀點對整體社會發展的重要，但「性別主流化」的詞彙本身尚屬少見。直到2003年以後，隨著行政院婦權會委員的施壓和婦運團體的遊說，以及政府「與國際接軌」的政治熱忱（林芳玫，2008），行政院決定大力推動性別主流化（彭渰雯，2008）。從2006年迄今，各部會每四年要提出一期「性別主流化實施計畫」、所有中長程計畫和法規修改要經過「性別影響評估」、各委員會之組成要符合三分之一性別比例原則、以及所有員工需定期接受各類型性別意識培力等規定，都有很高的達成率。

但是性別主流化或國家女性主義的各項創制，究竟達成了多少促進性別平等的效果，則是一項不易回答的問題。林芳玫（2008）懷疑性別主流化和CEDAW因挾著聯合國的光環而受到過度重視，排擠了其他重要政策議題，且其由上而下的菁英取向，是否讓婦女運動失去基層活力，也令人擔憂。不過黃淑玲與伍維婷（2016）則認為婦權會／性平會的民間委員在體制內與公務員搏感情、建立新的社會資本，是另一形式的衝撞與倡議，其促進改變的潛力不亞於街頭運動。關於性別主流化的這些擔憂與反思不僅在臺灣，也在世界各國上演，但可以確定的是，婦女運動並未消失或降溫，而只是在不同的場域內耕耘努力（Walby, 2011）。

（二）婦運體制化後的「代表性」課題

不論是針對生理女性或是女性主義者的參政，「代表性」（representation）都是一個核心課題。最常見的提問就是：到底是女性參政人數的「描述代表性」（descriptive representation）比較重要，還是攸關女性權益的「實質代表性」（substantive representation）比較重要？對多數女性主義者而言，這兩者都是檢驗性別平等程度的重要指標。但一般外界對於「描述代表性」的重要性經常給予較多質疑。最常聽到被用來貶抑「描述代表性」的論點，就是「不一定要生理女性，才能為女性福利代言」，「女性也不一定具有女性意識」，或是「看能力不看性別」。

對於這類反對意見，菲莉普絲（Phillips, 1995）早已提出有力的回應。她延續女性主義者對差異政治的強調，指出多數人在主張「差異的民主」時，經常只是指「意見」的差異（她稱之為「意見的政治」，politics of ideas），這就是傳統政治學對於代議民主的理解──只重視不同的意見主張都有獲得代言的機會，而不重視「誰」作為代言者。但菲莉普絲認為以這樣的角度來檢視差異是否遭到排除（exclusion），是過於狹隘的。如果一個議會內絕大多數都是白種、有錢、異性戀的男性擔任民意代表，由這群社會位置與生命經驗非常類似的人，來為其他各種不同經驗與地位的人「代言」，難道這還不構成排除？

菲莉普絲認為「在場的政治」（politics of presence）應受重視，亦即在體制內被代表（represented）的「差異」不只是意見的差異，還應包括「經驗」和「認同」的差異。就後面這個部分而言，男人不能代表女人，白人不能代表黑人或其他人種，異性戀自然也不可能代表同性戀。「描述代表性」本身即是應當追求的目的，而不必作為達成「實質代表性」的手段而存在。菲莉普絲一向以捍衛「保障名額」等積極矯正措施（affirmative action）著稱，她強調除了意見之外，其他各種在社會上有意義的特徵（characteristics）也都應納入代表的考量，才有可能建構一個更為公平的代議民主。

這樣的主張，確實是對於我們在代議體制內體現差異政治的重要提醒，儘管在實務上，可能有很多人會提出技術面的質疑，例如要分配多少席次給女人、同志、老人、勞工、外勞等等。且若從「交織性」的框架進一步追

問，就會發現這樣的分類是無止境的——即使是「女人」，也還可能因為年齡、種族、階級、婚姻狀況等各種屬性而有不同的經驗與認同。然而，菲莉普絲的論點至少提供了我們追求「描述代表性」一個有力的基礎。

不過在性別與政治研究中，「描述代表性」在哪些條件下可以促成「實質代表性」的實現，仍是一個令人好奇且期待的提問。在過去，最能夠連結兩者的概念就是桃樂普（Dahlerup, 1988）所提的「關鍵多數」（critical mass），也就是女性參政比例到達一個臨界數量（如30%）之後，政治行為、文化和政策就會產生質變。然而，這樣的因果預設早已被指為過於簡化，經驗研究結果也不一定支持量變就會造成質變。另一方面，也有研究發現即使女性人數不到「關鍵多數」，也可能在其他條件支持下造成政治議程的轉化。

因此，越來越多的研究者轉而研究「關鍵行動者」（critical actors），也就是那些以個人或集體的行動，促使政策變得更為性別友善的行動者。她／他們可能是民選政治人物，可能是參與婦女政策機制的民間委員或女性主義官僚，也可能是街頭婦運者或是政黨工作者。這些關鍵行動者為何、如何推動各種具有婦權實質代表性的關鍵行動（critical acts）？在哪些條件與脈絡之下，這些關鍵行動可以成功？這些都是真正瞭解父權政治與政策如何轉化的研究方向（Celis & Childs, 2008）。

另一方面，在交織性的提醒下，我們訴求的「實質代表性」究竟是代表了誰，也是一個核心且可能爭議的問題（Celis & Childs, 2008）。例如通姦除罪、性交易、代理孕母等婦團之間意見分歧甚至直接對立的議題，哪一方的意見獲得決策發言權？代表的是哪一類「女性」的利益或價值（彭渰雯，2012）？又即使婦團意見並無衝突，哪些女性的利益最容易被看見、被代言？或是進一步追問：哪些婦團最有機會進入決策機制？哪些論述最容易被主流接受？又有哪些邊緣交織下的經驗需求總被忽視或排除（林津如，2011）？這些提問攸關前一節提到的差異政治與交織性挑戰，經常非常棘手。

就此，我們或可延續前一節曾提到的伊瓦—戴維斯（Nira Yuval-Davis, 1997, 2006）之「縱橫政治」主張，嘗試從對話審議找到回應的出路。伊瓦—

戴維斯指出縱橫政治的三個
基本認識：一、強調對話的
立場論，認知所有立場都是
局部的，因此從不同立場看
世界，才可能有較完備的知
識；二、強調「圍繞」的原
則，差異被肯認是重要的，
但包圍著所有差異的，是更
廣泛對「平等」的承諾；
三、區分位置、認同與價值

圖7-3　女性參政的量變是否有潛力轉化政治文化
造成質變，也是一個值得觀察的課題。
資料來源：亞魯‧慈（繪）。

的不同組合，自我認同為A的人，可能被配置在B位置，擁有C價值。換言之，個人的認同、位置、與價值觀並非僵固不變，而有可能透過更深的對話與理解有所改變，進而形成連結。

　　因此縱橫政治的主張，其實與今日審議式民主的趨勢是一致的，其不僅要求更寬廣且涵容（inclusive）的參與，也需要更為平等且具有相互性的對話（Squires, 2007）。雖然女性主義者對於審議民主的某些理性預設與實踐過程的權力關係仍有批判與保留，但基本上仍支持溝通審議的價值（Young, 2000；黃競涓，2008），這也意味著婦運的未來與民主政治的理論與實踐，都應有更密切的連結（Walby, 2011）。

問題討論7-1

　　本文開頭提到了女總統任內女性閣員比例卻過低的現象，對此可以如何從「在場政治」和「意見政治」的角度來分析？對於婦運團體屢次抨擊此一現象卻仍無法改變，您有什麼建議？

🔍 **問題討論7-2**

　　2018年7月1日年金新制上路後，考試院公布施行細則，以後離婚的公務人員，若結婚超過2年，前配偶可依兩人婚姻存續時間，按比例要求分配一半的退休金。

　　請找出此一新聞的完整訊息，並討論婦女團體爭取此一分配退休金的制度，是「代表」了哪些婦女的經驗、利益或價值？再請從「交織性」的角度，思考有哪些「婦女」的經驗與價值，可能受到排除？

　　假設您是婦女團體幹部，遇到利益被排除的婦女之抗議，試討論貴團體現在要如何回應這些抗議？

四、結語

　　本文鎖定狹義的政治領域，回顧婦運為了追求性別平等，在「策略」與「目標」上的演變。在策略上，臺灣和歐美國家的婦運雖有不同發展脈絡，但都從與國家對抗的角色轉為協力、合作，積極進行體制內的改革，包括女性參政與國家女性主義的推動。因篇幅所限，本文未能進一步討論在新公共管理的趨勢下，許多婦運團體成為承包政府計畫的「執行者」，看似有更多機會落實婦運關懷與理念，但也可能受到官僚體系管理主義與績效考核的控制（彭渰雯、林依依、楊和縉，2018），而漸離改革初衷或失去街頭戰力（林芳玫，2008）。因此，國家女性主義的路線未來是否、如何能夠克服官僚體系挑戰、持續推動「小贏」（small wins）（黃淑玲，2017），以及如何讓女性主義改革不僅存在於法令政策，而能真正影響文化傳統與系統思維，都是需要持續觀察與行動的方向。

　　而在目標層次，本文回顧了差異政治與交織性的概念，並且從縱橫政治的角度提醒婦運應當反思倡議與實踐的目標內容，究竟「代表」了誰的經驗、價值與利益？這個面向的女性主義提問，與今日民主政治對於差異與平

等的關懷是一致的，而審議式民主則是目前民主政治理論與實務工作者努力嘗試中的出路。婦運是否、如何能夠透過更多審議式對話的創新實踐，讓運動目標更能經得起交織性與實質代表性的檢驗，也需要更多的反思與努力。

參考
文獻

中文文獻

- 李元貞（2014）。眾女成城：台灣婦運回憶錄（上、下）。臺北：女書文化。

- 杜文苓、彭渰雯（2008）。社運團體的體制內參與：以環評會與婦權會為例。臺灣民主季刊，5(1)，119-48。

- 林芳玫（2008）。政府與婦女團體的關係及其轉變。國家與社會，5，159-203。

- 林津如（2011）。女性主義縱橫政治及其實踐：以台灣邊緣同志為例。載於游素玲（編），跨國女性研究導讀（2版）（頁17-48）。臺北：五南。

- 姜貞吟（2011）。男性不在場：台灣女性參政的性別階序格局。台灣社會研究季刊，82，179-240。

- 陳昭如（2012）。改寫男人的憲法：從平等條款、婦女憲章到釋憲運動的婦女憲法動員。政治科學論叢，52，43-88。

- 陳昭如（2014）。還是不平等：婦運修法改造父權家庭的困境與未竟之頁。載於陳瑤華（編），台灣婦女處境白皮書：2014年（頁77-116）。臺北：女書文化。

- 黃長玲（2001）。從婦女保障名額到性別比例原則—— 兩性共治的理論與實踐。問題與研究，40(3)，69-81。

- 黃淑玲、伍維婷（2016）。當婦運衝撞國家：婦權會推動性別主流化的合縱連橫策略。臺灣社會學刊，32，1-55。

- 黃淑玲（2017）。導論：臺灣與全球的性別主流化之路——不／寧靜革命與公務挑戰。載於黃淑玲（編），性別主流化：臺灣經驗與國際比較（頁1-10）。臺北：五南。

- 黃競涓（2008）。女性主義對審議式民主之支持與批判。臺灣民主季刊，5(3)，33-69。

- 彭渰雯（2008）。當官僚遇上婦運：臺灣推動性別主流化的經驗初探。東吳政治學報，26(4)，1-58。

- 彭渰雯（2012）。解嚴後臺灣婦女運動回顧與展望。第三部門學刊，18，15-31。

- 彭渰雯、林依依、楊和縉（2018）。協力決策後的績效弔詭：以性別影響評估和生態檢核表為例。公共行政學報，54，41-78。

- 楊婉瑩（2014）。鑿洞取光或是拆除高牆？載於陳瑤華（編），台灣婦女處境白皮書：2014年（頁117-170）。臺北：女書文化。

- 鮑彤、莊文忠、林瓊珠（2014）。從四分之一到三分之一？婦女保障席次的選舉效應評估。東吳政治學報，32(1)，99-141。

- 顧燕翎（主編）（2018）。女性主義理論與流派（3版）。臺北：貓頭鷹。

英文文獻

- Benhabib, S. (1992). *Situating the self: Gender, community and postmodernism in contemporary ethics*. New York: Routledge.

- Brouwers, H. M. (2013). *Revisiting gender mainstreaming in international development. Goodbye to an illusionary strategy*. ISS Working Papers-General Series 556, International Institute of Social Studies of Erasmus University Rotterdam, The Hague.

- Bustelo, M. (2014). Three decades of state feminism and gender equality policies in multi-governed Spain. *Sex Roles, 72*(3), 107-20.

- Celis, K., & Childs, S. L. (2008). Introduction: The descriptive and substantive representation of women: New directions. *Parliamentary Affairs*, 61(3), 419-425.

- Crenshaw, K. (1991). Mapping the margins: Intersectionality, identity politics, and violence against women of color. *Stanford Law Review, 43*(6), 1241-1299.

- Collins, P. H., & Chepp, V. (2013). Intersectionality. In G. Waylen, K. Celis, J. Kantola, & S. L. Weldon (Eds.), *The Oxford handbook of gender and politics* (pp. 57-87). New York: Oxford University Press.

- Dahlerup, D. (1988). From a small to a large minority: Women in Skandinavian politics. *Scandinavian Political Studies, 11*(4), 275-298.

- Fraser, N. (1997). *Justice interruptus: Critical reflections on the "postsocialist" condition.* New York: Routledge.

- Kantola, J., & Outshoorm, J. (2007). Changing state feminism. In J. Outshoorm, & J. Kantola (Eds.), *Changing state feminism* (pp.1-19). New York: Palgrave Macmillan.

- Lister, R. (2003). *Citizenship: Feminist perspectives.* New York: New York University Press.

- Lovenduski, J. (2005). Introduction: State feminism and the political representation of women. In J. Lovenduski (Ed.), *State feminism and political representation* (pp.1-19). Cambridge, UK: Cambridge University Press.

- McBride, D., & Mazur, A. (2013). Women's policy agencies and state feminism. In G. Waylen, K. Celis, J. Kantola, & L. Weldon (Eds.), *The Oxford handbook on gender and politics* (pp. 654-678). Oxford: Oxford University Press.

- McCall, L. (2005). The complexicities of intersectionality. *Signs, 30*(3), 1771-1800.

- MacKinnon, C. A. (1989). *Toward a feminist theory of the state.* Cambridge: Harvard University Press.

- Millett, K. (1970/2000). *Sexual politics.* Urbana and Chicago, IL: University of Illinois Press.

- Okin, S. M. (2004). The public/private dichotomy. In C. Farrelly (Ed.), *Contemporary political theory* (pp. 185-94). London: Sage.

- Phillips, A. (1995). *The politics of presence.* Oxford: Clarendon Press.

- Squires, J. (2005). Is mainstreaming transformative? Theorizing mainstreaming in the context of diversity and deliberation. *Social Politics, 12*(3), 366-388.

- Squires, J. (2007). The new politics of gender equality. Houndsmills, Basingstoke: Palgrave.

- van Eerdewijk, A., & Davids, T. (2014). Escaping the mythical beast: Gender mainstreaming reconceptualised. *Journal of International Development, 26*(3), 303-316.

- Walby, S. (2011). *The future of feminism*. Cambridge, UK: Polity Press.

- Watson, S. (1992). Femocratic feminisms. In M. Savage, & A. Witz (Eds.), *Gender and Bureaucracy* (pp. 186-204). Oxford: Blackwell.

- Witz, A., & Savage, M. (1992). The gender of organizations. In M. Savage, & A. Witz (Eds.), *Gender and bureaucracy* (pp. 3-61). Oxford: Blackwell.

- Young, I. M. (2000). *Inclusion and democracy*. New York: Oxford University Press.

- Yuval-Davis, N. (1997). *Gender and nation*. London: Sage Publications.

- Yuval-Davis, N. (2006). Intersectionality and feminist politics. *European Journal of Women Studies, 13*(3), 193-210.

第 **8** 章

女性主義如何介入法律？

王曉丹

宋靈珊

現象
發想

　　世界女網天后小威廉斯（Serena Jameka William）創造首例產後復出，打入美網冠軍賽，她在比賽時被裁判認定違反規定與教練交流，被罰警告的處分，之後被罰一局。小威廉斯當場飆罵裁判是「賊」，她指出男網選手就不會受此待遇，抗議裁判性別歧視。事後裁判界與網球協會支持裁判的裁罰，而選手界則紛紛支持小威廉斯，尤其有人指出女網選手長期以來受到不平等的對待。另有人卻因此擔心以後裁判不敢對女性裁罰，請問妳贊成此種說法嗎？妳支持小威廉斯的抗議行動嗎？根據此事，澳洲插畫家奈特（Mark Knight）刊登在澳洲《前鋒太陽報》（*Herald Sun*）的諷刺插畫，描繪魁梧壯碩的小威廉斯憤怒地在壞掉的網球拍上跳個不停，引來外界質疑與批評。該插畫又是如何描繪小威廉斯的自我與主體呢？

一、前言

　　臺灣從1990年代以來通過了一系列與性別相關的法律與政策，其中婦女運動的論述、眾多機構的服務、民眾思維與實踐的改變，都豐富了性別研究思考的養分。我們努力進行**法理辯論**，開闢與征戰艱難的法律戰場，而這樣介入的效果，受到何種反制？我們期待**司法**有所作為，給予受性別壓迫者有利判決，但是它是否可以看見性別化的社會處境，介入性別不平等結構對個人的負面影響？當我們在**日常生活**面臨性別不公，性別相關法律的介入，對性別關係產生何種作用？這些都是女性主義法學介入法律的性別向度。

---

* 作者感謝二位主編黃淑玲、游美惠、二位審閱人陳宜倩、官曉薇，提供本文初稿修改、潤飾的具體意見。

二、理論與概念

女性主義法學在西方發展出豐富的樣貌，於臺灣亦結合理論與實務而有所進展。本文將此分為「平等與宰制」以及「自我與主體」二個主要分項展開論述，前者重視的是批判法律內部的性別意識形態，以及如何透過法律以改變父權的宰制；後者著墨於女性自我於法律中的再現，以及法律建構女性主體、改變父權文化的可能。

（一）平等與宰制

「平等與宰制」的理論以法律改革為焦點，致力於法律的制定、修正與實務運作，以達到改變父權體制的目標。儘管此分項內部有所爭論，但是不論是強調法律形式平等的「等者等之，不等者不等之」，或者是強調法律應拆解父權體制的全面性壓迫以促進實質平等，都是把法律視為工具，希望利用法律的國家力量，翻轉父權的宰制。傳統分類上自由主義與基進主義的女性主義法學屬於此分項，許多法律改革以及相關的婦女運動，都以「平等與宰制」的理論作為思想上的主要養分，企圖通過一系列婦女運動實踐法律上的性別平等權，並以外部力量規範社會內部行為，促進對女性的公平對待（陳昭如，2013）。宰制理論主張父權對女性的結構性壓迫，因此特別能夠挖掘傳統法學忽視的性別議題，讓原先不受重視的結構性議題，如性別工作平等、家庭暴力、性侵害、性工作等，得以透過性別觀點重新梳理法律。

圖8-1 法律的性別向度，挺立在蒼白的空間中，正在奮力向上。
資料來源：李宛澍（繪）。

以性別工作平等權為例，《性別工作平等法》旨在保障性別平等，但當女性在職場中受到性別歧視時，要想透過司法得到正義的判決通常十分困難。擔任臺灣科技大學副校長的陳金蓮女士於2006年參選宜蘭大學校長，面試時遭到遴選委員質詢，「妳先生住在哪裡？」「你到宜蘭來，你的家庭怎麼辦？」此類不會問男性候選人的問題；而關涉「如何治理學校」等專業問題時，卻有委員直接表示「女性候選人在募款方面比較吃虧」。她對教育部及該委員提起告訴主張性別歧視，一審雖然勝訴，[1]但勝訴判決書的論證卻缺乏性別結構層面的理解，例如，此判決並未考慮行為當時的遴選委員與候選人之間的權力關係、並未討論漠視與孤立可能造成的歧視、並未論證強化女性的依賴性是否構成歧視、以及損害的認定並未包括女性成就被忽略所造成的結果等（王曉丹，2009）。

這個案件後來被告上訴，最終原告敗訴確定。整體而言，性別歧視的案件仍然零星可數，法律的權利似乎難以實現，司法甚至強化了女性在職場中結構上的不平等處境。從自由主義平等論的角度批判，臺灣129所大學中，女性校長僅17位，勉強逾10%，該比例甚至還低於大法官中的女性比例（現任15位大法官中有4位女性）。從基進主義宰制論的角度批判，性別比例只是打破男性壟斷的第一步，如果不打破特定組織文化的固有結構，例如對女性的刻板印象，男性主導的權力體系仍會危急女性工作平等權的實現（陳竹上、官曉薇，2018）。其中育嬰假的落實狀況中，男性申請育嬰假的比例遠不如女性（李庭欣、王舒芸，2013），雇主會因為女性可能因生育而請假或離職而採取不歡迎的態度（陳宜倩，2015），性別工作平等權利在性別化社會中的實現，依然複製著男女傳統角色（男主外、女主內）的分工。

（二）自我與主體

　　「自我與主體」的理論旨在探索女性自我與發展女性主體，從而開發出多元的批判觀點，以及翻轉性別的法律實踐。首先，法律對女性的預設往往

1　此案一審為臺北地方法院96年訴字7313號判決，之後被告上訴，二審判決結果發生了逆轉，因為程序的理由改判陳金蓮敗訴。後來陳金蓮轉到行政法院提起訴訟，最終她更一審的敗訴判決由最高行政法院確定。

是男性的對立面，在男性／女性、文明／自然、強勢／弱勢的組合中，女性特質往往被負面化、弱者化。「自我與主體」的概念致力於重新定義女性特質，企圖瓦解女性在傳統文化中的附屬地位，肯定女性價值之後，重塑法律的功能與意義，例如關懷、自我犧牲等價值與概念應該重新被整合入法律體系（Sustein, 1988），而女性之性／欲特質（female sexuality）的正面意義亦可以重新理論化法律中界定性行為合法與否的「同意」概念（Franke, 2009）。從後現代理論的視角出發，性別（gender）作為一種文化建構，與生理性別（sex）無必然聯繫，更非固定不變（Butler, 1999），因此，「自我與主體」的理論著眼於日常生活的性別化實踐，企圖洞見女性的「關係性自我」，在社會刻板印象與自我選擇間的左支右絀、被迫自我消音、甚至自我譴責的現象；同時，藉由分析心理結構與文化資源，得以揭露藏身於知識體系的支配關係，在開展法律對女性的意義建構之後，提出法律與主體能動性（agency）的討論（陳宜倩，2008；王曉丹，2017）。

以法律漏接與誘姦／強暴被害人的自我為例。2017年林奕含自殺事件震驚了臺灣社會，面對顯而易見的誘姦／強暴之事實，檢方最後以證據不足做出了不起訴處分。檢方調查以形式審查為標準，認定性行為發生時已無師生關係，且補習班老師無成績評鑑之權力，最後檢察官認定不成立權勢性交，其理由的基礎是形式而非實質的判斷。不起訴處分或許是預期之內的事，但是其中缺乏性別意識的論證卻猶如一個強而有力的符號，預告了將來許多類似事件，法律的必然漏接，以及誘姦／強暴被害人自我的孤軍奮戰、慘烈悲壯（王曉丹，2017）。

檢方的不起訴處分書將誘姦／強暴合理化為不存在權力控

概念辭典

關係性自我（relational self）

關係性自我（relational self）質疑一般法律理論中對法律主體（legal subject）的預設，主張個體並非自由、獨立，而是必須在人際關係中互相依存、互相保護。因此，人際互動非常重要，不是因為人生活在群體中，或者人的利益透過關係而形成，而是因為個體本身就是透過關係而建構與發展，從父母、朋友、親密關係，一直到學校、職場、機構、公民國家與全球經濟關係等，都構成了個體的一部分（Nedelsky, 2011）。女性主義法學關心的許多議題，都是立基於關係性自我，從而發展女性主義的批判與實踐。

制的「合理戀情」，這再次強化父權社會對遭遇此處境女學生的設定——不是見不得人難以啟齒的事情，就是個人自由該自行負責的選擇。此種道德淪喪與獨立自我的二元對立判斷架構，讓遭受到此處境的女學生進退兩難，正如《房思琪的初戀樂園》這本小說的情節，女學生的自尊正是行為者最好的保護傘，也可能是當初該女學生被挑選的重要原因。誘姦／強暴行為中的被害人為了給自我一個相對合理的說法，最後竟得出必須「愛上老師」的結論，此時，孤軍奮戰的房思琪把自己放到最世俗的保護架構之下，以為愛上老師就可以抹掉身上的傷口，在虛構的浪漫愛情下，展開全新的未來（王曉丹，2017）。女性主義法學除了關注改變體制上不合理的相關法律，打破結構上的強暴迷思之外，必須研究此類案件中被害人在暴力、權力脅迫下的自我，致力於發展女性主體論述，因為唯有介入自我在關係中的追求與堅持此一誘姦／強暴問題的核心，女性主義實踐才有可能承接一個個向下墜落的被害人（王曉丹，2017）。

　　法律已然成為性別實踐的重要場域（Chunn & Lacombe, 2000），女性主義法學除了聚焦於發展建構性別正義的行動準則之外，主要目標在於從學理上發展女性主義的法律理論（Conaghan, 2002）以及從後殖民的角度開展法律、政治與女性主義的學理與實踐（Kapur, 2005）。雖然在某些議題例如性／欲特質（sexuality）中，由於牽涉其他複雜、衝突而無法消解的對立，女性主義無法充分反映同志以及其他社群的利益（Halley, 2008），但是法律在司法、立法與日常生活，仍然扮演重要角色，需要女性主義法學的介入。簡言之，立法過程需要更多女性主義思維的辯論，司法過程再現了性別體制，而法律在日常生活中，作為知識與意義生產的重要空間（Naffine, 2002; Munro, 2007），促使女性主義法學進行更多反思。下文將在法理辯論、具體的法律操作、以及法律日常建構的脈絡中，發展法理辯論的性別視角、探討司法實務的性別盲、以及論述法律對性別關係的作用等議題，從而呈現女性主義法學如何導向新的反省與性別實踐。

問題討論 8-1

　　請閱讀林奕含的小說《房思琪的初戀樂園》（2017），找出關於被害人「自我」的描述，說明房思琪如何努力成為有尊嚴的人，而這為何又是使得她陷入困境的重要原因。並請思考以下的問題：相關法律論述的概念、邏輯與論證，是否足以扭轉被害人自我的困境，並說明其中的原因，以及改變可能。

三、議題深探

（一）女性主義法理辯論：內部與外部的挑戰

　　法律場域不只是司法，還包括立法、行政、及其他民主參與（例如公投、公民會議）等。在司法之外的其他法律場域，性別運動可以採用多元的動員方式，以促進性別正義，包括：運用社會生活個案引發關注、諮詢國內外專家學者的意見展開論述、以集體的方式促成遊說、動員等。在社會溝通的過程，為了獲得大眾的認同與行動支持，必然要找到得以打動人心、符合人們生活追求、文化基本價值的言語及活動內容，也就是要經歷一個在地化、接地氣的社會過程。這場說服社會大眾的競爭需要政治機會結構，也牽涉社會、組織與文化等意識動員的可能，意義的爭奪在這些限制之下，已經必須有所妥協或調整，再加上反制運動或既有性別意識形態的抵銷，都形塑了女性主義運動的法律戰場。本節透過對同性婚姻、性別平等教育、性工作與《人工生殖法》等議題，說明女性主義法學如何發展法理辯論的性別視角。

1.　同性婚姻與性別平等教育的意義爭奪

　　關於同性婚姻的議題，同志運動的倡議論述始終找不到翻轉異性戀體制的有效方法，這種情況在2017年有了轉變。祁家威與臺北市政府針對《民法》親屬編規定婚姻應由一夫一妻所組成，提起大法官會議解釋。為此大法

官召開憲法法庭進行正反辯論，大法官釋字第748號解釋宣告《民法》的相關規定違憲，理由書提及「性傾向」作為分類基礎，並確認了婚姻權的概念，同志運動取得了重要的成果。然而，同性婚姻的意義並非就此取得共識，反對意見經常論及大法官內部的兩票不同意見，提到同性婚姻違背了婚姻作為制度存在本身的意義，也就是繁衍後代、維繫社會運作。釋字第748號解釋雖然被看作同志運動的勝利，女性主義法學對於是否挑戰了既有的異性戀霸權體制，仍帶有保留的看法，這包括：釋憲之後行政機關同樣拒絕同志的婚姻登記申請，並未產生實質的改變；《民法》親屬編規定違憲的解釋看似挑戰了異性戀霸權，但是並未真正打破法律獨尊異性婚姻之作法，實現法律的性別中立（陳宜倩，2017）；該解釋採取「等者等之」的「形式平等」審查標準，看似保障同性婚姻權，實質依然強化了異性婚姻的常規性（陳昭如，2017）。

　　同志運動除了在司法解釋取得勝利之外，在《性別平等教育法》的架構下，各級政府與各級學校性平會成為依法的運動場域，從上到下進行性別平等的倡議與推廣，2011年《性別平等教育法》新增了「性別認同、性別特質」，與既有的「性別、性傾向」並行存在，在立法上實現納入多元性別的主張。然而，反制運動（以真愛聯盟、性別教育發展協會、護家盟為代表）在這些法律戰場採取游擊、組織滲透、結合家庭傳統價值的方式，召喚社會的危機意識，他們藉由家長團體的身分，以政治力介入成為地方政府性平會委員，在性平會議中與其他委員爭奪性別平等的詮釋權。反制運動宣稱支持性別平等，但反對性別平等的意義走向多元情慾、多元家庭、多元婚姻，尤其對於異性戀霸權這五個字，充滿反感。反對運動不只阻止在國中小學的性別平等教育課程中增設關於同志的議題，在2018年以《公投法》為反制運動的重要場域，提起了三個公投案，其中第三題為反對同志教育進入教育現場，並以此為中心造勢以便進行廣泛的社會遊說。

　　上述反制運動的行動方案，成功進入了原本同志運動的法律場域，搶奪性別平等意義的話語權。反制運動雖然改寫性別平等的意義，並且全面反撲宰制或霸權的用語，但是這並非全然負面，各種傳統意識形態的現形，或可協助同志運動進一步集結與發展（陳昭如，2014）。事實上，同志運動在反

制運動的對抗下，對內為了讓所有人都有發聲管道，已經發展出不同立場的多元團體，對外為了獲得社會不同層次的認同，也拓展了性別平等與同志議題的多元論述，同志運動甚至給予參與者一個新的話語主體以及生活模式，讓參與者在團體中得以建構友善的社會關係。可見，法律場域的功能不只是價值辯論與平等意義的爭奪，也是一個創新社會組織與人際網絡的實驗，挑戰了根深蒂固的父權在地文化。

2. 性工作與代理孕母的爭論

　　法理辯論的意義爭奪不只發生在同志運動與反制運動之間，也存在於女性主義的內部陣營之內，這同時也拉開了女性主義對於女性自我與主體的不同想像。關於性工作合法化問題之探討，女性主義法學內部有不同看法，有的認為性工作是過去父權階級下弱化女性的不平等表現，基於對女性權益的保護，應反對性工作（MacKinnon, 1991）；亦有學者認為，性工作的歧視問題並非在於物化女性，而在於性交易是否出自女性之自主意願（Pheterson, 1989）。這反映出對於從娼女性的不同想像與判斷，前者關注較多結構面底層女性被迫進入性產業，其自主意願受到壓迫與宰制；後者更願意強調個體在環境下的抵抗，試圖改進對娼妓身體勞動的剝削。正是由於女性主義內部的不同立場，為性工作者爭取權益保障之道路更為艱辛。

　　女性主義對於代理孕母的觀點亦呈現出兩方對立，反對的觀點基於「工具說」和「父權陰謀說」認為此項產業嚴重物化了女性，深化了父權社會的傳宗接代理念（胡幼慧，1997）；支持的觀點認為代理孕母體現了女性主義生命倫理觀念下的生育自主（林昀嫻，2010），從本質上鬆動了女性與母職的聯繫，原本屬於私領域的生育問題可以在公共話語下實現身體自主權（何春蕤，1999）。兩方對立的觀點大致而言，前者比較傾向於「平等與宰制」的理論，從自由意志或壓迫性結構切入；後者則較為著重「自我與主體」的理論，聚焦於自我反思與主體能動的可能。

　　女性主義必然要介入關於女性身體與女性生育的概念與實踐，避免社會論述與產業鏈結傷害或剝削女性，同時又要保障個別女性的想望及利益，關於如何跨越內部不同立場而找到最佳實踐方案，尚待女性主義陣營內部持續

的性別辯論與價值整合。《人工生殖法》立法過程除了要整合不同立場之女性主義論述之外，人工生殖技術合法化亦牽涉不孕夫妻的生育權、醫療專業倫理、代理孕母身體權、醫療產業供需發展、以及父母子女家庭倫理關係的建構等議題，需要更多不同層面法律、倫理與政策的考量，在此議題上女性主義法學的介入將面臨艱困的難題。

（二）司法實務性別盲：難以撼動的鐵板

檢視性別相關的法律，整體而言堪稱完備，包括：婚姻家庭的立法（如《民法》親屬編的修正、《家庭暴力防治法》）、性侵害的法律規制（如《刑法》妨害性自主罪章的修訂、《性侵害犯罪防治法》、《性騷擾防治法》）以及平等的受教育權和工作權等立法（如《性別平等教育法》、《性別工作平等法》）。然而，「書本中的法律」（law in books）並不等於「行動中的法律」（law in action），法律並不必然帶來司法實務的性別正義。本節從婚姻暴力與性侵害的議題，討論司法實務的性別盲，這包括：法律要求中立性但卻發展出性別不中立的判斷標準，司法看不見受暴婦女的真實處境；法律要求讓當事者充分陳述，但是性侵害審判實務卻讓被害人失語。

1. 司法看不見受暴婦女的處境

婚姻受暴婦女雖然可依據《家庭暴力防治法》向法院聲請民事保護令，但法院要求受暴婦女負擔舉證之證明責任，實務上有時甚至需要三張驗傷單，才符合保護令申請的要件；在實體上，法院並未發展細緻的家庭暴力行為之界定標準，核發的款項也因為法不入家門的觀念，甚少核發「遷出令」與「遠離令」（王曉丹、林三元，2010）。雖然有人批判「民事保護令」造成當事人離婚（林雅容，2003），但婚姻暴力嚴重傷害女性身體權及人性尊嚴，即便法律介入造成離婚，也應該從女性整體權益的保障加以評估。

另一方面，在受暴婦女請求裁判離婚的案件中，亦可發現司法實務的判斷標準存在性別不中立，基本上無法達成法律對於「中立性」與「客觀性」的要求。大法官釋字第372號強調維繫婚姻的重要性，肯定最高法院23年上字第4554號判例「因一方之行為不檢而他方一時忿激，致有過當之行為，不

得即謂不堪同居之虐待」並未違憲，事實上，此一解釋忽略了看似「性別中立」的判例內容，其適用的結果整體而言有利男性而不利於女性。判例文之文義上看似並未偏袒任何一個性別，但是法官在適用時，因為「線性」的男性論證方法，卻以不同的標準分別認定男性與女性是否符合「行為不檢」，採用性別刻板印象的結果使得女性行為不檢的範圍遠大於男性，不但忽略婚姻關係的相互性、整體性與未來性，形成了看不見受暴婦女處境的司法霸權——男性經常得以此判例為基礎，請求法官駁回受暴婦女的離婚請求（王曉丹，2008）。

2.　司法程序中性侵害被害人的失語

法官於司法過程中經常不自覺受到既有性別刻板印象的影響，造成司法審判結果的性別不正義，而女性主義法學的研究致力於還原審判中被害人的真實處境，以改變司法實務的性別盲。性侵害無罪判決書的研究顯示，只要被害人的表現不符合法官的既定想像，法官就可能不採信被害人的證詞，例如被害人神色自若、正常上班上學、能逃走卻沒逃走、未在第一時間報警以及與加害人仍有聯繫等情況一旦存在，就可能被推論不成立性侵害（周愫嫻，2003；蘇素娥，2006；林志潔、金孟華，2012）。

針對熟識者強暴的個案研究發現，司法人員往往將被害人的拒絕行為，解讀為「半推半就」、「欲迎還拒」，此種性別盲滲透到偵查筆錄的製作與法官心證的形成，打造出「理想被害人」圖像，複製了父權體制中傳統的性道德秩序，造成受害者在法律面前的失語（王曉丹，2010）。其結果為，法律以同意／不同意的二元對立語言結構定義強暴，放在真理與真實的追求之下，無形中將女性的性／欲特質（sexuality）界定為反覆無常（Smart, 1989, 1995）。法律上此類案件在同意／不同意的二元選項裡經常被操作為有意願而難以成案，司法實務非但沒有針對權勢性交建立明確的判斷標準，也經常性地忽略誘姦／強暴行為中當事者之間一系列的權力與控制關係（王曉丹，2017）。

雖有學者撰文指出應參考加拿大與美國某些州的立法原則Only Yes Means Yes，將《刑法》「違反意願模式」修正為「積極同意模式」（李佳玟，

2017；林美薰、吳姿瑩，2018），但亦有學者認為這兩種模式的立法上實質差異不大（蔡聖偉，2016）。立法的改變是否能夠有效改變父權意識形態下女性被害人的失語困境，或者能夠有效建立符合性別正義的標準，仍有待進一步評估。

問題討論 8-2

　　請觀賞電影《家戰》（Custody）（2018），並思考以下問題：法庭爭戰對受暴婦女不利，除了該類案件證據難以取得之外，還可能有哪些原因？為什麼該電影前面五分之四的時間，觀影者會懷疑女主角故事的真實性，而比較同情男主角？這反映何種性別結構？

（三）法律在日常生活：性別關係因此改變了嗎？

　　法律不只是具有國家強制力，並且已然成為當代社會論述的重要符號，或多或少對性別化生活產生作用。我們討論此種作用時，應避免將法律視為工具，只停留對法院、警察等正式機構與人員行為結果的關注，權力機關之行為所涉及的社會效果僅是法律眾多影響的一環。相對地，法律對性別關係的影響是建構性的、內在的，絕非直接、線性、理性的改變，而是迂迴、共構、情感式的回應結果。換言之，要瞭解法律對性別關係的影響，必須要深入當事者的社會關係，爬梳人們的主觀感受、情感與利益糾葛，唯有在具體社會脈絡下，才得以理解法律不斷建構社會關係的方式與過程。本節討論女性繼承權與離婚監護如何建構個人與家庭關係，以及校園性騷擾性侵害如何改寫校園關係，說明法律如何透過社會實踐，重建社會（性別）關係。

1. 女兒繼承與離婚監護重建個人與家庭

　　當法律在日常生活中與既有生活規範秩序產生衝突時，衝突雙方定位自我與彼此關係的方法，反映了一個關係重建的社會過程，亦反映了法律對性別關係的影響。以女兒繼承為例，雖然法律規定男女平等繼承，但是家庭內

繼承的「性別化」操作屢見不鮮，有些女兒被迫或自願拋棄繼承，或者被偽造繼承系統表宣稱女兒不存在，抑或女兒即使得以繼承最後所得份額也遠遠比兒子少。在上述狀況下，女兒往往陷入兩難困境——遵守孝道或者爭取權利，前者必須放棄財產利益，後者常被汙名化為不孝、愛計較或破壞和諧（陳惠馨，2008；陳昭如，2009；王曉丹，2011）。

從個案研究的角度來看，繼承不只是一個財產繼承與移轉的行為而已，更是一場在被繼承人死亡前後展開的一系列親情角力，是一個重塑關係的社會過程。例如，父母生前處理財產時，為了合理化單獨移轉給兒子的行為，必然會發展出許多日常敘事——兒子要養家、兒子要負責牌位、兒子比較需要幫助、兒子將來要負責父母年老生活等等，女兒在這些敘事中感受到自己被排除、被貶低、被不信任、甚至不被承認，因此，女兒繼承事件往往也是一個家庭關係重組的社會過程（王曉丹，2011）。此時，家庭中的個人皆面臨一個蘊含著從傳統到現代社會變遷的嚴峻考驗，每一個人都在一系列、不間斷的自我體察中，重新定位自我對生活的期待、情感歸屬、個體目標、人我距離、現實理解、以及親情把握等。因此，法律的文本在觀念上挑戰了傳統父權體制下對女性的不公平對待，隨著家內衝突的發展，不斷重塑家庭內部的關係與成員的自我認同。

在某些案例類型中，法律的規定會直接造成社會關係的改變，影響相關人等的自我與主體定位。例如，過去舊法離婚案件中，多數判決皆盡量秉持父親優先的原則，將監護權判給爸爸（陳惠馨，1993），許多女性因不忍失去孩子監護權，只能委曲求全不敢離婚，或者被迫自願放棄財產以換取離婚與監護權。1996年《民法》修正之後，「子女最佳利益」原則取代「父親優先原則」，成為離婚監護案件裁判的主要原則，女性壓倒性地取得子女監護權（劉宏恩，2011），但這並不代表母親在爭取孩子監護權時比父親有利。司法裁判對於未成年子女監護判決呈現「雙重標準」，仍然依循著母職與父職的刻板印象，「母親經濟實力不用較父親好，但一定要有時間照顧小孩；但對父親則是要求經濟實力必須強過母親」（史倩玲，2011）。此類透過父親權利以及小孩需求的社會建構之作法，不僅強化了既有的家庭價值，同時還使得單親媽媽陷入汙名化的處境，給離婚的女性貼上負面標籤。

　　許多女性在法院爭取監護權的過程中，為了彌補不能為「賢妻」之不足，只能刻意強化其「良母」之形象，最後該行為又進一步強化了女性的母職屬性。由此觀之，法律的修改並不必然推翻既存的父權體系，只是以另一種面貌延續下去，這亦會影響現實中的父母子女關係。為了爭取離婚後的監護權，父親或母親會創造一些符合父職或母職的社會行為，以符合法院所要的刻板印象，這再一次複製性別文化角色定位的過程，影響了當事者（包括未成年子女）的自我、主體、家庭關係，甚至一般性的人我關係。

2. 校園性平程序締造兩極化的社會實踐

　　2016年發生的輔大心理系性侵案，其處理過程在臺灣社會延燒為性別政治的重大事件，引發各方激戰之餘，也顯示對校園性侵害法律程序的兩極觀點，有人主張應強化程序的嚴謹周延，另一些人則批判程序的虛枉戕害。這中間牽涉兩個重要的爭議，其一是關於被害者的性質定位，包括如何理解被害者的主體意識，以及被害者如何走出創傷，其二是關於協助者的角色，尤其是協助者與被害者的關係，以及此種關係對被害人的意義。

　　《性別平等教育法》對校園性侵事件的影響，首要在於提供正式的法律程序與中立的處理人員，改變了過去「息事寧人」以校譽優先的處理模式，也不再讓被害人進入「暗巷比拳頭」地單獨面對他方勢力。雖然施行的結果的確提高相類事件的申訴機率，也有較高可能扭轉過去「責備被害人」的不當思維，但也可能因為處理者欠缺法律素養以及傳統文化的影響，使其判斷產生偏差（羅燦煐，2014），或在文件格式化的法律敘事中迷失方向（王曉丹，2015），更嚴重一點的後果是，調查小組有時成為「校園性別糾察隊」，其類似「準司法權力」造成相關人等的傷害（戴伯芬，2016）。

　　然而，在輔大案中我們卻看到對法律程序不同的看法，發展出兩極對立的陣營，各自占據論述空間，試圖爭取群眾的共鳴。輔大性侵案發生之後，心理系主管於法定程序之外成立了「工作小組」進行輔導，面對媒體大幅的報導，竟召開長達九個半小時的馬拉松會議，在會議中甚至要求申訴遭受性侵的女學生道歉，促使其在臉書發表公開道歉信。心理系的作法以及支持此種作法的理由在於，法定程序往往是一種「受害者敘事先行」的故事，阻礙

了當事者「情慾自主」的反思與行動可能，唯有「進步」的工作小組，才有可能以集體的力量協助當事者。然而，此種工作小組的工作模式，遭到強烈的批判，其中最大的問題在於輔導者忽略了其與被輔導者之間的權力關係，法律之外自行召開的程序，恐怕是一個權威關係下的再次傷害。

透過輔大事件可以看到對於《性別平等教育法》的兩極觀點，以及關於被害者主體與協助者角色的不同理論立場，然而無論是哪一方的論述，都只是一場與創傷真實錯身的故事（彭仁郁，2016）。問題已不只是雙方爭論的孰是孰非；如何看待受害者，以及如何處理協助者與受害者的關係固然重要，但是關於理論、概念與語言所構建出的自我與主體，永遠只是真實的一個切塊。若要理解其間的錯綜複雜，則需要解剖文化、歷史與性別政治，拆解人們的恐懼與自我保護，唯有如此，實踐方略才可能在永無止盡的追尋下逐步浮現。

❓ 問題討論8-3

請觀賞電影《信任》（Trust）（2010）與《嘉年華》（Angels Wear White）（2017）。並思考下列問題：為何「#Me Too」運動在全球延燒，臺灣卻沒人敢出來響應？這兩部影片不只是討論青少女性侵的程序僵化問題，還包括哪些層次的議題？請討論片中身邊大人的反應以及資本主義物化女性的世界，對於受害的青少女產生何種影響？法律在其中扮演何種角色？

四、結語

本文透過「法理辯論的性別視角」、「司法實務的性別盲」以及「法律對性別關係的作用」三個不同向度的議題，呈現了女性主義法律實踐過去二十多年來的努力。首先，女性主義法律實踐介入了立法過程，創造法理辯論的性別視角，雖然遭到反制運動的反動員，內部也難有一致修法主張，但是

在立法過程的辯論，已經產生重大的社會影響，不但看到了性別經驗的具體處境，也提升社會的性別意識。

其次，女性主義法律實踐在司法場域這二十年來進展有限，女性主義法學雖然批判了司法對性別的忽視，唯一的改變是增加幾場難有效果的講授課程，司法實務仍然嚴重缺乏性別意識。司法性別盲的改變之路，除了需要改革法學教育、發展女性主義法律解釋之外，也應該著手改變司法職業的性別化現象。法學院中女性的數量雖已明顯增長，這直接提高了法律職業中女性的比例，但女性仍然無法獲得與男性相同的升遷機會（宋靈珊、劉方權，2016），而司法人員的養成與分工的性別化傾向（郭書琴，2003）應受到重視，例如，女檢察官因為女性固有標籤的陰柔氣質並不受歡迎，為了在檢察官此法律職業中獲得專業性認可，必須演繹陽剛氣質（莊玲如、成令方，2012）。最後，司法職業內部的性騷擾、性侵害、性別歧視等現象，也應受到重視，藉此提升司法從業人員的性別意識，甚至改變審判中的性別盲。

最後，法律作為一種性別實踐，早已成為女性主義運動實現性別正義的重要渠道，也是提升主體能動性的重要場域。然而，法律的制定或修改並不必然帶來性別平等，法律對改造人民意識與社會文化亦非一蹴而就。我們還需要不斷發展性別研究的法律向度，藉以開發「平等與宰制」以及「自我與主體」的理論，以發展女性主義介入法律、改變性別意識形態的路徑，不但要主流化女性主義思維的法律觀，還要創新各種影響日常生活常民法意識的實踐，在法律、做性別。

中文文獻

- 王曉丹（2008）。法律敘事的女性主義法學分析：最高法院23年上字第4554號判例之司法實務。政大法學評論，106，1-70。

- 王曉丹（2009）。案例教學與批判性法學訓練——以大學校長遴選案為例。月旦法學雜誌，168，122-137。

- 王曉丹（2010）。聆聽「失語」的被害人：從女性主義法學的角度看熟識者強暴司法審判中的性道德。台灣社會研究季刊，80，155-206。

- 王曉丹（2011）。法意識與法文化研究方法論——以女兒平等權繼承為例。月旦法學雜誌，189，69-88。

- 王曉丹（2015）。「拆解」防治性別暴力的法律：文件格式化、敘事失語以及文本性現實。性別平等教育季刊，71，34-43。

- 王曉丹（2017年6月6日）。女性主義實踐為何漏接了房思琪？「自我」的生存之道與逃逸路線。巷仔口社會學。取自https://twstreetcorner.org/2017/06/06/wanghsiaotan/

- 王曉丹（2017年6月7日）。孤軍房思琪的「自我」生存之道：愛上他。巷仔口社會學。取自https://twstreetcorner.org/2017/06/07/wanghsiaotan-2/

- 王曉丹（2017年6月8日）。房思琪的逃逸路線：回眸凝視、性別操演、陰性書寫、個人即政治展演。巷仔口社會學。取自https://twstreetcorner.org/2017/06/08/wanghsiaotan-3/

- 王曉丹（2017年6月25日）。為何狼師不會被定罪？司法要的，是一個不存在的被害人。上報。取自http://www.upmedia.mg/news_info.php?SerialNo=19485

- 王曉丹（2017年8月23日）。林奕含案檢方給全民當頭棒喝。蘋果日報。取自https://tw.appledaily.com/new/realtime/20170823/1188085/

- 王曉丹、林三元（2010）。法律移植與法律適應——婚姻受暴婦女聲請民事通常保護令裁定之分析。思與言，47(4)，85-133。

- 史倩玲（2011年1月27日）。爭取監護權，男女標準差很大。立報。取自https://tw.news.yahoo.com/%E7%88%AD%E5%8F%96%E7%9B%A3%E8%AD%B7%E6%AC%8A-%E7%94%B7%E5%A5%B3%E6%A8%99%E6%BA%96%E5%B7%AE%E5%BE%88%E5%A4%A7-20110126-080000-702.html

- 許玉秀（2009）。司法院釋字666號解釋許玉秀大法官協同意見書。取自https://www.judicial.gov.tw/constitutionalcourt/p03_01.asp?expno=666

- 李佳玟（2017）。說是才算同意（Only Yes Means Yes）——增訂刑法「未得同意性交罪」之芻議。臺北大學法學論叢，103，53-118。

- 李庭欣、王舒芸（2013）。「善爸」甘休？「育爸」不能？與照顧若即若離的育嬰假爸爸。臺大社工學刊，28，93-136。

- 何春蕤（1999）。女性主義與代理孕母。取自http://intermargins.net/repression/sexwork/types/surrogate/fem_sur.html

- 宋靈珊、劉方權（2016）。法律職業中的女性：從法學院到法院。法律和社會科學，15(2)，166-192。

- 林志潔、金孟華（2012）。「合理」的懷疑？——以女性主義法學觀點檢視性侵害審判之偏見。政大法學評論，127，117-166。

- 林昀嫻（2010）。我國人工生殖法制之挑戰與契機。中原財經法學，25，63-111。

- 林美薰、吳姿瑩（2018）。沒有同意就是性侵（only YES means YES）——全球女權運動「積極同意」的倡議、教育與立法推動。婦研縱橫，108，20-29。

- 林雅蓉（2003）。家庭暴力防治工作與婦女離婚問題：家庭暴力防治法理念與現狀之兩難。台灣社會福利學刊，4，19-52。

- 周愫嫻（2003）。影響妨害性自主案件審理過程與判決結果之實證研究。臺

北：內政部委託研究報告。

- 胡幼慧（1997）。從「代理孕母」事件談婦女健康運動。醫望雜誌，23，120-122。

- 郭書琴（2003）。「司法藍皮書」？談法律實務界中的「性別意識」：以臺灣法律專業養成過程中女性法律人為例。文化研究月報，33。

- 莊玲如、成令方（2012）。管理性別：陽剛職場中的女檢察官。女學學誌，30，137-186。

- 陳竹上、官曉薇（2018年5月15日）。從管爺的鳥火談大學校長的性別政治。蘋果日報。取自https://tw.appledaily.com/forum/daily/20180515/38014313

- 陳宜倩（2008）。改寫異性戀霸權腳本？──通姦罪與罰之女性主義法學透視。世新法學，2(1)，1-68。

- 陳宜倩（2015）。邁向一個積極對男性倡議的女性主義取徑？──以台灣「性別工作平等法」育嬰假之理論與實務為例。女學學誌，36，1-47。

- 陳宜倩（2017）。不只是同婚？婦研縱橫，107，44-59。

- 陳昭如（2009）。在棄權與爭產之間：超越被害者與行動者二元對立的女兒繼承權實踐。臺大法學論叢，38(4)，133-228。

- 陳昭如（2013）。Catharine A. MacKinnon：宰制論女性主義法學的開創者。婦研縱橫，98，51-63。

- 陳昭如（2014）。反制運動作為契機──《性別平等教育法》十週年的新出發。性別平等教育季刊，69，63-71。

- 陳昭如（2017）。十字路口上的同婚釋憲：法律與社會運動停看聽。婦研縱橫，107，6-9。

- 陳惠馨（1993）。親屬法諸問題研究。臺北：月旦出版社。

- 陳惠馨（2008）。法律敘事、性別與婚姻。臺北：元照。

- 彭仁郁（2016年6月20日）。誰怕性侵受害者？一段理論與創傷真實錯身的故事。芭樂人類學。取自http://guavanthropology.tw/article/6530

- 戴伯芬（2016年11月15日）。我們需要什麼樣的性別平等教育？巷仔口社會學。取自https://twstreetcorner.org/2016/11/15/taipofen-6/。

- 蔡聖偉（2016）。台灣刑法中保護性自主決定的制裁規範——現行法制的介紹以及未來修法的展望。月旦刑事法評論，3，5-23。

- 劉宏恩（2011）。「子女最佳利益原則」在台灣法院離婚後子女監護權案件中之實踐：法律與社會研究（Law and Society Research）之觀點。軍法專刊，57(1)，84-116。

- 蘇素娥（2006）。審判約會強暴及熟識者強暴。全國律師，10(5)，35-43。

- 羅燦煐（2014）。校園性別事件調查處理之近憂與遠慮。婦研縱橫，101，45-53。

英文文獻

- Butler, J. (1999). *Gender trouble: Feminism and the subversion of identity*. New York and London: Routledge.

- Chunn, D. E., & Lacombe, D. (2000). *Law as a gendering practice*. Oxford University Press.

- Conaghan, J. (2002). *Law and gender*. Oxford University Press.

- Franke, K. M. (2009). Theorizing yes: An essay on feminism, law, and desire. In M. A. Fineman et al. (Eds.), *Feminist and queer legal theory* (pp.29-44). London: Routledge.

- Halley, J. (2008). *Split decisions: How and why to take a break from feminism*. Princeton University Press.

- Kapur, R. (2005). *Erotic justice: Law and the new politics of postcolonialism*. Routledge.

- MacKinnon, C. A. (1991). Pornography as defamation and discrimination. *Boston University Law Review*, *71*(5), 793-818.

- Munro, V. (2007). *Law and politics at the perimeter: Re-evaluating key debates in feminist theory*. Oxford: Hart.

- Naffine, N. (2002). In praise of legal feminism. *Legal Studies, 22*(1), 71-101.

- Nedelsky, J. (2011). *Law's relations: A relational theory of self, autonomy, and law*. Oxford University Press.

- Pheterson, G. (1989). *A vindication of the rights of whores*. Seal Press.

- Smart, C. (1989). *Feminism and the power of law*. London: Routledge.

- Smart, C. (1995). Law's power, the sexed body and feminist discourse. In C. Smart (Eds.), *Law, crime and sexuality: Essays in feminism* (pp.70-87). London: Sage Publications.

- Sunstein, C. R. (1988). Feminism and legal theory. *Harvard Law Review, 101*(4), 826-848.

第 **9** 章

性別與勞動

張晉芬

現象
發想

> 　　護理師們壓力很大，因為要面對攸關生死最緊急的急救、病人
> 狀況不好喘起來睡都睡不好、要把屎把尿、要幫忙病人換衣服擦
> 澡、要打針要抓鬼叫鬼哭的小孩、要餵藥、要抽血、要量體重及血
> 壓、要修馬桶和修水管、要泡牛奶、要修電視遙控器、要管理吹風
> 機、要面對家屬對早餐午餐晚餐的菜色挑剔。於是他們的薪水和勞
> 力，總不成正比。
>
> 　　　　　　　　　——引自《護理崩壞！醫療難民潮來襲》（2013）。

一、前言

　　由自給自足的生產與消費模式轉換為受僱於人，再用工資到市場上購買服務與商品，是資本主義經濟制度的特徵之一。在臺灣自1960年代開始以出口勞力密集產品為經濟發展的火車頭時，廉價但具有一定教育程度的女性勞動力是吸引外資來臺設廠的重要誘因。如今，在臺灣的全體就業人口中，女性已占44%。女性在各類生產性活動中不再扮演邊緣性、補充性的角色，而是不可或缺的勞動力。

　　「現象發想」中引述的文字是來自一位匿名的醫護人員。或許護理師或護士並不是每天都要處理這麼多事項，但在醫院的職務安排中，這些確實都是她們要處理的，或者，她們也是病患及親友有需求時會首先尋求幫助的「基層人員」。要應付這些多樣性的工作，除了需具備護理和醫學知識及訓練，護理人員還需要有耐心、良好的應變和溝通能力、熟悉在臺灣通行的多種語言、及好的體力，此外還要長期忍受醫院和病房內的藥味、不好的氣味、病患的呻吟、病童的哭鬧。很多護理人員還有被性騷擾及暴力相向的經

---

*　作者感謝楊芳枝、彭渰雯及黃淑玲教授對於原稿提出的指正與建議。

驗（莊世杰、林秀美、潘豐泉，2009）。然而，這些勞動狀況、技能要求及對惡劣工作環境的忍受卻鮮少反映在護理人員的薪資。深知護理工作的要求與待遇間有極大落差，加拿大有一群醫師公開拒絕醫院提高他們的薪資，轉而為護理人員及其他的基層醫院工作人員請命，認為應該用這筆款項改善她們的待遇（Sit, 2018）。

　　女性參與勞動市場的機會增加，並不代表受到的待遇都趨向性別平等。職場內的性別化操作、工作待遇的性別差異、女性的再生產勞動如何影響她們的職涯發展、及家庭友善法律和政策的實行，成為新的議題。本章第二節「理論與概念」將說明職場內的性別化操作，包括組織內的性別歧視、身體化與去身

圖9-1　2011年護士正式更名為「護理師」。某醫院的護理部製作了一張海報，向大眾宣傳這個正式名稱。圖中「曾護理師」、「跨團隊」的用詞尤具意義，代表護理師的自我肯定及護理在醫療照護過程中的重要位置。
資料來源：張晉芬提供。

體化的操作、及再生產勞動的重要性。第三節「議題深探」則是根據第二節的理論探討，說明就業與收入的性別差異、性別間薪資差距與解釋、及《性別工作平等法》（以下簡稱《性平法》）的立法過程與實踐。結語則是強調生產與再生產勞動的連結，呈現學術、實務與政策之間的相關性。

二、理論與概念：性別化的職場

（一）組織內性別歧視

　　由於資本的集中化與大型化，在現代資本主義國家中，自僱階級逐漸萎縮，勞工階級的事業生涯發展與組織內的結構性運作息息相關。組織的運作並非全然是理性設計或遵循效率原則，而是經常呈現出父權意識形態。

Rosabeth Kanter的《公司男女》（2008/1977）
是社會學中公認關於這個議題的開山之
作。她指出，組織內的工作機會結構並不
是平等地開放給男性及女性。主管大都是
男性，而祕書及事務工作人員則多為女

性。即使少數女性有機會晉升到管理階級，但人數與男性不成比例，這些女
性成為組織的「樣板」（token），這也是樣板主義（tokenism）一詞的由
來。企業拔擢女性，或讓女性占據一些耀眼的位置，並不是出於對性別平權
的認同，而只是做做樣子，提升公司的形象。

　　Kanter（同上引，頁356-357）認為，如果要促進女性（與弱勢族群）職
務和職業的公平性，除了改善機會結構及讓權力和決策去中心化之外，增加
管理階層或以男性為主的職業中女性（和其他弱勢者）的人數也是策略之
一。研究女性進入以男性為主的消防或海巡工作，彭渰雯、林依依、葉靜宜
（2009）認為，女性僅有樣板作用，除了如Kanter所述是因為人數較少的關
係，主流社會的性別刻板印象和性別分工，及職場中以男性為主的制度安排
與組織文化，更是重要因素。未顧及女性同仁的需求造成的困擾與不便，都
可能影響女性參與或持續這類工作的意願。

? 問題討論9-1

　　內政部在性別主流化政策下，於2004年開始推動「女警政策」
（現改名為「警察性別政策」），逐步增加女警人數。至2015年，在
全國六萬多名員警中，有超過7%為女性（內政部警政署，2015）。此
外，目前有超過98%的派出所及警察機構已設置女警專用休息室和洗手
間，可視為矯正性別外溢效果的作法。然而，警政單位對於女警處理暴
力犯罪的能力、深夜值勤的安全、及家庭責任與工作衝突，仍有些在
意。請討論女警人數增加對於治安的維護是否有負面作用、體力和家庭
責任是否會影響女警的工作能力，以及在當前高科技時代，是否可藉由
設備的更新及電腦科技的引進減少警察值勤時的工作負擔。

（二）身體化與去身體化

也有學者以資本家如何看待身體，解釋職場內性別的不平等。根據Joan Acker（1990），「身體化」是指以男性身體作為建立工作規範與區分工作類別的基礎。身體化的概念是以假想的男性身體為典範而建構的，這樣的建構邏輯也等同於操作「去身體化」，否定生理變化、生育、及家庭責任的承擔。由於女性有生理期、能夠生育、且為私領域內勞務的主要承擔者，身體化與去身體化的操作等同於歧視女性的身體、貶抑女性的勞動貢獻、正當化對於女性生產性勞動待遇的歧視。即使女性的再生產勞動並未影響生產力，但只要是女性就會被想像為具有這些身體的特徵，據以合理化對女性的差別待遇，包括僱用、職務安排、升遷和收入等。如果男性未符合雇主身體化的要求，例如以家庭需求為優先，也同樣會受到歧視或懲罰。

資本家關於身體化的想像主要是基於藍領勞工的技術與體力，也就是肉體的勞動。Arlie Hochschild（1983）經由對於空服員的分析，提出情緒勞動（emotional labor）的概念，指出互動性的服務工作，除了需要體力的付出，在與顧客面對面（或通話）時，還需要表現情緒的展演，甚至要遵循公司的腳本。從事這類需要與人密切互動和情緒展演工作的大都是女性。資本家的身體化想像是假裝只看到肉體的勞動，忽視情緒勞動對於累積剩餘價值的重要性。除了情緒，在服務業中勞動者也被要求展現美麗、時尚的身體。根據陳美華（2017），美髮作為一個女性主導的職業，集肉體與美學勞動及技術與時尚展演於一身，勞動過程中需同時展現多方面的身體化。美髮工作者的勞動條件惡劣，包括長工時、需應付各種顧客要求、及職業傷害。但如同護理人員，即使具備各種技藝和知識、展現了體力和情緒勞動，多數美髮工作者的薪資偏低。

概念辭典

身體化（embodied）
　　以男性身體作為建立工作規範與區分工作類別的基礎。

去身體化（disembodied）
　　以男體為本的身體化概念否定生理需求、生育及再生產勞動的需要。身體化與去身體化的操作是一體兩面的。

情緒勞動（emotional labor）
　　勞動者在服務過程中進行情緒操演，以符合雇主的期待。

即使資本家看到了情緒或美學勞動的重要性，女性勞動者在女性主導的產業和職業中依然處於弱勢地位。Lisa Adkins（2001）綜合多位學者的論述與研究發現，服務業擴張後，「文化」經濟當道。男性藍領勞工的身體和陽剛氣概仍被看重，用肉身展現的美感、風格、體格也成為男性身體化的象徵。然而，當女性展現同樣的特質，卻被視為原本就屬於女性的天生特質，商品化的價值仍不如男性。以美髮業為例，女性或同志特質在服務業中並沒有相對優勢，顯示出性別與性向的差異性對待已從製造業蔓延到服務業和女性為主的職業（陳美華，2017，頁24）。

（三）再生產勞動

在各個社會中，幾乎都是女性花較多時間從事家務及照顧子女和其他家人（Fuwa, 2004）。嬰幼兒照顧負擔是造成許多女性退出勞動市場或轉為彈性工作的最重要原因。有母職身分的受僱者為兼顧家庭，在事業生涯發展上也會受到限制。女性操持家務、煮飯洗衣，讓男性或其他家

圖9-2　國立彰化師範大學的停車位告示。這個友善的設計，同時考慮到身障者及懷孕婦女、勞動媽媽的特殊需求。美國臉書公司（Facebook）營運長雪柔·桑德伯格（Sheryl Sandberg）曾在她所寫的暢銷書《挺身而進》（洪慧芳譯，2013，天下雜誌出版）（*Lean In: Women, Work and the Will to Lead*）中提到，她在懷孕時，曾要求當時任職的谷歌公司（Google）增設懷孕女性員工的專用停車位。而彰化師範大學的設計更具彈性。
資料來源：張晉芬提供。

人可以參與生產性勞動。親自照顧老人和小孩也是減少家庭對於國家社會福利的需求。家務勞動者較有機會參與社區工作，增進社區和社會福祉。這些勞動貢獻成就社會和國家的永續發展，但成本卻是由女性和家庭承擔（張晉芬，2016）。私領域內的勞動者沒有薪水、沒有升遷、沒有機會發展同事關係或擴大個人的社會網絡，這些都是專職家務勞動者的損失。除此之外，還有許多其他福利是依附於正式就業身分而存在的，甚至只有受僱者才能享

有。家庭主婦年老後沒有退休金（或只有微薄的國民年金），在照顧家人受傷時也不能申請職業災害的補償。女性主義學者Christine Delphy及Diana Leonard（1992, p. 83）主張擴大對於生產的定義。所有產生或增加財富或價值的工作、所有對社會有用的產出，都應該被視為生產性的勞動，得到實質的報酬或補償。

　　根據2015年「台灣社會變遷基本調查」工作與生活題組的資料，即使都有正式的工作，女性每日做家事的時間為1.7小時，男性為0.9小時，女性幾乎為男性的一倍。女性承擔家庭內主要的照顧和家務勞動，既是家庭內的性別不平等，也反映社會整體的性別分工刻板印象。當工作時間過長或壓力大時，對於勞動婦女即會造成蠟燭兩頭燒的困境。根據「台灣社會變遷基本調查」的資料（傅仰止、章英華、杜素豪、廖培珊，2016，頁341），約有25%的民眾（無性別差異）認為職場工作要求干擾家庭生活。這個比例看似不高，而且其中大多數是回答「有時候」。不過，這其中有樣本偏誤的情況。例如，許多女性因為有衝突而已退出勞動市場，也就不會出現在調查樣本中。根據行政院主計總處的調查，有29.1%的已婚無工作的婦女結婚後就未再工作，也有18.3%因懷孕或生育而退出勞動市場（行政院主計總處，2017a）。

三、議題深探

　　在臺灣，女性的教育和就業機會雖仍難稱與男性完全相同，但已逐漸改善。女性勞動參與率的提升、婦女運動的推展、性別平等法律的通過等，都有助於勞動市場更趨公平、友善。但女性勞動參與率的提升仍有限，性別間薪資差距仍未能有效縮小。美國在1970年代就已經出現同值同酬運動，北歐和西歐國家已落實工作與家庭平衡概念，並提供勞動父母優厚的親職假，臺灣在促進勞動性別平權方面也有一些成果。以下將介紹臺灣女性的勞動參與和收入現況、性別間的薪資差距和解釋、及《性平法》等法案的提出和主要內容。

（一）勞動參與和工作收入

　　勞動參與率（labor force participation rate）是最常用來衡量一國人民參與市場勞動程度的指標。圖9-3顯示，女性勞動者在臺灣經濟發展中越來越重要。直到1990年代末期，男性的平均勞動參與率都維持在70%以上，在新世紀開始之初卻已降到70%以下。至於女性的勞動參與率，雖有多次的小幅度波動，但整體而言是維持上升的趨勢。1978年時只有39%，自2012年時已開始越過50%，2016年時已接近51%。在就業人口中，女性已達44%，不再只是補充性的勞動力。

　　從業或就業身分類似階級的劃分。在官方的分類中，除了雇主、自僱、受僱者之外，有些勞動者被列為「無酬家屬工作者」。這類勞動者尤以女性居多。以2016年為例，約40多萬女性為家庭或家族事業工作但沒有支薪，而男性的人數還不到18萬人（行政院主計總處，2017b）。此外，在家庭以外的勞動市場中，將近91%的女性為受僱者，男性相對的比例為78%。男性是資本家或小頭家的比例遠高於女性。女性則比男性有更高的機率成為有酬或無酬的勞工階級。

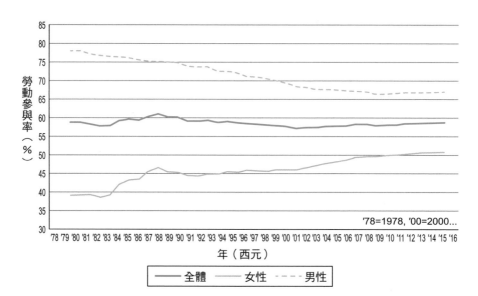

圖9-3　歷年勞動參與率：依性別分。
資料來源：行政院主計總處2016年《人力資源調查統計年報》。

在各項工作待遇中，收入應該是最重要的項目。圖9-4顯示2015年平均工作收入的次數分配，計算的項目包括薪資、年終獎金、加班費等。中位數代表有一半的人收入小於該數值、另一半的人收入則是大於這個數值。從性別差異來看，男性就業者的月薪中位數為三萬八千多元，女性則為兩萬八千多元，僅比當時的基本工資（兩萬零八元）多幾千元。換句話說，就業市場中有一半的女性月薪不及三萬元。整體來說，不論是女性或男性，月收入的分配都集中在左邊，呈現L型，顯示臺灣就業者集中於低薪狀態。而女性集中於低薪工作的狀況又比男性更嚴重（張晉芬，2017）。

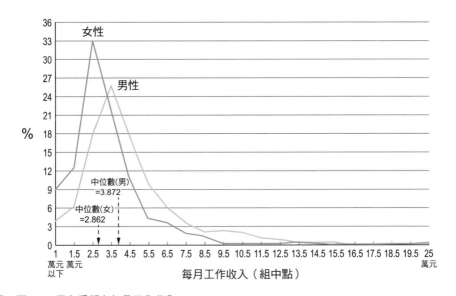

圖9-4 男女受僱者每月工作收入。
資料來源：2015年台灣社會變遷基本調查，工作與生活題組。

問題討論9-2

雖然臺灣女性的勞動參與率持續上升，但男性勞動參與率則是逐漸下降。這與教育年限的延長、人口的老化、及退休制度的設計等都有些關連。請利用行政院主計總處的資料庫，畫出過去十年不同年齡層男性的勞動參與率；比較整體男性勞參率的動態變化及不同年齡層間的差異與時間變化，再搜尋相關的文獻，試著對這些差異與變化提出解釋。

（二）性別間薪資差距及解釋

在臺灣，平均薪資的性別差距雖然在逐年縮小中，但以2016年為例，女性收入仍僅占男性的86%。國際上有一個「同酬日」（Equal Pay Day）的運動，就是計算女性需要多工作多少天，才能消除與男性薪資的差距。根據勞動部（2017）的計算，以2016年為例，女性需多工作52天，兩性全年薪資才能平等。教育或工作經歷雖然對提升薪資有正面效果，但對於女性或男性的作用不同。女性要獲得較高的薪資，通常需要比男性藉助更多的人力資本，如：較高的教育程度（張晉芬、杜素豪，2012；Tsai, 2015）。許碧純、邱皓政（2015）利用追蹤調查的資料，發現育有子女對於女性勞工的收入有顯著負面影響，亦稱之為母職的薪資懲罰。

理論上，關於性別間薪資差距的解釋，大致可以分為三個面向（England, 2006; Petersen & Morgan, 1995）。第一個面向是供給面的解釋，也是人力資本理論的解釋機制。即除了教育程度之外，這個觀點主張男性和女性的就讀科系有別，進入勞動市場之後也大都從事符合性別標籤的工作。此外，女性所累積的工作經驗及個人流動性不如男性，也會影響其事業生涯的發展。如果人力資本因素都與男性相同，但平均收入仍低於男性，即屬於同工不同酬的性別歧視。

造成性別間收入差距的另一個面向是分配的歧視（allocative discrimination），也就是產業、職業或職務隔離，即使控制人力資本因素之後，組織在招募過程、錄取分發及升遷上都對不同性別者採取差異性的對待。女性能夠獲得的職業或職務通常都集中在低階白領工作，所屬部門也大都處於非核心的位置，事業生涯發展幅度有限、收入提升緩慢。

第三個解釋面向則是價值的歧視（valuative discrimination）。以女性勞動者為主的工作，其價值明顯受到貶抑，即使控制個人和組織因素後，多數女性勞動者的收入仍然偏低。這即是同值同酬運動的緣由。所謂的「價值」並不是指勞動所創造出來的價值，而是指從事工作所需要的知識、技術、努力、責任及工作情形。這個概念在20世紀初時就曾被提出，但卻直到1980年代末期才被轉化成運動目標，並受到美國地方行政單位和法院的重視（Chang, 2014）。以護理工作為例，所需的知識、技術、耐心、緊急狀況處

理能力、對於惡劣工作環境的容忍度都很高，但薪資卻遠不如具有類似工作特質的卡車司機。

　　這三個面向——個人能力、分配歧視、價值歧視——既有獨立的影響，但在勞動市場中卻通常是同時運作，造成性別間收入差異持續存在。

（三）《性別工作平等法》的立法與實踐

　　在臺灣，最具促進工作場所性別平權精神的法案就是《性平法》。《性平法》的修法運動始於1987年國父紀念館及高雄市立文化中心爆發的「單身條款」事件。在當時，女性應考時即必須與館方簽訂切結書，自願於年滿30歲或結婚、懷孕時自動離職。受到影響的女性員工集體出面申訴。包括「婦女新知基金會」在內的婦女運動團體，試圖經由法律制度改變企業內的性別化操作模式，集結了律師、運動人士和學者，參照他國的法律，著手草擬法案。該法於2001年通過、2002年3月8日開始實施。這是臺灣第一個完全由運動團體發起、並堅持推動完成的法案。

　　《性平法》的立法主旨是：「為保障性別工作權之平等，貫徹憲法消除性別歧視、促進性別地位實質平等之精神，爰制訂本法」（第1條）。除總則、救濟措施、罰則及附則之外，其餘的三章分別是禁止性別歧視、性騷擾的防治與矯正、及促進就業平等的措施。性別歧視防治的部分，主要是禁止對於受僱者的招募、僱用、升遷等性別歧視。在促進就業方面，產假、流產假、育嬰留職停

> **概念辭典**
>
> **同工同酬**
> **（equal pay for equal work）**
>
> 　　在同一個工作場所中，男性和女性如果從事同樣的工作，則其薪資必須相同。
>
> **同值同酬**
> **（comparable worth; pay equity）**
>
> 　　同等價值的工作應該給予相同的報酬。

圖9-5　1987年臺灣婦女團體於國父紀念館廣場抗議單身條款對女性的就業歧視。
資料來源：婦女新知基金會提供。

203

薪（即育嬰假）或家庭照顧假是法定的例外事假，受僱者有申請的權利。雇主如果違反這些假期的給予規定或是勞動條件存有性別歧視時，勞工均可提出舉發，如果成立，雇主將負上法律責任。

《性平法》規定男女性受僱者均可申請育嬰假。根據該法第16條，凡任職六個月以上的受僱者，無論男性或女性，均可在每一子女滿三歲前申請育嬰假，期間最長兩年。但在該法實施後，每年申請的案件僅約三千件，件數偏低的原因之一是育嬰假期間沒有收入。為了提高勞動者的申請意願，立法院於2009年通過《就業保險法》修正案，讓子女未滿三歲的勞動父母均可申請育嬰留職停薪津貼（但不能同時申請）。每人申請津貼期間最長半年、為請假前六個月平均投保薪資的六成。父或母申請期間合計最長不能超過一年。不過，申請育嬰假者仍大多為女性。以2016年為例，男性申請件數為一萬五千六百件，占16.9%，女性申請件數為七萬六千六百件，占83%（行政院主計總處，2017c）。

問題討論9-3

關於女性運動的結果只是對中產階級女性有利的說法，臺灣也經常出現類似的聲音。例如，《性別工作平等法》的實施就被認為可能只是對於中產階級女性有利。一方面是因為這項法律的適用範圍排除了無酬家屬工作者及家庭幫傭。另一方面，中產階級女性也比較懂得如何利用法律發聲或爭取權益。基層的女性勞動者為生活打拼都已經喘不過氣，既缺乏資源也沒有時間和心力思考或是利用這些法律。陳宜倩（2015）綜合法理及國外實施經驗，認為《性平法》如果要增進實務效果，應將男性納入女性主義實踐的夥伴，如：鼓勵男性申請育嬰假、重新定義男子氣概等。請試著對於如何推動《性平法》在不同階級的適用性、及如何促進父母親照顧責任的性別平等，提出看法。

四、結語

女性穩定參與市場勞動是資本主義工業化、大量生產模式盛行之後才有的現象。女性參與勞動市場的比例持續增加、留在勞動市場的期間越來越長、離職後復職的比例增加，且離職期間縮短。職業的性別區隔與收入的薪資差距雖有改善，卻離平等的目標仍有一段距離。本章「現象發想」中提到的護理人員工作，既要求專業知識與實務經驗、身體與情緒勞動、及來自病患或親友的不友善對待。她們的薪資應該能夠反映這些情緒和身體勞動的需求。《性平法》第10條雖有類似的規定，但並未訂定執行細則。如果女性所主導的職業之薪資能被正確地評價，既符合性別正義，男性也會希望從事這些職業。性別職業隔離的消滅，與女性工作待遇的提升和同值同酬的推動均有直接相關。

參與有酬勞動自然使女性做家事的時間減少，也強化了在婚姻中與配偶協商的權力。只是「男主外、女主內」的觀念存在已久，性別化的家務分工依然是常態，嬰幼兒及孩童的照顧責任持續成為女性就業的主要羈絆。影響所及不只是性別不平等，還有國家整體生產力的損失及生育率下降。仿效其他國家的作法，臺灣也通過《性平法》提供家庭友善政策。育嬰假或領取育嬰留職停薪津貼是屬於權利還是福利，在實行上可能差異不大，但背後的理論基礎卻迴異。如果我們將下一代視為社會財、將養育她／他們視為社會應共同承擔的責任，那麼請假還可以領取津貼就不應被看成是福利，而是勞動媽媽或勞動爸爸的權利。社會應該改變照顧小孩是天生母職的刻板印象，鼓勵父親參與親職工作。

女性主義社會學者Barbara Bergmann（2008）對於鼓勵父母請育嬰假一事相當保留。她認為多數

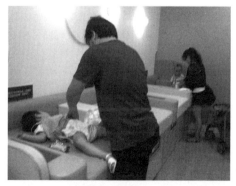

圖9-6 臺灣已有越來越多的父親公開參與兒童的身體照顧。圖為百貨公司內的育嬰室，媽媽或爸爸都可以在此換尿布。
資料來源：張逸萍提供。

請假者將是女性，因此仍是女性的事業生涯會受到影響，同時也會強化女性作為照顧工作主要承擔者的角色。根據她的論點，廣設公立托兒所或補助年幼子女進入托兒所或幼稚園就讀，更能符合職業婦女的需求。包括法國或北歐國家在內，多數國家同時實施育嬰假和廣設公立托育機構的制度。以2015年為例，瑞典和挪威的女性勞動參與率均超過68%，而這兩個國家當年的生育率也分別達到1.7‰和1.9‰（勞動部，2016）。生育率和家庭友善政策之間具有相關性。維持高度勞動參與率和生育率的措施多元，北歐國家的托育公共化及用法律要求父親克盡父職的責任，值得臺灣學習。

參考文獻

中文文獻

- Kanter, R. M.（2008）。公司男女（國立編譯館、Nakao Eki譯）。臺北：群學。（原書*Men and women of the corporation*出版於1977）。

- 內政部警政署（2015）。現行「警察性別政策」推動情形。取自https://www.npa.gov.tw/NPAGip/wSite/public/Data/f1441957228835.pdf

- 行政院主計總處（2017a）。105年「婦女婚育與就業調查」綜合分析。取自https://www.dgbas.gov.tw/public/Attachment/7911117100ZT9Y70G.pdf

- 行政院主計總處（2017b）。歷年就業者之從業身分。人力資源統計年報資料查詢系統。取自http://www.dgbas.gov.tw/ct.asp?xItem=18844&ctNode=4943&mp=1

- 行政院主計總處（2017c）。國情統計通報，106年9月20日（第179號）。取自https://mobile.stat.gov.tw/public/Data/7920163386OJ7OK6W.pdf

- 亮亮（2013）。哭泣的母親。載於臺灣醫勞盟（編），護理崩壞！醫療難民潮來襲（頁64-65）。臺北：貓頭鷹。

- 張晉芬（2016）。勞動法律的身分限制及改革：一個人權觀點的檢視。台灣社會研究季刊，102，75-113。

- 張晉芬（2017）。性別平等了嗎？男性和女性受僱者薪資差距解析。載於李宗榮、林宗弘（編），未竟的奇蹟：轉型中的臺灣經濟與社會（頁159-187）。臺北：中央研究院社會學研究所。

- 張晉芬、杜素豪（2012）。性別間薪資差距的趨勢與解釋：新世紀之初的臺灣。載於謝雨生、傅仰止（編），臺灣的社會變遷1985-2005：社會階層與勞動市場篇（台灣社會變遷基本調查系列三專書）（頁217-250）。臺北：中央研究院社會學研究所。

- 莊世杰、林秀美、潘豐泉（2009）。醫院護理人員受性騷擾問題研究。寶健醫護與管理雜誌，7(2)，10-17。

- 許碧純、邱皓政（2015）。照顧子女的代價：母職對臺灣女性薪資影響的貫時性分析。臺灣社會學刊，56，53-113。

- 陳宜倩（2015）。邁向一個積極對男性倡議的女性主義取徑？以臺灣「性別工作平等法」育嬰假之理論與實務為例。女學學誌，36，1-47。

- 陳美華（2017）。美髮作為身體工作：從苦勞到美感協商的身體化勞動。臺灣社會學刊，62，1-58。

- 傅仰止、章英華、杜素豪、廖培珊（2016）。「台灣社會變遷基本調查」第七期第一次調查計畫執行報告。臺北：中央研究院社會學研究所。

- 勞動部（2016）。2015年國際勞動統計。臺北：勞動部。

- 勞動部（2017）。我國106年「同酬日」為2月21日，較去年向前推進2天。取自 https://www.mol.gov.tw/announcement/2099/31376/

- 彭渰雯、林依依、葉靜宜（2009）。女性在陽剛職場內的樣板處境：以海巡與消防單位為例。東吳政治學報，27(4)，115-169。

英文文獻

- Acker, J. (1990). Hierarchies, jobs, bodies: A theory of gendered organizations. *Gender and Society, 4*(2), 139-158.

- Adkins, L. (2001). Cultural feminization: "Money, sex and power" for women. *Signs: Journal of Women in Culture and Society, 26*(3), 669-695.

- Bergmann, B. R. (2008). Long leaves, child well-being, and gender equality. *Politics and Society, 36*(3), 350-359.

- Chang, C. C.（張晉芬）(2014). Comparable worth. In A. C. Michalos (Ed.), *Encyclopedia of quality of life and well-being research* (pp. 1121-1123). Dordrecht, Netherlands: Springer.

- Delphy, C., & Leonard, D. (1992). *Familiar exploitation: A new analysis of marriage in contemporary western societies*. Cambridge, UK: Polity Press.

- England, P. (2006). Devaluation and the pay of comparable male and female occupations. In D. B. Grusky, & S. Szelenyi (Eds.), *The inequality reader: Contemporary and foundational readings in race, class and gender* (pp. 352-356). Boulder, CO: Westview.

- Fuwa, M. (2004). Macro-level gender inequality and the division of household labor in 22 countries. *American Sociological Review, 69*(6), 751-767.

- Hochschild, A. R. (1983). *The managed heart: Commercialization of human feeling.* Berkeley, CA: University of California Press.

- Petersen, T., & Morgan, L. A. (1995). Separate and unequal: Occupation-establishment sex segregation and the gender wage gap. *American Journal of Sociology, 101*(2), 329-365.

- Sit, R. (2018, March 7). 500 Canadian doctors protest pay raises because they already make too much money. *Newsweek*. Retrieved from http://www.newsweek.com/500-canadian-doctors-protest-pay-raise-834813

- Tsai, S. L.（蔡淑鈴）(2015). Revisiting selection in heterogeneous returns to college education. *Journal of Social Sciences and Philosophy, 27*(2), 323-360.

第 **10** 章

性別與教育

李淑菁

謝小芩

現象
發想

參考
文獻

現象
發想

國立政治大學的體育選課中，大多課程開設男生班、女生班或是男女合班，但是棒球的課程只開設了男生班，而女生如果想修棒球相關的體育課程，只得選修男女合班的壘球課。

喜歡棒球的女同學認為學校棒球課只招收男生的規定影響到女生選課的權益，並寄信向政大的體育室反應。該同學表示，棒球的球速相對於壘球來說確實較快，對體能和身體素質有更高的要求，但學校不應該限制女生不能選課，而是在選課須知上註明棒球課程的危險性，讓不願冒不安全的風險或對自身體能有疑慮的同學改選壘球的課程。

針對該同學的反應，政大體育室表示學校師資有限，基於棒球運動較高的危險性，若男女合班會難以照顧所有同學上課時的安全。政大體育室也表示將提供協助，讓對棒球有濃厚興趣的女學生在通過與棒球運動相關的測試，證明自己具備一般選修棒球課男生對棒球速度的反應與運動能力後，方可選課。

——改寫自黃傲天（2017年1月15日），
政大棒球課限定男生選課 恐有性別教育不平等的疑慮。
性好有逆，逆思新聞。

一、前言

為何女生修課就要測試後才能取得同意權，男性只要性別正確就可以選修？以上新聞事件凸顯大學課程的性別化（gendered）議題。這則報導被貼

---

* 感謝游美惠、蕭昭君及黃淑玲三位教授提供寶貴的審查意見，讓此文更為豐富完整。若有任何缺漏之處，由作者負責。

上社群媒體後，有許多政大同學留言。一位政大女同學說：「在男女合班的體育課上其實也會常常聽到老師說男生可以，但女生沒關係，我知道你們不行」，也有更多男同學留言「我覺得我體育比很多女生爛啊！」「我常常也摔倒……」，聲明不贊同以性別作為選課標準。

因為體育室的消極回應，女同學後來再寫了一份聲明給政大性別平等教育委員會要求調查，性平會開會後認定體育室棒球課限男同學選課違反《性別平等教育法》，要求體育室開設棒球課程不得因性別而有差別待遇，倘若因師資開設困難，可向學校提出要求，必要時可外聘教師開設。然而政大體育室最後竟取消所有的棒球課程。

《性平法》第2條定義「性別平等教育」為「以教育方式教導尊重多元性別差異，消除性別歧視，促進性別地位之實質平等。」第14條更規定：

> 學校不得因學生之性別、性別特質、性別認同或性傾向而給予教學、活動、評量、獎懲、福利及服務上之差別待遇。但性質僅適合特定性別、性別特質、性別認同或性傾向者，不在此限。學校應對因性別、性別特質、性別認同或性傾向而處於不利處境之學生積極提供協助，以改善其處境。

許多人以為《性平法》只處理校園性騷擾、性侵害相關事宜，其實第三章17-19條規範有關課程、教材與教學的性別平等事宜。

第17條

學校之課程設置及活動設計，應鼓勵學生發揮潛能，不得因性別而有差別待遇。

國民中小學除應將性別平等教育融入課程外，每學期應實施性別平等教育相關課程或活動至少四小時。

高級中等學校及專科學校五年制前三年應將性別平等教育融入課程。

大專校院應廣開性別研究相關課程。

學校應發展符合性別平等之課程規劃與評量方式。

第18條

學校教材之編寫、審查及選用，應符合性別平等教育原則；教材內容應平衡反映不同性別之歷史貢獻及生活經驗，並呈現多元之性別觀點。

第19條

教師使用教材及從事教育活動時，應具備性別平等意識，破除性別刻板印象，避免性別偏見及性別歧視。

教師應鼓勵學生修習非傳統性別之學科領域。

《性別平等教育法施行細則》第13條規定也明訂：「本法第17條第2項所定性別平等教育相關課程，應涵蓋情感教育、性教育、同志教育等課程，以提昇學生之性別平等意識。」而在性別主流化（gender mainstreaming）的脈絡下，性別教育的範疇更為寬廣。以下我們先釐清「性別教育」以及「性別與教育」的差異，接著討論相關的重要理論與概念等，再回頭來思考教育中的性別主流化議題。

二、理論與概念

英文中不常見到性別教育（gender education）這個辭彙，最常使用的語彙有「性別與教育」（gender and education）或「教育中的性別」（gender in education），用「性別」的概念來檢視「教育」，使用「性別」理論先行解構「教育」中的父權體制，包括教育場域作為一個組織、學校文化、課程、教學、教師、行政體系與政策、學校政策與活動等。「性別教育」一詞則是在臺灣脈絡下生成發展的詞彙，把「性別」當成形容詞來修飾名詞「教育」，指涉有關性別的教育。

「性別教育」的發展是改變臺灣社會性別文化的重要環節，而推動過程中遇到的社會文化阻力，則提醒我們「性別與教育」的拆解取徑，如何有助於我們理解教育中父權體制操作方式。透過一一拆解，逐漸解構之後，才有

機會跨越到「性別教育」的層次。我們將本文章節定為「性別與教育」正是這樣的意圖，只是部分行文上因特定脈絡，仍以既定的「性別教育」措辭呈現，或忠於原著的使用詞彙，或上下文為明顯「性別教育」之討論。

「性別與教育」往往與「平等」並列討論，特別關注教育中的權力關係，試圖擺脫學校教育作為再製社會性別不平等的中介機器，甚至企望學校可以促進社會的性別平等。因此「性別與教育」的興起往往與婦女運動息息相關。舉例來說，英國教師（特別是女性教師）從1970年代就開始參與各種性別改革運動，成為所謂的女性主義教師（feminist teacher）。她們成為教育中的「內部改革者」，教師組織本身即構成婦女運動的一部分。

臺灣的性別教育發展也深受婦女運動的影響，但並非由學校教師所發動。謝小芩、李淑菁（2008）〈性別教育政策的形成：從行政院教改會到九年一貫課程改革〉即探討臺灣解嚴以後，性別教育政策如何由當時的婦女運動、婦女／性別研究與教育改革運動相互激盪而促發；而政策形成過程中，亦經歷了知識菁英主流價值與性別平等理念的拔河。在決策層次，因著改革氣氛的成熟與行動者的配合，性別議題得以鑲嵌於具有法律位階且於2001年起實施的國民中小學九年一貫課程綱要中；但後續有關教材編寫、教科書的選用，到實際教學與評量層次，則大都非婦運與教改運動者所能掌握。2004年立法院通過的《性別平等教育法》是性別教育的里程碑，也是臺灣婦運發展的重大成就；而後續實踐上遇到的阻力，則揭露臺灣社會文化中更深層父權意識形態的作用。以下我們先從性別與教育的層次，說明教育場域中可能的性別議題。

（一）課程與教學

1. 教科書中的性別刻板印象

課程與教科書是學校傳遞知識與社會價值觀的最主要途徑。戒嚴時期，政府對於教科書管制非常嚴格，全臺灣中小學生使用統一教科書，統一進度。1980年代，受到西方女性主義與教育社會學的影響，臺灣學者也開始檢視教科書中的性別意識形態，發現各級學校教科書的內容充滿對於女性的偏

見，通常以性別刻板印象、忽視女性、違反事實等方式出現於課文、插圖、表格、照片、題解、活動設計與教師手冊之中（婦女新知基金會，1988）。

三十年後的現在，教科書進步了嗎？黃郁茹、陸偉明（2016）檢視國中健康與體育領域翰林版及康軒版兩家教科書，結果發現教科書中女性體型顯著偏瘦，達到體型與性別統計上顯著的關聯，並且體育活動中出現女生體操、男生球類的性別區隔。林信志、楊國揚、劉藍芳（2016）檢視2009年及2010年五家出版業者之普通高級中學國文第一冊至六冊的教科書，也發現其中男性與女性所從事的活動與職業，仍存在嚴重的性別刻板印象。

此外，學生習得社會性別（gender）的方式，並非僅來自於正式課程而已，無所不在的潛在課程影響可能更鉅。「潛在課程」（hidden curriculum）是指在正式課程之外、不在學校教學目標之內，但在學校中發生且對學生有所影響的種種措施，舉凡教學互動方式、學校規定、學校政策（包含選課限制）、活動與文化等，都是潛在課程潛伏擅場之處。

> **概念辭典**
>
> **性別化（gendered）**
>
> 對於「性別化」（gendered）的理解必須先從「性別」（gender）一詞的意涵開始。「性別」（gender）是一種「社會性別」的概念，指涉性別是由社會文化所建構，以與生理性別（sex）的概念有所區別。早在1935年，瑪格麗特・米德（Margaret Mead）的研究「三個原始部落的性別與特質」已說明sex與gender概念上的差異。歐克利（Ann Oakley）在1972年在《性、性別與社會》一書中，指出西方社會認為女性所謂「自然」、「天生」的特質，事實上是由社會壓力及制約內化而成的，她將這過程稱為性別化（gendering），也就是把gender這語彙當動詞使用，用-ing代表這是一個不斷進行的過程。性別化（gendered）一詞指涉生理性別（sex）在社會文化建構影響之後的結果。

2. 性別差別對待的師生互動

師生互動是可能影響學生教育參與的重要因素。早期研究顯示，學校教師不論男女都傾向於與男學生互動較多、對男學生期望較高（Duffy, Warren, & Walsh, 2001）；在高等教育階段，因女性作為大學校院的少數而感受到被邊緣化與被歧視產生的「寒蟬氛圍」（a chilly climate）（Sandler, 1986）。在

這種不利於女性的師生互動過程中，國中、小階段，男女教育成就不相上下，但是高中大學以後，女生課業表現逐漸落後男生，自我教育抱負也較低（謝小芩，1998）。儘管近年來男女學生念大專院校的機會已經大致平衡，但科技領域卻仍存在性別失衡的現象，我們稍後再加以討論。

另一方面，晚近英美澳洲學者研究發現，曠課、輟學、違規、甚至犯罪的學生中，男性比例遠高於女性，男孩課業成就也有落後女生的現象，而開始關注教育中的「男孩問題」（Weaver-Hightower, 2003）。可能的原因是，學校文化預設了男性應有陽剛氣質，師長容易忽視弱勢男孩的需求及較不具陽剛氣質男孩所遭受的同儕欺凌，使得這些男孩處於不利地位（張盈堃，2010）。國內關於「男孩問題」的研究有限，但不表示沒有類似的問題，值得探究。

除了學術性課程之外，男女學生其他方面的校園經驗也可能不同。以體育課程為例，在社會男動女靜的刻板印象之下，老師們往往對男女學生抱持雙重標準，對男生的體育要求較高、鼓勵男生參加各種運動與球類競賽，而不期待甚至壓抑女生的參與。久而久之，使得女性越來越少出現在運動場，而男女生的體能發展也越差越大。

學校日常生活中也充滿著性別：許多學校的運動服裝、制服，仍然是性別化顏色分野——男／藍、女／粉紅；有些教師仍傾向以性別來劃分各種規定與活動，例如排隊、分配座位、出公差，乃至於班級幹部的選拔指派。這類以性別作為分類依據措施，往往加強學生對於生理性別與性別角色的認同，而限制了學生的選擇與學習機會。

⊘ 問題討論10-1

請閱讀任一本教科書部分章節，從語文使用、選圖分析的角度，練習分析教材中的性／別呈現方式，思考其中參雜了何種預設的價值與意識形態，並討論可以如何修正。

（二）性別化的學校文化

1. 學校組織文化

　　學校文化是在學校活動背後一種不可見、觀察不到的力量，但卻以器物、行為規範、行話、隱喻及儀式等各種型式再現出來，充滿性別政治權力關係。但這樣的再現很隱諱，因此也很少受到注意或質疑，成為性別不平等或歧視的來源，或成為性別文化再製（reproduction）的潛在課程。因此，對於性別組織文化的全面檢視與瞭解，是邁向性別平等重要的一步。

　　一般組織文化強調男性特質，從而很容易貶抑或邊緣化女性的貢獻。男性組織文化（masculine culture）的幾個特徵包括：強調「堅強」、不輕易表達自己的情緒、不處理或指出情感相關的問題、對競爭力的強調、分層的權力關係及溝通管道等，從而產生性別化效果（gendered effect），形成一種男性就比較「適合」行政、女性「適合」諮商輔導及教學等溫暖的工作的本質化連結與歸因。Blackmore（1999）點出教育工作的性別化過程中很重要的一部分，是男性／女性特質與工作性質的連結。在教育場域中，理性（rationality）總被連結到跟男性特質相關，然後再連到行政領導；情緒（emotionality）總是被等同於女性特質及教學工作。

　　學校組織文化也會呈現在辦公室的日常對話中。接行政工作的年輕女性教師可能需要在辦公室中接受並不好笑的性別笑話，卻很難有力量反駁；學校一有新的男老師進來，就趕緊指派行政工作給他，特別是生教組，因為覺得男老師才「壓得住」！性別作為一個可能的歧視來源，需要更深入檢視與拆解學校文化本質，才能更清楚呈現它不平等或歧視的內涵型式。

　　校園內教職員角色分工，是學生日常觀察模仿與角色認同的對象。在中小學金字塔型的人事結構中，底層的職員與基層教師以女性為主，而上層的主任校長則大多為男性。隨著學校層級的提高，女教師的比例也快速下降。以2016年（105學年度）為例，小學階段有83.8%的老師為女性，但只有30.5%的校長為女性，人數上的多數並不等同於權力上的強勢。而大學階段34.2%的教師為女性，更只有7.1%的大學校長為女性，在人數與權力位階上皆屬於少數。學生習於男性校長發號司令、女性教職員遵從配合的景象，很容易把

社會間男女地位的不平等視為理所當然。

　　強調男性氣概的行政文化、職業隔離的技術、性別化的工作分配、行政領導與教師階層的營造、處室位階的生成，以及學校行政職位升遷制度本身（游美惠、姜貞吟，2011），都是造成學校仍以男性領導為主的因素。儘管如此，作為少數的女性教育領導者也逐漸展現出有別於傳統的領導風格。《性別平等教育季刊》於2017年推出「女性與領導」專輯，邀集5位在學校、縣市政府、民間組織、政策推動團體、教育部大型計畫等領域的女性領導人分享參與決策、發揮影響力的經驗與思考；她們都強調溝通與協調的能力、溫和但堅定的態度、關懷弱勢與重視公共利益的價值觀，豐富了教育領導的內涵，也提供多元的領導典範。

圖10-1　圖內某大學學生社團海報呈現了哪些性別問題？
資料來源：李淑菁（攝）。

2. 校園日常規範

　　長久以來，學校中的日常生活規範，例如服儀規定，往往是以性別為基礎而設計。在學生們前仆後繼的努力及多個民間團體的積極倡議下，教育部於2005年正式廢除髮禁。在此之前，許多中學規定女生的頭髮必須在耳上一公分，有如馬桶蓋，制服大都是黑、藍、白等色調，長裙過膝，上衣必須紮進裙腰。男生則必須理成幾近剃光的一分頭，卡其衣褲，鞋襪的顏色與樣式也都統一規定。服裝儀容要求整齊劃一，強調「學生要有學生的樣子」，服裝儀容是否符合校規，也是學校判斷「好」學生與「壞」學生的重要判準。

　　為什麼學校這麼重視中學生服裝儀容的管控？最常提出的解釋是，穿制服學生就不必花心思在服裝上，而可更專注於課業；統一制服也可去除不同家庭背景的差異，促進平等與民主的教育功能。制服也是學校的識別標誌，統一服飾有助於建立對學校的認同感。從管理的角度而言，學生穿著制服更便於學校的管理統御。

　　然而，成人對於青少年身體的不安與疑慮，可能更是沒有說出來的原因。學校制服男女有別，正以強化男女差異；而制服通常不美觀、不合身、不舒適，正好遮住發育中的身體性徵。除此之外，許多學校也設置了限制男女同學交往互動的校規，在在顯示學校對於青少年的身體與性的焦慮。而制服與髮禁的管控，則往往剝奪了學生對身體理解與自主性。

　　2010年3月15日，臺南女中學生不滿教官嚴格管制服裝，上千名學生在朝會上脫長褲，有人還把褲子往空中拋，宣示對不合宜服裝懲罰規定的抗議行動（鄭惠仁，2010）。此事件後，接著許多高中職學生陸續爭取鬆綁服儀的規定，教育部終於在2016年5月20日公告服儀解禁，讓學校可按照民主程序，經公聽會、全校投票後來制定服儀規範，且不能將違反者記過等，希望學校採用口頭規勸、輔導等方式。然而，2017年8月21日，《自由時報》刊載「服儀解禁1年多 高中生還是被懲處」，十多名高中生在教育部門口高喊「服儀自由、學生無罪」，持續爭取學生自主權。現要撼動校園威權管控文化著實不易！

　　同時，校園空間的配置，也蘊含特定的性別邏輯。依畢恆達（2009）《無性別偏見的校園空間手冊》，校園空間包括校園的空間規劃與配置、建築與開放空間的設計、指示與標誌系統、校園中的公共藝術與雕像、空間的命名與使用方式（如課桌椅安排、打掃工作區域的指派）、空間的經營與管理等。身體可以視為一種個人空間，因此制服、學號的編排、身體語言、啦啦隊、禮賓小姐等議題亦皆屬之。

　　以教室的座位安排為例，若規定男女生分開坐，則容易強化性別的壁壘與競爭；畢恆達（ibid.）建議將教室中的座椅圍成馬蹄型或圍成圓形，以沖淡性別分野，並增加彼此的互動。又如，校園雖多設有籃球場，卻多為男同學使用；國立臺灣大學就設置女性優先籃球場，讓女同學也能夠有空間享受

運動的愉悅以及免於身體的凝視。特別說明的是，女性優先籃球場的設置並非以生理性別差異（sex difference）作為區分，而是透過積極性差別待遇（positive discrimination），保障社會性別結構（gender structure）下的弱勢群體更完整的發展。「積極性差別待遇」（positive discrimination），字面上翻譯為「正向的歧視」，是一種針對既有社會結構不平等現象的彌補方式，例如因為性別、社會階級、族群等結構上弱勢的群體，給予更多資源以保障發展的機會。

此外，由於未婚懷孕的社會汙名，學校也常率爾要懷孕學生退學或休學，不但嚴重損害學生的受教權，更使學生求助無門。「學生懷孕事件輔導與處理要點」便是希望學校能正視這個現象，積極給予學生所需的協助。

 問題討論10-2

請嘗試檢視學生社團組織文化有哪些性別議題？可以如何改進？

（三）教育行政體系與政策

檢視校園潛在課程，教師的性別敏感度與性別素養扮演著關鍵角色。如何鼓勵學校中具性別意識的老師發聲與自在地行動，讓學校組織生成友善性別的文化，而非再製甚至強化原有的社會性別關係，都是決策者及執行者需要好好思考的層面。然而，倘若教育行政體系與政策制定者本身就不具性別敏感度呢？這時，性別主流化（gender mainstreaming）就是一個可運用的對治工具了。

「性別主流化」是要所有法令、政策及計畫，從設計、執行、監督到評量，要確保不同性別的經驗都能被可考慮進來；簡言之，必須將性別的關注融入到所有的立法、政策、方案、結構與活動設計之中。廣義而言，臺灣的兩性平權之修法、性別平等相關之立法都可視為性別主流化的進程。從1996年行政院教育改革審議委員會的總報告書中提出「落實兩性平等教育」建議，到2004年《性別平等教育法》的通過實施，皆已具性別主流化的政策內

涵。然而，仔細檢視教育部性別主流化實施計畫內容，不難發現僅限於中小學和家庭教育，及零星關於情感教育和性別意識融入少部分的課程與教學，未見性別主流化的具體目標（陳珮英、謝小芩，2017）。

可見，進行「性別主流化」的先備能力是能夠運用批判性與獨立性的思考，對社會、經濟、政治與文化結構與脈絡內，或者結構與脈絡之間的性別議題進行分析，並融入於所有活動／工作之中（李淑菁，2015）。

總的來說，從教科書內容、師生互動、課外活動、服儀規定，到空間設計、校園安全與教職員的人事結構，學校雖然沒有標明任何性別教育的目標，卻處處傳遞著「男外女

> **概念辭典**
>
> **性別主流化**
>
> 　　1995年聯合國第四屆世界婦女會議通過「北京行動宣言」，正式以「性別主流化」作為各國達成性別平等之全球性策略。「性別主流化」是一種策略，也是一種價值，希望所有政府的計畫與法律要具有性別觀點，並在做成決策之前，對男性和女性的可能影響進行分析，以促使政府資源配置確保不同性別平等獲取享有參與社會、公共事務及資源取得之機會，最終達到實質性別平等。我國從2005年開始積極推動性別主流化工作，以性別統計、性別預算、性別影響評估、性別分析、性別意識培力、性別平等專案小組運作為主要推動工具，而為協助各部會分階段逐步落實性別主流化政策（摘自「行政院性別平等處網頁」）。

內」、「男尊女卑」、「男動女靜」、「男強女弱」的二元對立性別刻板印象與性別分工原則。也就是說，學校無時無刻都進行著父權「潛在課程」，使得雖然男女教育機會已經非常接近，但男女兩性及性別弱勢族群在人身安全、工作、政治與社會參與等方面持續有著很大的差距。在更廣大的教育行政與政策中，需要更多性別角度的審視，才能營造真正性別友善的教育環境，讓不同性別學生都能有機會展現潛能與自我（self）。

三、議題深探

性別社會權力，就如微血管般交織滲透到學校、學校教育，包括課程（含潛在課程）、教學歷程、師生互動、學校文化、學校資源分配等，形成

難以跨越的高牆。儘管過去十多年來，婦女運動成果已經法制化，通過了《性別平等教育法》，學校的性別民主化歷程仍只能緩步向前，甚至遭遇到不小的反挫力量，以下進一步深探背後的錯綜複雜議題。

（一）家父長制與性別民主的拉扯

在各大學，推倒女舍高牆，都是一個奮力掙扎的過程，2016年6月輔仁大學女生抗爭取消宿舍宵禁事件即是一例。輔大女生宿舍宵禁爭議存在已久，從2009年開始，女學生不斷向校方爭取和男生宿舍一樣的自治權，並要求取消宵禁，但校方遲遲無法與學生達成共識。2016年5月，不滿的女學生組成「輔大灰姑娘」發動絕食抗議，並召開記者會表示，相對於男宿享有24小時無宵禁及學生自治權，以保護安全之名所執行的女宿午夜宵禁，實際上卻造成更多危險，使得女學生「有家歸不得」。

對此男女差別化的宿舍管理規定，輔大校方一方面表示要召開宿舍公聽會處理女宿門禁問題；另一方面也強調，還有八成家長希望學校持續施行門禁制度。在輿論壓力之下，輔大校務會議於學生抗議四天後決議解除女宿門禁，但仍留下值得省思的議題。大學是一個學術上獨立自由、批判性思維養成的教育機構，且大多數的大學生已經成年。若大學的住宿政策仍以家長意見為依歸，則有大學中小學化的疑慮，同時也顯示大學校園本身的家父長制管理方式，將「女學生」視為「小朋友」需要被保護、照顧，實際上卻可能反而侵害了女學生的住宿權。

家長在教育中的角色，在中小學教育中更明顯。近幾年來，一些反對同志教育的家長團體強力介入學校性別教育，在教育部舉辦多次相關公聽會上，利用「家長」、「輔導人員」等身分包裝偏見與歧視，對教育機關、性別運動者及多元性別朋友造成身心壓迫（劉育豪，2016）。一些學校教師為自保，乾脆不碰性別教育等「敏感議題」，使得學生喪失接受性別教育的機會。

就像蘇芊玲於2017年2月19日在《蘋果日報》的投書〈知道自己的侷限也是重要的教育〉，「家長參與」的前提是家長能夠尊重學校老師性別教育專業，或者是家長本身具備性別素養，與學校共同討論相關課程的進行，或提供相關的協助。對於不具性別意識或性別專業的「家長」或「專家」，教

育相關單位的把關有其重要性，預防以「家長」或「專家」的身分進到性別平等相關委員會，開性別平等教育的倒車。

　　不只家長，相當比例的教育人員對「性別平等」的概念相當模糊，他們認為自己「沒有性別歧視」，因此並不需要性別教育研習；他們認為性別教育「只是一種意識形態」，只是「接受」或「不接受」那麼簡單。因此，在性別教育研習場合，這些老師繼續低著頭改作業，虛應故事。然而，性別教育不是一種意識形態，而是一套由邊緣出發的理論與實踐，具有追求平等與改革特質，不論是男性或女性教師，都需要發展性別敏感度，具備對校園行政、教學、課程、輔導與活動等加以檢視，並提出具體改善措施的能力，才能真正做到「友善校園」。

（二）學習領域的性別隔離

　　臺灣的高中職及高等教育雖然已經相當普及，高中職以上教育的性別區隔現象仍相當明顯，男性集中於高中自然組或技職工科或大學科技領域，女性則集中於高中社會組或技職商科與家事科或大學人文科系。更有甚者，人文領域學生的男女比例從大學的1：2逐漸縮小到博士階段的1：1；而科技領域的男女比例則從大學的7：3逐漸擴大到博士階段的8：2（如圖10-3所示）。總體說來，不論是人文或理工領域，隨著高等教育階段越高，女性參與比例卻越來越低。何以如此？值得探究。

　　女生真的是因為數學不好，才不選理組的嗎？其實並不盡然。臺灣從高中職開始便實施的高中分組（社會組、自然組）與高職分科制度，有著很大的影響。當社會仍充斥著性別刻板印象，師長的性別意識與性別敏感度不足，16、17歲的學生在還沒有充分試探自己的興

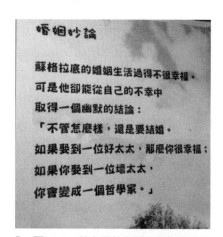

婚姻妙論

蘇格拉底的婚姻生活過得不很幸福。可是他卻能從自己的不幸中取得一個幽默的結論：

「不管怎麼樣，還是要結婚。如果娶到一位好太太，那麼你很幸福；如果你娶到一位壞太太，你會變成一個哲學家。」

圖10-2　某大學教育系公布欄張貼著男性中心思維的「婚姻『妙』論」，妳／你看得出這段話存在著怎樣的性別偏見或刻板印象嗎？此外，若教育系本身如此性別化，我們又如何讓未來的教師具性別敏感度呢？

資料來源：李淑菁（攝）。

趣與能力時就面臨選組抉擇，很容易落入「男理工、女人文」的傳統性別框架。女生一旦高中選了社會組，學校課程內容、老師的教學都不再重視自然學科；學生本身更理所當然地放棄了自然科目。同樣地，男生選了自然組後也很容易忽視人文學科。一些研究更發現，在高中分組結構下，學生們往往發展出數理優於社會組的知識權力認知，也同時複製了社會性別權力關係（楊巧玲，2005；黃鴻文、王心怡，2010）。

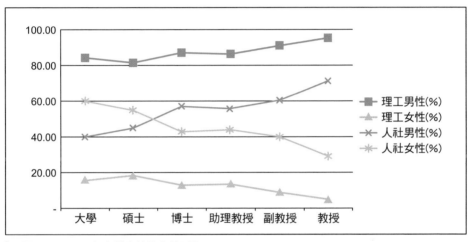

圖10-3　2015年臺灣高等教育性別比。
資料來源：教育部，作者們自行整理。

　　郭祐誠與許聖章（2011）的研究也指出，數學成績確實是決定選組的重要因素，但數學能力好的學生中，女生選自然組的機率仍顯著低於男生。這個研究發現，打破了女生是因為數學不好才不選理組的迷思。另一方面，陳婉琪（2013）的研究則發現，過去接觸的教師之性別會影響學生日後的選組行為：女生若國中接觸女性數學教師，則高中選擇自然組的機會大幅提升；相反地，「總是碰到男數學老師」讓男生更傾向做出傳統的選擇（自然組）。Hsieh、Chen與Lin（2017）對臺灣高中職化學實驗課堂的觀察研究也注意到，女老師有著獨特的「身體性的教學洞見」，因為她們自身學習過程中，必須克服作為性別少數、操作粗重或危險儀器等種種困難，從而累積了許多科技學習的私房經驗。這使得女老師對女學生學習時的心態及生理限制

有切身的感知與深刻的理解，能具體幫助女學生提升其學習安全感與效能感。這種幾乎專屬於女性教師的「身體性的教學洞見」，使女老師對女學生的科技學習的助益，往往是一般男老師所難企及的。

女性在科技領域參與度低，不僅臺灣如此，也是全球普遍現象。世界各國及聯合國等國際組織都非常關注這個議題，提出許多鼓勵女性學習科技的措施與政策。在臺灣，打破高中職階段過早且二選一的僵固的選組選科制度，培養與招募更多女性科技老師，營造友善與肯定女孩學習數理的環境，都是有待努力的方向。此外，檢視科技知識生產過程與科技知識本身所潛藏的性別意識形態，則是更深一層的挑戰。

四、結語

「歧視」是結構性的客觀存在，存在於社會體系之中，而非由「心理感受到」來決定是否「有歧視」。妳／你可能感受不到「歧視」，但不代表「歧視」不存在，它存在於日常生活、及不具性別敏感度的制度設計或政策之中。當社會主流群體習於用「不足」、「低下」或「缺憾」的觀點看待非主流群體的差異性，包含非主流性別關係（例如LGBTI或單身、離婚、無性戀等）、勞動階級文化（例如語言使用、教養方式等）與弱勢族群語言文化（例如東南亞語言）等，無形中就產生歧視性的對待。就如Allan Johnson在《性別打結》一書所言：

> 在有些情況下，對於性別歧視的「不瞭解」，就是伴隨性別支配而來的特權的一部分。男人在日常生活之中，不需去思考性別歧視如何影響著女人，就像白人不需要關心種族歧視的後果，以及上層階級不需要注意貧窮與中產階級的焦慮一般。「不瞭解」也是護衛男性特權很有效的一種方式，卻將喚醒意識和理解現實的苦差事留給女人……不論女人花了多少精力要男人去「瞭解」，通常都不會有多大的效果，除非男人們自己願意去理解……

　　不論中外，在以男性與異性戀為主流的社會與教育體制中，性別教育發展的重大里程碑，大都是由具有強烈性別意識者奮鬥爭取而來。教育作為社會體系的一環；不論教育政策或是學校日常的教與學活動，都反映了大社會中的性別權力結構與性別價值觀。從傳統文化男女有別、男尊女卑的性別意識形態，到21世紀的性別平等教育，臺灣近二十年來有著驚人的進展。在社會倡議與法律規範下，學校父權體制逐漸鬆動，然而主流文化中性別偏見與刻板印象仍盤根錯節深植於家庭、社會、經濟、政治體制中。性別平等教育也是一場艱鉅而漫長的文化改造運動，需要持續不斷努力。

　　《性別平等教育法》已實施超過十年了，儘管法律的核心在於推動符合性平精神的教學、課程、學習環境等，尊重多元性別差異，消除性別歧視；但各級學校及教育單位往往把重點放在校園性侵害、性騷擾或性霸凌事件的處理，忽略了性別平等素養的培養，方是治本之道。課程與教學中對性別角色刻板印象的建構與強化、學校文化中對競爭的強調、校園日常活動以生理性別為分類原則、科技教育與科技知識中潛藏的性別意識形態等等，都仍待細緻的檢視與拆解，也是性別與教育持續努力的方向。此外，西方女性主義教育學（feminist pedagogy）主張合作與分享是知識創造的重要原則、重視學生的經驗與發聲、重視教育的關懷照顧倫理與責任倫理等，則提供了滋養性別教育的積極思維，值得參考與發展。

參考文獻

中文文獻

- Johnson, A. G.（2008）。性別打結：拆除父權違建（王秀雲、成令方、吳嘉苓、邱大昕、游美惠譯）。臺北：群學。（原書 *The gender knot: Unraveling our patriarchal legacy* 出版於1997）。

- 李淑菁（2015）。性別教育：政策與實踐。臺北：學富文化。

- 陳珮英、謝小芩、陳佩瑩（2017）。高等教育中的性別主流化與女性學術勞動處境及決策參與。載於黃淑玲（編），性別主流化：臺灣經驗與國際比較（頁169-192）。臺北：五南。

- 陳婉琪（2013）。高中生選組行為的原因與結果：性別、信念、教師角色與能力發展。臺灣社會學刊，25，89-123。

- 郭祐誠、許聖章（2011）。數學能力與性別對高中學生選組之影響。經濟論文叢刊，39(4)，119-169。

- 婦女新知基金會（1988）。我們都是這樣長大的──教科書的性別歧視系列。婦女新知，71、73、76、77、78。

- 張盈堃（2010）。澳洲男孩教育的啟示與校園弱勢社群的關懷。教育資料集刊，46，119-136。

- 畢恆達（2009）。無性別偏見的校園空間手冊。臺北：教育部。

- 黃鴻文、王心怡（2010）。教育分流與性別再製──二班高中女生學生文化之民族誌研究。臺灣教育社會學研究，10(1)，127-174。

- 黃郁茹、陸偉明（2016）。檢視教科書圖片人物的性別與身體體型：國中健康與體育領域。教育研究學報，50(1)，23-42。

- 黃傲天（2017年1月15日）。政大棒球課限定男生選課，恐有性別教育不平等的疑慮。逆思（LET's News）。取自 https://letsnews.thisistap.com/2520/

- 楊巧玲（2005）。性別化的興趣與能力：高中學生類組選擇之探究。臺灣教育社會學研究，5(2)，113-153。

- 游美惠、姜貞吟（2011)。校長遴選提問之性別友善原則。性別平等教育季刊，53，12-17。

- 謝小芩（1998）。性別與教育期望。婦女與兩性學刊，9，205-231。

- 謝小芩、李淑菁（2008）。性別教育政策的形成：從行政院教改會到九年一貫課程改革。研究台灣，4，119-148。

- 劉藍芳、林信志、楊國揚（2016）。高級中學國文教科書性別偏見之研究。教育科學期刊，15(1)，87-112。

- 劉育豪（2016）。挫敗後，繼續往前──從性平教育相關公聽會的參與經驗談起。台灣人權學刊，3(3)，121-134。

- 鄭惠仁（2010年3月19日）。南女集體脫褲，爭短褲權。聯合報，A6版生活。

英文文獻

- Blackmore, J. (1999). *Troubling women: Feminism, leadership and educational change.* Buckingham and Philadelphia: Open University Press.

- Duffy, J., Warren, K., & Walsh, M. (2001). Classroom interactions: Gender of teacher, gender of student, and classroom subject. *Sex Roles, 45*(9-10), 579-593.

- Hsieh, H.-C., Chen, P.-Y., & Lin, T.-S. (2017). Girls' and boys' science choices and learning in upper-secondary schools in Taiwan. *Asian Women, 33*(3), 41-64.

- Sandler, B. (1986). *The chilly climate revisited: Chilly for women faculty, administrators and graduate students.* Washington, DC: Association of American Colleges.

- Weaver-Hightower, M. (2003). The "Boy Turn" in research on gender and education. *Review of Educational Research, 73*(4), 471-498.

第 **11** 章

校園性騷擾：
不可小看的性別歧視

蕭昭君

現象
發想

參考
文獻

現象發想

　　2015年秋。某大學研究所必修課，授課的男教授A看著班上唯二的女學生說，他在推甄時力保要有女生入學，因為所上有漂亮的女生，就可以提升男學生的學習動機，要不然理工科清一色男生，實在太無趣了。另外一次上課時，A教授問了一個問題，全班一片沉默，他點了女生B回答，B還在想答案，尚未開口，A教授就故作輕鬆地說，妳不會沒關係，反正漂亮的女生以後找個有錢的老公，每天就有算不完的錢可用，根本不用辛苦找工作，靠別人養就好了。A又對著男學生說，男生們要認分一點，想辦法找個好工作，才能養得起漂亮的老婆。班上氣氛有點詭異，沒有人在笑，後來B說出教授滿意的答案，A教授又對全班說，沒想到這麼漂亮的臉蛋，還會有腦袋。

——摘自作者個人參與案件調查訪談資料

一、前言：性騷擾是性別歧視

　　這個性騷擾申訴發生在2015年的臺灣，彼時，臺灣婦運走了將近半世紀，性別主流化成為政府的施政綱領，臺灣也主動簽署「消除對婦女一切形式歧視公約」（CEDAW），致力追求教育機會性別平等的《性別平等教育法》也邁入第11年，但是，大學校園還聽聞這種明示的厭女說詞，女性的實質平等教育權並未改善，令人扼腕。[1]前例中的女學生，即使是跟男同學坐在同一間教室，聽教授上同樣的一堂課，研究閱讀相同的指定教材，表面上擁

---

*　謙卑感恩謝小苓、游美惠與黃淑玲三位教授費時審閱，提供豐富又深入的指正建議，讓本文得以益加嚴謹。

1　本案中的女學生後來向該校提出性騷擾申訴，該學校調查成立，議決男教授接受八小時的性別教育，以及幾年內不得再帶女性研究生。但是，這樣的處理是否真的有助於女學生的受教權，或是彰顯校園的性別正義，值得討論。

有與男同學一樣的教育機會，但是女研究生再怎麼有能力、認真，在這位嚴重性別偏見的男教授的說辭中就是花瓶、性客體、無腦的存在，這種輕薄對待形塑對女學生學習的敵意環境，影響女學生甚鉅，她被迫選擇休學，生命機會因而受到影響。

　　前例更說明校園的性別人權存在巨大改善空間。實情是，性別弱勢，包括女性和同志、跨性別者，至今尚未普遍在各自的校園被教師「認真對待」，嚴重影響這些學生的受教權，借用嚴祥鸞（2001）針對職場「性騷擾是一種就業的性別歧視」的論點，前述的現象真實地威脅性別弱勢學生在學校的權益，阻止女學生和同志學生上課、愉快地學習，以及保有學習。教育的性別歧視因此指教育學習的規則、學習環境以及學習權益，因性別而有不同的差別待遇。性騷擾會影響基本就學決策和學習環境，例如前例的女學生選擇休學，因此，發生在校園的性騷擾就是一種教育上的性別歧視。

二、理論與概念

（一）性騷擾是權力不對等的產物

　　深入檢視國內相關文件或是出現在媒體中既有的校園案例，可以輕易發現處於性別弱勢位置的師生，包括女性和性別特質比較秀氣溫柔的男性或是同志師生，往往是校園性騷擾中的受害者，明顯反映了騷擾者與被騷擾者之間不平等的權力關係，例如雙方當事人在階級、性別、性傾向、年紀、資源、體力等等的不對等。騷擾者常常是權力或力量比較大的一方，上司對下屬、老師對學生、長輩對晚輩、男性對女性、集體對個別、體力強大的對溫柔秀氣的（蘇芊玲、蕭昭君主編，2003、2006）。換句話說，發生在權力或力量不對等的性別關係中的性騷擾，雖然用「性或性別」意涵的方式展現，但「性的滿足」往往不是騷擾者的最終目的，它其實是「騷擾、暴力與權力」的展現（楊佳羚，2002，頁82）。

　　在美國，社會學家Heather McLaughlin（2009）等人的研究，長期追蹤一千位男女，研究從國三到30歲的生命經驗，發現「女性、同性戀以及陰柔的

男性最容易成為被性騷擾的對象」。位居主管的女性比非主管的女性多了137%的機會被性騷擾，但是男性主管的位置跟他們被性騷擾之間沒有相關。「這個研究提供最有力的資料證明，性騷擾比較不是跟性慾有關，而是跟控制和宰制有關」（American Sociological Association, 2009）。管理階層的女性容易被性騷擾，說明的是男性部屬用性騷擾女性主管的方式，當作對於掌權女性一別高下、較量的「平衡器」（equalizer），因為不爽女性掌握權力，不習慣女性掌握權力和資源，因此用「性騷擾」來展現他作為一個男性的權力。也就是說，具備較大權力優勢者，運用性騷擾創造敵意就學或就業環境，甚至往往演變為歧視性別弱勢，讓其集體的生命處境更加艱困，更沒有足夠的機會改善自己在經濟與社會上的各種不利處境。學校致力於反性騷擾，也就是致力於反暴力與反歧視。

校園反性騷擾運動的目的，就是要運用學校的行政權力終止這種性別暴力。從過去參與大學校園性騷擾的調查經驗中，發現比較棘手的是教授

概念辭典

敵意環境（hostile environment）

校園既是學習場所，也是工作職場，敵意環境指校園空間不友善，讓個人感受壓迫，衍生出心理與生理的焦慮、不安，影響個人學習或工作表現。性騷擾塑造一種敵意環境，讓個人恐懼上學、上班，害怕自己再度受到侵犯，戰戰兢兢，有的因不敢跟其他人言說自己被性騷擾，只能獨自擔害怕；有的申訴後擔心自己受到連帶報復，甚至每日上學、上班，還要面對騷擾來源，或他人的指指點點，對被騷擾者構成一個長期性的生活或工作狀態，被迫身處在一種不友善的文化氛圍，不利被騷擾者的學習或工作表現，剝奪個人安全、自在就學或就業的基本人權；有的為了逃避這種時時刻刻的不安全感，選擇轉學、轉系、離職、換工作，喪失就學或業機會。終結敵意環境，重建性別友善的校園和職場，是國家的責任，學生可以要求學校落實《性別平等教育法》，教職員工可以要求學校積極保障就業的人身安全，《性別工作平等法》規範雇主／企業體要訂定並落實性騷擾防治，從就學與就業的結構環境著手，才有可能建立性別友善的學習與工作文化。

對於學生的性騷擾，例如本文開頭案例，就同時牽涉師生權力以及性別權力不對等，教授掌握絕大的權力資源。在強調尊師重道、鼓勵學生要乖、要聽話的華人社會，許多學生不知道也不敢反抗教師的權威，也讓教師有機會用

各種話術操控學生，以服務個人的權力與性慾望，因此在校園進行反性騷擾教育，除了教導學生學習伸張身體自主權，學校更有必要積極對教職員工進行在職教育，校園反性騷擾的核心，就是反權力誤用、濫用。一個人可以位高權重，也可以選擇謹慎運用權力，平等尊重他人的身體自主權。學校應當在各種制度設計上規範教職員工謹慎使用權力，平等尊重彼此的身體自主權。

（二）身體自主權就是「我的身體，我決定」

雖然臺灣已經有相關法律規範性騷擾，但是，校園中依然聽聞似是而非的說法，例如「性騷擾很主觀，不易判定」，認識法律如何定義，因此是重要的知識。國內有三個法律對「性騷擾」提出定義，在校園內，性騷擾的行為人或被行為人，只要一方為學生，就適用《性別平等教育法》，例如師生之間、學生之間，即使是發生在兩個學校學生間的事件，兩校也要依《性別平等教育法》合作進行處理。如果是教職員工間，則適用《性別工作平等法》，如果學生在外面打工，要求職場的性別人權，學校可以協助學生主張《性別工作平等法》保障。如果大學生在公共場所被性騷擾，學校可以協助學生到警察局提告，適用《性騷擾防治法》。以下列舉三個法律對於性騷擾的定義。

1.　《性別平等教育法》

2004年6月23日總統公布實施，其中第2條對性騷擾定義如下：指符合下列情形之一，且未達性侵害之程度者：

(1) 以明示或暗示之方式，從事不受歡迎且具有性意味或性別歧視之言詞或行為，致影響他人之人格尊嚴、學習、或工作之機會或表現者。

(2) 以性或性別有關之行為，作為自己或他人獲得、喪失或減損其學習或工作有關權益之條件者。

2.　《性別工作平等法》

原名《兩性工作平等法》，2002年3月8日總統公布施行，其中第三章為性騷擾之防治，第12條：

本法所稱性騷擾，謂下列二款情形之一：

(1) 受僱者於執行職務時，任何人以性要求、具有性意味或性別歧視之言詞或行為，對其造成敵意性、脅迫性或冒犯性之工作環境，致侵犯或干擾其人格尊嚴、人身自由或影響其工作表現。

(2) 雇主對受僱者或求職者為明示或暗示之性要求、具有性意味或性別歧視之言詞或行為，作為勞務契約成立、存續、變更或分發、配置、報酬、考績、陞遷、降調、獎懲等之交換條件。

3. 《性騷擾防治法》

2005年2月5日總統公布。其中第2條：

本法所稱性騷擾，係指性侵害犯罪以外，對他人實施違反其意願而與性或性別有關之行為，且有下列情形之一者：

(1) 以該他人順服或拒絕該行為，作為其獲得、喪失或減損與工作、教育、訓練、服務、計畫、活動有關權益之條件。

(2) 以展示或播送文字、圖畫、聲音、影像或其他物品之方式，或以歧視、侮辱之言行，或以他法，而有損害他人人格尊嚴，或造成使人心生畏怖、感受敵意或冒犯之情境，或不當影響其工作、教育、訓練、服務、計畫、活動或正常生活之進行。

前述法案針對性騷擾的定義、具體呈現方式，和造成的後果提出概念說明，其中必備三個關鍵，一是「具有性意味或性別歧視之言詞或行為」、二是「不受歡迎、違反意願」，三是「侵犯人身自由尊嚴、影響正常生活與工作表現」。由於《性別平等教育法》以及《性騷擾防治法》的定義皆排除「性侵害犯罪部分」，因此性騷擾更具體的行為可以包括，基於性或性別的 (1) 羞辱、貶抑、敵意或騷擾的言詞或態度；(2) 歧視性或騷擾性的肢體行為。從衛生福利部針對各縣市依《性騷擾防治法》申訴的統計，歷年來具體的樣態包括：羞辱、貶抑、敵意或騷擾的言詞或態度；跟蹤、尾隨、不受歡迎追求；毛手毛腳、掀裙子；偷窺、偷拍；展示或傳閱色情圖片（檔）或騷擾文字；暴露隱私處；趁機親吻、擁抱或觸摸胸、臀或其他身體隱私部位

等。[2]每種樣態都具備「違背人的意願以及侵犯人的尊嚴」的要素，說明任何人，不管性別，都有可能受害，性騷擾因此就是人身安全的問題。

另外，《性騷擾防治法》所提的「以展示或播送文字、圖畫、聲音、影像或其他物品之方式」，也擴大社會對性騷擾形式的理解。當代電腦科技的發展，特別是智慧型手機的普及，性騷擾的途徑和形式也因此改變，不再只限面對面才發生，例如衛生福利部公布各縣市依《性騷擾防治法》所移送統計的案件，調查成案的資料中，發生在虛擬環境科技設備（如網際網路、手機簡訊等）的件數，每年持續上升，2013到2017年間成案的分別有62、65、75、100、100件是透過科技設備，[3]歷年一直都是「最易發生性騷擾地點」第二名，僅次於公共場所。

就性騷擾的目的和製造出來的效果，前三個法案所規範的二款，大致符合美國的法律學者對工作場所性騷擾的兩大分類，性騷擾以「交換」性服務，和製造「敵意環境」。在1976年為性騷擾命名的美國女性主義法律學者麥金農（Catharine A. MacKinnon）在 *Sexual Harassment of Working Women*（國內譯為《性騷擾與性別歧視：職業女性困境剖析》）的經典中指出，職業婦女受到性騷擾的經驗，約可大分成兩種形式，第一種稱為交換式條件（quid pro quo）：若被害女性對性騷擾屈從，即可藉以換得工作機會的保障；第二種則是：性騷擾已成為長期存在的一種工作狀態（a condition of work）（MacKinnon, 1993），也就是「敵意的工作環境」。

不管如何分類，或哪種形式，性騷擾行為都是內建一種暴力，清楚侵犯對方的身體自主權。如果甲對乙進行「不受歡迎、違反意願，具有性意味或性別歧視之言詞或行為」，只要客觀事實確立，相關法律賦予乙有權利定義自己不舒服的感覺，旁人不能因此說乙主觀，隨便敷衍乙的自主權。一旦事實確定，瞭解只有被性騷擾者有權利定義不舒服的感覺，才能對如何避免校園、職場、社會的性騷擾，有更清楚的認識，其他人才不會自以為是地責怪受害者，改而譴責、制止加害者，也可避免成為共犯。長期以來，因為這種暴力沒有導致明顯的外傷，不易被清楚看見，一般人對性騷擾的包容度也就

2　衛生福利部（2018），詳見參考文獻。
3　衛生福利部（2018），詳見參考文獻。

比較高，甚至不認為是暴力，這是最危險，也是性騷擾持續存在的原因。

從教育學角度言之，反性騷擾乃攸關人身安全與身體自主權的教育大事，學校如果要降低性騷擾公害，有賴持續的教育，師生全面正確認識校園性騷擾現象，學習警覺辨識，並以行動終結，校園才有可能是安全、平等、自在的學習環境。從教育學的角度出發，當學生有機會學習認識性騷擾跟自己的關係，學生會帶著力量走入生命的不同階段，在不同的職場與生命現場，也比較有能力主張自己的身體自主權，以及尊重別人的身體自主權。

貼心提醒

當大學生到校外實習遇到性騷擾

許多大學安排校外實習課程，提供學生提前進入職場學習的機會，以強化學生的專業能力。實習生到校外實習，卻遇到性騷擾時，學生可以採取行動保障自己的就學和就業權。在CEDAW第二次國家報告中，特別提到學校有責任保障實習生的職場安全。如果是實習場所的指導教授、指導老師性騷擾實習生，一旦實習生提出申訴，學校就必須依照《性別平等教育法》調查處理，伸張學生的就學權；如果學生被實習場所的其他人性騷擾，只要學生向學校反映，學校就必須依《性騷擾防治法》的規定，協助學生向加害人的雇主提起申訴。只要具備學生身分，學校有責任保障學生在實習期間的就學權，協助學生主張職場的就業安全。認識相關法令是捍衛自己的必要條件，你／妳可以因此掌握發球的權力，提出申訴主張自己的就學／就業權。

三、議題深探

從有學校以來，校園內的性騷擾就一直存在，但是，臺灣要到1990年代中期，隨著民主的發展，許多大學陸續爆發男教授性騷擾女學生，或是理工為主的大學，女學生持續遭受男學生性騷擾等的新聞事件，透過民間婦女團體（特別是婦女新知基金會）與性別教育社運團體的努力，校園性騷擾與性侵害的問題，才獲得教育部的重視。從1999年教育部通案要求各大專院校成立性騷擾防治委員會，到2004年《性別平等教育法》通過，以專章規範各級學校必須依法通報並調查處理。2004年後，從中央到地方教育主管單位，確實曾經投注相當多的資源對教育人員進行校園性騷擾／性侵害事件調查處理

的培訓工作，學校也被期待依法持續對學生進行身體自主權的相關教育，十多年過去，可以說學生比他們的老師更有性別意識，但還有不少教育人員並未跟著時代進步，仍舊自覺或不自覺地抱持著性別偏見，為學生製造敵意就學環境，[4]本文開頭就是一例。

（一）女學生是校園性騷擾的主要受害者

臺灣的校園性騷擾究竟有多嚴重？圖11-1呈現2012至2016年全國校安通報系統所累計的資料，包含性侵害、性騷擾及性霸凌的件數。[5]檢視這些數據，輕易可見校園性騷擾、性侵犯、性霸凌不只出現在大學校園，中小學類似的案例，逐年上升，特別是國中校園最頻繁出現學生之間的性騷擾、性霸凌，值得關注。[6]這也說明，從1997年《性侵害犯罪防治法》以及2004年《性別平等教育法》皆責成學校要固定對學生進行反性侵害、性騷擾的防治教育和性別平等教育，學生對於身體自主權比較有概念，比較勇於申訴伸張自己的權益。加上過去有學校隱匿性侵害案件，導致加害的男老師繼續留在校園，其他女學生因而受害的不幸案例，相關的校長、主任也因此遭到彈劾（陳香蘭，2011），繼而成立國家賠償（張萍，2010）。教育部於是在2011年修法，學校相關人員牽涉隱匿，將面臨嚴重罰則，學校處理校園性平事件時，整個教育景觀已經改變，各級學校因此比較不敢輕忽（Hsiao, 2014），也對2011年後通報數量大幅成長產生重要影響（吳志光，2014）。

4　羅燦煐（2014）指出，部分學校的性平委員因為不諳性別騷擾意涵，對非屬身體碰觸的性別騷擾事件認識不清，無法精準掌握敵意環境之意涵，遇到案件時就會產生認定上的爭議，低估教師對學生的性別歧視之性別騷擾，容易引發敵意教育環境，傾向認定情節輕微，縱放慣性性別騷擾的教師，損害學生的受教權。

5　教育部（2018），詳見參考文獻。另外，這些數據並不等於全部，因為不同學校現場往往存在其他黑數，包括未提出告訴、私下解決的、或不了了之，或是學校認為不需通報的。

6　吳志光（2014）提到國中、國小的通報案件中，有相當比例被界定為「性別不當互動事件」，但尚非屬校園性侵害性騷擾或性霸凌之概念。

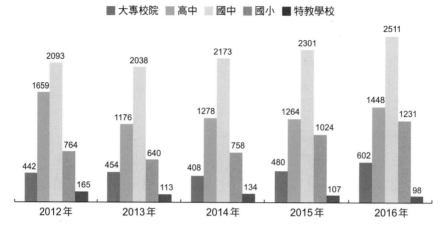

圖11-1　校園性騷擾事件歷年通報件數。
資料來源：教育部學生事務及特殊教育司。

　　早期國內校園性騷擾研究中，謝小芩（1995）與賴友梅（2000）深入的回顧相關文獻，發現所有調查研究或是敘說研究皆顯示女性受害者的比例遠高於男性受害者，而男性加害者往往遠多於女性。羅燦煐（2012）後續檢視國內相關經驗研究也有相同發現，不管是職場、校園、或公共場所的性騷擾，女性是各類場域性騷擾的主要受害者。從2012到2016年全國校安通報系統的資料也有相同的發現，如圖11-2、圖11-3。[7]女性受害人在2012年為男性受害人的4.38倍，在2016年微幅下降，但仍有3.62倍。換言之，「性侵害犯罪的校園化以及性騷擾行為的普遍化，已經對於國內女學生的身體／性自主造成類似流行病的威脅，嚴重威脅到女性集體的人身安全以及身心健康。」（羅燦煐，2005）。

　　值得注意的是，前述統計也顯示男性受害學生逐年增加。晚近數年的國家賠償資料顯示，男學生集體被男老師或男教練性侵的事件駭人聽聞（項程鎮，2011；孫友聯，2010），男學生可能受害的現象往往受到忽略。而在調查屬實的校園性騷擾案件中，2013年男性加害人為女性加害人的17.38倍，隨後兩年稍微下降到11.67、14.47，但2016年則又上升為17倍，女性加害人也比往年增加。這些統計資料的消長變化，說明校園性騷擾的受害人和加害人已

7　教育部（2018），詳見參考文獻。

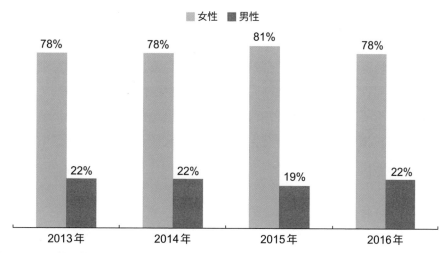

圖11-2　校園性騷擾受害人性別比例。
資料來源：教育部學生事務及特殊教育司。

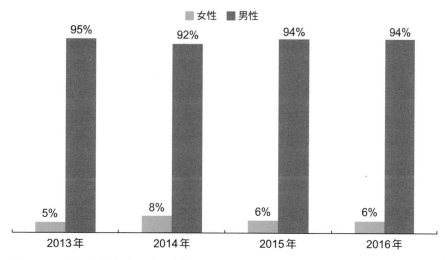

圖11-3　校園性騷擾加害人性別比例。
資料來源：教育部學生事務及特殊教育司。

經不再是特定性別。

　　另外，就教育層級而言，圖11-1的統計資料，呈現國中校園的案件比例一直是各教育層級最高的。同時受害和加害學生的年紀集中在12到18歲，案件當事人關係也以生對生的比例占最多，地點最常發生在學校教室，而歷年來的案件樣態，以肢體接觸為最大宗；其他還有言語或書信、簡訊、視訊騷

擾；偷窺、偷拍；過度追求；網路散布照片或影像等等。最常發生在學生之間，第二出現在教職員工對學生之間，有的甚至具備相當的信任關係。換句話說，校園性騷擾行為，幾乎都是發生在熟識對象之間。就生理性別而言，不只出現在異性之間，也出現在同性之間，對於跨性別者更是不利。雖然案例的嚴重程度不一，引起的反感程度也不同，但是在每個案例中都清楚看見個人身體自主權受到侵犯，身體自主權是基本人權，性騷擾因此是一個跟性或性別有關的侵犯人權的暴力，不可小看。

（二）網路性騷擾：以新手法再製老問題

　　網路科技的發展與智慧型手機的普及，助長網路社群媒體上的性／性別騷擾與性霸凌。長期關注性騷擾議題的婦女新知基金會，早在2009年就針對這個現象，呼籲社會關注網路上的性騷擾，特別是親密關係變調後利用網路傳散侵犯隱私的暴力（趙文瑾，2010）。上網找資料、社交、發表評論，可以說是當代大學生校園生活習以為常的經驗，以下舉2014年某大學靠北版上的網路性騷擾為例，說明若在網路上的發言逾越法律的範圍，不只會出現性騷擾這種告訴乃論的問題，甚至有可能觸犯《刑法》，不可不慎。在這個案例中，某大學男學生在該校靠北版上製造一個子虛烏有的新聞，爆料該校某處室的某位女職員上班時間看日本A片，雖然沒有指名道姓卻輕易可以指認女職員的身分，行文多處使用不堪入目的性語言，意圖替天行道，甚至呼籲網友到廉政署抗議。有些學生不明就裡，誤信網路上的訊息，跟著加害者起舞，成為幫兇，不分性別紛紛留言按讚，甚至呼朋引伴看熱鬧，有的更發表責怪受害者的評論，對當事人造成二度傷害。女職員第一時間到警察局提告，繼而到學校性平會申訴，學校依照《性別平等教育法》（一方為學生）和《性別工作平等法》（女職員的就業權）進行相關調查處置，判定性騷擾成立。

　　從權力關係檢視，在學校的權力位階上，女職員比貼文的男學生看似掌握較多的資源，但若放在社會的性別權力關係，女職員顯然並未有優勢，首先是該處室有那麼多男職員，男學生卻單挑一個女職員，蓄意在該校的靠北版上散播帶著嚴重性意涵的不實傳聞，企圖將之描繪為不知檢點的壞女人，

呼應父權文化長期以來對於好女孩檢點貞潔的再製，特別是許多留言製造好女孩不看A片，壞女孩看A片，以破壞女職員的名節；如果是一個男職員，看A片符合父權社會對於哪個男人不看A片的偏見，無關名節，因此展現性別政治的雙重標準。

除了學校的調查屬實，行為人必須接受性平教育和相關懲處外，本案也進入司法審判，2015年底定讞，行為人被判妨害名譽，觸犯《刑法》散布文字毀謗罪，判處拘役30日，易科罰金每日一千元計算，緩刑三年，並應給付被害人十萬元。[8]值得一提的是，《性平法》的積極精神在教育，這個製造假事件的性騷擾，是在許多學生經常使用的網頁上傳散，因此該校的性平會也在相同的網頁上發表一個澄清整個事件的聲明，作為教育的方式，其中指出學校多方查證調查發現網路文章內容指稱被害人於上班時間看A片等云云，經po文者坦承其內容皆為杜撰並非事實。文章內容以具有性意味及性別暴力文字作為攻擊被害人之武器，雖未指名道姓，但所提供之訊息內容足以辨識被害人是誰。從其文章內容、描寫的情境與脈絡，部分讀者留言呼應混淆事件真偽，使謠言不斷散播讓事件擴大，加重被害人之負面感受。版主、留言者雖然不察，卻同時皆有性騷擾被害人的行為。這個聲明同時也提醒所有在網路上發言的學生，使用社群網站應謹守網路倫理及人我份際，詳閱網路文章，po文、留言回應或按讚前應查明文章內容真偽，避免人身攻擊和以具有性別意涵之文字攻擊他人（東華大學性平會，2015）。

這種在網路上公然傳散的性／性別騷擾，在冒犯手法上或許是新的，但是性別暴力的內涵並未改變，甚至有加劇不良後果的可能。以前案為例，過去的性騷擾經常是個人一對一，或面對面的實體接觸，物理空間有限（教室、研究室、校園、宿舍等等），時間有限，但，網路則是空間無遠弗屆，一個加害人變成眾多加害人，一個時間點變成永遠揮之不去，不斷轉貼，不斷變形，這是晚近幾年在智慧型手機普及的世代，持續出現的新手法的性別暴力老問題，特別是對於親密關係中的網路性騷擾或性霸凌，原本在關係良好的狀態下的親密對話或是照片，當關係變質，如果一方不願分手，極有可

---

8 司法院（無日期，a），詳見參考文獻。

能變成嚴重冒犯個人隱私的性暴力，也就是所謂的「復仇式色情」，或「未經同意散布私密影像」，已經是國際關注的新興犯罪樣態，受害的也往往是女性居多，比例高達90%（張凱強，2016）。

（三）假追求之名，行性騷擾之實：你情，我不願

　　大學校園的性平事件，不乏學生之間愛情關係變調出現的性騷擾申訴案件，或是一方過度追求、另一方無意，導致冒犯對方的身體自主權，往往讓整個案件變成是很難處理的「私事」，甚至衍生學校何必介入「兩個成人私情」的論述，但學校作為教育機構，處理類似事件時，重點必須放在輔導行為人學生相關的情感教育。類似情形，也會出現在教授對大學生的性騷擾事件，有的也是以追求之名、或你情我願作為說詞。教授對學生性騷擾的案件，可以說是各大學最嚴陣以待的案件，被申訴的老師往往會以「學術鬥爭」、「得罪同道」等轉移焦點，在教育界，要處理自己的同事性騷擾學生的事件，也往往讓很多人裹足不前，導致社會傳聞師師相護的困境。一個教授性騷擾學生的案件，如果被申訴的教授以追求學生為由，企圖導向「師生戀」時，校園內就會流傳主張「師生戀」是兩個成年人間的私事，學校、《性平法》不應當介入成人間的感情世界，[9]卻視若無睹除了「你情、我不願」的單方追求，更是蘊含權力不對等的困境。如果真的是兩情相悅的師生戀，怎麼會有一方不悅提告？更何況，師生關係中，即使是「你情我願的」性關係，都不能否認：占有權勢的一方，其實是利用了權勢的優勢，才會獲得對方的性服務，所謂的自願，往往說明對方因為害怕某種處罰性的後果，不敢不遵從，或是不得不屈服在這種權勢之下，「以示上道」。在這種權力極不對等的關係下，「類似女人投懷送抱的說辭，事實上正是加害者在逞一己之快後，用以嫁禍女性被害者的遁詞。」（清大小紅帽工作群，1998，頁8-9）。

9　王曉丹（2014）檢視學界對所謂的師生「戀」提出的論述，不論是從違反倫理到自由戀愛到強調專業倫理、或者是師生戀正常化的解放情慾，她都將之歸結為「自由論」的思維，此種思維所隱含的其實是迴避性、慾望與權力三者間的糾結，不理會三者的互相作用，排除了熟識者之間因不同社會處境所導致的自我認知與親密關係的差異與不對等。

這種假追求之名，冒犯學生身體自主權，同時影響同班同學就學權的例子，具體說明教授濫權。例如，任職MM大學的A教授，企圖要讓某個女學生對他有好感，在授課時特別偏愛這位女學生，不只當事人感到困擾，也影響其他同學的就學權，2014年，MM大學接獲學生向校長反映，A教授有「不正追求且騷擾」在職碩士專班女同學等行為，引發課堂上與女同學口角，造成同學不安之言行，MM大學因此依法交由學校性平會進行調查處理，性平會調查小組斟酌當事人及證人全部陳述與調查事實及證據之結果，以A為大學教師與學生之間有上下監督、教育的關係，卻不顧上下權力關係，追求女同學，不僅使該位女學生感受到性騷擾，其餘同學也覺得身為教師做出這類行為並不妥當，因而判定此乃「不正追求之性騷擾」行為。MM大學依《性別平等教育法》第31條第3項之規定，於接獲性平會調查報告後，依學校教評會之審議結果，認定性騷擾成立，對A教授議處「於身心恢復健康前，停止其擔任必修課程，且應善用所有可能手段，訓誡該教授，令其不得再有追求或騷擾女同學之行徑。」[10]

值得一提的是，針對這種一方糾纏對當事人造成的困境，行政院院會也在2018年4月通過內政部所研擬的「糾纏行為防制法」草案，其中明定糾纏行為是出於「對特定人的愛戀、喜好或怨恨，對該本人、親屬或生活關係密切者，反覆或持續監視、盯哨、撥打無聲電話、要求約會、寄送物品、出示有害個人名譽訊息及濫用個資代購貨物等7大類行為，使人心生厭惡或畏怖。」（行政院，2018）一旦立法院審議通過，新聞版面上經常出現的對特定人的糾纏行為，就會有國家公權力介入，違反者將面臨罰則，以維護人民的身體自主權。

（四）正視異性戀規範對於同志族群的性霸凌

2013年，臉書及PTT上（論壇帳號bubble0410，2013）曾經流傳署名中正大學學生江蘊生的控訴行動，他明白點名該系某位教授，授課提倡保護消費弱勢，卻「看不見同志是弱勢」，需要法律保障婚姻權及伴侶權，他直

---

10 司法院（無日期，b），詳見參考文獻。

言：「XXX，每次你上課的時候就有同志同學坐在臺下看著你，就是我，江蘊生。因為我再也受不了你那偽善的表面，我要起身對抗你不斷以專業的身分說服大家不要支持同志權益。」江蘊生在文章中清楚點出作為學生，面對授課的教授，「我們的權力位階不對等，但只要能讓你看見同志處境，讓你開始真正瞭解權益保障是同志急需的，我不惜豁盡我能做的一切。因為，我再不起來，同志們（包括我）總有一天會被如你一般的仇恨者搞到連容身之處都沒有。」

前例呈現學校虧待校園中的同志學生，真實威脅到同志學生在學校的權益，阻止同志學生愉快地參與、保有學習，正是基於性傾向的歧視。這個曾經在新聞媒體以及PTT網路社群上引起諸多討論的公開事件，說明表面上同志學生跟異性戀學生一樣坐在相同的教室，學習同樣的專業教材內容，但是同志學生並未獲得實質平等的教育，除了學校教育的內容（課程、教科書、教材）至今依然是獨尊異性戀的知識，[11]不曾將性別的多元差異（diversity）當作知識的基調外，有些授課教師以其個人偏頗、過時的宗教觀，對於同志族群的正確知識理解也未與時俱進，在課堂內外的潛在課程，貶低、病理化同志族群的存在，無啻營造敵意環境，不利同志學生自在就學，更可能再製異性戀學生對於同學的誤解與敵意，將個人的信仰擺在教師身分之前，辜負納稅人的期待，令人遺憾。

前述具體說明某些極右派的基督教會運用各種管道滲透到校園，進行反同志的教義宣導，在大學的專業科目、通識課程等，皆一再出現大學教授在課堂上公開貶低同志族群（趙樂，2015）。大部分的學生基於分數掌握在教授手裡，雖然不贊同教授的論述，卻不敢多所抗議，但有的在網路上流傳某位教授反同的論述，有的則利用期末教學評鑑，提醒學校注意，更積極的則利用《性平法》申訴，希望透過學校，伸張同志學生的受教權。校園裡貶抑同志性傾向的語言或行為，若查證屬實，構成《性別平等教育法》有關性霸

11　這個大學教授並非特例，從學前教育、國民義務教育、高中、大學的課程內容，不管是正式課程、潛在課程、運作課程鋪天蓋地傳遞一男一女、一父一母雙親家庭的唯一合法性，不只異性戀學生無法正確認識性別豐富的差異現實，LGBT的學生也無法從學校獲得正面的經驗課程，因此兩敗俱傷，學校教育成為再製異性戀規範的工具。

凌的定義。[12]事實上，《性別平等教育法》與《性別工作平等法》，皆在條文中保障各種性傾向師生的就學權與就業權。《性平法施行細則》甚至規範學校應當致力於同志教育，性別友善校園應積極肯認師生的性別多元差異。CEDAW以及兩公約國際專家審查總結意見，皆點出臺灣的多元性別人權，還有很大的進步空間，對於LGBTI族群的誤解普遍，急需政府更積極地教育民眾。[13]

（五）國際Me Too運動，提升性別暴力的能見度

2017年秋天，從美國延燒到世界其他國家的「#MeToo」運動，[14]說明的正是長期以來太多的性侵害、性騷擾的被害者，因為社會主流責怪受害者、不相信受害者，充滿性別暴力的迷思，例如「要不到糖吃，就告性騷擾、強暴」、「這是兩情相悅，一個巴掌拍不響」、「為什麼她自己要投懷送抱？」、「穿那麼露，難怪讓人有機可乘」、「女生如果自愛，就不會發生這種事」、「連個黃色笑話也開不起，未免太敏感了」等等，讓她們不敢也不能發聲控訴，或是即使控訴也不被認真對待，導致加害者可以橫跨幾十年一再以女性為獵物，在影劇界位高權重、資本雄厚，請得起厲害的律師為自己辯護的男性製片，如Harvey Weinstein，天才老爹Bill Cosby等人，或是在美國奧林匹克體操界呼風喚雨的隊醫Larry Nassar，二十多年來在體操界假借治療，卻對體操選手伸出狼爪，進行性騷擾、猥褻、甚至強暴，幾十年來沒有人願意相信這些少女，讓他們可以持續的在影劇界、體操界狩獵，形成一種鼓勵性暴力的溫床，一種讓加害者可以為所欲為的文化（culture of enablement）（Mack & Lawler, 2017）。美國大學校園亦然，針對這些現象，美國幾個勇敢的大學生因此在全美各校園訪談，並於2015年發表紀錄片，控

12　《性別平等教育法》第2條第5款性霸凌係指透過語言、肢體或其他暴力，對於他人之性別特徵、性別特質、性傾向或性別認同進行貶抑、攻擊或威脅之行為且非屬性騷擾者。

13　有關CEDAW第二次國家報告國外專家審查總結意見，https://www.gec.ey.gov.tw/News.aspx?n=E4427E9C1A766530&sms=985B0E34256FDC9E
　　有關兩公約的國際審查總結性意見，http://covenantswatch.org.tw/iccpr-icescr/2nd_review/

14　https://en.wikipedia.org/wiki/Me_Too_movement

訴學校的不作為、縱容，讓大學校園成為加害者的狩獵場（the hunting ground）。[15]因為有勇氣、堅持不懈出來控訴的眾女性們，經歷各種汙名、威脅、挫敗，要到2017年夏秋，美國社會才開始願意談論、正視這個現象，這個Me Too運動，讓許多躲在暗處的受暴者，可以在網路上或是公開自己「我也是」的經驗，提升社會對於性騷擾、性侵犯等性別暴力的能見度。

四、結語

　　作為公民，認識每個人的身體自主權，進而願意以行動保障這個基本人權，是進步社會的必要條件。法律是保護懂法律的人，我們可以透過廣泛閱讀，認識相關法律可以如何保護自己，並學習主動反擊性騷擾的行為人，旁觀他人被性騷擾時，也可以積極支持被害人。同時，學習對於權力議題敏感，認識性騷擾基本上是發生在權力不對等關係下的現象，如果要重新開創平等的性別文化，就要針對權力關係進行改變。要改變校園、職場和社會上的性騷擾，除了個人式的改變，例如個人長出力量伸張自己的身體自主權，當面抵抗或是主動提告，也更需要組織和文化結構性的改變，例如國家、學校要更積極致力維護校園、職場的性別正義，要求學校、企業落實反性騷擾政策以及處理機制，才能支持一個自在就學、就業的性別文化。不管在哪一個位置，每個人都可以在自己的位置上，為建立安全的環境而努力。

15　https://en.wikipedia.org/wiki/The_Hunting_Ground

問題討論11-1　大家來動腦，行動辨識與反擊

請五人一組上網或分享切身經驗，搜集校園性騷擾的案例，包括人、事、時、地、物等細節脈絡的描述，接著就案例：

一、澄清性騷擾樣態。

二、檢視「性騷擾者」、「被性騷擾者」間，存在何種權力關係？事件發生後，當事人以及旁觀者之間有哪些反應？

三、針對「性騷擾者」、「被性騷擾者」、「旁觀者」三方面，討論可以如何行動，以反擊校園性騷擾？

問題討論11-2　學校該如何處理性騷擾的加害者？

請五人一組討論，以本文所提的三個真實成案的例子，MM大學的A教授、或本文開頭案例的A教授、或利用網路傳散捏造看A片以性騷擾女職員的男大生，你們會如何判定犯行的輕重？從學生的角度出發，討論校園性騷擾事件的行為底線，要多嚴重才該面臨解聘或退學？換句話說，嚴重程度不等的冒犯行為，可以如何在比例原則下被懲處？理由為何，請討論並在課堂上報告。相關懲處依據，可上網參考教師法、各校學生獎懲辦法等。

參考文獻

中文文獻

- MacKinnon, C. A.（1993）。性騷擾與性別歧視：職業女性困境剖析（賴慈芸、雷文玫、李金梅譯）。臺北：時報文化。（原書 *Sexual harassment of working women* 出版於1979）。

- 王曉丹（2014）。性暴力法治的歷史交織。載於陳瑤華（編），臺灣婦女處境白皮書：2014年（頁275-308）。臺北：女書文化。

- 司法院（無日期，a）。法學資料檢索系統。取自http://jirs.judicial.gov.tw/FJUD

- 司法院（無日期，b）。司法院法學資料檢索系統。取自http://jirs.judicial.gov.tw/FJUD/index_1_S.aspx?p=iULZJ3epBCG0j6Ky7M6%2fwzi2BkdM6XXjNJlc0Jwo9Bw%3d

- 行政院（2018）。行政院會通過「糾纏行為防制法」草案。取自https://www.ey.gov.tw/Page/9277F759E41CCD91/51450566-1d51-40ee-a9c2-d1a484d24a8b

- 行政院教育部統計處（2018）。性別統計指標彙總性資料--教育環境。取自https://depart.moe.edu.tw/ED4500/cp.aspx?n=0A95D1021CCA80AE

- 行政院衛生福利部保護服務司（2018）。統計資訊。取自https://dep.mohw.gov.tw/DOPS/lp-1303-105-xCat-cat03.html

- 吳志光（2014）。法入校園。性別平等教育法處理校園性別事件之回顧與展望。性別平等教育季刊，67，41-46。

- 東華大學性平會（2015）。國立東華大學性別平等教育委員會聲明書。取自https://www.facebook.com/hatendhu/posts/343654185839915

- 孫友聯（2010年7月9日）。學生教練性侵童 判賠585萬。蘋果日報。取自https://tw.appledaily.com/headline/daily/20100709/32647324

- 張凱強（2016）。論復仇式色情這當代厭女文化下的網路獵巫行動。婦研縱橫，105，16-21。

- 張萍（2010）。花蓮性侵國賠案紀實─國賠是責任，不是施捨。2010人本會訊，10-15。取自http://hef.yam.org.tw/fundraising/2010/newspaper/p10.pdf

- 清大小紅帽工作群（1998）。校園反性騷擾行動手冊（增訂版）。臺北：張老師文化。

- 陳香蘭（2011）。那一群為校園安全補破網的孩子。中華民國監察院電子信，第二十一期。取自https://www.cy.gov.tw/AP_HOME/Upload/files/ePaper/201101/html/201101.htm

- 項程鎮（2011年5月13日）。台中狼師性侵4小學生，最高法院判賠910萬元確定。自由時報。取自http://news.ltn.com.tw/news/society/breakingnews/495906 http://news.ltn.com.tw/news/society/breakingnews/495906

- 楊佳羚（2002）。性別教育大補帖。臺北：女書文化。

- 趙文瑾（2010）。2009女學生營隊【課程I】拆解數位騷擾18招──網路空間裡的親密暴力。婦女新知基金會。取自https://www.awakening.org.tw/topic/2034

- 趙樂（2015）。教授，請不要用宗教歧視同性戀。性別平等教育季刊，72，69-70。

- 賴友梅（2000）。教育篇，一九九九臺灣女權報告（頁31-52）。臺北：婦女新知基金會。

- 謝小芩（1995）。教育：從父權的複製到女性的解放。載於劉毓秀（編），臺灣婦女處境白皮書（頁183-218）。臺北：時報文化。

- 羅燦煐（2005）。政策面vs.執行面：校園性侵害及性騷擾防治之政策分析、現況檢視及實務芻議。國家政策季刊，4(1)，101-140。

- 羅燦煐（2012）。性騷擾過後：女性性騷擾因應處理之衍生性衝擊。中華輔導諮商學報，33，155-191。

- 羅燦煐（2014）。校園性別事件調查處理之近憂與遠慮。婦研縱橫，101，45-53。

- 嚴祥鸞（2001）。如何創造友善的工作場所。第六屆全國婦女國事會議論文集。

- 蘇芊玲、蕭昭君（編）（2003）。校園現場性別觀察。臺北：女書文化。

- 蘇芊玲、蕭昭君（編）（2006）。擁抱玫瑰少年。臺北：女書文化。

- 論壇帳號bubble0410（2013年11月20日）。一位曾品傑的學生－江蘊生所發的動態。PTT網頁版。取自https://pttweb.tw/lesbian/m-1384890712-a-b4c.html

英文文獻

- American Sociological Association. (2009, August 13). Female supervisors more susceptible to workplace sexual harassment. *Science Daily*. Retrieved from http://www.sciencedaily.com/releases/2009/08/090810025247.htm

- Hsiao, J.J.（蕭昭君）（2014）. From "simply bad luck" to "seeking state compensation"-Recent progress in anti-sexual violations in Taiwanese schools. *Chinese Education and Society, 47*(4), 53-65. Hong Kong. Retrieved from http://www.tandfonline.com/doi/abs/10.2753/CED1061-1932470406

- Mack J., & Lawler E. (2017, Feb 8). MSU doctor's alleged victims talked for 20 years. Was anyone listening? *MLive.com*. Retrieved from https://www.mlive.com/news/index.ssf/page/msu_doctor_alleged_sexual_assault.html

第 **12** 章
多元性別與同志教育

瑪達拉・達努巴克

卓耕宇

現象
發想

參考
文獻

現象
發想

　　2017年5月24日，大法官頒布釋字第748號【同性二人婚姻自由案】，認為：《民法》未使相同性別二人結婚，違反《憲法》第22條保障人民婚姻自由及第7條保障人民平等權之意旨。

　　行政院衛生福利部回應有關民間機構投訴「性傾向扭轉（迴轉）治療」一案，於2018年2月22日公告：「基於性傾向並非疾病，醫學、精神醫學及心理學上均無所稱之『性傾向扭轉（迴轉）治療』，爰該行為不應視為治療，也不應歸屬為醫療行為。如有任何機構或人員執行『性傾向扭轉（迴轉）治療』，應依據實質內容、事實，認定是否違反《兒童及少年福利與權益保障法》或《刑法》第304條『以強暴、脅迫使人行無義務之事或妨害人行使權利』強制罪等相關法規處辦。」違者處新臺幣十萬元以上五十萬元以下罰鍰，得併處限制執業範圍、停業處分一個月以上一年以下或廢止其執業執照；情節重大者，並得廢止其醫師證書。

　　臺灣的同志運動從1990年左右開始，隨著同志爭取自由平等人權，臺灣社會也越趨理解同志處境。直至2018年，同志遊行已遍地開花，臺北、高雄、臺南、宜蘭、花蓮、臺東、新竹、臺中城市舉辦同志遊行與社會對話，參與人數更逐年攀升。透過教育，我們期待社會大眾能正視多元性別與同志所面臨的壓迫處境，從認識、理解、接納到能具體實踐共善的人權價值。

一、前言

　　妳／你從什麼時候開始接觸「同性戀」、「酷兒」或是「同志」這些詞

＊　感謝審查人游美惠、白爾雅、黃淑玲及畢恆達，提供專業修改意見，是本章變得更好的原因。

彙呢？妳／你身邊有認識的同志朋友嗎？妳／你身邊的人都怎麼討論同志議題呢？過去很長一段時間，「同性戀」曾經被視為一種精神疾病，直到1973年，美國精神醫學會（American Psychiatric Association）才將同性戀從心理異常名單中移除；世界衛生組織編制的疾病分類（International Statistical Classification of Diseases and Related Health Problems，簡稱ICD）也曾將同性戀列為疾病之一，但在1990年5月17日的大會中決議，將同性戀自疾病列表中刪除。這也是5月17日成為「國際不再恐同日」（International Day Against Homophobia）的由來。這個「不正常」、病理化的汙名仍影響著人們對於同志的看法。

概念辭典

同性戀恐懼症（homophobia／LGBTQ-phobia）

　　同性戀恐懼症通常簡稱為「恐同症」。簡單地說，「恐同症」就是「恐懼同性戀的行為和心態」，舉凡對同志戒懼、打罵，甚至殘殺，都是恐同症的產物（游美惠，2003）。晚近更有延伸此概念，發展出「雙性戀恐懼症」（biphobia）、「娘娘腔恐懼症」（sissyphobia）、「變性恐懼症」（trans-phobia）等名詞，都是跟性身分認同歧視相關的種種表徵。因此，不論是人們在意識或潛意識中因為對同性戀或同性情慾持有負面態度，而表現的不友善行為，甚至視為理所當然；或是社會的制度與結構層面對於同志的漠視或汙名，產生文化層面的壓迫，卻習以為常。

　　臺灣在2004年通過了《性別平等教育法》，然而，十幾年來，因為性別歧視而遭致迫害的事件仍然持續發生。2012年4月17日由多個性別同志社群發起的「友善臺灣聯盟」，公布了一項以LGBTIQ為對象的網路調查報告，共有2,785份有效問卷。填答者其中有35%為女同性戀、39%為男同性戀、20%為雙性戀、2%為跨性別，另有4%為性別不確定者，平均填答年齡24.3歲，年紀最小者為14歲。調查顯示有高達58%的受訪者曾經遭受他人傷害，包括肢體暴力（占14%）及遭到人際排擠（占54%）；更有高達91%曾受到傷害的受訪者中，常在日常生活中遭受

語言暴力的威脅，諸多壓力下，使得有29%的受訪者曾有自殺的企圖。[1]

由此可知，多元性別與同志教育的實施具有急迫性與重要性。《性別平等教育法》積極保障多元性別學生的平等受教權，更於施行細則第13條具體揭示：「性別平等教育相關課程，應涵蓋情感教育、性教育、同志教育等課程，以提昇學生之性別平等意識。」讓學生能透過看見、理解同志／多元性別，進而學習尊重差異並肯認價值。

本章除了引介同志研究理論外，並將介紹臺灣本土同志運動與教育實踐的推展與反挫，透過理論概念、議題深探進而讓讀者反思一向視為理所當然的性別框架與價值，提升對於多元性別的認識與性別友善的敏感度。

二、理論與概念

（一）同志認同

澳洲心理學家凱斯（Vivienne Cass）以人際一致理論（Interpersonal Congruency Theory）發展出同性戀者自我認同之交互作用模式，又稱之為性別認同形成模式（Sexual Identity Formation）（Cass, 1979）。凱斯認為：同志在還沒有意識到自身的同性戀特質的意義之前，個體即已在社會化過程中形成「反同性戀」（anti-homosexual）與異性戀的自我意象（p.222）。隨著個體開始覺知自己的同性戀特質，就會開始鬆動原有的預設，而漸漸調整及形成同性戀認同發展：認同困惑（identity confusion）、認同比較（identity comparison）、認同容忍（identity tolerance）、認同接受（identity acceptance），到認同驕傲（identity pride）「同性戀不是病，以作為一個同志為榮！」，此時個人表達了極強的同志社群與文化認同，較為極端的感受於是衍生出「圈內人／局外人」的對立態度，到最後一個階段是認同統整

---

[1]　參考2012年4月18日《自由時報》報導（謝文華、胡清暉，2012）。以2011年某一國中生自殺事件為例，反映出社會中潛在的異性戀中心，形構的恐同氛圍仍造成青少年極大程度的自我否定。該事件發生後，引發同志社群譁然，尤其該事件發生在當年臺灣同志遊行的後一天。有網友（湛藍排骨，2011）拍攝影片，記錄許多同志到該生國中校門哀悼的情況。

（identity synthesis），個人自我認同因而有了較為完整的整合。

　　這個發展歷程提供作為理解同志在異性戀社會化的過程中，可能會遭遇的歷程。但也有學者提出批判意見，認為Cass的理論是以線性模式來解釋性認同的發展，過度簡化了認同發展的歷程（劉安真，2000）。此理論模式未能解釋同性戀之外的認同狀態，陷入「非同即異」（一個人不是同性戀，就是異性戀？）的二元思考，忽略了性身分認同的多元性與差異性。

> **概念辭典**
>
> **LGBTIQ（Lesbian, Gay, Bisexual, Transgender, Intersex, Queer）**
>
> 　　詞彙與類型的使用，展現了語言文字背後的權力與侷限性，「同性戀」、「同志」泛稱之下，性別的多樣更不可忽視。性別相關文獻論述中，常看見「LGBTIQ」這樣的簡稱，它其實涵蓋了女同志（lesbian）、男同志（gay）、雙性戀（bisexual）、跨性別（transgender）、間性人或陰陽人（intersex）、酷兒（queer）等不同身分認同。

　　過去臺灣社會的性別教育資源不足，認同自己是男／女同性戀或雙性戀得耗費相當長的時間，有些人可能需要經過許多歷程。對某些人來說，意識自己不是異性戀，或感覺到不同於異性戀的經驗，從摸索到自我覺醒，都可能會因為所處情境對於同性戀的壓制或友善程度不同，在同志認同的過程中也會有所差異。

（二）強迫異性戀

　　美國女性主義詩人芮曲（Adrienne Rich）於〈強制異性戀和女同性戀存在〉（Compulsory Heterosexuality and Lesbian Existence）一文中提出「強迫異性戀」（compulsory heterosexuality）的概念，她認為在父權社會之中存在著一種異性戀的預設及強迫，也就是說，每個人都被視為理所當然的異性戀者，將異性戀視為兩性之間一種自然的傾向或義務。若有人有別於異性戀的常態，則會被視為不正常或可憎恨的對象。在兒童成長的過程中，普遍會被視為異性戀，然後長大之後會跟異性結婚（Rich, 1999/1980）。

　　女性主義哲學家柯采新（Cheshire Calhoun）提出性傾向壓迫（sexuality injustice）的概念，認為我們的社會習慣、規範與制度都依著異性戀結構的需

求來設計，製造身體與文化上的兩種性別──陽剛的男人與陰柔的女人，然後慾望才能被異性戀化。就連反對扮裝、男人婆與娘娘腔等性別越界的禁令，也要把慾望異性戀化，更助長了這種性別二元區分的意識形態。社會小心地教育小孩，特別是青春期的男女，讓他／她們準備好進入異性戀的互動方式。異性戀社會更理所當然地認為：男人與女人會有親密關係，然後建立家庭。所以社會傳統、經濟安排與法律結構都把異性戀伴侶當作唯一且極為重要的社會單位。也因此，同志在這樣的社會處境下，情感、慾望、居家與生活等都變得不真實（Calhou, 1997/1995）。

人們生活於強迫異性戀機制（compulsory heterosexuality），打從出生就理所當然被當成異性戀看待，不論是家庭、社會或文化的潛移默化，或是教育體系的課程與教學，都在實踐與灌輸異性戀價值思考。強迫異性戀機制無所不在，甚至理所當然地誤認為異性戀才是情慾表現與性別認同唯一、正確、正常的表現，也形成對非異性戀、非性別二分的同志的敵意。

概念辭典

現身／出櫃（coming out）

走「出」衣「櫃」（coming out of the closet）是一種同志身分現身的隱喻。在強迫異性戀機制的社會中，每個人被假定為異性戀者，揭露自己的同志身分，彷彿「現身」的動作，也像是從隱形的櫃子中走出來的狀態。現身是一個持續不斷的生命歷程，個別的同志需要經歷克服強迫異性戀機制所建構的羞愧及困惑感，才能同時接納自我，進而向他人揭露自我的同志身分。

同志族群對於現身與否，所處環境的同志友善程度是最大的考量之一，不論是校園或是職場，貿然在隱含著歧視與偏見的空間中現身，甚至被迫現身，或許會帶來不同程度的影響。例如：被迫離開目前的工作，甚至被施以性別暴力，或是更能夠坦然與他人互動等。不過，我們可以同時反思，作為一個多數的異性戀者需不需要出櫃？抑或無時無刻都在出櫃（透過日常的言說與行為揭示異性戀身分）而不自知？

恐同的體現不只發生在異性戀族群對於同志的厭惡與歧視，同志也會對自己的性身分感到焦慮不安。這樣的焦慮正突顯也反映著社會對於同志的不友善與汙名，同志往往透過他者的錯認（misrecognition），而內化了社會對同志的歧視與敵意，甚至接納了異性戀中心的價值、信念、態度與規範，成

為對自己的評價標準，而終於變成自己內在的心理特質或人格特質的一部分，即「內化的恐同」（internalized homophobia）。

根據《性別平等教育法》，學校應建構友善多元性別的學習環境，避免因學生的性別而有差別對待。因此，在施行細則中提到，為了提升學生的性別平等意識，性別平等教育的實施應包含同志教育。游美惠（2013）提出RARE（珍稀）

圖12-1　2018年在臺南舉辦的第三屆彩虹遊行，親子同遊的主題倡議性平教育與同志教育要從小紮根。
資料來源：卓耕宇提供。

架構，以建構同志教育的內涵：1. 承認同志的存在（Recognition）：看見同志學生的主體需求，提供同志學生自我認識所需要的知識與資訊；2. 反異性戀中心（Anti-heterosexism）：因為社會異性戀中心的預設，非異性戀者的行為、身分認同或關係常被汙名化（stigmatization），學校教育應該透過課程以揭示歧視及背後運作的機制；3. 尊重同志（Respect）：學習同志文化、理解同志社會處境，不對差異文化妄加評斷；4. 增能培力促進平權（Empowerment & egalitarianism）的架構：積極發展同志友善空間、創造協助同志學生的資源（如成立社團、舉辦講座）。

因此，同志教育有其更積極的增能與培力面向，也是性別平等教育中無法切割的一環。透過肯定同志與多元性別存在的教育行動，學習看見、理解、同理與肯定彼此的性身分認同，進而在日常生活中有能力去覺察，並願意透過具體行動，改善因性傾向歧視而衍生的各種不平等。

概念辭典

同志教育（LGBT education）

　　漢語翻譯脈絡下的同志教育，受制於語言的侷限性，往往容易被窄化或誤解，英語文獻中的同志教育多以LGBT education一詞描述。以下幾個提問也許可以勾勒此教育的內涵，例如：同志教育的實質內涵是認識同志的課程，還是教同志如何在異性戀主流中生存？教學的主體是給相對少數的同志或多元性別學生、異性戀學生或每一個學生？在臺灣性平教育不但要提供無性別歧視與差別待遇的友善學習環境，更要提供每個學生看見差異、認識多元、學習尊重的同志教育。

（三）多元性別

以生物基礎來看，性別是藉由生殖器官差異而分類，一般粗略區分為男、女兩性。但事實上，即便基於個體生物基礎上的差異，性別仍會基於基因、賀爾蒙等因素而有多元樣貌。生物學上的性別分類，其實也是各個社會依特定的目的所建構出來的。其次，每個人的性別認同、性別特質，也不是一個非異即同的絕對二分，性別的樣貌如同光譜一般，有各種各樣的可能性。

然而，生理性別無法完全決定了一個人的性別認同，而性別特質的陽剛（masculinity）或陰柔（femininity）也未見得與生理性別一致。光譜原本是指光經過折射而產生的無限多種色彩，從紅色到藍色的可見光，包括不可見光，用光譜作為性別的多樣性，也是在說明性別的樣態有無限多種。即便是生理性別，仍無法簡單分類，如：間性人或陰陽人（intersex）或變性人（trans-sexual），決定性別的因素不只是染色體，賀爾蒙及性腺等不同狀態都會影響生理性別的樣態（蒙塔涅斯，2017）。我們所熟知的「男、女有別」，也是人類社會的建構，是特定歷史的產物，從不同的社會文化中對於生理性別的分類便可得知。

在性別光譜的動態中，陰陽人挑戰了「性別是基於生物基礎」的觀念。國際陰陽人組織（OII）致力於改變過去因為強制性別二分的醫療觀念，而在陰陽人出生之初，未經本人同意即採取所謂的「正常化治療醫療」措施。OII也倡議反對將陰陽人因意識到自己的性別被錯誤判定時，所產的焦慮狀況，診斷為性別焦慮症或性別認同障礙。OII中文版的代表人丘愛芝在出生時就被決定了性別。在經歷種種困難之後，有機緣接觸到陰陽人身分認同的概念，終於找到建立自己的性別定位。他在接受媒體訪時提到：「如果我有

選擇的話，那我還蠻希望，我能夠有機會保有完整的身體。」[2]因此，OII主張：所有的人都有權力不受醫療或政府的介入，可以等到孩子長大後，有能力充分討論之後，再讓孩子自主決定自己的性別，這是基本人權。

性別認同（gender identity）是個人主體認定：自己比較符合社會定義或期待的「男性」或「女性」？兩種都不是？或是在兩者之間？或者，你的性別是座落在性別認同的光譜之外？只有自己才能認定。性別表達（gender expression）是個人有意或無意地透過行為、裝扮、舉手頭足及互動，依據個人透過自己對所屬社會文化中的性別角色的詮釋與感知，來展示自己的性別，例如：男生穿褲子、女生穿洋裝（Killermann, 2014/2016）。當個體自認需要透過手術改變身體的性特徵及身分別，應尊重其自主性及差異。2013年美國精神醫學會修訂的診斷手冊第五版（DSM-5）中，對於跨性別者（transgender people）的除病化，有了突破性的進步與改變。診斷手冊將跨性別者從性別認同錯亂（GID）的項目中移除，不再被視為一種心理疾患，而在更著重不同文化差異的脈絡下，給予重新命名與診斷：性別不安（Gender Dysphoria）。美國精神醫學會以平等正義的觀點，透過此一行動為跨性別者去汙名。

我們進一步參照其他社會文化對於性別類屬的建構，除了男、女二分還有哪種不同的性別分類？印度南亞地區將表現偏陰柔特質、偏「女性」角色的生理男性稱為「海吉拉」（Hijra），原意為「神的使者」、「神的新娘」，而實際上，在一般印度人眼裡，不男不女的海吉拉等同賤民。他們是印度最受輕視、最孤立的群體，被排斥在社會的邊緣，生活在陰暗的世界裡，遵循著自己的習慣和規矩，與一般人保持一定的距離。近年來，海吉拉們奮發求存，她們的精英份子勇闖政界、時裝界，在社會嶄露頭角，儼然成為印度社會兩性以外的「第三性力量」。夏威夷稱中間的性別為「馬厎」（mahu），在傳統文化中背負傳承文化的特殊社會角色。當代的跨性別者，亦使用這些傳統文化中既有的性別類屬，來定位自己的社會位置。

現今，已有越來越多的國家開始思考性別二元的限制，而肯認多元性別

2　新聞採訪報導請見陳昌遠（2017）。

的存在並給予合法的地位。例如：澳洲於2011年9月15日依「消除歧視變性人及男女性向不明者新指導方針」，為了消除性別認同及性取向的歧視，護照上的性別登記有三種選擇，分別為男性、女性及未定（indeterminate）（X）。[3]而跨性別者（transgender 或transsexual）若通過身體檢查、心理健康檢查等等關卡，接受完變性手術後可以合法變更性別登記。另外，阿根廷國會於2012年5月10日通過法令，一個人的性別只要自己認定，不必經過種種心理諮詢或醫療手術程序，法律即予以認定其對於性別的變更。[4]這些法律上的變革，都是對多元性別人權的保障，鬆動了強迫異性戀機制對人所形成的壓迫。

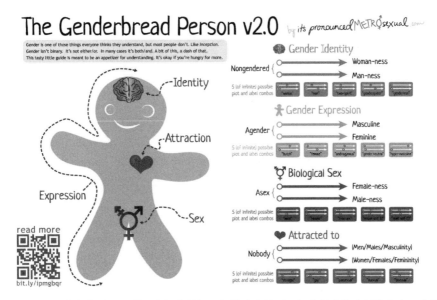

圖12-2　性別麵包人——「大家都自以能理解什麼是性別，但大部分的人都沒能真正瞭解。性別可以分為「認同、表達及生理（sex）」三種類別，並不是「非此即彼」（"this or that"），而多是有多層次的「複合」（"this and that"）。創作者以性別麵包人以性別認同、性別表達、生理性別及性取向，表現出每一個人獨一無二的性別樣貌。
資料來源：Killerman (2014/2016). Retrieved from http://itspronouncedmetrosexual.com/2012/03/the-genderbread-person-v2-0/.

3　相關報導請見陳成良（編譯）（2011）。
4　相關報導請見彭懷棟（編譯）（2012）。

三、議題深探

　　以下分「媒體與論述中的同志」、「同志與原生家庭」與「同性婚姻合法化」等三個議題，探討同志的處境與多元性別主體如何在「異性戀中心」結構裡被建構，進而反思如何透過對話與理解，讓更多人理解多元性別的概念與實存。

（一）媒體與論述中的同志：同志議題的綜藝化與問題化

　　雖然今日我們在傳播媒體、藝文、時尚等領域都隨時可見同志的身影，不過，仍存在對於同志的歧視與偏見。這反映在媒體處理同志議題的問題化、綜藝化手法，有人會反駁說這是一種報導或是節目效果，只不過是再現（represent）了社會的恐同，但也可能複製且加深了同志汙名。因此，檢視新聞媒體對同志負面報導的同時，揭發背後潛藏異性戀中心的意識形態。

　　另外，網路上可能會有許多歧視同志的言論，藉科學研究或似是而非的言論加深同志的汙名。例如：國際性基督教組織「走出埃及全球聯盟」聲稱可以醫治與「矯正」同性戀，但其實，該組織創始的「英國走出埃及」早在2001年解散，甚至創辦「走出埃及全球聯盟」的創始人與幹部，為自己過去錯誤地誤導人們相信同性戀需要被矯正而向全世界公開道歉。[5]透過批判性的討論，停止大眾傳播及論述內容對同志的歧視汙名作用。

　　同志不是流行文化的娛樂話題，而是真實的生命。同志團體建議：「廣電業者應提供其員工性別平權及包容多元性別之相關教育訓練，並宜搭配具體案例分析比較，以強化從業人員之性別平權觀念。」（台灣同志諮詢熱線，2018）。

（二）同志與原生家庭：同志出櫃、父母入櫃？

　　有別於西方的社會脈絡，臺灣多少仍承襲著強調家庭與孝道的文化傳統，並幽微且深刻地影響著每個人。即便不同的都市化程度帶給家庭型態不

5　「走出埃及全球聯盟」的創始人與幹部公開道歉影片（Former Ex-Gay Leaders Apologize）。取自http://www.youtube.com/watch?v=gQ87ZMfx5lA&feature=share

同層面的解構，卻也不難理解同志與原生家庭的拉扯與協商。家庭，既是逃離的空間，也可能是安全的避風港。從個人到家庭，出櫃，成為一個說與不說的文化難題，無關對錯，非關孝道。

圖12-3　高雄市舉辦同志公民運動，舉行港都最佳扮裝國王／皇后大賽，吸引全臺灣各地多元性別人士參加，以精彩的舞蹈、歌唱才藝，讓民眾認識性別表達的多元樣貌。
資料來源：瑪達拉・達努巴克提供。

　　在臺灣的社會脈絡中，家庭一直是最主要的社會組織單位，畢恆達（2000）在男同性戀現身與父母態度的研究中指出：同性戀是父權社會中具有「缺陷」的性別他者。在同性戀被建構為變態、不正常之異類的社會中，同志的家在哪裡？周華山（2000）在比較西方與華人現身條件的差異時，指出華人現身所面臨的最大障礙，並不是來自於政府、法律、宗教、工作或朋友，而是家庭，其中以父母為甚，因此常採取非對抗式的「心照不宣」為最佳策略。朱偉誠（2000）也指出在華人社會裡，個人並不是孤立自主的個體，而是不同於和諧社會關係網絡中的一員；「不孝有三，無後為大」的傳宗接代觀念帶給同志極大的婚姻壓力；懼怕父母無法接受同性戀以及現身會帶來的親族壓力，加上對於原生家庭的經濟壓力，使得「家／族」成為臺灣同志現身最大的障礙之一。

　　在強迫異性戀的社會氛圍中，當同志向父母出櫃，父母缺乏資源去處理被視為禁忌的話題，儘管在孩子出櫃後可能面對很大的壓力與衝突，父母也只能獨自面對。因此，有「同志出櫃，父母入櫃」的說法。長期以來，台灣

同志諮詢熱線在各地舉辦同志父母親人講座，協助孤立無援的同志親人，提供認識同志的資源及情感支持。許多經歷孩子出櫃議題的父母，有感於父母支持資源的重要性，集結在一起成立「**櫃父母同心協會**」，提供更多諮詢陪伴與協力，這樣的過程都是肯認差異與愛的行動。如一位同志母親郭媽媽說：「對同志孩子來說，有了父母的陪伴，就算遭受外界排擠和異樣的眼光也依然能夠勇敢做自己，而這些同志父母其實也想告訴孩子，請給爸媽一個機會，同志的這個人生的艱難課題，讓全家人一起學習、共同來面對。」用行動化解隔閡，以學習來增長力量。[6]

問題討論12-1

請搜集一至兩篇與同志議題有關的新聞報導，然後檢視其文字敘述，運用本文所提供的概念，反思是否透過語言文字呈現「同性戀恐懼」或是異性戀單一價值的評斷，並嘗試改寫此篇報導，讓它成為更具性別敏感度與同志友善的媒體放大報導或問題化呈現。

問題討論12-2

國內外有些同志跟父母「出櫃」的影片流傳在網路上，請觀看一部影片，觀察父母在得知小孩是同志時的反應。在你／妳生活周遭的朋友及親人，若得知自己的小孩是同志，可能會有哪些想法？你／妳怎麼回應這些想法呢？

（三）同性婚姻合法化：同志成家路上的反挫與希望

2016年5月24日大法官釋字第748號「同性二人婚姻自由案」具體揭示：「《民法》第4編親屬第2章婚姻規定，未使相同性別二人，得為經營共同生

6　新聞採訪報導請見陳汎瑜、張書銘（2011）。

活之目的成立具有親密性、排他性之永久結合關係，於此範圍內，與《憲法》第22條保障人民婚姻自由及第7條保障人民平等權之意旨有違。」釋憲案之後，除了立法與行政怠惰以外，反同婚陣營反而藉由門檻越修越低的《公投法》，操弄反同情緒於2018年提出三個反同公投法案。在這個過程中，將有多少歧視的言論正傷害多少隱身的同志族群，都是看不見卻真實的傷！

同志不應該再被排除在平等與自由的基本人權保障之外。近年來

圖12-4　2016年正當同志婚姻合法化人權爭取之際，長期投身同志運動，倡議婚姻平權及同志權益的臺北市南松山信義區立委參選人呂欣潔，與交往多年的同性伴侶公開舉行婚宴，讓社會大眾能真實認識同志的婚姻，進一步有相互尊重共融的精神實踐。
資料來源：呂欣潔提供。

在「婚姻平權」、「修民法取代立專法」的討論當中，就可以從反對婚姻平權的立場，發現持續透過以誤導的文宣與製造恐懼的手法。例如「同志教育是教孩子變成同志？」、「同志婚姻造成亂倫？」、「增加健保愛滋負擔？」，宣稱「一夫一妻的婚姻才是傳統家庭價值？」等，都讓同志爭取平權之路蒙上陰影。反同的說辭僅以單一宗教的道德立場做判斷，而非基本人權與公民權益的思辨。

全球的同志運動團體都積極投入爭取人權與法律保障，婚姻平權雖然不是同志運動的終極目標與唯一路徑，卻是一個國家社會實踐平等的象徵。回看世界上其他國家婚姻平權之路，有些選擇迴避使用「婚姻」（marriage）這個詞彙，而讓同志得以「註冊伴侶」（registered partnership）取得公民結合部分權利，其法律地位相較於締結婚姻關係的配偶仍有差別。臺灣在「修民法」與「立專法」也有類似的爭辯。支持直接修《民法》以包含同性伴侶適用現行的民法婚姻，同性婚姻不應與異性關係有所區隔，「立專法」就是一種制度性的歧視。

臺灣有越來越多同志伴侶已組成同志家庭，如「同志家庭權益促進會」等民間組織近年來更積極發展同志家庭在生育、生產及育兒、家庭照顧等議

題上倡議。美國心理學會（American Psychological Association, 2005）也發表了一份摘要，綜合了59份關於同性家庭撫養孩子的研究報告，結論指出：「沒有研究能證明女同志或男同志不適合擔任父母，同志撫養的小孩與異性戀扶養的小孩在心理發展程度上也相當，並無顯著的優劣之分。事實上，研究證明同志父母所提供的家庭環境，與異性戀父母提供的家庭環境一樣，都能支持且幫助兒童的心理社會成長（psychosocial growth）。」（p.15）。

四、結語

　　近年來臺灣各地出土的同志敘事越來越多元，呈現同志議題在不同族群、性別與階級交織的複雜性。林津如（2011）使用猶太裔女性主義學者Nira Yuval-Davis「女性主義縱橫政治」（feminist transversal politics）的概念，並翻譯為「交織政治」，提出臺灣特殊歷史文化脈絡底下同志身分的交織性，藉以討論邊緣同志議題的複雜性：邊緣同志要呈現這些

圖12-5　2016年12月10日「讓生命不再逝去，為婚姻平權站出來音樂會」，原住民朋友代表上臺致詞表達對婚姻平權多元平等價值的支持與肯定。
資料來源：瑪達拉・達努巴克提供。

主體複雜、流動、多樣的生命經驗，希望臺灣同志運動圈能看見同志的差異，不再以少數、都會、菁英的經驗代表全體同志。以排灣族原住民同志處境為例，在排灣族面對殖民統治的情況下，為了不受同化影響而保留了傳統文化，但同時也強化了異性戀婚姻在排灣族社會的重要性。因為在結婚過程中會對階級階序重新確認，強迫異性戀機制在當代排灣族社會更難以撼動，讓排灣族同志的自我認同空間遭到限制，與族群的集體認同也產生了矛盾。加上排灣族部落高度基督宗教化形成恐同氛圍，以及工業化資本主義帶來的

社會效應，使得排灣族同志在面對社會壓迫處境時的社會資本更顯薄弱，這
與臺灣漢人同志處境脈絡有很大的差異（瑪達拉‧達努巴克，2015）。

　　正如批判教育學所主張：「教育就是政治」（education is political）的概
念，對同志友善的教育關照，是需要時時反思主流教育中的邊緣議題、異性
戀中心思考外的多元性別、教學互動關係中的差異與尊重、校園生活中的恐
同與歧視等微觀的面向。希望本章簡短的引介，不論是師生校園生活的個人
面向，或是結構制度中的性別關懷，都能提供讀者切入反思的契機，並展開
同志友善的生活實踐及教育行動。

> ### 🔍 問題討論12-3
>
> 　　妳／你知道目前全球通過同志婚姻合法化的是哪幾個國家？在臺
> 灣，妳／你對於同志伴侶法或同志婚姻合法化的立法有何看法？有立法
> 保障的同志婚姻是否就會造成社會問題？還是基於公平正義原則，每個
> 人都應享有法律與國家社會福利的權利與義務？除了傳統異性戀的家庭
> 型態，生活周遭還可以觀察到哪些多元的家庭型態呢？試分享妳／你的
> 看法。

參考文獻

中文文獻

- Amanda Montañez（蒙塔涅斯）（2017）。別只看XX或XY。科學人，188，50-51。

- Calhou, C.（1997）。性傾向壓迫。載於張娟芬（譯），同女出走（頁141-201）。臺北：女書文化。（原書*Leaving home*出版於1995）。

- Rich, A.（1999）。強制異性戀和女同性戀存在。載於顧燕翎、鄭至慧（編），鄭美里（譯），女性主義經典：十八世紀歐洲啟蒙，二十世紀本土反思（頁299-320）。臺北：女書文化。（原書出版於1980）。

- 台灣同志諮詢熱線（2018）。2017台灣同志（LGBTI）人權政策檢視報告。取自https://hotline.org.tw

- 朱偉誠（2000）。臺灣同志運動／文化的後殖民思考：兼論「現身」問題。載於何春蕤（主編），從酷兒空間到教育空間（頁1-25）。臺北：麥田。

- 周華山（1997）。後殖民同志。香港：香港同志研究社。

- 周華山（2000）。性別越界在中國。香港：香港同志研究社。

- 林津如（2011）。「女性主義縱橫政治」及其實踐：以臺灣邊緣同志為例。載於游素玲（主編），跨國女性研究導讀（頁17-48）。臺北：五南。

- 畢恆達（2000）。男同性戀與父母：現身的考量、策略、時機與後果。女學學誌，15，37-78。

- 陳成良（編譯）（2011年9月16日）。消除性別歧視／澳洲護照性別欄新增X選項。自由時報。取自http://news.ltn.com.tw/news/world/paper/524476

- 陳汎瑜、張書銘（2011年1月17日）。用愛接納 勇敢櫃父母。華視新聞網。取自https://news.cts.com.tw/cts/general/201101/201101170654203.html#.W4PDcs4zb3g

- 陳昌遠（2017年8月29日）。我沒有恨——台灣首位現身陰陽人丘愛芝專訪。鏡週刊。取自https://www.mirrormedia.mg/story/20170825pol015/

- 彭懷棟（編譯）（2012年5月12日）。阿根廷新法：性別自己說了算。聯合報。取自http://sexnews.twfriend.org/?p=15566

- 游美惠（2003）。同性戀恐懼症（homophobia）。兩性平等教育季刊，25，120-122。

- 游美惠（2013）。推動同志教育，營造友善校園：一些初步構想。性別平等教育季刊，64，38-47。

- 湛藍排骨（2011年11月5日）。我想你要走了——紀念鷺江國中楊同學。公民新聞網。取自https://60-199-249-8.static.tfn.net.tw/news/86629

- 瑪達拉・達努巴克（2015）。在處境脈絡中認識原住民性別。婦研縱橫，103，18-37。

- 劉安真（2000）。「女同志」性認同形成歷程與污名處理之分析研究（未出版之博士論文）。國立彰化師範大學輔導與諮商學系。彰化。

- 謝文華、胡清暉（2012年4月18日）。台灣同志 近3成曾想輕生。自由時報。取自http://news.ltn.com.tw/news/life/paper/576786

- 顧燕翎、鄭至慧（主編）（1999）。女性主義經典：十八世紀歐洲啟蒙，二十世紀本土反思。臺北：女書文化。

英文文獻

- American Psychological Association (2005). *Lesbian & gay parenting*. Retrieved from http://www.apa.org/pi/lgbt/resources/parenting.aspx

- Cass, V. C. (1979). Homosexual identity formation: A theoretical model. *Journal of Homosexuality, 4*(3), 219-235.

- Killermann, S. (2014/2016). Breaking through the binary: Gender explained using continuums. *www.ItsPronoucedMetroSexual.com*. Retrieved from http://itspronouncedmetrosexual.com/2011/11/breaking-through-the-binary-gender-explained-using-continuums

性別、交織性與
政策創新

第13章
男子氣概的建構與新貌

黃淑玲

白爾雅

現象發想

參考文獻

現象
發想

演員賈斯汀・巴爾多尼（Justin Baldoni）在TED的演講「為什麼我不再試著表現得『夠男子氣概』」，分享了自己重新定義男子氣概的經驗，也建議所有男性，不只是要成為「好男人」，更重要的是成為「好人」。他給了男人一項挑戰：「你們是否能夠用那些讓你們覺得自己像男人的特質，來更深入你們自己。」他問：「你們的力量、你們的勇氣、你們的強悍：你是否勇敢到敢於脆弱？你是否強壯到可以很敏感？你是否自信到可以傾聽你人生中的女人的聲音？」

請聽聽他的演講，男同學你有相同感受嗎？你願意試著不再表現得「夠男子氣概」嗎？女同學妳贊成巴爾多尼的說法嗎？[1]

一、前言

什麼是男子氣概？本文作者曾於多年前訪問許多不同年紀的男性，年輕的大學生往往摸不著頭緒，大都猜是體型、動作或個性很man的人。反倒是40歲以上的受訪者，年紀越大，體驗越深，他們的答案大致涵蓋以下四個要素：（1）勤勞、負責；（2）稱職負責的兒子、丈夫與父親；（3）與人為善，鄰里推崇；（4）工作穩定或事業有成（黃淑玲，2006）。可見在臺灣，男性氣概與家庭責任密切相關，即使大學生尚無明確概念，但他們仍從小就接收許多男子氣概的訊息，例如，不能哭、要勇敢、要堅強、不要扭扭捏捏、不要像女孩子等等。這些男子氣概的規範看似正向、無害，實際上就

---

* 非常感謝蔡麗玲教授、畢恆達教授極為仔細審閱本文，以及高穎超教授建議本版論文的修改方向與提供重要新文獻。三位的精闢意見讓本文精進許多。

1 賈斯汀・巴爾多尼（Justin Baldoni）（2017）。為什麼我不再試著表現得「夠男子氣概」（Why I'm done trying to be "man enough"）。TEDWomen。

像巴爾多尼的反省，男性力求自己表現得夠男子氣概，卻可能帶給自己、家人與社會難以彌補的傷害。如何重新定義男子氣概，如何排除有害的男子氣概，正是男性研究的終極目標。

本章探討臺灣男子氣概的建構與新貌。首先介紹三種重要的男子氣概理論：霸權男子氣概、文武陽剛特質、性別與象徵暴力，並借用這些概念分析臺灣男子氣概的文化根源與改變中的新貌。議題深探包括：第一，以軍隊與校園為例說明臺灣年輕人建構男子氣概的特徵。其次，分析「有毒的男子氣概」與男性的健康、戰爭暴力、跨國性消費以及民族主義的關連性，同時討論異性戀機制、恐同與厭女文化扮演的角色。其三，討論「男子氣概危機論」，分析糾結其中的性別歧視與民族主義的問題。

請讀者參考「概念辭典」以進一步瞭解男子氣概的學術定義與研究題材。篇幅所限，本章聚焦在生理男性，有關跨性別者與生理女性的陽剛特質文獻，請參考置於專設網站上的延伸閱讀。

概念辭典

男子氣概：翻譯、定義與研究題材

Masculinity如何翻譯較好？本章使用近年學界與媒體較常使用的「男子氣概」、「陽剛特質」。男子氣概是男性研究的核心議題，在1970年代中期緊隨女性研究誕生，一樣藉助女性主義觀點作為分析工具，其意涵與manhood（身為男人）、male identity（男性認同）、manliness（陽剛之氣）、men's roles（男性角色）、gender identity（性別認同）皆有所重疊。

現有文獻對男子氣概的定義大都採取以下一種或多種的概念：(1) 凡是男人所做與所想之事；(2) 凡是男人認為當作與當想之事；(3) 男人中的男人及其鐵漢特質；(4) 強調男子氣概與女性特質依據性別關係建構，性別關係的權力與宰制更是探討的重點（Gutmann, 1996, p. 386）。

男子氣概的研究素材與研究方法主要包括：(1) 探討男、女性特質量表，這是心理學研究範圍；(2) 分析男性形象在傳播媒體與文學藝術中的再現；(3) 分析男子氣概在家庭與公共組織的實踐過程，這些文獻大都採取質化方法；(4) 探討男性氣概與民族主義、殖民、全球化、新自由主義等大結構的事件與思想潮流如何交互作用，進而影響歷史發展與社群福祉（Connell, 1995, pp. 72-73）。

二、理論與概念

（一）霸權型男子氣概：尋找臺灣樣貌

澳洲社會學家R.W. Connell提出了當今最有系統的男子氣概理論。男子氣概的簡單定義就是做性別（doing gender）的過程與結果。亦即，男性一出生就循著性別關係學習、抗拒或協商「做性別」，這是一種動態的過程，終其一生都在實踐的計畫。性別關係包括權力、勞動、性／愛與象徵等四個面向，涉及各種社會制度的組合。Connell強調，在每個社會中，男子氣概都是複數的、脈絡化的與變動中的，很難有單一的形貌，必須探討該社會的性別體制與社會結構如何相互交織而影響了男子氣概。社會結構包括性傾向、年齡、族群、階級、地區與障礙失能等（Connell, 1995; Connell & Messerschmidt, 2005）。

男子氣概因人而異，如何找出特定社會中男子氣概的結構條理？Connell借用馬克思主義理論家葛蘭西（Antonio Gramsci）的階級文化霸權概念（hegemony），提出「霸權型男子氣概」理論。「霸權型」男子氣概（hegemonic masculinity）是特定社會中大多數人公認「最厲害」、「最像男人」、「最令人稱羨」、「堪為眾人表率」，所強調的男性特徵是在社會上占有主導與優勢的地位，大多數人同意並接受，所以才稱它是「霸權型」的男子氣概。Connell指出在現代歐美社會的霸權型男子氣概強調男人的外表身體與內在精神都需具備陽剛形象，包括：異性戀、理性、冷靜、獨立、積極、侵略性、冒險精神、體格結實、性慾旺盛。這種「男人中的男人」經常在傳奇小說與大眾傳媒中出現，如希臘神話眾神與007情報員。Connell認為，這項霸權型男子氣概的問題出在，支持父權思想、反對同性戀、不贊成改變性別不平等的現狀，並且主張強化陽剛特質能增進全體社會利益，所以男人比女人優越的謬論。男性在發展性別認同的過程中，大都會參照「霸權型」的定義，並且被社會依據這項標準評價。依據霸權型的概念，男性可能發展出其他男子氣概，而與霸權型維持著共謀、從屬或抗議的關係（Connell, 1995, p. 77）。

Connell和Messerschmidt（2005）強調需回到男性的生活經驗脈絡去探討霸權男子氣概。那麼，在不同時間、不同地點的脈絡中，臺灣霸權男子氣概有哪些特性？與西方有何不同？我們認為，在重文輕武的文化傳統影響下，體型健壯並不是核心特徵，這點與一些歐美社會不同，但一些內在特質與歐美有共同之處。王維邦、陳美華（2017）分析臺灣全國抽樣調查，發現多數男性的基本性別信念是：對同性戀的低開放程度、支持傳統的性別分工與婚姻家庭制度，可見臺灣的性別體制與歐美社會也有類似之處。

臺灣最高社會階層的霸權男子氣概最常見於企業、科技與政壇菁英。1960年代後期臺灣進入工商業時代，白手起家的中小企業老闆被詡為是創造經濟奇蹟的「企業英雄」，成為當時霸權型男子氣概的代表，王永慶、郭台銘堪稱是其典範，鮮明的男子氣概特徵包括：社會地位崇高、財富雄厚、強調「寧為雞首、不為牛後」、「愛拼才會贏」、長袖善舞、上酒家應酬、「三妻四妾」（黃淑玲，2003）。進入21世紀，企業界的霸權男子氣概有否明顯的新特質？有待研究。另一種霸權型男子氣概是科技新貴，核心特質是科技理性，典範人物是張忠謀。前總統陳水扁、馬英九、臺北市長柯文哲都是政界的霸權型代表，媒體呈現中，他們對太太忠實，甚至怕老婆，在公開場合落淚，雖帶有展演目的以博取政治認同，卻也打破男子有淚不輕彈的傳統禁忌。

問題討論13-1

請舉出大學、演藝圈、企業界、科技界等領域最具有霸權男子氣概的代表性人物。這些人有哪些共同的核心特質？妳／你認為性別關係與性別體制應該如何改變，霸權型男子氣概的狹隘框架才會跟著改變，具有更平等的面貌？

現實世界裡，大部分的男性無法達成霸權型的理想框架，而是與它維持「共謀」的關係（complicit masculinity），支持父權與強制異性戀的理念，從性別體制獲得紅利。臺灣的共謀型男子氣概，建立在異性戀與傳統的性別分

圖13-1 唐聖捷代表臺灣參加2018巴黎同志運動會，獲得金牌與銀牌兩項佳績。
資料來源：獲得本人同意轉載自「泳敢 唐聖捷」臉書。

工與婚家體制上，由太太擔負照顧與家務工作；收入穩定、克盡家庭責任、熱心公共事務、獲得鄰里肯定等男子氣概特質，常見於勞動階級社區、泰雅族與阿美族的部落（黃淑玲，2006）。涂懿文、唐文慧（2016）進一步指出，鄉村勞動階級的男子氣概在不同的人生階段有不同的核心特質：年少時他們奔往城市追求冒險與夢想；青壯時期迎娶外配，獨留城市工作；父母年邁後，返回家鄉克盡孝道。若只限定在社區或部落的小社會脈絡來看，比起那些未盡孝道或沒有賺錢養家的他者，共謀型的男子氣概是大多數的鄰里與族人同意並接受的霸權型。另外，許多反同志團體的積極成員（中產背景），參與反同志活動本身也是建構男子氣概的核心。

男同志的男子氣概稱為「從屬型」（subordinated masculinity）。男同志的性／婚姻關係悖離異性戀原則，有些同志的舉止與性情較為陰柔，打破人們習以為常的男女形象，因而遭到歧視、貶抑與打壓。例如，前游泳國手唐聖捷從小展露運動才華，在體育班長大，卻因文靜、愛看書的陰柔氣質遭到同學霸凌，被貼上「娘炮」的標籤（章凱閎，2018）。

「邊緣型」或「示威型」的男子氣概（marginalized or protest masculinity）指無權無勢的男性敢對公權力與權威張牙舞爪，展露某些霸權型的特質，但實踐方式不為社會所容。例如臺灣少年暴力犯認同「非理性的男性氣概」，包括父權、大哥形象、有錢有勢、展氣勢、飆車、打架、耍狠；迷戀以暴制暴，動機是追求快感、發洩、好面子、自我防衛、建立名聲；且有明顯的恐同的性別意識（許華孚，2008）。犯罪者的邊緣化男子氣概通常起源於逆境，童年時期受暴經歷造成持久性的心理影響，喪失了同情與悔恨的能力（Jewkes et al., 2015）。

　　以上霸權型、共謀型、從屬型與邊緣型的區分有助於瞭解男子氣概的多樣性、交織性與時代性，千萬不要以為男同志、勞工階級、中產階級或原住民都只有一種男子氣概。Connell提醒我們，男子氣概的內涵會隨著性別關係更迭而產生質變，也經常受到許多大結構因素的影響。

概念辭典

包容型男子氣概（Inclusive Masculinity）

　　McCormack和Anderson（2014）指出，以往英美社會規範著男性情感與身體界線的三種性別監督機制：恐同症、厭女與過度冒險，在1990年代後期已經出現鬆動。他們提出「包容型」男子氣概的概念來分析這項改變。Anderson（2010）的研究場域是捍衛霸權男子氣概不遺餘力的「團體運動」（team sports），年輕的運動員經常公開表露情感，彼此碰觸肢體。隨著整體社會恐同氛圍明顯的減弱，運動員的「同志歇斯底里症」（homohysteria）——擔憂自己被「同性戀化」或表現得不夠男子氣概——已經少見。足球明星貝克漢的「多面型男子氣概」（multi-faceted masculinity）（勇猛強壯、中性打扮、支持老婆、樂為奶爸、母親的愛子）有助於改變傳統男子氣概的侷限框架（Cashmore & Parker, 2003）。McCormack（2013）在三所英國高中也發現，男學生樂意和同志作朋友，自豪自己支持同志的態度；同志身分已不影響在同儕間受歡迎的程度。Bridges和Pacoe（2014, p. 254）則質疑，年輕人雖不再公開嘲笑同志，但彼此經常取笑對方是同性戀，可見同性戀仍然發揮性別體制的監督作用。

（二）文武男子氣概：傳統典型與現代新貌

　　不同於Connell強調性別關係是男子氣概的基石，澳洲華裔學者雷金慶（Kam Louie）主張，華人社會的男子氣概乃是以文武概念為基本框架。傳統中國社會存在兩種並行的理想型男子性：「文人」與「武人」，分別以孔子（文聖）、關公（武聖）作為典範，並且排除女性。知識菁英推崇孔子，老百姓膜拜關公，可見文武概念與社會階級密切相關（Louie, 2002）。

　　文武男子氣概起源於儒家思想；「文」指文學造詣、文明舉止、禮樂書數的教育；「武」指強壯體魄、勇敢、無畏與戰鬥技能。孔子的教育目標在使年輕男子「文人化」而成為「君子」。君子教育包括德行（禮、忠、信）與六藝（含身體鍛鍊的射御技能）。可見允文允武是昔時菁英的特質，孔子與關公都是文武兼備（孔子佩劍、關公讀《春秋》，是常見的形象）（Louie, 2002）。

但在儒家傳統中，文武也經常是對立的。文武分家始於唐朝，科舉制度建立文人的仕途管道，自此文人在中國社會享有最高的聲望與政治權力，武人地位則一落千丈，被文人鄙為身強力壯、胸無點墨。宋朝市井更出現「好鐵不打釘、好男不當兵」的說法。武人的社會評價雖相對較差，仍是男性氣概的一種典範。《水滸傳》一百零八條好漢盡是罪犯、農民或工人，具有武人美德，而廣受市井小民尊敬（Louie, 2002）。

文、武的社會評價除了牽涉才能與道德的層面，亦有「身體」層面。荷蘭漢學家高羅佩主張清人入關後，文人階層為強調漢族文化的優越性，更加認定身體鍛鍊是粗俗的、體育才能是清夷與專業拳師的玩意（Van Gulik, 1991/1960, pp. 309-313）。中國歷代文學藝術作品反映了漢人男性身體觀的轉變（見圖13-2、圖13-3）。

重文輕武是否仍是現代臺灣霸權男子氣概的核心特徵？從臺灣社會高度重視學歷且輕視勞力工作看來，答案是肯定的。臺灣中產菁英如工程師、律師、醫師、企業主管可說是現代的文人，男子氣概建構在從小到大的學業競爭。軍人、警察、運動員是職場中武人代表，學業表現相對較差，社會聲望亦不若中產菁英。然而在精神幻想的層次，臺灣男性崇拜武人英雄，動漫、電玩與武俠小說盡是驍勇善戰的男主角。但現實生活裡，「肌肉男」雖然越來越受歡迎，但運動才能仍不是臺灣男性氣概的必要核心，絕不像在一些西方國家，運動才華簡直就是男性性感魅力的代名詞（Messner, 2001）。

自1990年代以來，在全球消費主義、男性時尚雜誌、東亞流行文化的綜合影響下，臺灣男性也越來越重視身體形象，減肥、裝扮這些屬於傳統女性的事務，現在也成為男人的興趣與重要課題，白領青壯年與青少男各自受到西方與東亞的影響而發展理想的身

圖13-2　在唐宋時代，擅長拳擊、射箭、騎馬、打獵就是當時一個英俊男子的公認標誌；所以在唐宋的圖冊裡就常能見到，留著鬍鬚，體格碩壯的男子畫像。
資料來源：Van Gulik, 1991/1960, 圖版8。

體形象。第一種是中產階級「都會美型男」（metrosexual men）。過去傳統上，工作與事業是男子氣概的重要特徵，現在注重身材與外表裝扮，懂得消費合適的商品來展現個人品味，也成為臺灣白領男人證明他具有「男人味」的重要元素（袁支翔、蕭蘋，2011）。Louie（2012, p. 932）主張，都會美型男具有文人的堅硬內涵，不是身體的堅硬，而是學業上與事業上富有競爭力。

圖13-3 到了明清時期，理想美男子的形象漸漸改變，人們喜歡沒有髭髯鬍鬚的年輕男子；所以在小説裡的插圖，男主角大都是，面貌斯文，體格纖弱的白面書生型的男子。
資料來源：Van Gulik, 1991/1960, 圖版22。

第二種是少年花美男，臺灣青少年的外表裝扮與情緒表達都出現了多元、陰柔化趨勢（Shiau & Chen, 2009）。年輕一代男孩的衣著與裝扮受到美少年漫畫與偶像明星的影響而變得陰柔化，如染髮、長髮及肩、瀏海遮眉、紫色衣服。楊幸真（2012）在兩所高中研究發現「花美男」類型的男孩，他們愛漂亮、可愛、長相秀氣、關注時尚、與女生互稱姐妹，雖被戲稱很「娘」，但怡然自得。

不只在臺灣，整個東亞都出現柔性化男子氣概（Pan-East Asian soft masculinity）的現象。東亞的花美男明星如吳亦凡、鹿晗，俊美陰柔，與西方明星的陽剛粗獷形成強烈對比，讓東亞人看不出其國籍，西方人則分不出其性別。Louie指出，東亞的女性與青少年想像中的理想男子形象催生了這股流行文化風潮，柔性美少其實是文人才子賈寶玉典型的重生，西方學者則稱他們是少了睪固酮的都會美型男（metrosexuals without testosterone）（Louie, 2012, p. 936）。

（三）性別與象徵暴力：男性化與女性化的象徵秩序

中國傳統思想認為宇宙萬物有陰陽之分，世間男女也有陰陽尊卑之別。法國社會學家Pierre Bourdieu（2001）指出，人類社會很早以前就依男女身體的生物性對比，將女人與男人劃歸為兩種人，再仿照男女對立原則「性別

化」宇宙事物，使兩物之間或兩人之間永遠可以訴諸二元的性別化符碼，例如，剛硬／柔軟、大／小、強／弱。「男性的」通常代表正面與高貴，「女性的」則永遠帶著負面、卑賤的係數。舉例說，科學被認為「硬的」，人文是「軟的」；在企業人士眼中，人文知識份子就像女人缺乏現實感。

男性化與女性化的符號價值形成一套井井有條的「象徵秩序」，構成人們理解世界、評價事物，以及實踐男子氣概、女性特質的認知基模。這種二元的稟性（depositions），主要表現在：第一，男女的身體習性，在穿著、裝扮、儀態與舉止分別趨向陽剛化與陰柔化，以及在性關係上男／女分別採取主／被動的行為模式。第二，男性從小被要求發展支配者的稟性，努力爭取榮耀、權力、財富與女人等的象徵資本，女性則被鼓勵發展受支配者的稟性，以夫為貴、以子女成就為榮，或努力提升本身與家人的象徵價值，例如，裝扮光鮮亮麗，家裡有條不紊，小孩聰明漂亮，好讓丈夫顏面有光。

「男性是角逐象徵資本的主體、女人是獎賞男人的象徵客體」，臺灣人的命名學反映了這項社會期待。常見的男子名如「中興」、「添富」、「思賢」、「志明」、「凱群」，鼓勵男孩經世報國、見賢思齊、志向遠大、努力致富、成為人中之龍。常見的女子名如「鳳珠」、「玉珍」、「彩雲」、「淑真」，女性被視為珠寶美玉、自然美景，或被期待實踐婦德（李廣均，2006）。這套性別邏輯日漸退淡，年輕世代的名字仍有性別之分，但已出現個人化、獨特化、學養化的趨勢。

性別象徵秩序彷彿是一道無形的暴力（所以稱為「象徵暴力」），讓人們不知不覺屈從，在心中建立一套自我監督的「陰陽尺」。臺灣的教育與職場呈現相當嚴重的「男理工、女人文」、「男主管、女部屬」的性別化現象。男性湧入科技、企管等行業，這些被賦予理性、權威的陽剛符碼，而能獲得較多的象徵資本（收入高、聲望高、權力高、工作機會多）。男性即使進入女性居多的職業，仍傾向選擇「陽剛」的單位，如男護理師選擇在急診、開刀房與精神科工作，也會避免被「女性化」，例如，男性彩妝師拒絕濃妝豔抹，認為這樣太娘娘腔了，卻會施展「撒嬌」這項陰柔特質討好年長女顧客的歡心（郭道遠，2012）。

都會美型男（metrosexual men）與肌肉型男（spornosexual men）

英國新聞記者Mark Simpson在1994年創立「都會美型男」一詞，形容歐美大都會中產男性將身體視為是其男性氣概展示品，注重外在美，投資金錢與時間在改善外貌，健身、護膚、髮型與修眉（Louie, 2012）。男同志先帶動了這股潮流，後來異性男也加入。貝克漢是他們的代言人，他的體格有著阿波羅的陽剛美感，但留長髮、綁辮子、套髮箍、戴耳環、出門帶小孩，徹底打破霸權型男性氣概的傳統禁忌（畢恆達、洪文龍，2006）。

二十年後，2014年Simpson發表新文，宣稱都會美型男的時代已過，如今當道的是自戀又虛榮的「肌肉型男」，亦即，運動明星 ＋ A片明星 ＋ 都會美型男。（spornosexual ＝ sports star ＋ porn start ＋ metrosexual）。肌肉型男不惜灑大錢進行體能訓練與購買強健營養食品，目的是鍛鍊八塊肌、人魚紋線，造出運動明星 ＋ A片男優的合體身型，更重要的動機是與人較勁，所以不斷將自己的性感照片上傳到Instagram、臉書等社交網站。這些網站已經累積數百萬張的男體自拍照（Simpson, 2014; Hakim, 2018）。

至少有兩個因素助長肌肉型男現象。其一，開始於2006年中期，許多男性雜誌、著名品牌大量啟用「性欲亢奮、挑逗的運動員形象做廣告代言人」（三聯生活週刊，June 10，2015），葡萄牙足球明星C羅是指標人物。其二，在過去，白人、異性男與中產男性主要憑藉腦筋獲得高薪收入，可以購買房子、供養家庭、享受奢侈品，這一切都意味著成功的男子氣概。在全球經濟緊縮後，他們成為高薪決策者的機會遙不可及，轉而從身體形象尋找自我價值感。以英國為例，自2008年金融危機發生，上健身房的16至25歲年輕人不斷增加，在2013年達到20%（Hakim, 2018）。

問題討論13-2

1. 妳／你是否覺得，臺灣男人越來越「柔性化」，缺少男子氣概？這種趨勢是好或不好？

2. 日本有所謂的「草食男」，他們性格溫柔、安靜，沒有侵略性行為，視女性為朋友而不是性愛的對象；還有「佛系男」對性愛興致缺缺。請討論臺灣有「草食男」、「佛系男」嗎？很普遍嗎？他們有什麼特徵？

三、議題深探

（一）臺灣年輕世代的男子氣概建構

臺灣有關男子氣概的經驗研究大都採取Connell的理論。Connell 強調男子氣概的建構應該從不同的社會、社群與時間點的「多元性」去考量。以下回到軍隊與校園的脈絡，看臺灣年輕男子氣概的建構。

先從臺灣的國家特殊性談起，Kao和Bih（2013）指出，臺灣男性由於國家地位緊張與個人成長歷經衝突，在內外夾攻的「雙重閹割焦慮」處境中，建立了「模糊的男子氣概」（masculinity in ambiguity）。他們認為，臺灣年輕人在高中求學時、服役時、進入社會後，分別透過阿魯巴、做兵和喝花酒的過程來建構男子氣概。這樣的現象，除了呼應西方理論所言，男子氣概主要建構在強制異性戀、恐同等因素上，本土脈絡中的「關係」與男性情誼的文化現象，或許更能精緻地描述男子氣概建構的過程。以軍隊為例，年輕男性學習男性社群中的應對文化，辨認彼此在「制度位階」中的高低，適切地打招呼、敬酒、送食物、飲料，或是透過敬菸、一起抽菸締結關係、展現情誼，確認你我是自己人的重要建構過程。做兵的資歷（學長學弟制）比起軍階更能決定同袍之間的長幼排序。這是一套先貶抑、後晉升的爬梯過程，從菜鳥新兵被宰制到「不是人」的谷底，一路爬升恢復成為人，又進而成為指使人的高階位置。學長學弟制是促成軍隊中男子氣概有著階級序列的機制之一，同時也使得入伍同梯的一群人產生「我群」的關係（Kao & Bih, 2013）。

圖13-4　歌手黃玠〈綠色的日子〉之歌詞：「腳下皮鞋擦的發亮，肩上的梅花閃著光，綠色迷彩完美偽裝，蓋不掉心理的骯髒，是不是咬緊牙關撐過這一段，我就能成為所謂的男子漢。」阿魯巴、當兵、喝花酒被視為是許多臺灣男性在不同人生階段與同儕共同建構男子氣概的經歷（Kao & Bih, 2013）。
資料來源：友人提供。

「性」是另外一個將入伍男性緊密連結起來的要素，例如性遊戲、性玩笑，交換性經驗故事，將性語言帶進例行工作，將需要小心照護的物品或武器「女」人化，同時也展現了厭女、強制異性戀與恐同的行為。軍中（與校園）男性之間也盛行阿魯巴，似戲謔又帶有暴力的身體「性」接觸，跨越了性傾向的界線，也連結不同男性身體之間的緊密情誼（畢恆達等，2017；高穎超，2006）。

男同志在軍中環境如果「假扮異性戀」，或許能夠融入所謂做兵學做（異性戀男）人的場域，但也可能因為陰柔特質而被猜疑，衍生充滿刻板印象的「撿肥皂」性玩笑。男同志也有歪讀異性戀性文化的能動性，當一群（異）男們開性玩笑嬉鬧，同男可以在一邊在腦中轉化性投射對象的性別，一邊融入異男的團體之中（高穎超，2006）。

除了軍隊，校園是青少年成年前建構和實踐多元男子氣概的重要場域。楊幸真（2012）在明星高中與技職學校的比較民族誌發現，明星學校學生清楚知道建構及展現陽剛特質的關鍵，在於擁有知識權威、優秀的學習表現、甚至強健的運動身體。技職高中生則可能運用流行文化作為資源，實現陰柔化身體，但也混雜陽剛符碼中的主動、積極和權威等特質，產生另類陽剛特質，稱為「花美男、可愛男、三八男、姐妹男」。張盈堃、根秀欽（2012）在一所原住民國中的研究也發現，一群功課優異、才華出眾的學生組成一個娘娘腔裝扮團體，沒有受到同學歧視，倒是學校與家長憂心忡忡他們是同志，逼著他們解散團體。

不同型態的男子氣概，也可能會在同一個體身上產生策略性的挪移和協商，王大維、郭麗安（2012）分析一位臺灣男大生，發現他的男子氣概建構反映「意識形態兩難」（ideological dilemmas），一方面支配性論述提供了一個主流、朝向霸權式的男性主體位置，但另一方面從屬的論述則提供了較具有平權概念、非傳統的男性主體位置來讓當事人採取，因此個人經常在兩個主體位置中遊移。

男性在建構男子氣概過程，發展平權意識是有可能的。畢恆達（2003）與Bih（2017）指出，促使男性發展性別意識可能原因之一，在於他意識到身為男性所受到的限制和壓力時，若有女性主義論述的幫忙，得以理解社會中

存在性別歧視的結構性問題，他便不會只抱怨身為男性的「壓力」而沒有自覺身為男性的「優勢」。

（二）「有毒的」男子氣概（Toxic Masculinity）

男子氣概有毒？Connell和Messerschmidt（2005）指出，暴力和其他有害行為並不總是霸權男子氣概的關鍵特徵，但由於霸權陽剛特質是建立在允許男性持續對女性集體支配，所以在特定環境中，霸權陽剛的確指男性從事「有毒的」行為，包括身體暴力，來維繫男性的權威、控制與優勢。「有毒的男子氣概」一詞是為了指出霸權型男子氣概中有害的部分，指厭女、恐同、暴力等等，而不是贏了球賽、與朋友維持堅強的友誼、工作上的成就或是養家活口（Kupers, 2005）。

有毒的男子氣概的影響層面相當廣泛，以下舉例從幾個男子氣概的實作場域來檢視：人格、文化、地方（建立在公共組織與社區面對面的互動舞臺）、區域（全社會的層面）、全球（建立在政治、商業和媒體等跨國領域）（Connell & Messerschmidt, 2005）

首先，男孩從小被教導成為男人所學的行事標準，滲透到人格時，可能影響健康。Courtenay（2000）指出，現代男性相較短命，這跟健康信念與行為是表現霸權男子氣概的手段有關。綜合相關研究可從三方面分析：第一，男性為了表現堅強與強健外表，拒絕示弱或承認痛苦，生病了也不願意尋求協助；第二，男子氣概導致不健康的生活形態，性別統計顯示喝酒、抽菸、嚼檳榔與從事危險行為的男性人數高出許多，因工作壓力而導致心臟血管疾病的男性也較多；第三，壓抑情緒、轉而攻擊他人或自我了斷、兇殺、自殺者，皆以男性居多（黃淑玲，2012）。

其次，在今日臺灣社會裡，有毒的男子氣概往往涉及傷害女性與製造反同志的言論與行為。例如，PTT上仇女鄉民的「母豬教」、拒CCR、[2]仇甲、[3]

2　引用余貞誼（2016），「『CCR』指的是跨文化戀愛（Cross Cultural Romance）的縮寫，在PTT八卦板中特指黃種女性與白種男性的戀愛，通常具有尖酸譏評的意味，亦會被寫成『ㄈㄈ尺』。」

3　「甲」或「甲甲」是PTT的常用詞，意指男同志，取英文gay的諧音。而負面連結藥物性愛、男同志和愛滋病，造成戲謔又歧視的稱呼，例如「毒甲」與「禍源甲」。

反（毒）甲等言論（余貞誼，2016）；報復性的厭女行為，像是親密暴力、情殺、復仇式色情（Revenge Porn），以及2018年密集發生的情殺分屍案，都是血淋淋的例子。厭女和男子氣概的關聯在於「有毒」支配關係的建立，厭女「激起了男人的優越感，合理化了男人侵犯女人，使女人採取防守的姿態並且乖乖守住自己的本分」（Johnson, 2008/1997, p. 75）。

跨國買春與喝花酒是臺灣男性集體實作有毒的男性氣概的例子。Connell（1998）指出，跨國商人的陽剛特質是形塑今日全球性別秩序的重要因素，造成的重大影響即是商品化當地女性的親密關係。沈秀華（2013）指出，西元2000年中期之前，許多臺商、臺幹以優勢的經濟與文化資本在中國經濟特區進行性消費、包二奶，除了滿足性與情感的愉悅需求，同時也滿足自己的陽剛自尊。他們將自己視為是中國女人的「買家」與「施捨者」，由此突顯他們高於中國女性的性別階序，同時也抬高他們與中國男子氣概的階序。

問題討論13-3

1. 行政院性別平等會網站有許多的性別與健康的統計資料，請檢視門診、住院、各種疾病、死亡率與預期壽命是否有明顯的性別差異，分析這個現象與男子氣概的相關性。

2. 2014年加州槍傷6人案、2018年多倫多貨車撞死10人案，兩案兇手自稱是「非自願處男的起義」（incel rebellion；incel是involuntary celibates簡稱），意欲處罰拒絕與他們談戀愛或發生性關係的漂亮女性。他們指責女性尤其是女性主義者剝奪他們的性愛權利。請討論如何預防這種厭女群體網站與有毒的男性氣概。

男子氣概經常也是種族歧視與恐怖主義的挑撥器。印度作家Pankaj Mishra（2018）主張，近代歷史擁戴「超男子氣概」（hyper-masculinity）的狂熱風潮，重造了今日亞洲、非洲與南美的政治和文化。亦即，無論是印度教沙文主義者、激進伊斯蘭主義者、或是白人民族主義者，他們的自我形象都建立在對女性的鄙視與排斥。川普、普丁、莫迪與杜特蒂，這些國家元首

吹噓本身的超男子氣概，鼓吹民族主義，更為了維繫權威不惜使用國際暴力與國家暴力、羞辱身障者、歧視同志、性騷擾女性。川普是全球最有權力的人，卻將世界分為輸家和贏家，在全球散布有毒的男子氣概。（Liu, 2016; Sexton, 2016）。近年來世界各地的年輕男性極端主義者加入新納粹、聖戰士、白人優越主義團體，背後有一個被忽略的共同原因：他們的男子氣概受挫，挫敗感及因而產生的憤怒驅使他們轉向政治性的極端，透過開槍、攻擊，他們要找回那顆讓他們成為「真男人」的神奇子彈（Kimmel, 2018）。

（三）男子氣概危機（Masculinity in Crisis）

每當性別關係出現變動，例如男性在職場、家庭中失去絕對優勢，面臨失業、收入減少，或者交不到女友，同志平權運動興起，男孩變得陰柔，社會上就出現警告聲浪：男子氣概一旦有危機，國家社會跟著面臨危機。雖然男子氣概有毒論的支持者認為，這些問題源自霸權男子氣概的定義過於狹義，但是支持傳統男子氣概的學者卻強調，男子氣概是促進人類文明與國家強盛的動力，應該增強而不是消滅，才符合社會利益。例如，加拿大教授Jordan Peterso否認男子氣概有毒，譴責西方社會對男性氣概失去信心。[4]哈佛大學教授Harvey Mansfield是另一位捍衛傳統男子氣概的代表人物，他對男子氣概的簡單定義是：喜歡戰爭、衝突與冒險，哪裡有危險就往哪裡去，當一切制度與策略都失靈時，唯有男子氣概能帶來改變與恢復秩序，所以男子氣概必然好壞參半，以911事件為例，當天救援者的男子氣概是好的，攻擊者的男子氣概則是壞的；不可能只要好的而不要壞的男子氣概。他批判，男子氣概的指責者過度強調侵略性的元素，忽略了另兩個要素：堅持與無畏的精神（Mansfield, 2016/2007; Solomon, 2006），他的言論獲得許多反對同志者的支持。

Mansfield的論調顯然是民族主義至上，無視於歷史上挑起戰爭的侵略者，經常就是以「男子氣概」鼓動人民為其效命。Connell（1995, p. 193）指出，20世紀初期歐洲女性的地位漸增，法西斯主義當權後高舉男性至上主

4　Jordan Peterson - "Masculinity is not toxic" - part 2 of interview. Retrieved from https://www.youtube.com/watch?v=szBKI9Eg0fE&t=16s

義；為了達到此目的，法西斯提倡霸權男子氣概的新樣態，歌頌上戰場時非理性、免克制的暴力，終將全球帶入戰爭浩劫。Mansfield也忽略了，堅持、無畏的精神，與仁慈、和平是能夠共存的，就像印度聖雄甘地所展現的男子氣概。槍殺甘地的兇手指責甘地讓回教徒獨立建國的和平政策軟弱、「女性化」，讓印度陷入國族衰亡危機（Mishra, 2018）。

另一案例是所謂「中國需要『男子氣概教育』」的說法。這是一篇中國媒體評論的標題，作者呼籲家長要注意小孩的性別認同的教育，因為「如今中國擁有著巨大的經濟和軍事實力，『娘娘腔』不符合強大與自信的國家形象」（祝乃娟，2017）。近年中國興起搶救男孩陽剛特質的聲浪，開始於2010年教育專家孫雲曉出版《拯救男孩》，關注男孩的體格與性情呈現陰柔化，各級入學考試亦被女孩超越，直指男孩成長與教育有四大危機：學業危機、心理危機、體質危機、社會危機（焦傑，2016）。這個現象被歸咎於：日韓花美男流行文化盛行；中小學充斥女老師，男孩缺乏角色模範；父母過度保護，一胎化小皇帝的現象；男孩自制力較差，容易網路成癮。上海、武漢等教育當局已經實施男孩陽剛特質的教育方案，如編制「小小男子漢」教科書、在初中設立「男孩班」、增加體育活動、實施性別差異教育、提供專家心理諮商（Zheng, 2015；林克倫，2016；Baculinao, 2017）。

Zheng（2015）指出，在許多中國人眼中，陰柔男孩象徵國家軟弱、自卑、無力與社會墮落；陰柔的形象勾起中國曾是東亞病夫、被西方帝國擊敗的屈辱歷史記憶。但她認為，性別歧視更可能是促成搶救男孩聲浪的原因。其他學者亦呼應，「『拯救男孩』的實踐只證明了『男孩比女孩重要』的傳統文化心理在當今教育體系的影響」，「所謂『男孩危機』並不是男孩真的有危機，而是一些男性的心理有危機」（焦傑，2016）。

問題討論13-4

有研究警告說，科技將瓦解男性氣概；男性從小沉溺於電玩、虛擬性愛與網路世界，失去社交能力之外，也喪失與女性競爭的能力。請查詢有關文獻，討論這種論述有否道理、有何問題。

四、結語

　　本章融合三種重要理論探討臺灣男子氣概的建構與新貌。Connell提醒霸權型男子氣概與其他男子氣概的主從關係；Louie指出臺灣霸權男子氣概重文輕武的特性；Bourdieu強調性別象徵暴力是男子氣概的基石。三種理論綜合勾畫出臺灣男子氣概的複雜面貌，其盤根錯節地與性別體制、社會結構與文化傳統並行發展，既是一種文化意識形態，也是男性行為與思想的規範準則，並以多樣化、階序化、動態化、脈絡化的方式建構並持續發展。

　　今日臺灣的男子氣概仍傾向文人特質，但年輕世代比起父祖輩，性格與外貌都較為柔性、中性與多元化。融入新的身體觀後，臺灣新世代的男子氣概展現兩種新貌：「中產都會美型男」的人數日增，但當今歐美盛行的「肌肉型男」仍少見；青少年崇尚「東亞柔性花美男」，他們宛如是才子型賈寶玉借屍還魂。臺灣推動性平教育超過二十年，有人若以國家安全為由呼籲加強青少年的陽剛教育，恐遭痛批性別歧視附身於民族主義。然而，反同志團體的邏輯如出一轍，汙衊同志婚姻將危急國家與社會安全。

　　有毒的男子氣概的影響層面相當廣泛，除了傷害女性的嚴重暴力、厭女與反同志的言論與行為，Bourdieu（2001, pp. 25-26, pp. 51-53）以「他律性」一詞來形容男子氣概毒害的起源與帶來的災難，亦即，男性恐懼自己身上存有女性特質，為了表現得夠男子氣概，證明給其他男人看，往往變得無比衝動，不顧生命從事冒險行為，甚至殺戮、折磨、強暴、剝削與壓制他人。因此，如何避免有毒男子氣概的薰習與養成，是臺灣性別平等教育的重要目標。

　　西方民主國家已有幾位領袖豎立男子氣概的新典範，如歐巴馬、杜魯道、馬克宏，他們自認是女性主義者，尊重女性，支持同志權益，提拔女性閣員，性別平等形象良好。誰是臺灣較為平等的霸權男子氣概的新典範？在哪個領域有這樣的人物？我們沒有答案，有待更多經驗研究去發掘。

中文文獻

- Johnson, A. G.（2008）。性別打結：拆除父權違建（成令方、王秀雲、游美惠、邱大昕、吳嘉苓譯）。臺北：群學。（原書 *The Gender Knot: Unraveling Our Patriarchal Legacy* 出版於1997）。

- Mansfield, H. C.（2016）。女漢子？女權與男子氣概（鄧伯宸譯）。臺北：立緒。（原書 *Manliness* 出版於2006）。

- Van Gulik, R. H.、高羅珮（1991）。中國房內考：中國古代的性與社會（李零、郭曉惠等譯）。臺北：桂冠。（原書出版於1960）。

- 王大維、郭麗安（2012）。在言談中做男人？——運用論述心理學方法分析男性氣概建構之初探研究。載於臺灣女性學學會、張盈堃、吳嘉麗（編），陽剛氣質：國外論述與臺灣經驗（頁67-108）。臺北：巨流。

- 王維邦、陳美華（2017）。非常規性實踐的性別化態度：男「性」特權、性別分工和婚家體制的角色。女學學誌，40，53-105。

- 李廣均（2006）。志明和春嬌：為何兩「性」的名字總是有「別」？臺灣社會學刊，12，1-67。

- 余貞誼（2016）。「我說妳是妳就是」：從PTT「母豬教」的仇女行動談網路性霸凌的性別階層。婦研縱橫，105，22-29。

- 沈秀華（2013）。性玩樂：跨國台商在中國的陽剛展演。載於清華大學當代中國研究中心（編），權力資本雙螺旋：台灣視角的中國／兩岸研究（頁340-368）。臺北：左岸文化。

- 林克倫（2016年12月10日）。別讓正太長歪了！陸爆發「搶救男孩大作戰」。聯合報。取自http://a.udn.com/focus/2016/12/10/26375/index.html

- 涂懿文、唐文慧（2016）。家庭關係與男子氣概的建構：一個漁村男性的遷移傳記。人文及社會科學集刊，28(2)，215-258。

- 祝乃娟（2017年1月12日）。中國需要"男子氣概教育"。21世紀經濟報導。取自 http://epaper.21jingji.com/html/2017-01/12/content_54515.htm

- 袁支翔、蕭蘋（2011）。展售男性氣概：男性生活時尚雜誌呈現的新男性形象分析（1997～2006年）。新聞學研究，107，207-243。

- 高穎超（2006）。做兵、儀式、男人類：臺灣義務役男服役過程之陽剛氣質研究（未出版之碩士論文）。國立臺灣大學社會學研究所，臺北。

- 張盈堃、根秀欽（2012）。原住民娘娘腔男同志其陽剛氣質的規訓與抵抗——以臺灣魯凱族校園田野為例。載於臺灣女性學學會、張盈堃、吳嘉麗（編），陽剛氣質：國外論述與臺灣經驗（頁67-108）。臺北：巨流。

- 畢恆達（2003）。男性性別意識之形成。應用心理研究，17，51-84。

- 畢恆達、洪文龍（2006）。GQ男人在發燒。臺北：女書文化。

- 畢恆達、黃海濤、洪文龍、潘柏翰（2017）。男性青少年群體同嗨（high）的打鬧遊戲：「阿魯巴」。臺灣社會學刊，34，1-43。

- 章凱閎（2018年8月12日）。獨家／在體育班曾被稱為娘炮 唐聖捷含淚回首被霸凌往事。聯合報。取自https://vision.udn.com/vision/story/12416/3304718

- 許華孚（2008）。走入歧途者的男性氣概：分析我國少年暴力犯的男性氣概。犯罪學期刊，11(1)，75-118。

- 郭道遠（2012）。「化」與「話」：男性彩妝師的職場經驗探究。載於臺灣女性學學會、張盈堃、吳嘉麗（編），陽剛氣質：國外論述與臺灣經驗（頁209-246）。臺北：巨流。

- 陳賽（2015）。肌肉神話：現代男性氣概的危機？三聯生活週刊，23。取自 http://magazine.sina.com/bg/lifeweek/839/20150610/0019127569.html

- 焦傑（2016年12月13日）。「男孩危機」究竟是誰的危機。每日頭條。取自 https://kknews.cc/zh-tw/education/angrenn.html

- 黃淑玲（2003）。男子性與喝花酒文化：以Bourdieu的性別支配理論為分析架

構。臺灣社會學刊，5，72-132。

- 黃淑玲（2012）。性別、健康與醫療。性別關係。載於黃淑玲、謝小芩、王曉丹、范雲（合著），性別關係（頁187-217）。臺北：空中大學。

- 黃淑玲（2006年9月）。階級、族群與男性氣概：兼分析漢族、泰雅族與阿美族三位男性的男性氣概。2016台灣女性學學會年會暨「性別表徵與權力關係」研討會。國立政治大學。

- 楊幸真（2012）。高中男生陽剛特質學習與實踐之民族誌研究。載於臺灣女性學學會、張盈堃、吳嘉麗（編），陽剛氣質：國外論述與臺灣經驗（頁139-178）。臺北：巨流。

英文文獻

- Anderson, E. (2010). *Inclusive masculinity: The changing nature of masculinities*. New York: Routledge.

- Baculinao, E. (2017, January 9). China tackles 'masculinity crisis,' tries to stop 'effeminate' boys. *NBCnews*. Retrieved from https://www.nbcnews.com/news/china/china-tackles-masculinity-crisis-tries-stop-effeminate-boys-n703461

- Bih, H.-D. (2017). Pathways toward progressive gender consciousness for young men in Taiwan. In X. Lin, C. Haywood, & M. Mac an Ghaill (Eds.), *East Asian men: Masculinity, sexuality and desire* (pp. 237-258). Hampshire, UK: Palgrave Macmillan.

- Bourdieu, P. (2001). *Male domination*. Cambridge, UK: Polity.

- Bridges, T., & Pascoe, C. J. (2014). Hybrid masculinities: New directions in the sociology of men and masculinities. *Sociology Compass, 8*(3), 246-258.

- Cashmore, E., & Parker, A. (2003). One David Beckham? Celebrity, masculinity, and the soccerati. *Sociology of Sport Journal, 20*(3), 214-231.

- Connell, R. W. (1995). *Masculinities*. Cambridge, UK: Polity.

- Connell, R. W. (1998). Masculinities and globalization. *Men and masculinities*, *1*(1), 3-23.

- Connell, R. W., Messerschmidt, J. W. (2005). Hegemonic masculinity: Rethinking the concept. *Gender and Society*, *19*(6), 829-859.

- Courtenay, W. H. (2000). Constructions of masculinity and their influence on men's well-being: A theory of gender and health. *Social Science & Medicine*, *50*(10), 1385-1401.

- Gutmann, M. (1996). *The meanings of macho: Being a man in Mexico City*. Berkeley, CA: University of California Press.

- Haider, S. (2016). The shooting in Orlando, terrorism or toxic masculinity (or both?). *Men and Masculinities*, *19*(5), 555-565.

- Hakim, J. (2018). 'The Spornosexual': the affective contradictions of male body-work in neoliberal digital culture. *Journal of Gender Studies*, *27*(2), 231-241.

- Jewkes, R., et al. (2015). Hegemonic masculinity: Combining theory and practice in gender interventions. *Culture, Bealth & Sexuality*, *17*(sup2), 112-127.

- Kao, Y., & Bih, H. (2013). Masculinity in ambiguity: Constructing Taiwanese masculine identities between great powers. In J. Gelfer (Ed.), *Masculinities in a global era* (pp. 175-91). New York: Springer.

- Kimmel, M. (2018, April 8). Almost all violent extremists share one thing: Their gender. *The Guardian* (Gender). Retrieved from https://www.theguardian.com/world/2018/apr/08/violent-extremists-share-one-thing-gender-michael-kimmel?CMP=fb_gu

- Kupers, T. A. (2005). "Toxic masculinity as a barrier to mental health treatment in prison". *Journal of Clinical Psychology*. *61*(6), 713-724.

- Liu, W. M. (2016, April 14). How trump's 'toxic masculinity' is bad for other men. *Time* (Motto). Retrieved from http://time.com/4273865/donald-trump-toxic-masculinity/

- Louie, K. (2002). *Theorizing Chinese masculinity*. Cambridge, UK: Cambridge University Press.

- Louie, K. (2012). Popular culture and masculinity ideals in East Asia, with special reference to China. *The Journal of Asian Studies, 71*(4), 929-943.

- McCormack, M. (2013). *The declining significance of homophobia*. Oxford, UK: Oxford University Press.

- McCormack, M., & Anderson, E. (2014). The influence of declining homophobia on men's gender in the United States: An argument for the study of homohysteria. *Sex Roles, 71*(3-4), 109-120.

- Messner, M. (2001). Boyhood, organized sports, and the construction of masculinities. In M. Kimmel & M. Messner (Eds.), *Men's lives (5th ed.)* (pp. 88-99). Boston: Allyn and Bacon.

- Mishra, P. K. (2018, March 17). The crisis in modern masculinity. *The Guardian*. Retrieved from https://www.theguardian.com/books/2018/mar/17/the-crisis-in-modern-masculinity.
中文版：周岳峰（2018年6月12日）究竟什麼是「男子氣概」？從川普、杜特蒂的崛起看世界各國的閹割恐懼。風傳媒。取自http://www.storm.mg/lifestyle/428537

- Sexton, J. Y. (2016, October 13). Donald Trump's toxic masculinity. *New York Times*. Retrieved from https://www.nytimes.com/2016/10/13/opinion/donald-trumps-toxic-masculinity.html

- Shiau, H. C. & Chen, C. C. (2009). When sissy boys become main-stream: Narrating Asian feminized masculinities in the glob-al age. *International Journal of Social Inquiry, 2*(2), 55-74.

- Simpson, M. (2014, June 10). The metrosexual is dead. Long live the 'spornosexual'. *The Telegraph*. Retrieved from https://www.telegraph.co.uk/men/fashion-and-style/10881682/The-metrosexual-is-dead.-Long-live-the-spornosexual.html

- Solomon, D. (2006, March 12). Of manliness and men. (The way we live now: Questions for Harvey C. Mansfield). *The New York Times Magazine*. Retrieved from https://www.nytimes.com/2006/03/12/magazine/of-manliness-and-men.html

- Zheng, T. (2015). Masculinity in crisis: Effeminate men, loss of manhood, and the nation-state in postsocialist China. *Etnográfica*, *19*(2), 347-365.

現象
發想

- 牛頓、愛迪生、愛因斯坦，為什麼兒童讀物推崇的科學家與發明家都是西方男性？
- 科系選組，為什麼機械工程多為男性，而護理保健又多是女性？
- 如果把航太與資通科技、機器人與再生能源放入科技博物館，可能理所當然，但是將電鍋、胸罩與紡布機當成策展主題，就有點讓人疑惑？
- 男性就該會搞定電腦、精通3C、修理汽車，而這些都是高科技？女性應該要對烹煮食物、育兒養生有所專精，而這些活動可能被當成貓狗小事，除非你變成阿X師？

一、前言

　　科學強調客觀中立、科技硬梆梆，這兩者如何跟「性別」議題扯上關係？本章將科學與科技的性別議題，從三方面來檢視。一、科學與科技領域的參與者，為何多半是男性？女性主義者如何分析此問題？二、誰關切的問題較容易成為科學問題、進而累積成科學知識？科學詮釋的方式是否反映性別刻板印象？科學怎樣以「知識」之名來定義「兩性」、進而規範社會中的性別關係？三、科技的生成與使用如何反映、鞏固、形塑或改變社會性別關係，是否鞏固或打破了性別分工與性別意識形態？

　　本章接下來將分別簡介上述三方面的理論與概念，深入探討其相應的議題，最後做一總結。

* 致謝：本章得以完成，感謝國防醫學院黃淑玲、國立中山大學彭渰雯、淡江大學吳嘉麗三位教授給予修改建議，惟文責由作者們自負。

二、理論與概念

（一）從「女人問題」到「科學問題」、「知識議題」

1970年代以來，女性主義者在性別與科學的議題上有許多重要的批評與理論。一般而言，可以用美國知名女性主義學者哈定教授（Harding, 1986）提出的兩大問題——「科學裡的女人問題」與「女性主義裡的科學問題」——作為理解的架構。簡單來講，前者關心的是「科學界裡為何女性偏少」這類型的問題，例如：造成科學中女性偏少的原因有哪些、阻礙女性參與科學的障礙如何去除等，這類問題可以簡稱為「女人問題」。後者則是以女性主義的角度，檢視看似客觀中立的科學知識如何可能再製性別不平等，簡稱「科學問題」。

科學的定義與提問內容，可以看作是一種性別權力關係展現的結果。女性主義學者就質問，什麼樣的問題算是「科學問題」？什麼樣的問題會被研究？為了誰的利益？例如，有些研究提出，一些科學知識在第三世界的應用，反而造成婦女（或是弱勢群體）土地、資源、權力的喪失與貧窮化。也就是說，科技發達，不見得僅是增進人類福祉，也有可能鞏固了原有不平等的權力關係。女性主義者甚至主張，科技研究應該從弱勢者的經驗出發，以關懷弱勢、服務弱勢為宗旨。

科學社群以男性為多數，也可能產生特定的社群文化與意識形態，影響個別科學家的研究選擇，也決定研究經費資源的投注對象，因而產生一些具有性別偏見的問題。因此，現有科學社群及其性別文化如何規範及影響此社群裡的科學家個人，也非常值得關注。美國知名的女性主義科學史學者史丹佛大學薛賓格教授（Schiebinger, 2008），就曾提出理工領域需要突破的三個修正：一、修正女性數量（fix the number of women），亦即提升女性在科技領域的參與比例及數量；二、修正機構（fix the institution），也就是透過提升女性人數，突破科技組織與職場內以男性為中心的各種文化、制度與規則；三、修正知識（fix the knowledge），去除性別偏見，納入性別分析，以開創對人類更有意義的新知識。也因此，薛賓格主張，當前的性別與科技問題是「知識議題」。

簡言之，關注科技領域中的性別問題，不出「參與」以及「知識」兩大面向。哈定的「女人問題」與薛賓格的前二項修正，即是「參與」面向的議題；而哈定的「科學問題」與薛賓格的第三項修正，則是「知識」面向的議題。究竟，科學知識可能有何性別問題呢？以下將繼續說明。

 問題討論14-1

關於科技領域的性別「參與」問題，你有何觀察或經驗嗎？你認為科學知識可能有任何性別問題嗎？你能否舉出一兩個例子？

（二）科學知識的性別政治與性別化創新

除了關注科學從業人員的性別之外，科學知識「內容」本身，以及科學問題的提問、研究、詮釋等過程，都充滿了性別意涵，也顯示許多性別偏見。也就是說，科學知識往往反映該知識所產生的時代中既存的性別關係，或是反映「男強女弱」、「男主動女被動」、「異性戀中心」等等的性別意識形態。

例如，在描述人類精子與卵子如何相遇時，生物及醫學教科書常將精子描繪成勇往直前的主動戰士，卵子則是被動地等待那個最勇猛精子前來的女子，非常類似王子拯救公主的羅曼史童話故事。教科書常用負面的語彙來描述女性的月經及子宮，像是「懷孕失敗」、「剝落崩解」、「被運送」、「被掃過」、「盲目地漂流」、「傷痕累累的器官」等，而關於精子的描述則使用「流線」、「驅策」、「強健」、「穿透」等詞。此兩組語彙的對比，顯示生物醫學知識中「男強女弱」、「男主動、女被動」的性別意識形態（Martin, 1991）。

除了科學語言與隱喻之外，科學實驗設計與實驗結果詮釋也常常反映性別偏見。例如，醫藥研究常使用大鼠進行實驗，因價格、管理與體型考量，除了與婦科疾病相關研究一定會使用母鼠外，其他常以使用公鼠為主，但研究結果卻常應用到所有人類（林宜平，2011），呈現了「以男性代表全人

類」的性別窠臼。另外，對於一群大猩猩中通常只有一隻雄猩猩的現象，過去靈長類學的主流解釋認為這隻雄猩猩是這一群體的領導，並享有多位雌性伴侶——這是一種恰恰反映白人男性優渥社會地位的解釋模式。後來女性主義靈長類學興起，傾向解釋為：母猩猩通常不將牠們的性行為限制為單一性伴侶，群體中的單一公猩猩可以視為這群母猩猩用來繁衍後代的媒介而已（Haraway, 1990; Lancaster, 1975）。

　　以上的例子提醒我們對科學知識提高警覺，因為所謂的「科學」往往採取了一種「描述自然界現象」的姿態，以呈現所謂「自然界事實」（natural facts），但科學語言與隱喻的使用，卻夾帶了性別意識形態，繼續鞏固父權社會中的「性別政治」。因此，近年來國際社會普遍認為，要改善科技知識的限制，必須引進更多「女力」，也就是引進女性經驗，補足過去科學研究所缺乏的觀點；除此之外，科學研究也必須納入「性別觀點」（不限於女性觀點），從分析社會如何規範個人的性別期待、性別角色、性別關係著手，重新設定新的研究主題或研究方向，或者修改既有的研究成果，以尋求更符合全人類利益的科學知識與科技。

　　「性別化創新」[1]（gendered innovations）即是因應上述的發展而出現的科技研發新趨勢，提倡科技研發過程要納入生理性別（sex）與社會性別（gender）的分析視角，才能促成科學技術與知識的革新。其分析範圍包含科技研究主題優先性、研究對象選擇、機構安排與文化、語言與理論架構重整等。實際案例包含幹細胞特性的性別差異，足以改變幹細胞治療的臨床準則；缺血性心臟疾病（Ischemic heart disease，簡稱IHD）重新定義病理生理機制後，改變了過去男性中心的臨床標準造成婦女誤診和診斷不足的現象；過度以女性為標準的骨質疏鬆症診斷規範，應建立評估男性風險的模型等等。由此可見，性別化創新的受益對象不只是女性，而是包括男性在內的所有性

1　此一名詞為史丹佛大學科學史學者Londa Schiebinger於2005年所創、2008年出版同名專書、2011年同時在歐盟以及史丹佛大學成立推動性別化創新的計畫與網站。本文作者蔡麗玲執行科技部「促進科技領域之性別研究」規劃推動計畫時，獲得翻譯授權，於2015年將中文版上架。
　　性別化創新英文網：http://genderedinnovations.stanford.edu/index
　　性別化創新中文網：http://genderedinnovations.taiwan-gist.net/

別。並且，性別化創新並不包含「為女性發展更有效的美白產品」或「為男性發展更長效的威而剛」之類鞏固父權性別關係與性別秩序的研究，相反地，它是「為了移除科技工程領域人員、文化、內容性別偏差而有的轉化作為」（Schiebinger, 2008, p. 4）。因此，減少性別偏見，改善性別關係，促進性別平等，才符合「性別化創新」的意涵（蔡麗玲，2016；蔡麗玲，2017）。

圖14-1　性別化創新中文網首頁一隅。
資料來源：本文作者蔡麗玲提供。

另外，培養科學家本身具有女性主義素養，也是促成科技創新的捷徑。分子生物學家Lisa Weasel（2001）指出，過往研究多以「化約論」（reductionist）與「層級化」（hierarchical）的方式來看待細胞問題，將細胞先分割，再加以掌控，反映了父權思想，也以二元對立關係來認知癌症乃惡意的「壞」細胞吞噬健康「好」細胞所造成，因此治療癌症多以「消滅」癌細胞為目標。但Weasel根據女性主義提出「關係中的細胞」理論，以共生、溝通、合作、整體關係等概念來理解細胞，因而主張癌症是細胞的內外溝通功能失調的結果，因此治療的策略反而是給予細胞所需養分，修補細胞間的「溝通」與「關係」以扭轉癌症條件。這樣的觀點也扭轉了人們看待癌症的方式，開啟了新的治療方向。

問題討論14-2

看完這一小節，妳／你是否可以回想，過去接觸過的「科學知識」，是否有試圖建構男女因天生的不同，而有不同專長的例子？例如「男人數理能力較好，女人語言能力較好」之類的。妳／你可否指出當中有何問題？

（三）性別與科技相互形塑

除了上述「參與」與「知識」兩個層面，科技如何強化、展現、轉換性別關係，性別關係又如何成為科技運作的一部分，則是「女性主義科技研究」此一學術領域關切的議題。

要能分析「科技」與「性別」兩者如何相互形塑，研究者首先要把「科技」，當成是整個「社會技術系統」（sociotechnical system），而不是單一「物件」（腳踏車、電腦、保險套）。這些科技物要能運作，涉及各種社會關係、制度安排與知識體系，也包括性別因素。例如，腳踏車可能僅是一堆廢鐵，要成為社會所用的運輸工具，技術上的調整與社會上的安排都十分重要。19世紀歐洲的腳踏車在研發設計階段就曾有爭議：前後輪大小以及煞車裝置，要依循男性運動選手喜愛的冒險感、還是女性與老人重視的安全感？裙裝在騎乘上有所不便，是要改變女生的衣著規範、還是要改腳踏車的設計？時至今日，促銷兒童腳踏車，有些廣告仍會把有置物籃的粉紅色腳踏車，宣稱是公主風，把藍色的越野車，強調是帥氣王子系列。在進行都市的通勤規劃時，有些國家發現，道路騎乘的風險感受有性別差異，而只要增設腳踏車專用道，區隔車水馬龍的汽機車道路，女性使用腳踏車通勤的比例就會上升（Garrard et al., 2008）。從腳踏車的例子可以看出，社會科技系統的每一階段——研發設計、製造生產、推廣傳播、消費使用——都可能受到性別的影響，因而可以從性別分工、性別化的資源分配、性別文化、性別認同等概念探查。

女性主義科技研究很特出的貢獻，在於連結科技的「物質性」（materiality）與社會分析。這些研究提問，看似是無生命的物件硬體，刻畫了哪些社會關係？「使用者配置」（user configuration）的概念，即是把機器等硬體視為文本，探究在科技發展的過程中，如何設想使用者。配置的行動可能包括界定、賦能、限制、再現、強加、控制等等，且受到特定社會文化與權力關係的影響。研究任務之一，就在於揭露使用者配置中的「性別腳本」（gender script）。例如，在創新的發想與設計階段，就可能把性別化的身體刻入硬體設計，包括針對女性平均身高而設計的流理臺，可能讓高大的男性操作家務感到不便；針對女性併腳的坐姿而發展出的「使你美」機車踏

板，可能複製了性別化的身體規範。

　　相互形塑的觀點也提醒，不只是科技裡有性別，性別也並非「純」社會關係，而是經常與科技一起運作。例如，想要瞭解育兒的性別分工，並非只有對於親職的理念、為母為父的認同、育兒的福利措施等等，也需要把奶瓶、尿布、嬰兒車、疫苗等等科技物納入探查，因為這可能成為親子關係的重要中介。例如，哺乳需求所造成的母子連結，有可能因為奶瓶以及餵奶科技系統的出現，有助於轉變性別分工——無法哺乳的男性也可以透過奶瓶來擔任嬰兒主要的餵食者。當然，女性主義研究也明白要避免天真的技術決定論，不會認為單單奶瓶就此能夠翻轉養育世界的性別分工。

三、議題深探

（一）科學專業領域的性別挑戰

　　「男人適合讀科學」、「科學學不好，你還是男生嗎？」這類說法，顯示科學不但不是性別中立的，科學特質與形象的建構更是與特定性別和陽剛特質或男子氣概的建構密切相關。

　　性別與科學議題的國際重要學者凱勒（Keller, 1982）注意到，17世紀西方科學開始發展時所強調的理性、客觀、獨立、抽象思考等特質，也是社會上拿來定義「男性應有的」陽剛特質的元素；相反地，感性、感情用事、彼此關連等概念，則與女性的陰柔特質相同，也是科學方法極力排斥的。也就是說，科學特質一開始的發展，就傾向排除與女性相關的事物。

　　這樣的連結造成一連串的迷思：科學是陽剛的、科學較適合男性、男性天生適合科學、科學能力不好的人就不像男性。另外，由於科學頭腦被認為是聰明優秀的，所以推論下來，男性理應比女性聰明優秀？！臺灣目前從事科技領域相關的工作，有較高的就業機會與報酬，也造成對男性較有利的局面。大學科系與生涯選擇出現明顯性別差異，根據彭渰雯等人的研究，歐盟和臺灣都在碩士升博士階段出現女性流失的「管漏現象」，且工程學科的男多女少現象在大學前就已經形成。歐盟2010年的博士女性比例為46.0%，臺灣

則僅有27.1%。高教就學的垂直隔離——職場或專業中某一群體在某層級比率過低或過高的現象——主要發生在進入博士階段，也就是說進入博士階段女性人數變少。此外，臺灣的管漏現象則遠比歐盟嚴重（彭淯雯、莊喻清、何忻蓓，2016）。

女性進入科學專業領域後，必須同大多數男性科學家一樣，在有限的時間內生產相當數量的學術論文，長時間在實驗室從事研究工作。然而，這些學術界所認定的「標準」，卻是以有「家後」（有女性為其處理家務事的後盾）的男性科學家的生產能力與生產方式建立的，這對背負專業與傳統性別角色（育兒、照顧、家務等）雙重要求的女性科學家而言，並不公平。現今高等教育中的科技女性學者，層級越高，人數更少，在各種決策會議皆需要女性代表的情形下，就被過度指派（陳佩英、謝小芩、陳佩瑩，2017），因而比她們的男性同仁負擔更多的服務。再者，即使女性的傑出科學成就受到肯定，但因為女性在科學領域是少數，因而當凸顯這些少數女性（以正當化女性的存在時）的「傑出」成就時，反而可能形成對女性設下更高的標準，可以稱為「瑪麗居禮效應」。

女性進入科學的過程中，在不同的階段充滿了種種挑戰，主要肇因於「男理工、女人文」的性別刻板印象，以及社會上仍然加諸於女性的傳統角色期望，還有科學社群對性別議題的敏感度不足，以致於無法認識或察覺科技職場中潛藏的性別歧視或不夠性別友善的文化。要提升科學中的女性參與比例，就要進一步對這些現象進行研究與處理，以各種方式改變人們對科學與性別的偏差觀點與作法。

概念辭典

管漏現象（leaky pipeline）

專業的層級越高，女性所占的比例越低，這個現象就是「管漏現象」。「管漏現象」是以水管輸送做比喻，輸送過程中，由於水管有「漏洞」（比喻種種阻礙女性參與的原因），因此「水」（比喻女性）不斷漏出來，送得越遠漏得越多，剩下就越少。此現象不只出現在科學領域，許多專業領域（含人文社會學科等專業）亦可能有這種現象。

概念辭典

瑪麗居禮效應

　　女性科學家若要在一個以男性為主的科學世界裡生存，往往面臨許多有形無形的困難與阻礙。其中一種生存策略，是安靜但刻意表現過人（overqualification）、低調、很強的自律，及堅忍不拔。對於處於敵意及競爭環境中的人而言，這是很典型的融入策略。這就是瑪麗居禮寫照，因此也稱之為瑪麗居禮策略（Madame Curie Strategy）。但這個現象也使人們一想到女性科學家，就想到表現超群絕倫的瑪麗居禮，女性的成就若要被認可，需要比其男性同儕更加優秀，因此間接為其他女科學家設下了高標準，形成性別不平等的雙重標準（Rossiter, 1984），此即「瑪麗居禮效應」。

問題討論14-3

　　你在學習歷程中，是否觀察到科系選組的性別刻板印象？有沒有哪些師長、家長、或是同儕會努力打破這樣的「男理工、女人文」的性別刻板印象？

（二）不「自然」的性別二分與大腦迷思

　　一般人認為，性別「天生」可分為男女二性，因此，性別二分是「自然」的。然而，女性主義者指出，「二性」的概念並非天生自然，而是有其歷史發展；而所謂的男女差異，更多半來自社會建構的迷思。

　　自近代以來，生物醫學知識往往被用來性別分類的依據。1990年代歷史學者湯瑪斯・拉奎爾（Thomas Laqueur）（1992），透過分析古代醫學文本中男女結構解剖的呈現，指出西方18世紀以前有所謂的一性模型（one sex model），也就是生物醫學知識中呈現的是男女在生理上雖有程度上不同的差異，但本質上相同，所以是同一種性（one sex model）。例如：女性的陰道是往內長的陰莖；古代人也認為女人懷孕的前提是女人必須達到性高潮，與男性的性高潮有類比的關係；古希臘人也認為，男女相似，只是男人較熱，女人較冷。但是近代之後，逐漸發展出所謂的二性模型（two sex model），也就是我們當代所熟悉的男女二元對立的模型，主張男女本質上不同，從生

理結構、能力、甚至到細胞都可能不同。例如：賀爾蒙造成男女大腦不同，及晚近的腦神經科學等等。大眾科普書也有《腦內乾坤》（*Brain Sex*）這一類以強調二性差異來博取讀者歡迎的書。上述這些二元對立的科學主張，除了男女差異之外，也主張男女的差異是與生俱來的，是後天教育難以改變的，可說是一種生物決定論（王秀雲，2008；蔡麗玲，2008）。

女性主義者自19世紀以來即不斷挑戰生物決定論。例如，19世紀美國女醫師瑪莉・賈克比（Mary Jacobi，1842-1906）對於當時愛德華・克拉克（Edward Clark）醫師所主張的女性因為有月經不適合接受高等教育之說，提出反駁。賈克比針對女性月經與工作表現進行調查，結果發現月經週期並不阻礙女性的發展，如此挑戰了生物性作為社會地位的基礎的邏輯。第二波婦運期間，內分泌學家艾斯戴爾・瑞米（Estelle Ramey）也用許多的內分泌學知識指出男性在生理上許多的弱點，女性並非較劣等的性別。也就是說男女雖有生物性的差異，但並不表示女性是較為劣等的人類，更不能據此將女人排除於教育與職場之外。

上述的挑戰主要著力截斷生物性差異與社會地位的連結，主張女性可以上大學、念醫學院或是成為政治人物。20世紀之後，女性主義者持續挑戰生物決定論，並且開始邁入挑戰「先天決定」這個範圍，同時也開始反思男女二元對立的科學知識。關於先天決定，例如，女性主義腦神經科學家雷斯莉・羅傑斯（Lesley Rogers）利用實驗研究的結果，主張性與性別的後天可塑性，進而反駁諸如《腦內乾坤》這一類的主張男女大腦差異乃是先天所決定（Rogers, 2002）的觀點。安・法斯陀斯德林（Anne Fausto-Sterling）也指出，後天環境會影響生理特徵。例如，一個人的勞動方式會決定骨骼的發展，並非年紀大的女性就會骨質疏鬆（Fausto-Sterling, 2000）。具有分子生物學訓練的凱勒（Keller）也由晚近的表徵遺傳學（epigenetics）的研究指出，生物體性徵表現的背後是複雜的基因管控與環境的影響，分子生物學的「中心信條」（從DNA到RNA到蛋白質的生化過程）並非如過去所認為的單向作用，有時可能是反向的。簡而言之，外在環境的影響可以透過對蛋白質（或性徵）的影響進而影響遺傳物質。同樣地，腦神經科學的研究也顯示，外在環境的刺激能使大腦特定區塊發展。換言之，用先天建置（hardwired）來理解

人的諸多行為並不恰當。這些科學研究都不約而同地指向一個新興起的概念「可塑性」（plasticity），亦即強調，人是「與環境互動」的產物（Keller, 2010, 2016）。

針對二元對立兩性系統，法斯陀斯德林（2000）則指出性別的多樣性，藉由說明人口中有許多人介於兩者之間，如雙性人或陰陽人，進而說明兩性系統的不足。她並且建議至少可以用五個性別來分類。此外，歷史學者愛莉絲・慛格（Alice Dreger）研究19世紀的雙性人（hermaphrodites，當代稱為intersex）以及醫學知識如何建立兩性的分類，指出兩性的分類系統是人為的分類，而非自然的反映。過去醫界對於生理性別模糊的嬰兒或是雙性嬰兒，往往進行手術「矯正」，例如，將被視為「多餘的」器官切除，使其能符合不是男就是女的兩性的系統。晚近國際陰陽人組織已經對這樣的作法提出質疑，他們主張應由嬰兒本身長大成人之後再決定是否進行這類的手術。在臺灣，陰陽人丘愛芝自1998年以來開始從事擁抱陰陽人運動，倡導人們將陰陽人視為正常人，並鼓勵陰陽人擁抱自己（陳昌遠，2017），也讓我們瞭解性別二元對立的分類系統對於許多人所可能造成的傷害。

另外，一般人所謂「男腦」「女腦」的性別二分知識，或是「男腦較適合理工」等錯誤認知，源自1960、70年代美國科學界男性中心的偏頗詮釋（蔡麗玲，2008）。喬丹楊（Jordan-Young）（2011）檢視關於男女性別差異的科學研究（如大腦組織理論主張賀爾蒙對於大腦造成影響而形成性別差異），發現這些研究無論是研究設計或概念，均充滿了矛盾、不一致性，因此他們所宣稱的性別差異，非常可疑。國際著名的科普雜誌《科學人》（*Scientific American*）中文版，於2017年製作「性別新科學」專輯（No.188），引介神經科學家喬伊（Daphna Joel）的研究結果指出，大腦不能根據性別區分為男腦或女腦，反而是同時包含二者的「馬賽克拼圖」（Denworth, 2017）。因此，以性別二分來理解大腦功能，是一種無效的認知方式。

問題討論14-4

你聽過「男女大不同」的説法嗎？這些説法有無可靠的根據呢？其是否試圖將社會上的性別差異「自然」化呢？亦即讓人以為性別差異是天生自然的，所以不需改善？

（三）女性主義科技研究

前面提到，「女性主義科技研究」此一學術領域關切「科技」與「性別」兩者如何相互形塑，研究議題包含：看重過去受到邊緣化的科技現象，如婦女科技、家庭中的工業革命；探討男性與科技的連結；討論如何利用科技來促成性別平權等。以下分別簡介此三大研究取向。

1. 看重婦女科技

白馥蘭（Francesca Bray）提出「婦女科技」（gynotechnics）的概念，強調把目光放在攸關婦女的科技，並藉此瞭解性別與權力的關係（Bray, 2008）。白馥蘭以中國晚期帝制的住家建築、紡織科技、以及生育科技這三大科技，呈現女性地位的變遷。例如，住家將父系的祭祀設於廳堂正中，祭祀的儀式按照性別與輩份排列，人在建築空間的位置也等於日日演練了父權秩序。負責為生者與死者煮食的婦女，獨占廚房空間，是性別隔離，但也可能發展出掌控生活科技的獨有貢獻。白馥蘭進一步提出，除了家務勞動外，宋代之前農家婦女從事的養蠶、取絲、編織、紡紗，是家庭經濟的重要來源；在課徵實物的賦稅系統中，婦女生產的紡織品，跟男性耕種的穀糧，一樣重要。婦女透過紡織在家計上有著關鍵貢獻，之後因為棉花的引進，賦稅制度改為課徵銀兩，以及家戶外的棉織工廠逐漸成為生產主流，女性在紡織工作逐漸被邊緣化或貶抑。婦女參與紡織的衰退，卻造成男性菁英的不安，擔心紡織所代表的婦德——勤勉勞動——會因此鬆動。白馥蘭認為，非菁英社會的婦女，不再以織布作為賦稅的貢獻，生育角色才成為女性的主要價值所在。白馥蘭以「婦女科技」為主軸，凸顯了女性精巧的技術（例如紡

織），讓我們看見性別系統的運作與科技系統緊密相關，也複雜化「男耕女織」的變遷，更試圖捕捉科技系統之間可能存有的消長關係。

柯望（Ruth Schwartz Cowan）則提出「家務科技」（domestic technology）的新研究領域，重新檢視家務勞動與性別壓迫的關係（Cowan，1983）。柯望以20世紀前半期的美國中產階級婦女為例，展現熨斗、吸塵器、洗衣機、暖氣、烤爐、冰箱等家庭電器用品的發明，如何讓家務勞動與家庭生活產生巨大的改變，並稱之為「家庭中的工業革命」。過往文獻曾指出，技術改變使得工廠工作變得高度分工、更專門化；對比來說，家務勞動卻因為科技的介入，對家庭主婦幾乎產生相反的結果。因為工廠林立，吸收大量女工，促成女傭的消失，家庭主婦必須成為「三合一太太」（廚子、女傭和女主人）。家電廣告以及當時的科學母職論述，建立了新價值，使得社會開始對家務的標準提高。衣服必須洗得更清潔，蛋糕做得更勤快，母職的範圍擴張了，不但要照顧兒女的溫飽，還要注意他們的營養和智能發展，執行母職更被要求得充滿感情。柯望認為，家庭主婦作為無產勞動階級，工作更變得要包山包海。家電科技的推陳出新，並沒有如廣告所宣稱的省時省力，媽媽的工作反而更繁重。

2. 陽剛氣質與科技

關於男性與科技的連結，研究者也提出分析策略，納入性別與階級的交織性，除了關注傳統的體力問題，並且連結過去鮮少連結的主題，例如生殖。

寇本（Cynthia Cockburn）分析19世紀英國印刷工人的性別分工與印刷技術演進的交互關係，提出以「體力」（physical power）和「社會政治權力」（socio-political power）兩個概念，探討機器更新與男女工人變動處境的關係（Cockburn, 1983）。早年植字工幾乎全由男性擔任，看似是以男女的體力差異（例如植字工要能搬得動重達50磅的印刷版），合理化這樣的性別分工。但是寇本提出，工具與機器的設計可以任意調整，印刷版甚或其他印刷器具都可以設計得小一些，使得體力不會成為門檻。19世紀末機器印刷的發明，本是為了取代工人勞動力，但是英國植字工會的強大，要求資本家只能聘用

原有工會成員使用該機器，使得機器並沒有取代人力，原有植字工反倒利用操作機器的技術，爭取到更好的工資。男性當時透過組工會而取得的政治社會權力，獨占機器使用，得以將機器轉換為身體能量，顯示「體力」也包含了使用機器而延伸的部分，而透過社會性別結構的形塑，使得女性不見得受惠於機器所能增強的「體力」。

這個經典研究也提醒我們，男性獨占機器的過程，主要是保住工作的生存策略，而非純粹基於排斥女性的意識形態。同時，機器的發展未必總是符合男性利益，男人與機器有著矛盾曖昧的關係。雖然機器的發明與修正，經常由男性主導，但是印刷機器的例子，顯示某些機型設計的目的，就是要減損男性勞工的力量。寇本提出，也許英國傳統工匠的強大組織，可以力阻機器出現造成男性工人的去技術化，但是這種作用可能只存在工業資本主義發展的早期。隨著印刷的電腦化，身體能量作為區辨男女差異的強度也許已式微，透過機器而延伸體能的歷史經驗，也另有新面貌。同時，如果工會的協商能力不分男女，機器就都能作為身體能量的延伸與增強，而非成為取代人力的來源。現今許多自動化、人工智慧的新趨勢，都值得我們從性別與工作的交互作用來檢驗其發展。

男性與生殖科技的關係，則是另外一類擴展性別與科技關聯性的重要視角。有關男性避孕、男性不孕、男性助孕的過程，科技如何成為重要的中介，已產生許多研究成果。在研究主題的選擇上，這些研究就有意打破性別刻板印象，並將陽剛氣質與科技的關係，延伸到新的領域。荻野美穗（2008）就提出，日本從1950年代迄今一直以保險套作為主要的避孕方式。這在東亞十分突出，也與男性在特定歷史文化的發展有關。日本在明治時代末期以性病防治為由，已發展出保險套國產品。二次大戰期間的慰安婦制度，也使得軍人長期使用保險套。而性產業的發達，持續使得保險套主要為買春和預防性病所用。早年若把保險套帶到家庭使用，會讓人感到不安。但是在戰後推廣避孕的過程中，各方行動者都持續推廣保險套：避孕指導員能從販賣保險套抽取利益，因此積極推銷；公衛專家如古屋芳雄等強調，保險套避孕效果優良，而成為家庭計畫的重點；岡本保險套公司則不斷精進研發（1955年的無色透明款、1960的潤滑液款、1969年的超薄款等等），這都使保險套更受

到歡迎。之後包括愛滋等新興性傳染病，也促使大家更重視保險套的避病功能。因此，今日在日本談「避孕」，幾乎都等同於「保險套」。

相較而言，在日本鮮少使用子宮內避孕器、結紮，尤其抗拒口服避孕藥。荻野美穗指出，口服避孕藥於1960年在美國率先上市，但是日本並不熱衷。有些人提出，避孕藥太容易使用，會讓大家忘了用保險套，也可能促使女性行為不檢；醫師也不喜歡，因為可能減少墮胎，降低其執業利潤；婦運界也反對，認為如果使用避孕丸，丈夫就會拒絕使用保險套，而將避孕責任放在女性身上。直到威而剛合法上市的第二年，口服避孕藥也終於在1999年在日本合法上市，為先進國家僅見，而至今也仍只僅占日本避孕方法的1-2%。從日本避孕科技的歷程可以看出，國家、專家、產業、社運團體在不同時期，著重配置特定性別的使用者，才造就避孕以男體為中心的實踐。

3. 女性主義科技研究與改革運動

如何透過科技來促成性別平權呢？這是女性主義科技研究的重要提問，但也沒有簡單的答案。性別與科技都是複雜的社會系統，因此若以為單一科技的研發就能帶來性別平權的革命，很容易落入本質化的陷阱。首先，是要區辨到底是女性化的科技（feminine technology），還是女性主義科技（feminist technology）。有些科技的研發宣稱是著眼女性的需求，但是可能僅處理女性現有的困境，而未能挑戰導致困境的社會文化處境（Layne et al., 2010）。例如，日本於1980年代後期推出一款自動化的內診臺，強調為貼心婦女的設計，之後多為婦產科所採用。設計的重點在於擺放雙腳的架子，可以藉由醫師的操作而自動打開，免除婦女需要自行張開雙腳所造成的尷尬。然而，女性為了身體檢查而產生的羞恥文化，也許需要透過更好的醫用溝通、診療空間對於隱私的設計，以及性別文化來予以挑戰，而這款設計並無意根本打破這樣的性別腳本（Minura et al., 2013）。相較而言，當醫療體系對於女性生育科技的使用仍有諸多障礙時，各種強調居家就可進行的人工流產、陰道檢查、甚或是人工授精等等DIY措施，就經常為女性主義社群所研發、愛用（水島希，2006；Murphy, 2012）。

有些科技的研發，也許並非針對挑戰性別系統而建立，但是技術物的特

質，也促發了新形態的社會介入。例如，福島核災之後，檢測輻射的儀器變成輕便易用，造就日本一批媽媽得以成為公民科學家（Kimura, 2016）。這些婦女以其關切居家安全與子女福祉的主婦認同，用這些檢測器衡量學校的土壤、日常採購的食物，記錄數據、繪製

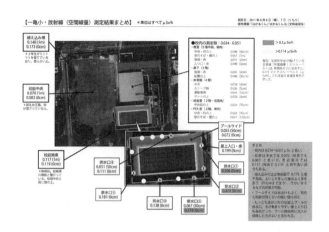

圖14-2　東京一所小學的家長團體，在311核災之後，以輻射檢測器來測量學校四周的輻射指數，自行繪成地圖。
資料來源：日本綜合研究大學院大學先導科學研究科水島希助理教授提供。

圖表，並屢屢挑戰政府的資料與措施。然而，這些家庭主婦也受到「性別化的抨擊」，被說成是缺乏科學常識、不理性的歐巴桑，藉此打擊其論據。孟加拉的太陽能光電板，有著另外一個翻轉性別的歷程。孟加拉的大型電力系統並不普及，因此太陽能光電板的形式，可以使得個別家戶或村落，較能自立建立電力系統。葛拉敏太陽能公司瞭解到，女性常隔離在家內，反倒可以此作為女性優勢，訓練農村女性維修太陽能光電設施，藉此達到促進女性地位的目的。經過近十年的努力，這些婦女普遍對於接受工程科技的訓練甚感滿意，但是在就業環境的性別隔離未能大幅改善之餘，並沒有因此大幅得到裝置與販售太陽能光電措施的工作機會（Hemson & Peek, 2017）。輻射檢測器與太陽能光電板，這些技術物都創造了建立女性與科技物的新機會，而性別社會的其他環節，如何因此改變或反撲，一直都是個變動的故事，需要各類型的介入。

？問題討論14-5

請觀察你所熟悉的手機、電玩、摩托車，或是任何你所熟悉的科技系統。有沒有哪些設計方案，有助於翻轉原有的性別關係？

四、結語

21世紀的性別與科技議題，已經從科技從業者的性別比例是否平衡問題，進展到人們對性別的認知是否屬於科學迷思，以及科技物的生成與使用如何與性別關係相互交錯、不斷複製或重製我們對性別與科技的認知。本章運用性別分析的角度，重新檢視科學知識與科技發展中的性別意識形態與性別關係，以追求性別平等的科學與科技發展的可能。無論是日常生活科技，還是大家趨之若鶩的前瞻科學，加入性別的觀點檢視，都能提醒我們如何修正做出更好的科學與科技。

近日人工智慧發展得如火如荼，科學期刊*Nature*就刊出重要的評論，指陳目前人工智慧演算法所造成的性別偏見與種族歧視，並提出具體改善的方法（Zhou & Schiebinger, 2018）。人工智慧仰賴的數據資料庫，資料來源往往有著階級、性別與族群的不均分布，例如看似已有數千萬的影像資料基礎，其實僅來自於少數國家，更常以白人男性的資料為主。或是機器學習的過程中，複製、放大了原有的性別與族群刻板印象，例如資料庫的文字分析可能複製「男」為「醫師」、「女」為「護士」的舊時刻板連結。該文呼籲資訊工程界在資料來源、機器學習等過程中，研發各種新作為，包括揭露賴以建立的資料庫的性別與族群分布，或是設計避免偏見的機器學習模式。該文更呼籲，對於社會公平的敏感度，應該從工程教育的大學課程開始建立。本章有類似的主張，希望有助於新生代科技人，培養這樣的視野，以利於未來開拓新時代的性別化創新。

參考文獻

中日文文獻

- Denworth, L.（2017）。大腦不分男女（謝伯讓譯）。科學人，188，38-43。

- 王秀雲（2008）。大腦作為性／別器官？《腦內乾坤》的性別乾坤。性別平等教育季刊，42，13-19。

- 水島希（2006）。月經吸引器Del-Emと女性の健康運動。女性学年報，27，97-118。

- 林宜平（2011）。公鼠犧牲、母鼠淘汰：小動物實驗室裡的性別政治。載於成令方（主編），高雄醫學大學：科技、醫療與社會講座集（頁141-177）。高雄：高雄醫學大學通識教育中心。

- 荻野美穗（2008）。「家族計画」への道　近代日本の生殖をめぐる政治。東京：岩波書店。

- 陳佩英、謝小芩、陳佩瑩（2017）。高等教育中的性別主流化與女性學術勞動處境及決策參與。載於黃淑玲（編），性別主流化：臺灣經驗與國際比較（頁169-192）。臺北：五南。

- 蔡麗玲（2008）。「男女大不同」是科學抑或信仰？性別平等教育季刊，42，33-47。

- 蔡麗玲（2016）。性別與科技創新。載於行政院性別平等處（編），性別意識進階教材系列叢書：性別與環境、能源與科技（頁58-82）。臺北：行政院。

- 蔡麗玲（2017）。臺灣女科技人的性別面向參與：科技領域性別平等的推手。臺灣化學教育，17。取自http://chemed.chemistry.org.tw/?p=21690

- 彭淑雯、莊喻清、何忻蓓（2016）。女性的科技參與：臺灣與歐盟現況比較。科技、醫療與社會，22，225-274。

- 陳昌遠（2017）。我的身體有個祕密：台灣首位現身陰陽人丘愛芝專訪。鏡週刊。取自https://www.mirrormedia.mg/story/20170825pol009/

英文文獻

- Bray, F. (2008). *Technology and gender: fabrics of power in late imperial*. China. Berkeley: University of California Press.

- Cockburn, C. (1983). *Brothers: Male dominance and technological change*. London: Pluto Press.

- Cowan, R. (1983). *More work for mother: The ironies of household technology from the open hearth to the microwave*. New York: Basic Books.

- Dreger, A. (1998). *Hermaphrodites and the medical invention of sex*. Cambridge: Harvard University Press.

- Fausto-Sterling, A. (2000). *Sexing the body: Gender politics and the construction of sexuality*. New York: Basic Books.

- Garrard, J., Rose, G., & Lo, S. K. (2008). Promoting transportation cycling for women: The role of bicycle infrastructure. *Preventive Medicine, 46*(1), 55-59.

- Haraway, D. (1990). Investment strageties for the evolving portfolion of primate females. In Jacobus, M., Keller, E. F., & Shuttleworth, S. (Eds.), *Body/politics: Women and the discourses of science* (pp.139-162). London: Routledge.

- Harding, S. (1986). *The science question in feminism*. Ithaca: Cornell University Press.

- Hemson, D., & Peek, N. (2017). Training and integrating rural women into technology: A study of renewable energy technology in Bangladesh. *Gender, Technology and Development, 21*(1-2), 46-62.

- Jordan-Young, R. M. (2011). *Brain storm: The flaws in the science of sex differences*. Cambridge: Harvard University Press.

- Keller, Evelyn Fox. (1982). Feminism and science. *Signs: Journal of Woman in Culture and Society, 7*(3), 589-602.

- Keller, E. F. (2010). *The mirage of a space between nature and nurture*. Durham and London: Duke University Press.

- Keller, E. F. (2016). Thinking about biology and culture: Can the natural and human sciences be integrated? *The Sociological Review Monographs, 64*(1), 26-41.

- Kimura, A. H. (2016). *Radiation brain moms and citizen scientists: The gender politics of food contamination after Fukushima.* Durheim: Duke University Press.

- Lancaster, J. (1975). *Primate behavior and the emergence of human culture.* New York: Holt, Rinehart & Winston.

- Laqueur, T. (1992). *Making sex: Body and gender from the greeks to freud.* Cambridge: Harvard University Press.

- Layne, L., Vostral, S. L., & Boyer, K. (2010). *Feminist technology.* Urbana, IL: University of Illinois Press.

- Martin, E. (1991). The egg and the sperm: How science has constructed a romance based on stereotypical male-female roles. *Signs, 16*(3), 485-501.
  臺灣翻譯：顧彩璇（譯）（2004）。卵子與精子。載於吳嘉苓、雷祥麟、傅大為（編），科技渴望性別（頁199-224）。臺北：群學。

- Mimura, K., Kokado, M., Hong, H., Chang, C., & Tsuge, A. (2013). Patient-centered development? Comparing Japanese and other gynecological examination tables and practices. *East Asian Science, Technology and Society, 8*(3), 323-345.

- Murphy, M. (2012). *Seizing the means of reproduction: Entanglements of feminism, health, and technoscience.* Durham: Duke University Press.

- Rogers, L. (2002). *Sexing the brain.* New York: Columbia University Press.
  臺灣翻譯：王紹婷（譯）（2002）。男生女生大腦不同？臺北：新新聞。

- Rossiter, M. W. (1984). *Women scientists in America: Struggles and strategies to 1940.* Baltimore: Johns Hopkins University Press.

- Schiebinger, L. (2008). Introduciton. In L. Schiebinger (Ed), *Gendered innovations in science and engineering* (pp. 1-21). California: Stanford University Press.

- Weasel, L. H. (2001). The cell in relation: An eco-feminist revision of cell and molecular biology. In M. Lederman, & I. Bartsch (Eds.), *The gender and science reader* (pp. 437-446). New York: Routledge.

- Zhou, J., & Schiebinger, L. (2018). AI can be sexist and racist: It is time to make it fair. *Nature, 559*, 324-326.

第 **15** 章

性別與健康

顏芳姿

劉盈君

現象
發想

參考
文獻

現象
發想

　　2012年甫上任的親民黨立委張曉風提出「剩女說」，不僅將臺男和外配比做雄性和雌性動物的結合，物化新移民，她更主張跨國婚姻使臺灣優秀女性成為剩女，為單身臺女打抱不平。

　　藥物與性別有關嗎？同一種藥物，相同的劑量是否對男性和女性的使用者會產生不同的作用與副作用？一個藥物的上市其臨床試驗的過程是如何進行的？動物實驗階段所使用的動物是公鼠還是母鼠？

一、前言

　　性別與健康研究者審視醫學論述和臨床研究背後的性別意義以及意識形態，同時，他們也進行婦女健康的政策批判。健康政策的制定、藥物的臨床試驗和健康相關的研究，往往以男性經驗為中心，忽略社會文化與性別多元的考量，這些政策反而製造性別歧視、形塑性別刻板印象，或因為性別盲和性別排除（張玨，2008，頁170），造成臨床上的醫學研究排除女人作為研究對象，生物醫學或藥物的臨床試驗結果以男性作為所有人的標準，以致於無法反映、照顧到女性健康問題。

　　性別醫學（gender medicine）是2000年後興起的學門，研究指出生物性別與社會性別是影響疾病的成因、診斷與治療的重要因素。過去，醫學以男性

---

*　　性別與健康的範疇廣泛，性別與健康包含的範疇極為廣泛，本文的完成，非常感謝王秀雲老師、吳嘉苓老師和主編在審查過程中給的精闢建議與補充，本文希望帶給讀者疾病治療上新的性別意識與族群健康上新的觀點。

為中心的健康與疾病模式將風險、病狀、診斷和治療，一體化適用於女性身上，產生嚴重的治療後果和副作用，如本文呼籲精神用藥的臨床實驗需增加女性樣本，基礎醫學教育需具備性別醫學和多元文化觀點。性別醫學不是女性醫學，其目標不僅是增進女性的健康，同時也包含男性健康。例如過去骨質疏鬆被視為停經後女性的一種主要疾病，而很少對男性進行評估或診斷，然而男性占骨質疏鬆相關的髖部骨折近約三分之一（Cawthon, 2011）。因此任何只以單一性別為參照模型的標準易導致另一個性別在該疾病的風險、診斷與治療方面可能有極大的失誤，因此性別的觀點漸漸受到醫界重視，並開始設立性別醫學研究中心。

另一方面，1970年代美國婦女健康運動以來，女性主義學者不斷開拓婦女健康研究，討論女性生命週期產生的各種疾病，研究結果結合在地女性主義團體發聲，監督政府和醫界做出改善，邁向女性健康自主（王秀雲、盧孳豔、吳嘉苓，2014）。新近學者批判生物性別的同質化，在尊重多元差異的原則下，研究和倡議拓展到性／別少數的醫療健康，包含性別、階級和種族的健康議題。

二、理論與概念：如何研究性別與健康？

女性主義理論探討各種主流論述的性別治理，主張性別認同並非固定不變，事實上是流動不居，文化建造性別，西方醫學也在建造健康與疾病的性別。在法國哲學家傅柯的著作影響下，他們批判各種論述如何建造性別，主張性別受到權力機構形塑和管理，如家庭、學校、教會、醫學體系和國家透過一連串的訓練、規訓，以達到國家或社會要求的社會規範。下文介紹性別與健康研究理論，接下來的議題深探談論（1）如何看見隱藏在臨床藥物中的性別排除？（2）新移民如何成為生育健康的管理對象？分別介紹性別排除和生命權力等概念。希望本文對醫療工作者有所啟發性，有助於養成職場上必備的性別意識和文化敏感度。

（一）性別與健康理論

回顧過去性別與健康的研究，可歸納三種理論模式：

1. 二分法的思考邏輯（Categorical thinking）

醫學文獻使用生物性別進行量性研究，並簡單以二分法將男人、女人當作天經地義的兩種性別，但生物性別隱含刻板的性別觀念。在男女二分法的思考下，醫學研究很容易簡單將男女性別視為自變項（independent variable）而健康狀態為依變項（dependent variable），但如此忽略性別多元複雜的內涵以及性別關係（Connell, 2012, p. 1676），其後果嚴重影響性／別少數（同志、雙性戀、跨性別與陰陽人等）的健康權，相關政策更製造汙名、不友善的醫療環境，以致於醫療體系長期歧視性／別少數，且視之為病態，造成醫療體系提供健康照顧出現結構性障礙（白爾雅，2017，頁124-125）。此外，醫學知識的生產、臨床試驗、診斷治療時醫病之間的性別權力、醫療體系與健康政策常見父權思維。性別與健康研究者致力於揭露現代醫學的性別假設，另一方面積極拓展婦女健康的研究。

2. 交織性理論

除了二分法的思考邏輯，還有一類研究在性別以外增加其他範疇，如種族、社會階級和年齡，探討特定族群階級的健康問題。然而，這種多種變項的思考無法說明性別產生的歷史過程、所創造的性別秩序，更無法挑戰性別不平等（Connell, 2012, p. 1676）。同樣地，也無法用來討論性別體系中處於不同位置的男女所隱含的健康和疾病問題（Edward, 2010）。黑人女性主義者Crenshaw（1991）提出交織理論，正是看到黑人和有色人種的婦女所遭受的壓迫，因為身分、種族、社會階級和性別遭到多重壓迫及不公平的對待，而喪失工作機會和人權（Jaimes, 2003; Mullings, 1997）。該理論反對以多種變項數來看健康與性別問題，為了讓性別的範疇可以更貼近地方社會，強調種族與性別互相定義，黑人、白人被性別化，女性氣質和男性氣質也在特定文化脈絡下被種族化，這些驅力互相作用，限制健康（Schulz & Mullings, 2006, pp. 5-7）。例如，「歧視」被視為移民健康的決定要素，女性移民所經驗的歧視

更與多重壓迫體系有關連，移民在地主國所經歷的種族／族群結構以及他者
化製造種族差異、汙名化和歧視的經驗與移民健康有重要的關係（Viruell-
Fuentes, 2007）。國內已有一些醫護界學者放下同化的意識形態，瞭解新移民
實現母職的經歷，不平等的權力關係所造成的歧視和工具性的對待和同化的
過程要求，對移民女性的健康福祉發生影響（Tsai et. al., 2011；黃玉珠，
2006）。

3. 性別結構

性別關係的結構形成性別秩序，由經濟、權力、感情和象徵關係形成的
結構，包含連結人與身體、機構的多種範疇，這個性別結構形塑、控制、修
正人許多社會行為。人在日常生活中習得社會習俗，在家庭、學校、醫療等
機構都有性別體制在人與人之間、情感和物質層面、法律、環境、科技和暴
力的限制中運作。有鑑於性別結構談論多層面的關係結構，可以預見複雜的
性別關係會對健康造成影響。性別與健康的理論轉向性別結構，乃是基於過
去後結構主義的性別理論深入剖析性別建構的文化過程，很少論及經濟過程
和物質的利益等等非權力的形式，因而無法洞悉政治經濟中性別和健康、醫
療照顧專業和社會暴力的動態關係（Connell, 2012, p. 1677）。性別結構理論
致力於改變健康政策和專業的創新，開創新的社會行為和機構的性別體制。

三、議題深探

（一）如何看見隱藏在臨床藥物中的性別排除？

生病求醫，醫生開藥再自然不過。藥物上市前的臨床研究（preclinical
studies）是否公平且合理地將性別放入其中的變項做分析？藥物對女性病患
族群的影響是否在藥物的臨床研究中被忽略了？Lee（2018）指出美國食品藥
物管理局（US Food and Drug Administration，簡稱FDA）在1997-2000年間，
下架美國市場上十種會產生反應不良的藥物，其中就有八種會對女性造成嚴
重副作用而有健康風險。Vidaver（2000）等人檢視1993、1995、1997、1998

年發表在四個主要科學性且期刊評鑑指標（impact factor）相當高的期刊上，檢視獲得美國國家健康研究院（National Institutes of Health）經費支助且大型聯合的臨床研究是否有納入女性樣本，並在結果時是否進行性別差異分析。結果發現有將近五分之一的研究仍排除女性的參與者。而67%-75%的研究雖有女性參與者，卻在結果分析時沒有進行性別的差異分析，只簡單以男女性別做分類進行平均數的統計分析。另外雖有納入女性樣本，但因女性樣本數太少而無法進行性別差異比較，或雖有進行性別差

概念辭典

性別排除

　　主要是指在性別歧視的前提下，不僅形成性別不平等的對待，甚至是以排除的策略與行動來進行，特別是針對女性。性別排除的實際例子在很多層面都會發生，例如在中國文化中分家產時女兒無法跟兒子平分，或是根本是被排除在名單中。又如宗嗣的祭祀文化中，女性無法成為主祭者或女兒的名字無法列入牌位等等。又如在傳統生物醫學研究中不使用雌性動物或女性樣本等。

異分析，但因沒有達到統計上顯著差異就不在研究論述有關性別差異的影響。在同一時期（1994-1999年）另有一篇發表在 *New England Journal of Medicine* 的文獻回顧，發現120個臨床藥物研究也提出類似的結論，即在1994-1999五年內的120個研究中有86%的研究並未以性別作為變項進行結果分析。此引起美國審計辦公室（Government Accountability Office，簡稱GAO）強烈建議，需要繼續努力將女性放入所有臨床研究中包含分析與研究結果。有文章指出直至目前，大多數發表的生物醫學科學性文章都未註明實驗動物的性別，若有註明仍然是以單一性別，雄性動物（male-only model）為主（Kong, Haugh, Schlosser, Getsios, & Paller, 2016; Clayton & Collins, 2014）。由以上結果，讓人不禁困惑為什麼女性這麼自然地被排除在生物醫學或臨床研究之外？目前臨床上的藥物治療（藥物成效、給藥劑量、藥物副作用），若大都是根據男性樣本的分析來推論女性可能的給藥劑量或治療成效，是否也是藥物的另一種誤用？忽略性別的醫療模式，是否還能堅稱是依據所謂科學性的客觀中立的結果為病人提供服務？

臨床藥物需要有性別觀點嗎？請說明原因。並討論為何生物醫學或臨床研究中常使用雄性實驗動物？

1. 隱藏在精神藥物治療中性別議題

Smith（2010）在〈抗精神病藥物的性別差異〉一文中指出，年輕女性的身體脂肪（body fat）通常多於男性，而男性的肌肉（lean muscle）分布較女性多，脂溶性的抗精神病藥物很容易進入體脂肪被吸收，因此使用相同劑量的抗精神病藥物在女性體內的分布與吸收會多於男性，也代表藥物在女性身體的累積量比男性多。顯示男女在先天生理因素的差異，的確會造成男女病人在藥物使用後的反應。又如安眠藥（Zolpiderm）在女性體內代謝速率較男性慢，因此使用劑量可以減少（Kong, Haugh, Schlosser, Getsios, & Paller, 2016）。這些出自科學性期刊或教科書的討論，極少針對男女性別在藥物的成效、劑量、副作用等方面的差異比較。隨著精神醫學醫療化，精神科醫師關注的是精神藥物治療的效益。雖然醫師認為藥物治療會有個別差異，但會忽略藥物在男女性別的差異。即醫師在選擇藥物時，會以藥物對該病人是否有效，是否減輕精神症狀的治療目標為最主要考量，通常不會因為男女性別考量藥物種類或劑量。即使有研究指出，女性使用精神科藥物的數量是男性的兩倍，尤其是抗憂鬱劑，或者女性使用抗精神病藥物引起泌乳激素的血中濃度通常高於男性等研究結果（Weinberger, McKee, & Mazure, 2010），精神科藥物對男女病人引起的差異在臨床上仍然不被重視。

作者長期在精神醫療體系觀察到，精神科醫師開藥的根據仍是以藥物是否可以控制或減少精神症狀為重要，較不會考慮此藥對男女病人是否產生不同的影響。例如在臺灣某兩家醫學中心精神科門診的現場，若不是初診的病人而是複診的病人就診，精神科醫師通常會問：「最近有沒有吃藥？」、「吃藥有沒有不舒服？」（醫師想瞭解病人吃藥有沒有副作用）等問題，然後醫師就在電腦螢幕中選擇與上一次處方相同的藥物，接著便說：「我開和

上次一樣的藥」。若病人反應吃藥會讓他不舒服，醫生通常會再次解釋藥物的作用和副作用，不然醫師就會在有著相同藥理機轉的藥物類別中，開立另外一種精神病用藥，而停掉會讓病人產生副作用的藥。又或者在病房裡，醫師探視病人（查房）也多半從「藥物」開始對話，例如「這次住院我幫你調整一些藥物，你吃吃看，有沒有比較好？」，「你出院一定要好好吃藥，不要隨便停藥」。或者有女性病人反應：「醫師我吃這個藥會讓我變胖」或「我的月經都沒有來，怎麼會這樣？」，「醫生，我一直掉頭髮」等。醫師通常的反應是：「這是藥物的副作用，如果你不適應，我幫你換另一種藥試試看」。從以上真實的臨床情境，其實看不到藥物與性別的連結。現代醫療是高度科技化與醫療化的結合，在此觀點下，精神科醫生看到的是精神症狀與精神病藥物間的關係，關心的是病人服藥的順從性或症狀控制。看不到病人服用藥物後引起相關生理的副作用與病人服藥後的主觀經驗，特別是某些藥物的副作用對女性造成的困擾。

另一方面，精神病人在臺灣社會文化的脈絡下，原本就是容易被邊緣化的群體，而女性精神病人更是容易被忽略的弱勢（Andermann, 2010），甚至是臨床試驗或生物醫學研究中被剝削的族群（Killien et al., 2000）。加上醫療是以男性為主要性別的職業，女性精神病人服藥的經驗很不容易被主流醫學所關注。Andermann（2010）就指出精神醫療中的性別不平等的現象一直是女性病人受苦的來源之一。也有文獻指出醫療人員對性別的成見，會影響醫療人員所提供的醫療服務，例如容易將某些診斷偏向男性，而某些診斷偏向女性（kdeniz, 2010 ;Killien et al., 2000）。在Smith（2010）的文章中指出在診斷憂鬱症方面，女性被診斷為憂鬱症的比例是男性的兩倍以上，同時女性的焦慮症狀比男性多，但該文章也指出因男女有不同的生理代謝機轉，女性病人通常不需和男性病人一樣的治療劑量，甚至是更少的劑量就可以達到症狀控制的效果。雖然憂鬱症與焦慮的診斷，女性是男性的兩倍，但相關的動物實驗卻少於45%是用雌性動物來進行（Zucker & Beery, 2010）。

Freedmam等人（1995）的文章中提到女性的思覺失調症病人會比男性病人經驗更多的藥物副作用。因女性不同於男性的賀爾蒙，生理週期、新陳代謝與藥物吸收及排出等，都可能導致女性對某些藥物更敏感，而產生與男性

不同的效應。顯示性別差異的確在抗精神病藥物治療的成效、副作用等方面
會產生顯著意義的差異，而且其差異在男女性別上可達40%之多，所以女性在
使用抗精神病藥物時，使用比男性更為低的劑量就可以達到療效（Freedmam
et al., 1995; Smith, 2010）。因此在藥物治療的劑量上應該要有男女性別的區
分，而不只是根據病人的體重或症狀的嚴重度來計算給藥的劑量。但在以男
性醫師為主要性別的醫療現場，臨床醫師在使用藥物治療時，多半只考慮病
人的診斷和症狀，並根據病人的體重來開立處方，而不考慮性別的差異，甚
至在相關的醫學研究中較缺乏女性樣本的數據，對女性病人抱怨藥物所產生
的副作用，只能輔以勸導接受。

2. 排除女性樣本的科學研究與臨床試驗

藥物在不同性別或不同群體有不同的反應，事實上是長期被忽略的。
1990年代以前的科學研究或臨床試驗，幾乎不納入女性樣本或雌性動物，將
女性和少數弱勢群體一樣視為被低估的研究樣本（underrepresented
population），甚至曾禁止女性參加臨床試驗（Killien et al., 2000）。以第二代
抗精神病藥物Clozapine（可致律錠）為例，在2004年De Loen等人發表的期刊
中，作者統計從1979到2001年臨床上相關Clozapine治療與第一代抗精神病藥
物對泌乳激素的影響，發現八篇研究中的樣本性別，其中有三篇的樣本皆為
是男性，一篇未說明樣本的性別，另外四篇的男性樣本為女性的兩倍。另外
作者統計臨床試驗中雙盲隨機（randomized controlled trials，簡稱RCT）的研
究，針對只用Clozapine和安慰劑（placebo）對泌乳激素的影響，由1989到
2001年有十篇。四篇的樣本皆為男性，兩篇未說明樣本的性別，其餘四篇的
樣本數亦是男性多於女性。此現象說明了Clozapine藥物的研究是以男性為主
要研究樣本，忽略了女性在某些藥物反應上比男性更容易成為一個易受傷害
性（vulnerable）的性別，顯示女性在醫學治療體系中的邊緣位置。換句話
說，女性樣本或性別的差異一直未以合宜的方式進行臨床研究，或者合理地
被考量在研究的分析中，甚至是長期以來生物醫學研究都以單一性別，即雄
性動物來進行研究（Clayton & Collins, 2014; Leon, Diaz, Josiassen, & Simpson,
2004）。

　　另一方面科學研究中所謂隨機控制（RCT）的實驗步驟已成為科學實驗的黃金定律，為了有效控制或減少干擾可能會影響研究結果的變相，盡可能使用受到干擾最少並簡潔的樣本。在這樣的思維下，醫學研究者提出排除女性或雌性動物的原因，就是他們認為來自男性參與者或雄性樣本的資料比較簡潔（cleaner），不會像雌性動物或女性樣本會受到發情期、賀爾蒙或生理週期的影響而干擾研究結果。或是使用實驗性的雌性動物比雄性動物需要花更多的錢與時間（Wald & Wu, 2010）。另有研究擔心臨床試驗會造成懷孕婦女的畸胎，而不用女性樣本，因此多年來主導科學研究的研究樣本多為年輕的、男性的白人或實驗用的雄鼠。但恰恰正因為女性的生理週期或代謝與男性不同，其對藥物作用在女性身體的生理變化會不同於男性，以男性為樣本的臨床試驗結果就不能完全推論到女性，並應用在女性族群。但有趣的是，多數以年輕、男性白人為樣本的臨床試驗，其研究結果卻毫不質疑地自動推論，並應用到其他群體，例如女性、少數種族與孩童。以男性或雄性為研究樣本作為推論，並成為臨床治療的標準或指引，事實上對女性可能是不適用，甚至是不安全的（Weinberger, McKee, & Mazure, 2010），因「女性不是較小的男性」。如此的現象不難理解醫學科學的發展仍然是在男性父權的脈絡下，因為提出這樣的信念多半來自以中產階級、年輕、白人男性為主流的男性科學家，加上科學研究所傳達出來不僅是一種專業權威，也是男性的威權，即使女性是一大族群，但在科學研究中卻自然排除女性為樣本或將女性歸入少數的族群予以忽略。

　　因此女性在服用第二代抗精神病藥物所產生且不易被看見的副作用，相對就容易被合理化、妥協與忽視。至於服藥的遵從性，女性因為對藥物的敏感性產生的副作用，造成女性角色或功能的降低而使服藥的順從性差，臨床醫師很少進一步關注服藥順從性差的原因，而是將不服藥行為標籤化是女性病人的情緒化與不合作。這些臨床現象的源起，除了像法國存在主義作家，西蒙波娃在她的回憶錄（1981）曾說：「男子們以他們的宇宙觀、宗教、迷信、意識形態與文學，在女子身上編造種種神話」外，也是在一連串的科學研究中排除女性的結果。在以男性威權主導的醫學科學領域，不論精神醫學或其他生物醫學的臨床試驗，都有意或無意地排除女性，隱含了父權科學忽

略女性的事實，而這種事實也只是透過動物實驗模式或藥物臨床研究被呈現出來而已。精神病人是醫療社群中的邊緣族群，女性精神病人是弱勢族群中的弱勢，女性精神病人更是以無性別的身分接受著精神醫療或大藥廠的藥物治療。

3. 納入女性樣本在臨床試驗中的路程

女性不被納入醫學或臨床研究的議題，直到1985年才被重視。1985年，美國公共健康服務局發表公共健康服務對女性健康的任務，提出美國缺乏有關女性健康的醫學研究，並建議增加相關研究，期待發展出女性特定的健康指引。此舉引起美國國家健康研究院（National Institutes of Health，簡稱NIH）的認同。1986年NIH提出，凡是由NIH所支持的健康相關研究經費，應將女性納入臨床試驗的研究對象中，這兩項申明是希望鼓勵日後在藥物的臨床試驗中加入女性樣本，並以性別作為健康相關研究分析的變項（Hohmann & Parron, 1996; Kong et al., 2016; Weinberger, McKee, & Mazure, 2010）。1990年美國審計辦公室（GAO）指出，NIH對女性的健康政策或以NIH經費進行的臨床試驗是否有將女性樣本納入的相關資訊不足，因此NIH於1993年又提出新的標準，即所謂的NIH復興運動法案（the NIH Revitalization Act of 1993）。此法案重點已不是鼓勵臨床試驗納入女性，而是在人體試驗的臨床研究中，女性樣本為必要條件（requirement），只要進入第三階段的臨床試驗（clinical trial phase III）就必須提供足夠的證據說明該研究在給予介入相關措施時對性別或種族的差異，以確保該治療對女性或其他族群的成效是具有科學性的研究數據。1994年更強制規定除了納入女性樣本外，還需要在結果分析時做性別差異分析。該法案希望相關的臨床試驗不應再像過去許多的臨床試驗一樣，只納入男性為樣本或只使用少數女性樣本，

圖15-1　臨床試驗的雌性實驗動物費用較高且較耗時（She-rats. Female rodents can be more expensive and time-consuming to work with）。

資料來源：2010年*Science*期刊。

以致於對女性族群的應用是從男性樣本的研究結果推論到女性。同時，此法案的聲明中也提出，一個研究設計在進行結果分析時，必須要有足夠的檢定能力進行性別差異分析（Vidaver, Lafleur, Tong, Bradshaw, & Marts, 2000; NIH, 2001）。

圖15-2　新移民和女性團體抗議張曉風立委：外配擠走臺女的「剩女說」
資料來源：張心華提供。

正當NIH於1993年的新復興運動法案之際，也帶動美國食品藥品監督管理局（U.S. Food and Drug Administration，簡稱FDA）的重視。使得FDA重新檢驗他們在1977年的臨床試驗標準指引，指引中規定在第一與第二期臨床試驗需排除懷孕婦女為研究樣本，事實上1977年FDA所規範的臨床試驗指引，是排除所有停經前的女性進入臨床試驗。但如此限制可能導致缺乏有關女性正常生理變化（例如月經週期或口服避孕藥）與治療的關係，在藥物發展中必定也缺乏有關女性的相關資訊。所以繼NIH的申明，1993年FDA放寬他們的臨床試驗標準指引，雖不硬性規定藥物研究一定要納入女性樣本或做性別分析比較，但同意讓女性參與藥物發展的研究（Weinberger, McKee, & Mazure, 2010; NIH, 1994, 2001）。可見女性要進入真正的藥物研究並不容易。即便NIH和FDA做了相關藥物研究或臨床試驗納入女性的申明與放寬，有些學者回顧過去近二十年的生物醫學或臨床研究文章，發現女性樣本出現在臨床研究中仍為少數，而且在研究結果分析時也未進行性別差異的分析，顯示目前生物醫學研究仍然持續忽略性別的考量與分析，因此需要嚴格將性別納入分析常規，而不是柔性勸導重視性別差異而已（Clayton & Collins, 2014; Lee, 2018; NIH, 2018）。

2010年3月生物科學期刊的龍頭*Science*提出未來要發表在*Science*的生物醫學研究，包括動物研究都需要放入性別變項做分析，該文並強調未來需要在醫學教育中加入對性別差異與健康議題的課程，文中也提到若是臨床的基礎研究可加入更多雌性動物，未來將對女性病人有更好的藥物使用效果（Wald & Wu, 2010）。同年（2010年）8月一篇發表在*Neuro-Psychopharmacology &*

*Biological Psychiatry*期刊的動物參數研究，是比較Clozapine和第一代抗精神藥物Haloperidol對老鼠體內葡萄糖耐受度的敏感度研究。此動物研究用的全是母鼠。有趣的是，文章中並未說明為何全用母鼠，筆者推論，也許跟目前生物醫學期刊投稿刊登的申明有關。是否醫療也開始承認過去的相關生物醫學或臨床試驗的確對女性族群的排除與忽略？但不論如何，已可窺見生物醫學的研究不得不開始認真轉向接納女性族群，並納入其他性別，如跨性別（transgender）及第三性別族群（intersexual）進入研究中，更進一步努力的方向是使臨床醫療擺脫舊有的假性性別平等的模式，才能看到女性或其他性別在醫療社會中被視為主體的自由與真正平等的樣貌。

（二）新移民為何成為生育健康的管理對象？

臺灣第一個新移民健康政策為何鎖定大陸和東南亞外籍配偶的生育健康，政府和醫學論述一同建構有問題的生育，並透過統治技術試圖管理新移民的母職角色，這一切的正當性來自何處？

截至2017年2月底，大陸和東南亞外籍配偶來臺人數已達532,208人。這些外配的身分經常被貼上標籤，她們的性和生育不時遭到抹黑，以致新移民需要不斷抗議官員的言論和社會的歧視。不僅如此，第一個出臺的新移民健康政策就是將其建構為生育健康上需要管理、教育的對象。下文將根據生命權力觀點，探討國家和醫療體系對新移民生育的介入和控制，相關的政策因此形塑不平等的性別秩序。

2003年衛生署國民健康局制訂「外籍與大陸配偶生育健康管理計畫」，主

> **概念辭典**
>
> **生命權力（bio-power）**
>
> 從現代國家的統治理性延伸出的一種權力機制，用以管理人民，調節人口，控制身體以確保人口的數量、品質和人口的健康。國家管理生育，其統治理性來自於國家生物性的存在必須先獲得保證，政治性的存在才能獲得延續。於是，統治的言詞配合統治機構與統治技術，和其他權力、技術生產新的意識形態、調控生育行為和家庭大小。20世紀以來，人口學、優生學、醫學論述和國家種族主義存在共構的關係。現代國家形成後，醫學更與國家權力緊密結合，形成共謀的體制，產生各種形式的監視和規訓，對人身的控制呈現前所未有的緊密狀態。

張新移民的生育存在許多問題，諸如結婚數目日增、教育程度偏低、生育年齡偏低、生育數目日增、語言隔閡、文化差異、婦幼衛生觀念不足、生活習慣、人際關係等的適應問題，「可能潛藏著生育健康及子女教養等危機」（國民健康局，2003，頁1）。政府提供新移民產檢、裝置子宮內避孕器及結紮手術等補助，以便讓新移民在診所或醫院進行產檢和生產，衛生所辦理補助和衛教、醫療介入生產，運用通譯服務規訓外籍配偶的身體和生育。

1. 新移民的生育有什麼問題？

臺灣經過數波的移民潮，現在的社會以漢人為優勢族群，種族上的他者——原住民，從生蕃變成熟番，從野蠻經過同化和漢化的文明化以及正名運動之後，逐漸在李登輝所喊出的「新臺灣人」新的國族認同下，成為「我們」之中的一份子，卻在新移民身上看到新的民族邊界（Lan, 2008, p. 836）。新移民發展為臺灣第五大族群，為國族建造添上一道新課題。人口政策上，來自大陸、東南亞的外配處於較低的產業結構，被視為「非經濟性移入」，凸顯其生育和家庭照顧的性別角色。

其次，國家對涉外婚姻的管理，重現國家對不同國籍、種族女人的子宮，有著不同的想像、規範與控制。新移民之中，臺灣政府對陸配管制最多。兩岸國家關係的緊張，陸配對國家安全可能具有潛在威脅，並且政府對陸配的政治認同有疑慮，其效忠中國的利益可能先於臺灣的利益，由於這些認知，陸配被建構為「**政治的他者**」（Lan, 2008），中華兩岸婚姻協調促進會因而抗議政府歧視陸配的種種管制措施：陸配取得身分證的時間比東南亞籍配偶更久，陸配結婚六年後才能取得身分證，外配只需四年；陸配申請入境需面談，被當作假結婚的嫌疑犯；陸配長期居留每年限額一萬五千人，外配無此規定。針對臺越跨國婚姻則反映出，「**低劣的他者**」來自貧窮、落後的國家，教育程度低、素質低可能引發國家發展的危機（龔宜君，2006，頁86）。臺灣政府方面，從簽證上限制臺越婚姻，以杜絕社會問題，避免人口素質走下坡；以檢疫的觀點監控來自東南亞的女性，視之為疾病的帶原者。產檢、節育宣導等措施不免流露種族中心的意識形態，意圖控制新移民女性子宮，以免她們生育過多，有礙社會發展。

　　為維持國家安全、臺灣的利益至上和國力的發展，政府必須在入出境管理和公民權上把關，透過面談以剔除假借結婚名義來臺工作的人士，要求新移民從入臺、申請居留證和歸化前，至少必須做三次身體健康檢查。體檢項目需篩檢熱帶傳染病、腸胃道傳染病、性傳染病（如愛滋和梅毒）、痲疹和痲瘋等項目，如呈陽性，疾病控制管制局將其列管，驗出愛滋感染者則將之驅逐出境，新移民被視為一種「低階」的身體，在健康檢查上被階級化。政府透過體檢，將來自開發中落後國家的新移民女性的身體塑造為充滿性犯罪、帶有貧窮國家傳染病的對象，而加以監控（范婕瀅，2004，頁55-65）。

　　此外，臺灣人的生育和跨國婚姻的生育，更是放在不同的階級地位加以評價。臺灣人娶臺灣人的婚姻是常態，受到主流社會的認可，現在的福利政策鼓勵這樣的婚姻多多生育。在婚姻市場找不到可娶的臺灣女性而向外迎娶新移民的臺灣男性，卻被汙名化為垂涎東南亞異國女性的「豬哥」。外配則因為種族成分不佳、出身貧窮落後的國家、嫁入社會地位低的勞農工階級、社會地位低、教育程度低而遭遇更多的歧視。對於低階的他者和臺灣郎兩者結合的混血，國家的生命權力透過政策和醫學論述建立統治理性，向整個社會放送新移民的生育需要監控、規訓的必要性，生育健康管理藉以去除有問題的生育。

問題討論15-2

　　臺灣婦女的生育率逐年下降，2000年以來，平均每位婦女一生育有1.4個孩子，到2009年低到只生一個，成為全世界生育率最低的國家之一。請你解讀外籍與大陸配偶生育健康管理計畫，回答以下問題：

· 為什麼鎖定大陸和東南亞籍外配，排除其他外國人士？
· 「生育健康」為何是新移民健康管理的重點？
· 當代臺灣社會面臨少子化、老化和移民增加等三大人口問題，為什麼當局要控制外配的生育？

醫學的論述生產新移民作為病態的他者，由於邊境控制，醫學獲得合法

介入新移民身體的權力，根據體檢的醫學報告的研究發現，外配感染腸道寄生蟲和肺結核的機率較高（Wu et al., 2004）；其次，醫界認定新移民的健康狀態不佳，結婚過早，容易早產、出生嬰兒體重過輕。例如，越南籍移民四分之一貧血，15.8%孕婦孕期體重增加不足，越南籍孕婦飲食習慣和營養攝取不均衡（李麗君，2000，頁70）。醫護界主張新移民結婚過早身心尚未成熟，應接受健康檢查和計畫生育；新移民女性教育程度低，無法教養下一代，是社會問題的製造者（孫麗娟，2006；張瀛之，2004）。這些對新移民身體的病理解剖，可說是新移民實施生育控制之前奏。

臺灣已面臨少子化的人口危機，新移民的生育卻受到國家的管理和控制，國家必須控制「外配」的性／生育以穩定新的族群疆界，維護臺灣單身女性、職業婦女和臺配在性別體系優越的地位，豎立「純種臺灣人生育」道德上的正當性。這些權威的論述形成文化價值、意識形態、知識論述的控制和種族的歧視（葉郁菁，2007），成為政府行使生命權力控制新移民生育的數目以及品質的統治理性，並展開內部統治。

大陸和東南亞各國的新移民入臺之前很少到醫院看病，入臺後懷孕的新移民大多數按部就班進入醫院，接受產檢和計畫生育，成為優生保育利用的一大族群。許德耀（2003）在南部醫學中心進行懷孕婦女身心健康及週產期結果的流行病學調查，外籍孕婦平均產檢次數為8.35次，低於本地女性的10.72次，醫界希望再提高新移民利用醫療體系的可近性和產檢次數，唯恐沒有做任何產檢，錯失早期診斷新生兒異常或遺傳疾病之機會，必須以醫療為手段馴化異國的身體。

針對「婦幼衛生觀念不足」的這群人，臺北市政府衛生局認為新移民在身、心、社會適應上所面臨的最大阻礙是語言。於是，2006年該單位委託賽珍珠基金會代為培訓外語衛生醫療通譯員，以傳達國家和醫學認可的母職角色，完成產檢、準備生產、哺育孩子。通譯提高新移民使用醫療資源，同時也規訓新移民（顏芳姿，2014）。

這些權力的擁有者懷疑新移民生育健康的下一代和當母親的資格和能力，以優生學的作法——家庭計畫、健康檢查、產檢和避孕，監控新移民的子宮。醫療人員以專家的身分，建議新移民何時懷孕、監測她們是否孕育健

康的下一代，篩選不正常的胎兒加以剔除，惟有通過文明且現代化的醫療檢查和醫護人員的「教育」（劉美芳、鍾信心和許敏桃，2001），新移民才能生出品質優良的「新臺灣人之子」。至此，我們可以看到國家運用生命權力，透過政策、執行機構和專業人員部署網絡，使用補助、體檢監視、優生保健之類的生育控制和規訓等統治技術，讓醫護公衛界順理成章以科學、實證、理性和衛教「教導」新移民。新移民的確受到生育健康管理這項措施的誘導，並承擔優生保健和節育的主要任務，但生命權力卻加深新移民在家庭、社會和醫療場域權力關係的不平等，影響其健康。

2. 共學式的新移民健康教育方法

筆者在國防醫學院通識教育的「新移民健康」課程，規劃學生分別到板橋社大和萬華社大與新移民共學。第一次是相互認識；第二次以戲劇的方式探討新移民就醫問題。共學式的新移民健康教育方法受保羅‧弗雷勒（Paulo Freire）《受壓迫者教育學》（2007）影響，企圖透過「劇場」和「交叉提問」，鬆動現行的新移民健康政策和醫療行為。過去制定新移民相關政策，從來不過問新移民的意見，以致其透過抗爭向政府爭取人權。醫學生與新移民共學提供另一個形式，讓從未參與決策的新移民與未來的醫護工作者，一起從行動中反省新移民醫療照顧問題。

為了讓學生深入瞭解新移民就醫問題，每組學生需演出一齣七分鐘的短劇。劇場創造醫學生與新移民互相提問的媒介，在學生發問的過程中，新移民覺察自己受壓迫的處境、遭遇

圖15-3 學生演出新移民就醫問題的短劇，引起新移民共鳴，臺上臺下熱烈討論影響新移民健康的各種問題。
資料來源：萬華社區大學黃國祥老師提供。

的問題，並提出自己的看法。透過兩者共學，醫學生更能深刻體認新移民健康的問題如何產生，兩者在辨證中邁向問題的解決，有助於共同推動醫病權力關係和醫療照顧品質的改善。

四、結語

　　1990年代以後，健康研究開始注意到醫學研究或臨床試驗中納入樣本的不平等現象，其研究結果可能不適用於其他群體，包括女性。但女性是否真的被納入醫學研究成為樣本，或者分析時真的將性別做性別差異分析，卻一直是男性醫學研究者的挑戰。將女性放入生物醫學的臨床研究，似乎還要努力。期待未來的臨床研究不僅僅是簡單納入女性為樣本作點綴，更需要納入足夠的女性樣本進行差異分析，甚至需謹慎以女性主觀的身體經驗或社會文化脈絡的觀點，做適當的性別分析。

　　另一方面，新移民女性的生育本身是一個國家、醫療機構、種族、階級和性別權力角力的地點，她們的生育逐漸威脅臺灣人生育的優勢因而遭受汙名，國家權威論述形塑新移民在性別結構的位置，並且以統治技術調控人口、管理新移民的身體，規訓她們生育過多以及孩子該如何養育。共學式的新移民健康教育方法培養醫學生瞭解新移民的社會處境，社會對新移民的歧視從何而來，以及跨文化的理解、溝通和互動能力。當我們清楚加諸於新移民身上的生命權力，迫切需要醫護人員具有反省批判能力，而不是複製政策走向。

參考文獻

中文文獻

- Freire, P.（2007）。受壓迫者教育學（方永泉譯）。臺北：巨流。（原書*Pedagogy of the oppressed*出版於2000）。

- 王秀雲、盧孳豔、吳嘉苓（2014）。性別與健康。載於陳瑤華（主編），台灣婦女處境白皮書：2014年。臺北：女書文化。

- 白爾雅（2017）。性別主流化架構下的性／別少數醫療政策：加拿大給台灣的啟示。載於黃淑玲（主編），性別主流化：臺灣經驗與國際比較。臺北：五南。

- 張珏（2008）。婦女健康政策：世界趨勢與國內缺失。載於醫療與社會共舞（頁170）。臺北：群學。

- 李麗君（2004）。運用R. M. Andersen模式探討越南籍懷孕婦女產前健康照護服務利用情形及滿意度（未出版之碩士論文）。陽明大學臨床護理研究所，臺北。

- 孫麗娟（2006）。影響公共衛生護士執行外籍配偶家庭計畫管理成效因素之探討——以苗栗縣為例。弘光學報，49，91-100。

- 許德耀（2003）。在臺外籍懷孕婦女身心健康及週產期結果之流行病學調查以及相關危險因素探討。行政院國家科學委員會專題研究成果報告（編號：NSC88-2418-H-133-001-F19）。

- 衛生署國民健康局（2003）。外籍與大陸配偶生育健康管理計畫。臺北：行政院衛生署國民健康局。

- 黃玉珠（2006）。新移民女性「母性工作」之探討——以台北縣某醫院之越南籍初孕婦為例（未出版之碩士論文）。南華大學生死學研究所，嘉義。

- 葉郁菁（2007）。臺灣移民現象的後殖民論述。國際文化研究，3(1)，55-76。

- 劉美芳、鍾信心和許敏桃（2001）。臺灣外籍新娘之文化適應——護理專業省思。護理雜誌，48(4)，85-89。

- 劉盈君（2015）。潛藏在抗精神病藥物臨床研究中的性別排除——以Clozapine為例。人文社會與醫療學刊，2，69-85。

- 龔宜君（2006）。國家與婚姻：臺越跨國婚姻政治。臺灣東南亞學刊，3(1)，83-103。

- 顏芳姿（2013）。一體兩面：臺灣通譯的角色及其在醫病溝通的能動性。華人應用人類學學刊，2(1)，87-110。

英文文獻

- Akdeniz, F. (2010). Female-specific health problem in mental patients. *Current Opinion in Psychiatry. 23*(4), 378-382.

- Andermann, L. (2010). Culture and the social construction of gender: Mapping the intersection with mental health. *International Review of Psychiary, 22*(5), 501-512.

- Ann A., Hohmann, A. A., & Parron, D. L. (1998). How the new NIH guidelines on inclusion of women and minorities apply: Efficacy trials, effectiveness trials, and validity. *Journal of Consulting and Clinical Psychology, 64*(5), 851-855.

- Cawthon, P. M. (2011). Gender differences in osteoporosis and fractures. *Clinical Orthopaedics and Related Research, 469*(7), 1900-1905.

- Connell, R. (2012). Gender, health and theory: Conceptualizing the issue, in local and world perspective. *Social Science & Medicine, 74*(11), 1675-1683.

- Clayton, J. A., Collins, F. S. (2014). NIH to balance sex in cell and animal studies. *Nature, 509*, 282-283.

- Edwards, J. (2010). The healthcare needs of gay and lesbian patients. In E. Kuhlmann, E. Annandale (Eds.), *The Palgrave handbook of gender and healthcare* (pp. 256-271). Basingstoke, England: Palgrave Macmillan.

- Freedman, L. S., Simon, R., Foulkes, M. A., Friedman, L., Nancy L. Geller, N.L., Gordon, D. J., & Mowery, R. (1995). Inclusion of women and minorities in clinical trials and the NIH Revitalization Act of 1993- the perspective of NIH clinical trials. *Controlled Clinical Trials, 16*, 277-285.

- Hohmann, A. A., Parron, D. L. (1996). How the new NIH guideliness on inclusion of women and minorities efficacy trials, effectiveness trials and validity. *Journal of Consulting and Clinical Psychology, 64*(5), 851-855.

- Jaimes, M. A. (2003). 'Patriarchal Colonialism' and indigenism: Implications for native feminist spirituality and native womanism. *Hypatia, 18(2)*, 58-69.

- Killien, M., Bigby, J. A., Champion, V., Fernandez-Repollet, E., Jackson, R. D., Kagawa-Singer, M., Kidd, K., Naughton, M. J., & Prout, M. (2000). Involving minority and underrepresented women in clinical trials: The national centers of excellence in women's health. *Journal of Women's Health and Gender-Based Medicine, 9*(10), 1061-1070.

- Kong, B. Y., Haugh, I. M., Schlosser, B. J., Getsios, S., & Paller, A. S. (2016). Mind the gap: Sex bias in basic skin research. *The Journal of Investigative Dermatology, 136*(1), 12-14.

- Lan, P. C. (2008). Migrant women's bodies as boundary markers: Reproductive crisis and sexual control in the new ethnic frontiers of Taiwan. *Signs, 33*(4), 833-861.

- Leon, J. de., Diaz, F. J., Josiassen, R. C., & Simpson, G. M. (2004). Possible individual and gender differences in the small increases in plasma prolactin levels seen during clozapine treatment. *European Archives of Psychiatry and Clinical Neuroscience, 254*, 318-325.

- Lee, S. K. (2018). Sex as an important biological variable in biomedical research. *BMB Reports, 51*(4), 167-173.

- Mullings, L. (1997). *On our own terms: Race, class and gender in the lives of African American women*. NY: Routledge.

- NIH. (2001). Policy and guidelines on the inclusion of women and minorities as subjects in clinical research . Retrieved from https://grants.nih.gov/grants/funding/women_min/guidelines.htm

- NIH. (1994). NIH Guidelines on the inclusion of women and minorities as subjects in clinical research. *NIH GUIDE, 23*(11). Retrieved from http://grants.nih.gov/grants/funding/women_min/guidelines_update.htm.

- NIH. (2018). Inclusion of women and minorities as participants in research involving human subjects- policy implementation page. Retrieved from https://grants.nih.gov/grants/funding/women_min/women_min.htm

- Seeman, M. V. (2004). Gender differences in the prescribing of antipsychotic drugs. *The American Journal of Psychiatry, 161*(8), 1324-1332.

- Smith, S. (2010). Gender differences in antipsychotic prescribing. *International Review of Psychiary, 22*(5), 472-484.

- Schulz, A. J., & Mullings, L. (2006). *Gender, race, class & health: Intersectional approaches.* San Francisco: Jossey-Bass.

- Tsai, T. I., Chen, I. J., & Huang, S. L. (2011). Motherhood journey through the eyes of immigrant women. *Women's Studies International Forum, 34*(2), 91-100.

- Viruell-Fuentes, E. A. (2007). Beyond acculturation: Immigration, discrimination, and health research among Mexicans in the United States. *Social Sciences & Medicine, 65*, 1524-1535.

- Vidaver, R. M., Lafleur, B., Tong, C., Bradshaw, R., & Marts, S. A. (2000). Women subjects in NIH-funded clinical research literature: lack of progress in both representation and analysis by sex. *Journal of Women's Health & Gender-based Medicine, 9*(5), 495-504.

- Weinberger, A. H., McKee, S. A., & Mazure, C. M. (2010). Inclusion of women and gender-specific analyses in randomized clinical trials of treatments for depression. *Journal of Women's Health, 19*(9), 1727-1733.

- Wald, C., & Wu, C. (2010). Biomedical research. Of mice and women: The bias in animal models. *Science, 327*(26), 1571-1572.

- Zucker, I., & Beery, A. K. (2010). Males still dominate animal studies. *Nature, 465,* 690.

第 16 章

多元親職與兒童照顧

唐文慧

王舒芸

現象
發想

英國有一則電話公司的廣告，生動描繪了當代忙碌的父親在孩子心目中的角色。廣告中的這位爸爸說：「在一個週六的早上，當全家在餐桌上吃早餐時，5歲的兒子得意地拿出他在學校畫的全家福圖畫給我看。當時，我嚇了一跳，圖畫中只有媽媽、姐姐和他自己，但是，並沒把我畫進去。我問兒子，為什麼你沒有畫我呢？兒子回答：因為你總是不在家啊！」

圖16-1　你的5歲孩子畫的全家福，會有你在裡面嗎？
資料來源：游佳惠（繪）。

一、前言

本章從多元親職的角度探討兒童照顧，首先指出，一般傳統觀念將照顧子女視為母親的天職，父親則經常在家庭照顧中缺席，或者僅是輔助的角色。正如社會學家Ribbens（1994, p. 66）指出，當代的家庭普遍有個「疏離的父親」（isolated father），指出這種「父親缺席」（father absence）和「缺乏父親」（fatherlessness）的現象。本文作者認為，此現象來自社會一整套性別角色規範，若說女人受到必須操持家務、照顧子女的傳統角色壓迫；男人則受限於缺乏可留在家裡操持家務和照顧子女的機會，男性與女性相同，其所受到的限制，都是根源於性別二分的傳統父權文化。

*　本文兩位作者感謝審查者：藍佩嘉、梁莉芳與黃淑玲教授所提供精闢的修改意見，在此一併致謝。

　　我們強調，兒童照顧不僅僅是家庭內母親與父親共同的責任，經常也需透過家族其他成員，甚至社區鄰里、市場或國家政策來共同育兒。因為兒童是社會共同的財產，應將兒童照顧看作社會大眾共同的責任，而不僅是家庭與父母個人的資產。並且，不僅限於異性戀一夫一妻家庭有兒童照顧的需要，同志與單親等多元家庭的育兒需求，應該受到同等重視，這是本文主要的核心概念。

二、理論與概念

　　依照「功能論」的看法，男主外、女主內，男性養家、女性照顧（breadwinner/ caregiver）的傳統性別分工，是讓家庭發揮良好功能的最佳運作方式。長久以來，男女依照這樣的分工模式形成了特定的「性別秩序」（gender order）與「性別配置」（gender arrangement）。不同於功能論，社會學家Hobson（2002, p. 9）從「社會建構論」觀點指出，男人成為父親不是「生成的」，而是「被塑成」的（making men into fathers），就像有一句廣告臺詞：「我是成為爸爸後，才知道怎麼當爸爸的」。換句話說，沒有人天生就知道怎樣當父親，這就像有人認為，女人本來就知道如何照顧小孩一樣，是一種性別迷思。Hobson強調，父職角色鑲嵌在一個社會的文化與制度脈絡中，往往影響人們如何看待合宜的父職角色，並賦予父親身分不同的權利和義務。她的研究發現，西方各國社會政策的差異，對父親角色有不同的規範，也造成了多樣的父職面貌。例如正常工時，準時上下班的父親，比較有跟孩子相處的機會；有父親的育嬰假制度，則能夠讓父親在家親自照顧孩子。

　　為什麼爸爸整日在外工作賺錢養家，像部家庭提款機，沒有時間照顧陪伴孩子成長？學者認為，資本主義的邏輯使得男人在金錢與照顧之間（cash or care）掙扎，若要稱職地扮演「養家者」，便沒有多餘的心力扮演「照顧者」。學者主張，超越個人層面，我們更應該從社會制度面努力，以便讓不同處境的父親都能有機會照顧小孩，履行照顧親職。讓雙親皆能共同賺錢養家、共同照顧子女，如此才能提升父親參與家庭生活與子女照顧的可能

（Dienhart, 1998）。但是問題在於：我們的社會提供了男女都能共同養家，共同照顧的制度與機會嗎？

🔍 **問題討論16-1**

· 你認為目前臺灣有「疏離的父親」或「父親缺席」與「缺乏父親」的現象嗎？請舉例。

· 觀察你家族中的「父親」，跟你心目中所期待的父親一樣嗎？

· 你認為親職應該是誰的責任？為什麼呢？

（一）性別關係與親職照顧的性別差異

　　傳統僵化的二元性別角色，經常阻礙了多元親職的可能性，因此本文將從性別與社會關係的多元角度，而不僅是男女／父母二分來討論親職照顧。Hooyman和Gonyea（1995）指出，女性在社會化過程中將照顧內化成自己的責任，使她們不論就業與否，都會在能力可及範圍內成為主要照顧者。如果「母親」視「自己」為最佳照顧者，男性也就容易在孩子的相關事務上，「被動」等著積極的母親下達照顧指令、照辦即可。如此一來男養家、女照顧的性別框架仍難以完全鬆動，也導致女性被親職照顧重擔綑綁。

　　然而隨著許多女性進入職場，親職照顧圖像出現了新的面貌，許多父親被迫或主動分擔照顧孩子的任務，不過日常實踐上仍有性別差異。Hochschild（1990）指出，即使夫妻皆為有薪階級，仍有薪資落差（wage gap）；此外，母親比父親投注更多時間與精力在親職照顧上，因此兩性也有休閒落差（leisure gap）。正如文獻描述的「女性照顧者」，生活充滿高壓、犧牲私人時間、無私奉獻，減少社會參與與休閒時間（呂寶靜、陳景寧，1997）。對照李庭欣、王舒芸（2013）研究指出，請育嬰假親自照顧孩子的父親，在休閒與照顧間較能平衡，保有較多的私人時間，且與職場的連結比女性照顧者強。

　　李庭欣、王舒芸（2013）指出，願意分擔照顧工作的男性，其男子氣概

「既變,也不變」:一方面,對「父親」角色的詮釋不再侷限於養家,也包含了照顧;但是,有些心態和行為卻仍與男性養家者雷同。Edley(2001)以「意識形態的兩難」解釋這種文化中同時存在兩個或多個以上競爭的論述;而個人在面對這些看似衝突的文化規範時,可能面臨自我定位的兩難與不一致。對育兒爸爸們來說,照顧逐漸成為男性認同重要的一環;但在男子氣概的詮釋上,卻仍延續傳統性別分工的行為及與經濟的連結。也就是說,育爸們固然能在家庭責任中多加「照顧」的元素,但對自己身為「男性」所應具備的內涵,如剛強、堅毅,具有一定的職業地位與傳統養家的主要經濟角色,並未能單純僅因育嬰假制度的建立與生活實踐而改變。

Long和Harris(2000)的研究指出,男性將「照顧」正式化為一種「工作」,而女性則仍將「照顧」視為「份內事」:多數女性仍被期待獨自完成家務與撫育工作;反觀男性擔負照顧責任時,多數會重視身體健康,維持一定的休閒時間。這樣的行為模式回應了Stoller(1992)所說,男性自我定位為兒童照顧的「協助者」,因此在完成特定照顧項目後,便有較多的彈性與時間安排其他行程。

臺灣的親職研究結果也不例外,唐文慧(2011)發現在傳統性別分工的意識形態影響下,母親將子女照顧看作是自己最重要的角色任務,因而容易在工作與照顧衝突下,選擇離開職場。透過訪談十五位中產階級母親面臨工作與照顧的衝突時,多數母親強調離職是「自願的選擇」,但作者分析其面臨的是結構限制下的「選擇差距」(choice gap)。離職後,她們會展現自主性並操演認同,採「密集母職」扮演社會所期待的「好媽媽」角色。另外,她們以兼職工作或參與志工的方式,逃避社會對「傳統家庭主婦」的負面標籤,以建立自我的正向認同。值得注意的是,從制度的層面來看,其母職認同與離職的選擇,卻間接鞏固了臺灣性別化與市場化的兒童照顧體制,並加深兒童照顧是個人與家庭責任的社會氛圍。

(二)社會制度與多元親職

西方研究指出,由於離婚與非婚生小孩越來越多,「父親缺席」的現象越凸顯,特別需要社會體系的安排予以協助。例如,以工作場所的托兒安排

來說，如果雇主能在職場附設托兒設施，便能支持親職照顧。另外，我們看見制度排除男性實踐親職的現象，例如在美國有許多福利津貼的給付只給單親媽媽，有父親的家庭無法請領。這樣的規定除了可能誘使作假外，也間接強迫父親離家，造成父職角色的不足與親子之間的疏離（Hanson & Bozett, 1987, pp. 335-336）。可見除了個人因素，制度的安排也可能阻礙多元親職實踐的可能性。

再以離婚後的子女監護權為例，與婚姻相關的法律制度深深影響親職照顧的安排，在美國所謂的「母親優先監護」長期以來有十分堅固的地位，因此，唯有當母親被證實為不適任時，才有可能排除其適用（高鳳仙，1985，頁101），這也造成希望親自照顧子女的父親得不到機會。在美國，有一些男性運動便起源於對離婚後子女監護權判決的不公。這些經濟穩定的中產階級白人男性要求的，並不是黑人男性所需要的工作機會，而是期待取得子女監護權來親自照顧，陪伴孩子成長。

換言之，這些男性希望有「照顧子女的權利」，可見個人的主觀意願與法律制度的交織，對於親職實踐有相當大的影響力。因此有學者主張「共同監護」，認為應該要朝向「共同照顧、共同養家」的政策考量，正如瑞典便是普遍實施「共同監護」的國家，父親被期待在離婚後繼續積極扮演親職任務（Hobson, 2002, p. 101）。因此，臺灣的現況如何，也值得我們思考。另外，除了可以擴大對於女性，特別是媽媽才是兒童最佳照顧者的想法，重視父親的親職任務外，更應該以多元的概念來挑戰傳統親職照顧的想像，而社會文化與制度安排更經常影響了多元親職的可能性。

三、議題深探

（一）誰來養家、誰來照顧？

針對非婚生子女與離婚比例不斷上升，導致政府福利支出的負擔，西方學者指出「缺乏父親」（fatherlessness）的現象（Daniels, 1998; Dienhart, 1998），並引起美國社會大眾的擔憂。Blankenhorn（1995）在《無父的美

國》（*Fatherless America*）書中提出，社會必須鼓勵男人扮演養家活口與保護一家妻小的角色，因為這樣的制度安排和性別秩序的維持，可以限制男人的暴力與放縱的本性，對社會的穩定有幫助。採道德保守主義的觀點，強調社會必須維護傳統定義父親作為養家者的角色價值觀。

然而，恢復男性養家角色的說法，其實是一種對女性主義的反動。其見解認為，為什麼父親不見了，其實都是女人惹的禍，因為女人太強，所以男人變弱了，認為男人和小孩的問題，多半是由於一個有問題的母親造成的（Daniels, 1998）。然而，這種觀點甚少傾聽女性的聲音，關切女人的需要，往往造成性別關係的緊張和衝突，阻礙性別平等的追求，也缺乏階級的敏感度。而且這樣的論述觀點仍然認為，照顧孩子是父親和母親的個人責任，而不是整體社會應該共同承擔的社會責任。

跟西方比較，因為性別文化與大眾的婚姻態度，臺灣的非婚生子女相對較少，因此缺乏父親的原因，可能更多是來自離婚的結果。針對本土的研究，探討臺灣家庭與婚姻的特殊樣態，Cheng（2016）發現，臺灣勞工階級的離婚比率有逐漸上升的趨勢，可見維繫婚姻的穩定，對不同階級地位者來說，會有不同的影響。這也導致了離婚後子女可能是由父母一方或第三方來照顧。

再者，我們須破除傳統一夫一妻標準家庭意識形態的迷思，因為照顧的多元類型存在每個社會當中。研究臺灣越南跨國婚姻（唐文慧、王宏仁，2011a；2011b）發現，有些因結婚來臺的越南籍女性會因為外出工作忙碌，選擇將幼兒送回越南母國給娘家照顧，直到孩子學齡階段才帶回臺灣就學，這些孩子的順利成長憑藉的是越南娘家的照顧支持，有許多跨文化的優勢，例如從小有雙語的學習機會。另外，當有些母親外出工作，卻得不到家庭與社會的支持時，跟一般臺灣母親一樣，往往面臨孩子的托育照顧問題。

以《尋根》（2017）紀錄片中的一位主角為例，臺商父親在越南與母親結婚生下了她，父母離婚後，父親帶著女兒獨自在臺灣生活，三代同堂生活條件優渥，從小就是由阿嬤妥善照顧，幸福地長大。大學畢業後，回到越南尋根，瞭解母親的生命故事，最後同理並接納了父母的經歷，並與母親建立了親密支持的互動關係。這也凸顯兒童照顧不必然是傳統所認為，需有親生

母親親自照顧才是唯一的可能。

　　臺灣近二十年來有逐漸增多的東南亞籍與臺灣男性組成的跨國婚姻家庭，研究發現，這些願意從東南亞跨海結婚來臺的女性，多數有很強的外出工作意願，主要為了改善娘家的經濟地位，如果得到夫家的支持與認同，孩童從小就由夫家的阿公阿嬤，尤其主要是阿嬤照顧長大（涂懿文、唐文慧，2016），隔代教養的現象也相當普遍，然而這類型家庭若處於社會弱勢，缺乏經濟、文化資本的跨國婚姻父母，縱使他們極力想要成為稱職的好父母，經常會為了是否能夠被當代社會主流中產階級的親職觀看作是「好爸爸」、「好媽媽」，而感到自卑，萌生困惑矛盾之感。因此，我們強調，政府若能建立良好的兒童托育系統，對於這些較為缺乏經濟與社會支持的跨國婚姻家庭來說，是非常具有實質的幫助。另外，隔代教養也不必然是問題，照顧的品質才是重點。因此，我們認為「社會親職」（social parenting）的概念需要推廣，兒童照顧的責任要由全民來共同負擔。正如非洲俗諺所說，一個孩童的順利成長需要「一整個村子的協力照顧」（it takes a village）才能完成（Stefano, 2012）。在個人與社會的共同努力下，孩子才能得到最好的照顧，不僅僅是父母的個人責任。

　　Shen（2008）和林群穎（2012）的臺商研究即指出，有些跨國工作的父親雖然在日常的家庭生活中缺席，但仍然積極參與子女的照顧，透過跨國父職（transnational fatherhood）的分析，作者呈現了臺灣在全球化的進程中，許多自願或不得已必須跨國工作的父親，如何努力在工作與照顧之間掙扎，呈現了臺灣在全球化經濟變遷的脈絡下，一群男性特殊的父職圖像。因此，我們不能簡化所有男性都不願或不積極參與兒童照顧的親職工作，細緻探討不同時代的男性，在各種社會情境下，其父職參與的個人與結構障礙，並擬定有效的社會政策，以促進多元親職與照顧工作的品質，是值得深入的研究課題。

　　女性主義者認為「父權體制」的壓迫才是男性問題的根源，而不應只是譴責個別的男性。而且，並不一定只有女人唾棄父權主義，只要是不喜歡壓迫關係的人，都會認同性別平等，男人也可以成為女性主義思維的主體。這也可以解釋，有些自詡為女性主義父親者（feminist father），是如何用心地

想突破結構的限制親自育兒（Balbus, 1999/1998）。但是，因為父權意識形態，使得父親角色長期被傳統的養家角色所囿限，男人極少被鼓勵扮演照顧者角色。因此，女性主義社會政策學者主張，應該改變過去的「父親養家、母親照顧」的保守家庭意識形態，才能讓男人擔負起「好爸爸」的照顧角色。

問題討論16-2

· 觀察你周遭作為父親的男性，哪些人能夠擔負起比較多照顧角色，為什麼？
· 對於離婚、分居、週末或侯鳥家庭的成員，他們如何「共同」照顧子女？

（二）親職照顧政策的國際經驗

過去二十年親職照顧面臨極大挑戰：一則，家庭結構、性別分工大幅鬆動；雙薪、單親、離婚的大幅增加，使男性養家不再是主流；另一方面，因性別意識與教育程度提高、家戶經濟需要，女性大量進入職場，形成「照顧赤字」（care deficit）的新社會風險（Leira & Saraceno, 2009），挑戰傳統照顧責任家務化、女性化的合理性。因此，政府如何支持照顧功能成了各國重要的政策焦點（Häusermann, 2006；鄧蔭萍，2015），對兒童照顧責任的「去／再」家庭化的不同政策方向，更引發激烈辯論。

兒童照顧的「去」家庭化不是要瓦解家庭、或取代家庭照顧與親密功能，而是「減輕」家庭責任、或「解放」女性照顧的負擔。平價優質的托育服務就是「去」家庭化的邏輯，以促進母親就業為前提讓父母可暫時放下家務責任；而「再」家庭化則指涉「補充、支持、或強化」家庭照顧責任，以及強調母職價值或親屬優先性。發放照顧津貼、或透過較長的親職假及高額所得替代，間接鼓勵母職優先；或積極推動父職假政策，強化男性參與照顧的可能性，就是「再」家庭化的代表（王舒芸，2011，頁66）。照顧兒童以

往是家長的「責任」，而國家伸出援手則代表兼顧照顧與工作是家長的「社會權」，因此兒童照顧不僅從私到公領域，也從「家長責任」轉換為「公民權利」（Leira, 2006；王舒芸，2011）。

即使協助家長兼顧養家及照顧已經成為各國平衡職場與家庭的重點，不過，對如何支持親職角色有兩套競爭典範：一套如北歐左派政黨主張雙養家／雙照顧（dual-earner/dual-carer model），由國家提供托育服務讓雙親均可就業。另一套如中間偏右政黨贊同Parsons的功能分工理念，強調母職優先，透過照顧津貼展現政府的支持，但照顧勞務仍留在家裡（Ellingsæter & Leira, 2006），照顧津貼代表從事照顧的人不是養家者，因此需要津貼，這就是男性養家模式的理想家庭圖像。

Morel（2007, p. 635）指出歐陸國家在1990年代主張家庭照顧至上，就是中間偏右的代表。但這有鞏固階級之虞，例如高所得的女性才購買得起昂貴的私有服務，而付不起的女性，可能被迫辭職回家照顧。另一方面照顧私有化又極可能創造出低薪、高度彈性的社會服務勞動力。但當時瑞典與芬蘭的社民黨採取完全不同的論述，他們認為公共化托育服務才可促進不同家庭背景孩子間教育機會的均等。其次，照顧津貼的選擇自由只有收入充裕的家戶才使用得起，對所得較低的家庭來說，最後往往是女性被鎖在照顧角色中，因此社民黨強烈反對津貼，稱此為女性的陷阱（trap for women），主張只有公共托育才能讓女性在工作與家庭間真正擁有選擇權（Hiilamo & Kangas, 2009, p. 464）。

1. 以瑞典育嬰假制度為例

制度如何影響親職角色與照顧工作，最顯著的例子是在北歐福利國家，除了男性育兒的重要性獲得社會大眾的高度認可，並成為主流論述外，也具體實現在社會政策的制訂上。瑞典的育嬰假、家庭照顧假及其相關規定為例，正呈現該國如何以政策具體對父親參與的設計（Sweden. se, 2008），例如：（1）父母均可請領的親職津貼（parental allowance for the birth of a child）；（2）臨時的父母現金津貼（Temporary Parental Allowance）：該津貼是讓父親或母親可以不用工作，而在家中照顧生病的孩子；（3）父職假

圖16-2 在瑞典的街頭到處可見爸爸單獨推著娃娃車，想一想與臺灣有何不同，為什麼？
資料來源：http://imagebank.sweden.se/

（Paternity Leave），又稱為父親日（Father's Day）：這項制度的用意是要讓父親在小孩出生時，可以照顧家庭及新生兒或者是家中較大的孩子；（4）強制性的「父親月」（Daddy Month）：為了強化父親的照顧角色，從1994年開始，瑞典政府規定，12個月的親職假中其中的一個月，必須由父親來請，不能轉讓給母親。由於社會大眾和政府仍然對於父親育兒的參與程度不滿意，之後，強制性的父親月更從一個月提高到60天。這就是瑞典作為一個女性主義國家，政府從體制上積極鼓勵父親履行育兒責任的例證。關於相關兒童照顧制度的規定逐年不斷變化中，但都積極朝向「友善家庭」（family friendly）的最終目標邁進，關於瑞典最新的育嬰假制度與相關之規定，可以進一步參考政府網站資料。[1]

2. 為什麼瑞典能？

研究發現，女性、政黨與婦運是重要關鍵因素。瑞典之所以能夠開創與制訂全球最為性別平等的親職政策，主要原因與女性在社會與政治上的參與，有很密切的關連。「父職假」的爭取源自1976年時一群女性國會議員，她們對自己所屬政黨的一場叛變而來。研究指出，自1960年代起，瑞典婦女組織就開始在社會民主黨中展露頭角，稱為「女性聯盟」（Women's Federation，簡稱SSKF）。雖然，當時女性團體

Jag och chefen (när jag berättade att jag tänker vara pappaledig)

圖16-3 瑞典福利國家父職符碼：請育嬰假的爸爸和他的雇主。
資料來源：The Swedish Social Insurance Agency.

---

1 https://sweden.se/society/10-things-that-make-sweden-family-friendly/

圖16-4　瑞典政府鼓勵父職的文宣：有名的舉重選手。
資料來源：The Swedish Social Insurance Agency. Photo by Reio Rüster.

的力量仍然相當弱勢，但是已經為後起的男女平權運動奠下基礎。將婦女議題帶入政治議題討論的過程，造成兩個相當重要的結果：第一，婦女參政的意願更加強化；第二，一旦婦女權益議題被政黨搬上檯面，政黨就必須提出配套措施以改善及確保婦女的權益。在這樣的風氣下，造成各政黨之間，爭相推出這方面的政策。早在1960年代晚期及1970年代早期的瑞典，即已出現這樣的狀況。

然而政黨關心男女平等議題，並不代表政黨內同等重視男、女代表所提出的意見，並且給予同樣的表達機會。這情形可從1976年社會民主黨中半數以上的女性代表共同策劃了一次近似祕密政變的活動，以達成其對「父職假」之政策規劃事件可以看出（Karlsson, 1998, pp. 44-45）。在1976年時，社會民主黨36位女性代表中的半數，共18位，因為不滿當時瑞典對育嬰假的規定，希望能夠將育嬰假延長為18個月，並且，能包括「父親」的育嬰假，因此她們計畫不經由黨議會的同意，便自行將擬定的政策草案送交政府議會審理，希望此議題能夠於同年即將來臨的選舉中，成為競選政見的主軸。在當時的重重阻撓之下，雖然此次提案並沒有成功，卻為後續的瑞典女性運動者留下了典範（Karlsson, 1998, pp. 54-55）。

（三）多元親職的臺灣經驗

1.　選擇性父職

雖然有人認為，社會逐漸朝向性別平等，也期待男性分擔家務與兒童照顧工作，但王舒芸（2003，頁85）針對臺灣父親所做的研究仍發現有重重阻礙，影響父親育兒的意願或選擇。在勞動市場結構與缺乏社會支持網絡下，

形塑所謂「選擇性父職」的角色機制。所謂的「機制」是指超越個人意願或選擇的「結構性」原因，而個人雖有意願育兒，卻需與制度妥協。她主張，如果想強化男性擔任父親的個人能力與意願，達到平等分工的親職與育兒責任，首先應找出哪些需突破的障礙，或該加強哪些育兒的支持網絡。

概念辭典

選擇性育兒

　　王舒芸研究臺灣一群中產階級父親的照顧角色，發現有所謂「選擇性父職」的現象。也就是雖然父親也會參與小孩的照顧工作，但相對於母親，仍然是補充性與選擇性的，母親還是「主要照顧者」。所謂「選擇」的概念是指，相對於照顧責任的歸屬，母親面對孩子，總是需要隨時待命，而父親則比較有照顧的「時間點」的選擇自由。例如，只有在週末時，爸爸才會分擔照顧小孩的工作。有的人還認為，等到了小嬰兒學會走路以後，父親才比較適合照顧。因為，軟趴趴的小嬰兒，大男人連抱都不知道怎麼抱，要怎麼照顧？相對地，則認為女人比較細心，動作比較輕柔，更適合照顧小嬰兒。另外，父親也傾向選擇擔任特定類型的照顧內容，例如會陪小孩玩，但不會為孩子洗澡等等。王舒芸針對臺灣新手爸爸的研究即指出，這種父職的行動特徵為「選擇性的育兒」（2003，頁57）。

2. 多元親職的現況與未來展望

　　因為婦女團體與婦運者的努力，2002年臺灣立法通過《兩性工作平等法》，2007年更名為《性別工作平等法》，並於2009年5月起無論公司規模只要子女年滿3歲前均得申請育嬰假，但不得逾兩年。但因沒有津貼補助，請領人以女性為主。因此婦女團體強力爭取，最後2009年5月在《就業保險法》內正式給付「育嬰留職津貼」，第19-2條「以被保險人當月起前6個月平均月投保薪資60%計算，每一子女最長6個月」。然而，根據行政院勞動部近年來的統計資料顯示，請育嬰假的男性雖然持續增加（從2011年給付件數僅36,411件，一路上升到2017年的81,962件），但相對於女性來說仍是少數（如表16-1）。

表16-1　就保育嬰留職停薪津貼給付件數

年	男	女
2011年	36,441	173,091
2012年	46,507	241,857
2013年	55,342	283,124
2014年	58,125	298,606
2015年	76,061	385,839
2016年	80,271	381,537
2017年	81,962	378,530

資料來源：行政院性平會重要性別統計資料庫。取自https://www.gender.ey.gov.tw/
gecdb/Stat_Statistics_Query.aspx?sn=%2fqv37EaxStFCx97F2dOWeQ%3d%3d&stats
n=idHeu%2bd0jXcJTF8w%2bWibvw%3d%3d

　　李庭欣、王舒芸（2013）訪談臺灣請育嬰假親自照顧孩子的爸爸發現，
會成為育爸的男性有某些「但書」，展現「被動」的照顧行為與心態。首
先，從決定成為育爸的過程發現，需要一些特定條件或但書，如穩定的職
業、或前幾順位照顧者從缺、且對家中經濟影響不大等條件，爸爸才會成為
照顧者。男性角色雖也開始納入照顧元素，但如同就業職場中女性升遷存在
的「玻璃天花板」；在照顧領域中，男性的參與也有無形的「玻璃牆壁」，
男養家、女照顧的角色期待，仍難以完全鬆動。

　　由此可知父職的實踐不只是制度的產物，更是文化與性別機制複雜的形
塑過程。因此我們才理解，為何即便育嬰假已是政策選項，對臺灣男人而
言，不工作賺錢而在家照顧孩子，可能依舊不是被人稱許或受人尊敬的「文
化抉擇」。換句話說，或許男人漸漸被期許參與孩子的成長，成為一個「顧
家」的新好男人；但要成為一個令人尊敬的父親，似乎依舊取決於「養家」
能力。

　　另外，許多歐美國家承認同性戀婚姻，若男同志想要當爸爸，或許能夠
透過領養或人工生殖技術的協助來完成心願，但是否有其他可能的障礙？電
影《派翠克一歲半》（*Patrik, 1.5*）即在描述一對瑞典同志戀人Sven及Goan，
他們想申請領養一個1歲半的孩子，但即使瑞典承認同性戀婚姻，也沒有人

願意提供嬰兒給同性戀家庭，直到一個收留青少年的機構，因為信件上的標點符號位置放錯，把15歲的Patrik送到想要小嬰兒的這個家中，從此展開了一段男同志當爸爸的艱辛旅程，其中充滿了溫馨。想想看在臺灣，這樣的故事可能發生嗎？

3.　臺灣的兒童照顧現況與政策變遷

依主計總處「婦女婚育與就業調查」，「臺灣15～64歲已婚生育女性對最小子女之照顧方式」的數據顯示，雖然媽媽親自照顧嬰兒的比例從1980年的82.75%大幅下滑到2016年的51.66%；但在此同時，「由祖父母或親屬照顧」的比例則從1980年的14.64%上升為2016年的38.32%，可見臺灣仍有九成的嬰兒是由家人照顧，只是有一半的「家庭化」內涵從媽媽變成了祖母。於焉我們好奇：這樣的照顧模式是家長心裡最喜歡的安排嗎？根據2016年「婦女婚育與就業調查」的結果顯示，我國已婚婦女理想與實際照顧幼兒方式有明顯差異（如表16-2）：最希望由父母照顧的高達八成；由祖父母照顧占17.12%次之；但這結果卻跟後來實際照顧方式有段差距：實際由父母自己照顧的比例為47.33%，遠低於理想照顧方式（78.79%）；而實際由祖父母照顧的比例則高達將近四成（39.43%），遠高於理想（17.12%）。

表16-2　15至49歲已婚婦女最小子女之實際與理想照顧方式　　單位：百分比

項目別	最小子女未滿3足歲	
	實際	理想
自己與丈夫（同居人）（小孩的父母）	47.33	78.79
父母（小孩的祖父母）	39.31	17.12
其他親屬	0.93	0.57
保母	10.23	2.59
外籍傭工	0.05	0.06
服務機構附設幼兒園	0.07	0.20
公立幼兒園	0.36	0.16
私立幼兒園	1.71	0.52
總計	100.0	100.0

資料來源：婦女婚育與就業調查（2016）。

雖然看起來國人似乎對家庭照顧情有獨鍾，不過王舒芸（2016）在「105年度建構托育管理制度實施計畫之成效評估方案」，將「照顧偏好」拆解成「工作與否」與「照顧安排」，將理想／實際照顧安排的選項，進一步歸納為「家長不工作在家照顧」、「家長身兼照顧與工作」、「親屬照顧」、「家戶外專業托育」四種類型（見表16-3），結果發現兩個現象：首先，那一群希望親自照顧的78.79%的家長，拆解為「家長不工作在家照顧」（43.8%）及「家長身兼工作與照顧」（32.7%）兩群；此外，受訪家長中偏好自己照顧者能實踐所愛的比例很高（43.8%希望自己照顧、47.0%實際上是自己照顧），但有高達32.7%希望能「身兼照顧與工作」的家長，卻只有11.8%能心想事成，而這一群正是臺灣的家庭與工作兼容政策應該支持的家長。

表16-3　理想與實際托育方式——照顧偏好與工作與否之交叉分析　　單位：百分比

	家長不工作 在家照顧	家長身兼 工作與照顧	親屬照顧	家戶外 專業托育
理想照顧	43.8	32.7	13.1	10.3
實際照顧	47.0	11.8	23.6	17.5

資料來源：王舒芸（2016）。

　　面對少子化與照顧赤字，臺灣的親職照顧政策擺盪在兩股勢力中「等待共識」：一方面兒童權利公約強調兒童最佳利益，社會投資論述、民主政治政黨競爭及促進婦女權益等呼聲，匯集要求國家分擔照顧責任。據此，2011年通過《幼兒教育及照顧法》、「社區保母系統」，試圖增加國家分擔照顧的可能性與合理性。但另一方面，政府財政赤字日趨嚴重、高度市場化的托教市場，以及意識形態上的密集母職及福利多元主義，又主張政府應後退、收手，讓照顧責任留在家中或不要與民爭利，於是父母未就業津貼等政策陸續上路（王舒芸，2011，頁66-67）。

　　上述的競爭情境使臺灣的托育政策發展歷經幾番轉折：在2001年前托育被視為家庭責任，只有中低收入才可得到補助，殘補是主要精神。直到2001

年成立保母系統、2002年育嬰假立法通過，政府才開始分擔「一般所得家庭」的照顧責任。可惜因缺乏津貼的配套誘因，受益人口始終有限。2008至2011年因為婦女團體的持續倡議，保母托育管理與托育費用補助、育嬰留職停薪津貼，及公私協力平價托嬰中心紛紛上路（傅立葉、王兆慶，2011；劉毓秀，2012）。這三項政策均限雙就業家庭為補助對象，強調提供托育服務來支持婦女就業。遺憾的是，2012年當生育率持續下探低點時，政府並未堅持照顧責任「去」家庭化的路徑，反而給予未就業的家長或親屬育兒津貼，以維持、鞏固現行的家庭照顧安排（王舒芸，2014，頁84-85）。

這套看似塵埃落定的托育政策，卻在2018年5月，時任行政院長賴清德以「尊重家長選擇權」、「持續擴大服務量」的政策原則，公布合計約305億財稅規模的幼托「準」公共化政策，除持續推動公共教保服務量（包括0-2歲公設民營托嬰中心及擴大非營利幼兒園）之外，最大的政策轉折在：允諾建置「準」公共化機制，向願意收費低於定價及提高教保服務人員薪資的私立托嬰中心與私立幼兒園購買托育服務，以大幅增加服務供給量。此外，將原本僅限0-2歲的育嬰津貼擴大，2-4歲兒童若未進入公立與準公立幼托，即可繼續領取每月2,500元、每人每年三萬元的育兒津貼；預計這套0-2歲的受益人數預計由原來的14.3萬增加到26.6萬人；2-4歲則新增約40萬受益人（江睿智，2018）。

這套政策上路前並未廣泛徵詢各縣市及各相關團體（家長團體、業者、托育工作者等）就在記者會上公布，立即受到婦女團體強烈批評（婦女新知基金會，2018），婦女新知基金會並於2017年7月17日CEDAW第三次國家報告，國外專家審查會議NGO場次中發言：

> 我們擔心政府正在推動的「準公共化托育服務」將惡化性別與階級不平
> 等。「準公共化托育服務」在今年5月中宣布，8月即將上路，在政策宣
> 布到執行期間，政府沒有進行任何政策效果評估，也沒有提出規範私立
> 托嬰中心及幼兒園服務品質、勞動條件與收費的可行規範，因此可預期
> 政府購買的服務仍無法阻絕托育品質及勞動條件低落的問題，反而會因
> 為政府出錢補助，造成托育服務收費上漲，導致更多家長因不放心收托

品質或無法負擔托育費用而不使用托育服務，增加家長（特別是母親）犧牲就業自行照顧幼兒的壓力。

圖16-5　托育催生聯盟2018年9月召開「給我托育『真公共化』，勿讓『準公共化』失準」記者會。
資料來源：托育催生聯盟。

除此之外，之後的數場說明會與公聽會也都受到來自縣市政府、業者以及托育人員的質疑，甚至在政策還沒正式上路前，就「急轉彎」將補助給家長（顧荃，2018）。由婦女團體、托育從業人員工會、勞工團體、與家長團體共同組成的托育政策催生聯盟也在2018年9月召開記者會提出政策建言（洪敏隆，2018），因此這套政策的落實程度與政策效果值得後續觀察。

🔍 問題討論16-3

・你期待自己未來組成家庭後的分工型態如何？家人之間該如何承擔養家和照顧的責任？

・如果你是政府人員，你認為可以用什麼辦法排除阻礙，讓男人更有意願照顧孩子？

四、結語

整體來說，性別平等一面關心如何減輕女性無酬照顧勞務，另一面則要求兌現照顧價值和性別平等分工。只是，提供公共化的托育服務雖有助減輕女性的照顧勞務，但如果未積極改變家戶內的性別分工，或處理勞動市場因照顧而來的性別歧視與職業隔離，將使照顧責任仍高度女性化，不僅可能在不同世代的女性間流轉，更可能造成不同階級女性的緊張關係（王舒芸、王

品，2014）。即便有能力購買托育服務的中產階級女性，在工作和家庭責任間的衝突並未獲得舒緩；低人力資本的女性，更難因此獲得與高人力資本女性，乃至於男性同等的職涯發展機會。

至於「再」家庭化政策可能因補助額度比不上與職場薪資，且強化女性母職角色，女性仍易被排除和邊緣化。林信廷、王舒芸（2015）指出，照顧工作低廉的待遇和勞動條件、照顧勞務全球化下的性別倫理議題，都顯示國家介入兒童照顧並不意味完成性別革命。待解決的關鍵在：是否更公平地促進照顧責任的性別分工？每月2,500元的育兒津貼，能否完整兌現（女性）無酬照顧的價值？公共照顧服務的供給能量，究竟能緩解多少女性進入職場和照顧間的兩難？

本文強調多元親職照顧政策的重要性，特別是推動育嬰假制度，鼓勵父親／男性參與親職與兒童照顧具有許多正向好處：**（一）提升家庭成員與社會福祉**。心理分析觀點的女性主義母職論述非常強調父職參與的重要性，他們認為，除非男人能在家一起帶大小嬰兒，否則男人（和女人）都會一代代受制於一種壓迫性的情感（Balbus, 1999/1998）。**（二）提高兒童的社會資本**。父親對於子女日常生活的參與程度越高，越能提升兒童的社會資本。**（三）促進男性個人身心的發展**。父親的參與有助於緩和雙生涯家庭的角色衝突，與夫妻因育兒壓力而帶來的緊張關係，父親的參與將有助於夫妻之間的婚姻和諧，對於父親、母親和孩子來說是三贏的局面（Marsiglio, Amato, Day, & Lamb, 2000, pp. 1176-1178）。

最後，針對臺灣的親職照顧，作者認為，除了推動育嬰假，國家積極以社會政策促進男性參與照顧，提出多元親職與兒童照顧福利措施，必能提升生育率並造成性別平等的價值變遷，提升整體的社會福祉。本文作者呼籲，未來學界針對多元成家與同志婚姻的議題，必須延伸至多元家庭的親職照顧與相關政策的討論，對於親職議題的探討，無法只限制在異性戀一夫一妻的狹隘想像，拓展至同性婚姻／多元家庭的親職與政策，是當代社會無法逃避的重要議題。

問題討論16-4

· 如果你是育有學齡前小孩的家長，你最希望的兒童照顧安排會是什麼？為什麼？

· 有人說：「女人有個工作也不錯，但大部分女人真正想要的還是一個家庭和小孩」，對這句話你有什麼看法？也有人說：「男人和女人都應該對家庭收入有貢獻，但如果母親有工作，對還沒上小學的小孩可能有不好的影響」，你又怎麼看呢？

· 如果政府資源有限，那麼提供現金給付給家長、讓家長可請育嬰假、或建構優質平價的托育服務，你覺得優先順序該如何？為什麼？

中文文獻

- Balbus, I. D.（1999）。揹小孩的男人：一位父親育嬰的真實故事（游常山、殷寶寧、王興中譯）。臺北：麥田。（原書 *Emotional rescue: The theory and practice of a feminist father* 出版於1998）。

- 方婷玉（2010）。我國育嬰留職停薪津貼政策之探討：以台北縣市女性申請者為例（未出版之碩士論文）。國立臺灣大學國家發展研究所，臺北。

- 王舒芸（2003）。新手爸爸難為？臺北：遠流。

- 王舒芸（2011）。台灣托育公共化之研究。載於財團法人台灣智庫（編），邁向社會投資型國家：就業與安全重大議題（頁63-107）。臺北：財團法人台灣智庫。

- 王舒芸（2014）。門裡門外誰照顧、平價普及路迢迢？臺灣嬰兒照顧政策之體制內涵分析。台灣社會研究季刊，96，49-93。

- 王舒芸（2016）。105年度建構托育管理制度實施計畫之成效評估方案。衛生福利部社會及家庭署委託研究。

- 王舒芸、王品（2014）。台灣照顧福利的發展與困境：1990-2012。載於陳瑤華（編），台灣婦女處境白皮書：2014年（頁29-76）。臺北：女書文化。

- 江睿智（2018年5月16日）。私幼大利多！政院補助284億元 創27萬平價就學機會。聯合新聞網。取自https://udn.com/news/story/7238/3145993?from=udn-referralnews_ch2artbottom

- 呂寶靜、陳景寧（1997）。女性家屬照顧者的處境與福利建構。載於劉毓秀（編），女性‧國家‧照顧工作（頁57-92）。臺北：女書文化。

- 李庭欣、王舒芸（2013）。「善爸」甘休？「育爸」不能？與照顧若即若離的育嬰假爸爸。臺大社會工作學刊，28，93-135。

- 林信廷、王舒芸（2015）。公私協力托嬰中心的成就與限制：兒童照顧政策理念的檢視。台灣社會福利學刊，12(2)，15-55。

- 林群穎（2012）。跨國分偶家庭之親子關係：以台商台幹家庭為例（未出版之碩士論文）。國立清華大學社會學研究所，新竹。

- 唐文慧（2011）。為何職業婦女決定離職？結構限制下的母職認同與實踐。台灣社會研究季刊，85，201-265。

- 唐文慧、王宏仁（2011a）。結構限制下的能動性施展：台越跨國婚姻受暴婦女的動態父權協商。台灣社會研究季刊，82，123-170。

- 唐文慧、王宏仁（2011b）。從「夫枷」到「國枷」：結構交織困境下的受暴越南婚移婦女。台灣社會學，21，157-197。

- 涂懿文、唐文慧（2016）。家庭關係與男子氣概的建構：一個漁村男性的遷移傳記。人文及社會科學集刊，28(2)，215-258。

- 高鳳仙（1985）。中美離婚法之比較研究。臺北：臺灣商務。

- 婦女新知基金會（2018年5月16日）。【聲明】七問行政院：圖利私幼業者？幾百億胡搞瞎搞，卻說不出使私幼落實公共利益之具體作法？取自https://www.awakening.org.tw/news/5022?fb_action_ids=1905628426125846&fb_action_types=og.comments

- 鄧蔭萍（2015）。臺灣與OECD國家之三歲以下幼兒托育政策之探討與比較。民生論叢，10，37-67。

- 傅立葉、王兆慶（2011）。照顧公共化的改革與挑戰：以保母托育體系的改革為例。女學學誌，29，79-120。

- 劉毓秀（2012）。北歐普及照顧制度的實踐與變革：從女性主義觀點回顧及批判。女學學誌，31，75-122。

- 顧荃（2018年6月28日）。準公共化托育補助 賴清德拍板發給家長。中央通訊社。取自http://www.cna.com.tw/news/firstnews/201806280029-1.aspx

英文文獻

- Bergman, H., & Hobson B. (2002). Compulsory fatherhood: The coding of fatherhood in the Swedish welfare state. In B. Hobson (Ed.), *Making men into fathers: Men, maschulinities and the social politics of fatherhood* (pp. 107-124). New York: Cambridge University Press.

- Blankenhorn, D. (1995). *Fatherless America: Confronting our most urgent social problem.* New York: Harper Collins.

- Cheng, Y. A. (2016). More education, fewer divorces? Shifting education differentials of divorce in Taiwan from 1975 to 2010. *Demographic Research*, 34, 927-942.

- Daniels, C. R. (1998). *Lost fathers: The politics of fahterlessness in America.* New York: St. Martin's Press.

- Dienhart, A. (1998). *Reshaping fatherhood: The social construction of shared fatherhood: The social construction of shared parenting.* Thousand Oaks, CA: Sage.

- Edley, N. (2001). Analysing masculinity: Interpretative repertoires, ideological dilemmas and subject positions. In M. Wetherell, S. Taylor, & S. Yates (Eds.), *Discourse as data: A guide to analysis* (pp. 189-228). London, England: Sage.

- Ellingsæter, A. L., & Leira, A. (2006). Epilogue: Scandinavian policies of parenthood-a success story? In A. L. Ellingsæter, & A. Leira. (Eds.), *Politicising parenthood in Scandinavia: Gender relations in welfare states* (pp.265-277). Bristol: The Policy Press.

- Eydal, G. B., & Rostgaard, T. (2011). Gender equality revisited: Changes in Nordic childcare policies in the 2000s. *Social Policy & Administration, 45*(2), 161-179.

- Hanson, S. M. H. & Bozett, F. W. (1987). Fatherhood: A review and resources. *Family Relations, 36*, 333-340.

- Häusermann, S. (2006). Changing coalitions in social policy reforms: The politics of new social needs and demands. *Journal of European Social Policy, 16*(1), 5-21.

- Hiilamo, H., & Kangas, O. (2009). Trap for women or freedom to choose? The strugle over cash for child care schemes in Finland and Sweden. *Journal of Social Policy, 38*(3), 457-475.

- Hobson, B. (2002). *Making men into fathers: Men, masculinities and the social politics of fatherhood.* New York: Cambridge University Press.

- Hooyman, N. R., & Gonyea, J. (1995). The consequences of caring. In N. R. Hooyman, & J. Gonyea (Eds.), *Feminist perspectives on family care: Policies for gender justice* (pp.136-158). Thousand Oaks, CA: Sage.

- Hochschild, A., & Machung, A. (1990). *The second shift: Working parents and the revolution at home.* New York, NY: Viking.

- Karlsson, G. (1998). Social democratic women's coup in the Swedish parliamnent. In D. Fehr, A. Jónasdottir, & B. Rosenbeck (Eds.), *Is there a Nordic feminism?* (pp.44-68). London: University College London Press.

- Leira, A. (2006). Parenthood change and policy reform in Scandinavia, 1970s-2000s. In A. L. Ellingsæter, & A. Leira (Eds.), *Politicising parenthood in Scandinavia: Gender relations in welfare states* (pp. 27-52). Bristol: The Policy Press.

- Leira, A, & Saraceno, C. (2009). Contested concepts in gender and social politics. In B. Hobson, J. Lewis, & B. Simm (Eds.), *Care: Actors, relationship and contexts* (pp. 55-83). UK: Edward Elgar.

- Long, S. O., & Harris, P. B. (2000). Gender and elder care: Social change and the role of the caregiver in Japan. *Social Science Japan Journal, 3*(1), 21-36. doi: 10.1093/ssjj/3.1.21

- Marsiglio, W., Amato, P., Day, R. D., & Lamb, M. E. (2000). Scholarship on fatherhood in the 1990s and beyond. *Journal of Marriage and the Family, 62,* 1173-1191.

- Morel, N. (2007). From subsidiarity to 'Free Choice': Child-care and elder-care policy reforms in France, Belgium, Germany and the Netherlands. *Social Policy & Administration, 41*(6), 618-637.

- Ribbens, J. (1994). *Mothers and their children: A feminist sociology of childrearing.* London: Sage.

- Shen, H. H. (2008). The purchase of transnational intimacy: Women's bodies, transnational masculine privileges in Chinese economic zones. *Asian Studies Review, 32,* 57-75.

- Stefano, D. (2012, February 27). What "it takes a village to raise a child" really means. Retrieved from https://www.huffingtonpost.com/donna-stefano/what-it-takes-a-village-t_b_1304689.html

- Stoller, E. P. (1992). Gender differences in the experiences of caregiving spouses. In J. W. Dwyer, & R. T. Coward (Eds.), *Gender, families, and elder care* (pp. 49-65). Newbury Park, CA: Sage.

- Sweden.se. (2008, February). Parents and Children - Information about current legislation. Retrieved from http://www.sweden.se/eng/Home/Work/Life_in_Sweden/Sweden_in_a_nutshell/Facts/Parents-and-children---information-about-current-legislation/

第 **17** 章

性別與跨國遷移

藍佩嘉

現象
發想

如果你在菲律賓，你只是一位母親、一個普通家庭主婦。這樣的事情不可能發生——每個星期天跟朋友說說笑笑、去跳disco、去吃麥當勞，然後還有自己的手機！你在菲律賓可以想像這樣的生活嗎？我們戴首飾、穿迷你裙，我的家鄉很保守，如果我這樣穿，人家會盯著我看。這是為什麼我們要來臺灣啊，除了薪水，還有這樣的報償。

——在臺工作的菲律賓移工Claudia。

我的寶寶才九個月

我的寶寶才九個月
留在家鄉與我離別
我的內心如千針在刺
我來照顧別人的孩子
自己骨肉的冷暖卻全然不知
青天在上，大海激盪
祈禱家鄉的孩子
一切平平安安

——引自《臺北，請再聽我說！》一書中越南移工
Pham Thi Kim Ninh的作品（陳玉蓮、可白中譯）。

* 感謝唐文慧、王舒芸、黃淑玲在修改過程中的意見，以及李侑謙在書目上的協助。

請不要叫我「大陸新娘」

沒有永遠的「新娘」，當我年滿四十領到臺灣身分證，變成臺灣歐巴桑的時候，我是不是還要在我的自尊與臺灣人異樣的眼光中掙扎，漸漸老去呢？

—— 引自《不要叫我外籍新娘》一書中蕭冬梅的陳述（夏曉鵑，2005，頁54）。

一、前言

國際遷移正在改變世界與臺灣的人口版圖。隨著交通與科技的進步，地理距離變得壓縮，國界也更容易穿透。根據聯合國的估計，全世界目前有兩億五千萬人居住在非出生地的國家，其中有一億來自亞洲，將近一半為女性。「遷移的女性化」（feminization of migration）的趨勢，與早期以男性為主要遷移者的現象大不相同。

外籍勞工與婚姻移民是在臺外國人的大宗，大部分為女性。外籍勞工的人數至2018年已超過六十五萬，其中所謂「社福外勞」（監護工與家庭幫傭）高達二十五萬人，九成九為女性。透過婚姻遷移來臺的外國人，也累積超過五十萬人，絕大數為來自中國大陸與東南亞的女性。臺灣不僅有許多新人口遷入，同時也有許多人為了投資、依親、工作或留學而移居國外。近年來也出現所謂「回流」的現象，就是移民人口遷回臺灣居住，或者，有些個人與家庭甚至在太平洋或臺灣海峽的兩岸，維持進進出出、雙邊居住的生活型態。

本章從性別的透鏡來考察國際遷移的原因、過程與結果。當我們把遷移看成一個「性別化的流動」過程時，我們也同時在研究「流動的性別」——性別關係與認同如何在人們跨越地理國界以及其他社會界線的過程中產生變化。

圖17-1　菲律賓移民在中山北路聖多福教堂前舉行的節慶遊行，替臺北街頭添增多元文化的風味。
資料來源：藍佩嘉提供。

二、理論與概念：如何研究性別與遷移？

（一）早期：看見女人，加進去攪一攪

很多臺語老歌描繪工業化過程中的城鄉遷移現象：當「漂撇的男子漢」離鄉工作，女人站在月臺泣別、留守家鄉痴心等待。早期的移民研究多假定遷移者為男性，視女性為跟隨父親或先生遷移的附屬品。直到1980年代初，才開始出現具有性別意識的學者，批評貌似性別中立的理論其實隱藏性別歧視。比方說，當時的統計資料與問卷調查都忽略女性遷移者的存在，僅針對男性進行調查，依此進行遷移總人口的推估，或要求男性受訪者代為描述太太與女性親戚的遷移經驗，就算是搜集到了女性遷移者的資料。

早年流行的推拉理論，用母國貧窮的「推力」加上外國高薪的「拉力」，解釋人們為何遷移。這種說法已經受到許多修正，如新遷移經濟學（the new economics of migration）就指出遷移往往不是單純的個人決定，可能是家庭為了降低風險的集體決策。性別學者進一步批評，家庭不應被假定為利益均分的整體，內部存在與性別相關的權力衝突。比方說，有越來越多的女性自主決定出國工作，即便先生或父親反對，也堅持成行。

早期學者指出了遷移文獻的性別盲，但她們的研究取向也被後進批評只是「把女人加進來攪一攪」。例如，許多遷移的量化研究只是把性別當作一個變項；或者，許多學者只研究女性遷移者，似乎男人的遷移經驗就與性別無關。再者，當時流行的性別角色理論把性別簡化為意識形態或文化的影響，並沒有把性別當作一個全面的社會結構來分析（Hondagneu-Sotelo, 2003）。

（二）近期作法：分析性別，作為結構與關係

早期的研究若叫作「女人與遷移」（Women and Migration）的研究取向，1980年代後期的研究取向則可以稱為「性別與遷移」（Gender and Migration）（Hondagneu-Sotelo, 2003），強調要把性別看成制度化的社會關係，而不只是人口範疇。也就是說，我們研究性別，不僅要研究女人，也要

研究男人，並且要研究男女之間的權力關係與社會互動。

當我們把遷移看作一個「性別化」的過程與結果，具體地說，要研究怎樣的問題呢？一是考察性別對遷移的作用，也就是遷移的型態有著怎樣的性別差異；二是考察遷移對於性別的影響，也就是遷移發生後對於性別關係與不平等造成怎樣的變與不變。以下將以勞動移民與婚姻移民為例進行討論與說明。

三、議題深探：遷移的型態與效果

（一）遷移的型態性別有異

- 性別如何關連到遷移的動機、決定與驅力？
- 勞動力市場吸納男性與女性移民的方式有何不同？

1. 婚姻移民

如果說國際遷移促成了地球村的形成，那麼這個村子顯然不是一個平等、均質的權力空間。有些人擁有較多的管道與能力得以流動，有人雖然移動卻無法主控，也有些人只能被動接受別人的移動，甚至被別人的移動所箝制。[1]婚姻遷移現象，也呈現了權力空間的不平等配置：為何通常是女性因為婚姻而遷移，而非男性？什麼樣的臺灣男性容易跨海找老婆？女人的遷移反映出她們受到父權結構怎樣的侷限？她們又如何透過遷移展現能動性？

跨洋娶親的男性，多是被經濟全球化排擠到邊緣的農漁村子弟與勞工階級（夏曉鵑，2002）。跨國婚姻幫助弱勢男性解決婚姻困境、滿足父母「不孝有三、無後為大」的孝道壓力，也為農工家庭提供無酬的勞動力（王宏仁，2001）。然而，臺灣的「外籍新郎」與「外籍新娘」在人口組成上有明顯差異：女性外配多分布於鄉鎮地區，主要來自東南亞、中國大陸，但男性

1　參見地理學家Doreen Massey（1994）的「權力幾何學」（power geometry）概念。

外配高度集中於都會地區，多是來自西方國家的「洋女婿」；再者，國際聯姻的臺灣新郎，教育程度低於臺灣男性平均值，但與外國男性通婚的臺灣新娘的教育程度則明顯高於臺灣女性平均值（駱明慶，2006）。

兩極化的跨國婚姻呈現婚姻市場的「雙重擠壓」（double squeeze），以及性別關係的變與不變。一方面，教育場域的性別機會日趨平等，臺灣女性受高等教育比例增加，而男性教育程度為國中以下的比例則多於女性。另一方面，傳統婚配文化所鼓吹的「上嫁下娶」、「男高女低」的模式仍然非常固著，以致高學歷的臺灣女性、低學歷的臺灣男性都有找不到對象的困難，於是分別往西方、南洋尋找跨國的婚配對象。

所謂「上嫁」的婚配模式，考量的不僅是教育程度的高低，在階層化的世界體系中跨國流動是另一種「空間上嫁」（spatial hypergamy）（Constable, 2003），有時甚至可以抵消夫妻雙方學歷上的落差。例如，許多勞工階級的越南裔美國男性，回家鄉覓得的老婆多是大學畢業，這些越南女性不僅嚮往美國的生活，也因為在母國由於學歷過高難以覓得中意的老公（Thai, 2005）。這些亞洲女性主動透過跨國交友來追求更全球化的未來，也藉此逃脫母國的性別規範壓力或本地婚配市場中的困境。

2. 勞動移民

遷移女性化的趨勢與全球勞動力市場的變化有關。以菲律賓來說，1980年代多是男人離家到中東或香港打工，後來因為許多重大營造工程完成、波斯灣戰爭爆發，男工紛紛失業返國，轉而變成菲律賓女人出國幫傭。第一世界的全球城市在工業資本外移後，轉變為金融、服務主導的產業結構，中產階級雙薪家庭有外包家務與照顧工作的需要，進而促成了第三世界女性的跨國遷移（Sassen, 1988）。在此同時，中東、新加坡、香港、臺灣、馬來西亞等半邊陲經濟體，也晉身為重要的勞力輸入國。這些亞洲國家開放外籍幫傭，既是為了幫助中產女性就業、極大化人力資本效益，同時也因為這些政府長期依賴家庭提供老人與小孩的照顧，未能提供完善的公共福利措施（Oishi, 2005）。弔詭的是，把家務工作視為女人天職的父權邏輯，雖然限制了女性參與當地勞動市場的機會，卻保留了女人在全球勞力市場下的席位

（niche）。「全球照顧鏈」把不同地理國度、階級位置的女人串連在一起。

這些女人決定出國工作的原因很多重（見藍佩嘉，2008），從性別角度來說，既是壓迫也是解放。一方面，許多人出國工作是為了履行母親與女兒的性別責任。單親母親為了撫養小孩或提供他們更好的教育，只能出國來賺取較高的工資。有些單身女性為了盡到孝親責任，將一定比例的海外所得寄回奉養父母，或是贊助弟妹的教育費用。

另一方面，很多女人漂洋過海以逃離父權結構的壓迫與侷限。有些已婚女性藉由出國工作，遠離丈夫家暴、外遇，或不幸福的婚姻，或在海外追求經濟獨立、開展社會網絡、探索同性情慾關係。單身女性把出國視為擺脫父母管控、探索未知世界的機會，有些更以此作為緩衝，抗拒父母逼婚的壓力。儘管如此，當她們掙脫性別與婚姻枷鎖後，往往進入另一個階級支配的家庭空間，承受可能更嚴苛的規訓與控制。

概念辭典

全球照顧鏈

全球照顧鏈（global care chain）的概念描述的是「再生產勞動的國際分工」（the international division of reproductive labor）（Parrenas, 2001）所形成一個層層外包的跨國分工鏈。經濟強勢國家中的富裕家庭，僱用弱勢國家的女人來家裡幫傭。外籍女傭不是母國最貧窮的女性，她們必須有若干經濟能力才付得起仲介費，而且需要有一定教育程度或語言能力，才能取得出國機會。當這些女人出國工作時，很多會聘用來自鄉下、教育程度較低、更為貧窮的女人來照顧自己的小孩，這些本地女傭則把自己的孩子留給鄉下的媽媽照顧。

（二）遷移的效果對於性別關係的影響

- 遷移對於家庭型態、性別分工與夫妻、親子關係造成怎樣的影響？「家」的意義隨著成員的遷移與分離，有著怎樣的變化？
- 遷移是否為女人帶來解放、增權培力（empowerment）？是否可以持續？

1. 女性移工與跨國家庭

在菲律賓是全職家庭主婦的
Anamaria告訴我：「在臺灣工作和我在
菲律賓家裡的工作沒什麼不同，但我
在這裡可以領到薪水！」當這些女性
從無酬的家庭主婦變成了有酬的家務
工，她們成為家中主要的收入提供
者。分工位置的改變確實在某種程度
上改變了夫妻間的權力天平。許多移
工嘲弄丈夫變成了「家庭主夫」
（「houseband」或「huswife」），並
在閒談中抱怨先生們在家事、管帳等事務上的無能。

圖17-2　印尼幫傭星期天在新公園野
餐，雇主的家是她們的職場，只好把公
共空間變成溫馨聚會所。
資料來源：藍佩嘉提供。

　　然而，並不是所有的先生都會確實擔起家務。由於丈夫在母國社會可能
面臨無能養家的汙名，為了維持男性雄風，有些人刻意離鄉工作，以逃避家
務負擔（Parrenas, 2005）；有些喝酒、賭博，把妻子賺來的錢闊綽地花用享
樂。此外，婚姻關係的權力移轉在女性移工回國之後不見得能持續。移工出
國存下來的錢通常用來投資簡單的傳統生意，如開三輪車或經營小雜貨店。
購買的車輛通常由先生來駕駛，如果是單身女性，就握在爸爸或哥哥的手
中，女性移工未必能充分控制這些資產。

　　分隔兩地無疑對移工的婚姻關係形成挑戰。菲律賓媒體以「沙烏地症候
群」的說法來描述在中東工作的菲律賓男性擔心家鄉的太太有外遇。基此，
許多男性移工在度假返鄉時努力繁殖，透過讓太太懷孕，避免別人的精子占
據太太的子宮（Margold, 1995）。女性移工也有類似的擔心，留在家鄉的先
生發生外遇的情形更為普遍，許多丈夫以妻子變得太強勢、男性雄風受威脅
的理由（「你賺太多錢了，我覺得自己不像個真正的男人」），來合理化外
遇的發生。

　　與子女分離的思鄉之苦，對移工母親來說更難忍受，只能努力跨越空間
距離進行「跨國母職」（transnational motherhood）（Hondagneu-Sotelo &

Avila, 1997）。不像男性移工，通常只要定期匯錢回家就算履行了父親責任，母親被視為主要的家庭照顧者，經常受到「遺棄小孩」的道德譴責。她們透過擴充母職的定義，把工作養家視為一種母愛的實踐（「我出國工作是為了小孩」、「我離開他們是為了給他們一個更好的未來」），讓自己與別人相信，她們並非是不盡職的母親。雖然無法親身陪著小孩，移工媽媽仍透過電話、手機簡訊、禮物等媒介努力傳達對子女的愛與關心（Peng & Wong, 2013）。

問題討論17-1

不少臺灣中上階級家庭把小孩送去國外當小留學生，美國社會稱為「降落傘小孩」（parachute children），並把太平洋兩岸飛來飛去在母國工作、在異鄉陪讀的父母稱為「太空人父母」（astronaut parents），這些父母要如何在無法伴隨小孩的狀況下遂行親職？這樣的跨國親職與家庭，和上述移工的經驗有怎樣的同與不同？

2. 商業移民與男性雄風

資本的跨國移動，帶動許多商人與管理幹部的移民，也就是所謂的「臺商」或「臺幹」。這些商業移民以男性為主，扮演著為全球資本開疆闢土的先鋒隊，也鞏固了一種「跨國商業雄風」（transnational business masculinity）（Connell, 1998）。沈秀華訪問的一名臺商，便以基因的生物因素來強調，女人天生不合適冒險犯難，男人比較適合遷移到異地、開拓新天地的生涯（Shen, 2005）。

男性移民的瀟灑路徑，背後有著兩群女人的身心支持與跨國親密勞動分工。一方面，臺商移居帶動了當地性產業的發展以及衍生「包二奶」的婚外關係，在地女性不僅提供性服務，也可能成為臺商在當地經商的人頭（龔宜君，2005）。另一方面，留守臺灣的太太，獨力照顧小孩與公婆，提供穩定家庭秩序的情緒勞動。大老婆雖擔慮先生外遇的可能，也理性面對彈性化的

婚姻關係（如替先生打包行李時默默放進保險套，以防性病或非婚生子女）。「分偶家庭」的居住形式雖然增加婚姻中的挑戰，也可能為女人帶來正面的轉變。先生離家後，由於家務勞動減輕、父權控制減弱（先生不在家、婆婆管不到），有些女性反而能享有更獨立、自主與豐富的生活（Shen, 2014）。

3. 當男人跟隨女人遷移

當有些男人是由太太申請依親而移民，這樣的遷移模式對於夫妻關係與性別分工會造成怎樣的影響？舉家移民到美國的印度護士是一個很好的例子（George, 2005）。由於美國內陸城市與鄉村的護士缺工嚴重，在1965年移民法令鬆綁後，印度、菲律賓等國成為招募勞動力的重要來源。[2]這些印度護士都是隻身赴美工作，等到經濟基礎穩定、居留一定年限後，才用依親的方式把先生、小孩接來。這樣一種由女性主導牽動的移民網絡，不僅背離於傳統的男性遷移、女性跟隨的模式，移居後的家庭關係與性別分工也和他們在印度的情形截然不同。這些學歷有限的印度男性在美國很難找到高薪的工作，許多在移民社區裡打零工，或留在家裡協助照顧家務。

這些印度先生在家庭中地位下降，在美國社會中也飽受種族歧視，從而積極參與以基督教會為中心的印度移民社區。其實，辦週日野餐會、領導唱詩班這些活動在印度多是女人的工作。男性移民在異鄉尋求教會社群裡的領導位置，試圖以這樣的培力策略，免於被譏為「護士的老公」的汙名。

❓ 問題討論17-2

有人觀察，臺灣女生在出國留學的時候，相對於臺灣男生，對於環境的適應較為良好，也比較容易交到外國朋友或是伴侶，為什麼？請和印度護士家庭的例子比較，討論性別與階級、種族之間的糾結關係。

2　事實上，過去有不少臺灣護士循此管道移民美國，近年來也有不少臺灣護士被招募到英國等地工作。

4. 跨國婚姻的結構矛盾

跨國婚姻相對於本國人通婚，面臨更多結構性的困境，尤其是階級流動與性別期待上的矛盾。首先，對於來自貧窮國家的鄉下女性來說，她們期待跨國婚姻成為向上流動的途徑，或透過「空間上嫁」來追求現代化生活，或藉由工作實現經濟獨立，以幫助娘家脫貧。然而，這樣的期待往往與現實婚姻有所落差。許多新移民在婚後發現夫家其實經濟拮据，甚至面臨失業或債務的困境。有些夫家反對她們出外工作，其勞動市場機會也因為新移民身分受到侷限，多集中於以夫家或親友網絡所延伸出去的工作，如照顧老人、家庭代工、在親友店攤幫忙（邱琡雯，2003）。

其次，跨國婚姻的雙方也經常面臨性別期待的矛盾。許多跨洋娶親的臺灣新郎認為臺灣女人太過挑剔、獨立，轉而渴求順從、單純的外籍女性；不少越南配偶也聽說臺灣男人比較「體貼、顧家、疼老婆」，不像越南的「大男人」懶惰不做事。男方想找傳統老婆，女方卻渴望現代丈夫，這樣的結構矛盾是誘發婚姻衝突的火藥線。

此外，由於嫁來臺灣的東南亞裔配偶普遍被期待要負擔照顧與家務，與公婆同住的情形也居多。基於社會位置與婚姻地位的多重弱勢，新移民女性可能面對壓迫性的婆媳關係與較高的家庭暴力風險。受暴的新移民女性在與國家求助過程中面臨種種結構困境，不只因為她們缺乏人脈、語言與資訊難以求援或舉證，專業人士，包括社工員、醫療專家、法官，也經常帶著階級與國族的偏見（唐文慧、王宏仁，2011a）。

然而，我們也不應該把移民女性視為被動的受害者，她們在日常生活中其實發展出各式的抵抗策略，與父權家庭討價還價。有些人透過偷吃避孕藥、偷偷墮胎的方式來延緩夫家要求生小孩的壓力，或是要脅帶小孩離開臺灣、搬回娘家，替自己爭取夫家中的地位與權力（沈倖如，2003）。受暴的新移民女性也利用《家庭暴力防治法》的法律武器，幫助自己脫離夫家、建立新生活（唐文慧、王宏仁，2011b）。更積極的行動方式是尋求社群的結盟。透過使用手機、出外工作上課與參與結社組織，提供新移民女性拓展人際網絡、克服社會孤立的重要力量。

（三）移民管制與國族建構的性別意涵

- 移出女性如何成為母國國族建構的中介？移入女性如何成為地主國國族建構的中介？
- 國際遷移的現象對公民身分的概念造成怎樣的衝擊？如何促成兼顧平等與差異的多元文化社會？

雖然跨越國界流動的人口越來越多，不代表國家管制的消失或降低。不論是輸出國或地主國的政策，不僅管制遷移人口的組成與流向，也在規範、建構國家有形與無形的疆界。移民政策與相關國家論述往往對男性與女性的移工與移民有著差別待遇，反映女人的身體成為國族建構的重要畫界標誌（boundary marker）（Lan, 2008; Yuval-Davis & Anthias, 1989）。

1. 流離的國族身體

許多母國政府積極推動勞力輸出，不僅為了緩和國內失業問題，也希望移工與移民的海外所得能帶來可觀的外匯。雖然這些國民已經離開地理上的祖國，母國政府仍積極透過推動愛國意識形態來確保「海外同胞」對母國的忠誠。例如，菲律賓與印尼政府都把海外勞工頌揚為「國家英雄」（national hero）。

亞洲輸出國政府往往對於男性公民的移出管制較少，但對女性管制較多。女性移工被視為需要國家「保護」的對象，因而限制最低工作年齡，並排除被認為比較危險或具有道德汙名的行業與輸出國家（Oishi, 2005）。這樣的國家法令在「保護」女性安全貞潔的同時，也透過限制女性公民的遷移自由，控制可繁衍的女人身體，更準確地說，透過對於移工的性與生育的控制，捍衛家庭與國族的界線。

道德化的國族意識形態經常在特定的結構條件下，強化女性移民的自我規訓，視自己與他人在海外流離的身體為國家領土的延伸。由於來自不同國家的移工處於潛在的競爭關係，有些女性移工會指責其他國家的女性性關係混亂、搞婚外情等，藉此彰顯「我國女性」在品行和貞潔上的優越（藍佩

嘉，2008）。地主國的非政府組織（如
婦女團體）在協助移工爭取權益時，
也經常複製類似的道德論述，尤其是
反對人口販運的組織行動中，傾向強
調移工作為無辜受害者的形象（Choo,
2013）。在異鄉懷孕、生子的移工，考
慮到返回母國可能面對強大的道德譴
責與社會壓力，因而延續在海外打
工，以提供家人經濟支持，陷入一種
「贖罪的遷移循環」（the migratory
cycle of atonement）（Constable, 2014）。

圖17-3 越南裔配偶參加臺北市政府
舉辦的國語演講比賽。
資料來源：范明秋提供。

　　女性形象經常被用來象徵國族文化的差異，這是為什麼基本教義派多對
於女性的穿著、打扮有嚴格的規範。女性在移民社群裡經常面臨比在母國時
更強的壓力與監控，要證明自己沒有被外來文化所「汙染」，她們必須透過
身體規訓來體現民族文化的界線。移居美國工作的印度護士也是如此。由於
護士與男病人在工作上有肌膚接觸，在保守的印度家鄉被視為一個女性不宜
的不潔工作。雖然這個工作使她們成為經濟獨立的遷移領航者，她們在移民
社區與教會裡卻打扮格外謹慎。她們多穿著保守的印度沙龍，而非引人議論
的褲裝；表現盡量符合傳統女性角色，以免被人貼上過度西化的汙名標籤
（George, 2005）。

2.　入侵的異族身體

　　生育子女是多數外籍與大陸配偶嫁來臺灣以後的重要使命。公婆與丈夫
除了有傳宗接代的期待，也認為移民女性懷孕以後，可能降低「跑掉」的風
險。此外，生育也有助緩和臺灣政府對於其婚姻真實性的懷疑，並幫助她們
早日取得中華民國的公民身分，尤其對於制度上仍受歧視的大陸配偶來說
（Friedman, 2015）。父權家庭媳婦傳承子嗣的宿命，在此與種族化的族群政
治相結合，要成為「正港的臺灣人」，新移民女性唯有成為「新臺灣之子」
的母親（趙彥寧，2004）。相對於婚姻內有利於生育繁衍的「好性」，當新

移民女性從事性工作、發生外遇時，這些「壞性」就會導致她們的居留權或公民身分的剝奪（Chen, 2015）。

然而，當外來的子宮負責生育繁衍下一代主人翁時，容易引起了穿透、模糊國族界線的焦慮。臺灣官員、立委與民間擔心新移民子女有「混血」、「不良基因」等問題，把深皮膚的「外來人口」視為危險、落後、不衛生、不文明的次等族類，需要防範隔絕與改造治理。甚至有官員不諱言要求來自東南亞與中國大陸的移民母親應該節育以保國力。事實上，與刻板印象大相違背，新移民女性比起一般臺灣女性，並沒有生得比較多。根據楊靜利等的研究（2011），全體婚姻移民的生育率其實低於已婚臺灣女性，只是新移民女性傾向於在比較年輕的時候結婚與懷孕，她們的小孩在難產、早產以及體重過輕的比率其實比較低。

其次，有關外籍配偶子女「發育遲緩」、外籍母親「無力教養」等社會指責，反映女人被假定為傳遞國族文化、維繫社區家庭的礎石。類似的憂慮與指責很少出現在男性的外籍配偶的身上，主要是新移民母親被懷疑是否能成功擔任「新臺灣之子」的主要照顧者、有效傳遞國族文化與價值給「未來的主人翁」。

臺灣社會對於外籍配偶的「照顧輔導」，多集中在她們是否可以被同化、有效教養「新臺灣之子」，以「生活適應」或「文化適應」為目標（「外籍配偶是否能成功融入我們的社會？」）。Minjeon Kim（2013）用「族群化的婚姻公民身分」（ethnicized maternal citizenship）這個概念，強調韓國的相關政策視新移民母親的任務為繁衍下一代的韓國人與韓國文化，在標榜族群同化的同時，矛盾地強化婚姻移民作為性別從屬與族群他者的角色。臺灣研究也發現，文化適應、經濟壓力以及與外界資源系統間的溝通障礙與衝突，才是造成新移民母親在教養子女時的主要困境（吳秀照，2004）。由於無法充分操控臺灣本地的語言，造成她們文化調適、轉譯上的阻礙，因而難以有效建立與學校、社區的連結，來協助孩子的成長與學習。再者，也因為新移民母親的語言與文化差異並不被臺灣的教育環境所重視，在這樣的觀點下，外籍配偶被視為族群、文化的他者，而來自中國大陸的配偶更被當作政治的他者。

在過去，來自東南亞的新移民母親不被鼓勵將母國的語言與文化傳遞給下一代，因為夫家擔心小孩說中文會有口音，或者只是單純覺得東南亞語言「沒有用」。為了降低臺灣經濟對於中國市場的過度依賴，政府自2016年開始積極推動「新南向政策」，新移民母親的家庭連帶與文化差異，開始被視為值得傳遞給下一代的資產。

圖17-4　移民與移工藉由文學發聲。
資料來源：移民工文學獎提供。

新移民子女的官方稱呼，也從充滿同化意味的「新臺灣之子」轉變為更為中性的「新二代」。各級政府推動許多計畫，支持新二代培育東南亞語言及相關文化能力。例如，辦理新住民子女語文競賽及相關活動，鼓勵其學習及加強東南亞國家語言；補助新住民子女返鄉溯根，在暑假回去拜訪外祖父、外祖母；遴選新住民子女利用暑假期間至母親國家進行海外職場體驗，尤其是到臺商工廠參觀與實習。

新南向政策不掩飾地呈現「以錢為本」的功利目標。許多政府官員讚揚新移民子女是最佳的人力資源（尤其對臺商工廠來說），可以成為幫助臺灣開發東南亞市場的「南向尖兵」。由於擔憂臺灣對中國經濟、兩岸經貿過度依賴，臺灣政府希望藉由投資東南亞來分散政治與經濟的風險。多元文化變成一種「人力資本」，不只可以幫助混血子女拓展未來的工作前途，還有利於國族資本，在當前的全球經濟戰場中開發新的出路。

多元文化主義與經濟政策的連結，雖有助於移民家庭傳承母國語言與文化，並創造子女的就業利基。但政策高度集中在新移民二代，也可能創造出非預期的負面效果，如標籤化、框限他們的就業生涯。在一場討論新南向政策的座談會上，學者與官員興致昂然地談著新移民二代的就業潛力。一位泰國母親的女兒舉起手來，無奈地說：「大家都說新二代很有潛力怎樣怎樣，但我越聽越覺得疲乏。好像我們被區隔出來，我們就一定要去泰國、去越南工作。但如果我想要去西班牙呢？」

🔍 問題討論17-3

　　請上網搜集「新南向政策」的相關措施，以及新移民、新二代的相關發言與經驗，討論如何有效促成他們的培力，並不至於衍生標籤化等負面效果？如何落實兼顧平等與差異的多元文化社會？

四、結語：性別化的流動、流動的性別

　　拉開歷史的卷軸，臺灣的人口其實是由一波波越洋渡海的人群所構成，我們都是移民的後代，身體裡流著跨越族群界線通婚的血液與基因。我們的漢人祖先，被貧窮所逼渡海來臺的羅漢腳，其命運不就像今日離鄉背井來臺灣打工的東南亞勞工？他們為了成家，從中國原鄉找人介紹老婆，不是近似於現今去越南找老婆的臺灣農工男性？當年去日本打拼或來臺北工作的臺灣父母，把小孩留給鄉下的阿公阿嬤照顧，這情節豈不讓人想起如今因為環境限制、把「新臺灣之子」交給越南娘家托養的越南配偶？

　　過去遷移者的形象是剽悍的羅漢腳，如今的遷移人口中有越來越多的女性，有為子女打拼未來的堅毅母親，也有為自己開拓新天地的勇敢女兒。在本章中，我們看到，遷移既反映了性別的壓迫，卻也可能提供了逃逸父權的出路。對於這些女性來說，遷移的後果可能是強化了控制與剝削，但也同時帶來解放與培力的空間。女人的流動穿透了地理、文化、人口學的國族疆界，這或許讓國族主義者感到焦慮，卻也是促使人們反思多元文化的起點。面對變動中的世界與臺灣，我們需要更深刻瞭解性別化的國際遷移現象，透過研究的投入與政治的行動，改變既有的權力不平等。

參考文獻

中文文獻

- 王宏仁（2001）。社會階層化下的婚姻移民與國內勞動市場：以越南新娘為例。台灣社會研究季刊，41，99-127。

- 沈倖如（2003）。天堂之梯？臺越跨國商品化婚姻中的權力與抵抗（未出版之碩士論文）。國立清華大學社會學研究所，新竹。

- 吳秀照（2004）。東南亞外籍女性配偶對於發展遲緩子女的教養環境與主體經驗初探：從生態系統觀點及相關研究分析。社區發展季刊，105，159-175。

- 夏曉鵑（2002）。流離尋岸：資本國際化下的「外籍新娘」現象。臺北：唐山。

- 唐文慧、王宏仁（2011a）。從「夫枷」到「國枷」：結構交織困境下的受暴越南婚移婦女。臺灣社會學刊，21，157-197。

- 唐文慧、王宏仁（2011b）。結構限制下的能動性施展：台越跨國婚姻受暴婦女的動態父權協商。台灣社會研究季刊，82，123-170。

- 趙彥寧（2004）。現代性想像與國境管理的衝突：以中國婚姻移民女性為研究案例。臺灣社會學刊，32，59-102。

- 楊靜利、黃弈綺、蔡宏政、王香蘋（2012）。台灣外籍配偶與本籍配偶的生育數量與品質。人文暨社會科學集刊，24(1)，83-120。

- 駱明慶（2006）。教育成就的性別差異與國際通婚。經濟論文叢刊，34(1)，79-115。

- 藍佩嘉（2005）。階層化的他者：家務移工的招募、訓練與種族化。臺灣社會學刊，34，1-5。

- 藍佩嘉（2008）。跨國灰姑娘：當東南亞家務移工遇上臺灣新富雇主。臺北：行人出版。

- 龔宜君（2004）。跨國資本的性別政治：越南台商與在地女性的交換關係。台灣社會研究季刊，55，101-140。

英文文獻

- Chen, M-H. (2015). The "fake marriage" test in Taiwan: Gender, sexuality, and border control. *Cross-Currents: East Asian History and Culture Review E-Journal, 15*, 82-107.

- Choo, H. Y. (2013). The cost of rights: migrant women, feminist advocacy, and gendered morality in South Korea. *Gender & Society, 27*(4), 445-468.

- Connell, R. W. (1998). Masculinities and globalization. *Men and Masculinities, 1*, 3-23.

- Constable, N. (2003). *Romance on a global stage: Pen pals, virtual ethnography, and "mail-order" marriages.* Berkeley: University of California Press.

- Constable, N. (2014). *Born out of place: Migrant mothers and the politics of international labor.* Berkeley: California University Press.

- Friedman, S. (2015). *Exceptional states: Chinese immigrants and Taiwanese sovereignty.* Berkeley: University of California Press.

- George, S. (2005). *When women come first: Gender and class in transnational migration.* Berkeley: University of California Press.

- Hondagneu-Sotelo, P., & Avila, E. (1997). 'I am here, but I am there': The meanings of Latina transnational motherhood. *Gender and Society, 11*(5), 548-571.

- Hondagneu-Sotelo, P. (2003). Gender and immigration: A retrospective and introduction. In P. Hondagneu-Sotelo (Ed.), *Gender and U.S. immigration: contemporary trends* (pp. 20-42). Berkeley: University of California Press.

- Kim, M. (2013). Constructing maternal citizenship, intersecting ethnicity and class: Filipina marriage migrants in South Korean rural areas. *Social Politics, 20*(4), 455-481.

- Lan, P-C. (2008). Migrant women's bodies as boundary markers: Reproductive crisis and sexual control in the new ethnic frontiers of Taiwan. *Signs: Journal of Women in Culture and Society, 33*(4), 833-861.

- Margold, J. (1995). Narratives of masculinity and transnational migration: Filipino workers in the Middle East. In A. Ong, & M. G. Pelez. (Eds.), *Bewitching women, pious men: Gender and body politics in Southeast Asia* (pp. 274-198). Berkeley: University of California Press.

- Massey, D. (1994). *Space, place and gender.* Cambridge: Polity Press.

- Oishi, N. (2005). *Women on the move: Globalization, state policies and labor migration in Asia.* Stanford: Stanford University Press.

- Parrenas, R. S. (2001). *Servants of globalization: Women, migration and domestic work.* Stanford: Stanford University Press.

- Parrenas, R. S. (2005). *Children of global migration: Transnational families and gendered woes.* Stanford: Stanford University Press.

- Peng, Y., & O. Wong. (2013). Diversified transnational mothering via telecommunication: Intensive, collaborative, and passive. *Gender & Society, 27*(4), 491-513.

- Sassen, S. (1988). *The mobility of labor and capital: A study in international investment and labor flow.* Cambridge: Cambridge University Press.

- Shen, H-H. (2005). "The first Taiwanese wives" and "the Chinese mistresses": The international division of labour in intimate and familiar relations across the Taiwan Strait. *Global Networks, 5*(4), 419-437.

- Shen, H-H. (2014). Staying in marriage across the Taiwan Strait: Gender, migration, and transnational family. In D. Davis, & S. Friedman (Eds.), *Wives, husbands, and lovers: marriage and sexuality in Hong Kong, Taiwan, and urban China* (pp. 262-284). Stanford, CA: Stanford University Press.

- Thai, H. C. (2005). Clashing dreams in the Vietnamese diaspora: Highly-educated overseas brides and low-wage U.S. husbands. In N. Constable (Ed.), *Crossing-border marriages:*

Gender and mobility in transnational Asia (pp. 145-165). Philadelphia: University of Pennsylvania Press.

- Yuval-Davis, N., & Anthias, F. (1989). *Woman-state-nation*. London: Macmillan

索引